THE HANDBOOK OF THE BELT AND ROAD

"一带一路"手册

2024

主　　编 蔡　昉　[英]彼得·诺兰（Peter Nolan）　王灵桂　张宇燕

执行主编 赵江林　[尼日利亚]查尔斯·奥努纳伊朱（Charles Onunaiju）
　　　　　徐秀军　沈铭辉

中国社会科学出版社

图书在版编目（CIP）数据

"一带一路"手册. 2024 / 蔡昉等主编. -- 北京：中国社会科学出版社，2025. 4. -- ISBN 978-7-5227-4841-2

Ⅰ. F125-62

中国国家版本馆 CIP 数据核字第 2025MD7832 号

出 版 人	赵剑英	
责任编辑	喻　苗　田　耘	
责任校对	李　莉	
责任印制	李寡寡	

出　　版	中国社会科学出版社
社　　址	北京鼓楼西大街甲 158 号
邮　　编	100720
网　　址	http：//www.csspw.cn
发 行 部	010-84083685
门 市 部	010-84029450
经　　销	新华书店及其他书店

印刷装订	北京君升印刷有限公司
版　　次	2025 年 4 月第 1 版
印　　次	2025 年 4 月第 1 次印刷

开　　本	787×1092　1/16
印　　张	26.5
字　　数	504 千字
定　　价	139.00 元

凡购买中国社会科学出版社图书，如有质量问题请与本社营销中心联系调换
电话：010-84083683
版权所有　侵权必究

主编简介

主　　编：

蔡　昉　中国社会科学院学部委员，中国社会科学院国家高端智库首席专家。

彼得·诺兰（Peter Nolan）　英国剑桥大学发展研究中心主任、中国发展问题教授。

王灵桂　中国社会科学院大学原教授。

张宇燕　中国社会科学院学部委员，中国社会科学院大学教授。

执行主编：

赵江林　中国社会科学院欧洲研究所副所长、研究员。

查尔斯·奥努纳伊朱（Charles Onunaiju）　尼日利亚中国研究中心主任。

徐秀军　中国新兴经济体研究会秘书长，中国社会科学院中国式现代化研究院研究员。

沈铭辉　中国社会科学院亚太与全球战略研究院副院长、研究员。

作者名单（按拼音排序）

毕海东	陈兆源	冯维江	耿亚莹	韩　冰
黄宇韬	贾中正	郎　平	李　冰	李　冲
李国学	李天国	刘　乐	庞加欣	逄锐之
秦　升	任　琳	沈　陈	田慧芳	田　旭
王永中	王　越	吴国鼎	席寒婷	熊爱宗
徐秀军	徐晏卓	薛　力	杨　超	杨济语
尹如玉	张靖昆	张　琳	张倩雨	张少文
张　松	张中元	张子婷	周颖昕	朱　锐

序　一

2013年，中国国家主席习近平提出了共同建设"丝绸之路经济带"和"21世纪海上丝绸之路"的倡议。习近平主席在2023年10月举办的第三届"一带一路"国际合作高峰论坛开幕式上的主旨演讲中指出："提出这一倡议的初心，是借鉴古丝绸之路，以互联互通为主线，同各国加强政策沟通、设施联通、贸易畅通、资金融通、民心相通，为世界经济增长注入新动能，为全球发展开辟新空间，为国际经济合作打造新平台。"① 这一倡议连接着历史、现实与未来，源自中国、面向世界、惠及全人类。在过去的十年里，"一带一路"建设从理念拓展到行动，以愿景引导实践，取得了丰硕的成果：相关国家之间增进了政策沟通，增强了设施联通，扩大了贸易和资金融通，促进了民心相通，给相关国家带来实实在在的利益，为推进经济全球化健康发展、破解全球发展难题和完善全球治理体系作出积极贡献，开辟了人类共同实现现代化的新路径，推动构建人类命运共同体落地生根。

"一带一路"建设遵循共商共建共享原则，奉行开放、绿色、廉洁理念，以高标准、可持续、惠民生为目标，以造福世界为愿景。截至2023年6月底，中国与五大洲的150多个国家、30多个国际组织签署了200多份共建"一带一路"合作文件，形成一大批标志性项目和惠民生的"小而美"项目。② 以2023年10月成功举办的第三届"一带一路"国际合作高峰论坛为契机，中国正在着力推动高质量共建"一带一路"走深走实，支持高质量共建"一带一路"八项行动的落实落地。稳步推进重大项目合作，实施一批"小而美"民生项目，积极推动数字、绿色、创新、健康、文旅、减贫等领域合作。加快建设西部陆海新通道。

---

① 习近平：《建设开放包容、互联互通、共同发展的世界》，《人民日报》2023年10月19日第2版。
② 中华人民共和国国务院新闻办公室：《共建"一带一路"：构建人类命运共同体的重大实践》，《人民日报》2023年10月11日第10版。

无论是上述"一带一路"倡议的原则、理念、目标和愿景，还是已经、正在和即将实施的项目本身，都被中国和相关国家所分享和珍惜，其中必然包含诸多具有强烈共识的内容。"一带一路"相关国家特别是其中的发展中国家，对于实现现代化、增强国力和提高人民生活质量，有着强烈的愿望。也在坎坷前行中进行了艰难探索，积累了很多成功经验或失败教训，不乏深刻的总结和反思。所有在认识上和实践中取得的成果，都体现在最新的思考中，很多也取得了广泛的共识。通过"一带一路"合作，那些顺应世界百年未有之大变局、符合各国国情的认识和愿景，必然转化为有益的建设行动。

当今世界，在国与国关系上应该秉持两个积极的原则，分别是"和"则两利以及"合"则共赢。这里，前者包括和平、和解、和谐，后者则指合作，特别是指经济、贸易和应对气候变化方面的合作。在人类命运共同体这个大前提下，在彼此认同的建设原则、理念、目标和愿景框架内，"一带一路"建设为中国与相关国家之间的和平与合作，提供了有益的途径与方式。

中国经济社会发展历程和成就，为发展中国家摆脱贫困面貌提供了中国经验和中国智慧，中国式现代化为人类实现现代化提供了新的选择。通过共建"一带一路"，中国在减贫、"三农"、就业优先、城镇化和高质量发展等方面的经验，既为相关合作国家所借鉴，也同很多国家的经验相互印证。这些经验和智慧与项目实施国家的具体情况相结合，将使发展模式选择既符合一般规律，又体现各个国家的国情特征，现代化道路更加多样化。与此同时，"一带一路"的最新成果和经验，也可以同中国经验进行相互印证。

正因为如此，我们秉持"一带一路"倡议的精神实质和理念原则，每隔两年就推出《"一带一路"手册》（以下简称"手册"）中文版新版，力求全面反映共建"一带一路"的最新理论成果和实践成果，使人们更加系统、更加翔实地了解一个不断发展的"一带一路"、一个引领时代的"一带一路"、一个充满希望的"一带一路"，使人们更加坚信"一带一路"是通往共同发展繁荣之路。因此，"手册"中的词条也力求充分反映"一带一路"的精神实质和理念原则。

词条力求反映"一带一路"的共商共建共享原则。所谓共商原则，就是倡导并践行真正的多边主义，坚持大家的事由大家商量着办，各国无论大小、强弱、贫富，都平等参与，都可以在双多边合作中积极建言献策。所谓共建原则，就是坚持各方共同参与，鼓励更多国家和企业深入参与，形成发展合力。所谓共享原则，秉持互利共赢的合作观，寻求各方利益交汇点和合作最大公约数，对接各方发展需求、回应人民现实诉求，实现各方共享发展机遇和成果，不让任何一个国家掉队。

词条力求反映"一带一路"的开放、绿色、廉洁理念。开放是共建"一带一路"的本色。世界上无论什么样的政治体制、历史文化、宗教信仰、意识形态、发展阶段，只要有共同发展的意愿都可以参与其中，共同推动世界发展。绿色是共建"一带一路"的底色。倡导尊重自然、顺应自然、保护自然，积极开展"一带一路"绿色发展政策对话，分享和展示绿色发展理念和成效，增进绿色发展共识和行动，深化绿色合作。廉洁是共建"一带一路"的亮色。坚决反对各类腐败和其他国际犯罪活动，持续打击商业贿赂行为，让资金、项目在廉洁中高效运转。

词条力求反映"一带一路"的高标准、可持续、惠民生目标。坚持高标准是共建"一带一路"高质量发展的规范。对接国际先进规则标准，打造高标准自由贸易区，实行更高水平的贸易投资自由化便利化政策，畅通人员、货物、资金、数据的有序流动。坚持可持续是共建"一带一路"高质量发展的方向。对接联合国2030年可持续发展议程，推动各国实现持久、包容和可持续的经济增长，并将可持续发展理念融入项目选择、实施、管理等各个方面。坚持惠民生是共建"一带一路"高质量发展的终极目标。共建"一带一路"以人民为中心，聚焦消除贫困、增加就业、改善民生，让合作成果更好惠及全体人民，不断增强人民的获得感和幸福感。

词条力求反映"一带一路"是造福世界的幸福路愿景。共建"一带一路"是和平之路，唯有各国尊重彼此主权、尊严、领土完整，尊重彼此发展道路和社会制度，尊重彼此核心利益和重大关切，才能营造共建共享的安全格局，为世界构建和平稳定的发展环境。共建"一带一路"是繁荣之路，唯有各方紧紧抓住发展这个最大公约数，共同营造更多发展机遇和空间，推动形成世界经济增长新中心、新动能，才能带动世界经济实现新的普惠性增长，推动全球发展迈向平衡协调包容新阶段。共建"一带一路"是开放之路，唯有各方坚持多边贸易体制的核心价值和基本原则，共同打造开放型合作平台，才能维护和发展开放型世界经济，创造有利于开放发展的环境，实现开放、包容、普惠、平衡、共赢的经济全球化。共建"一带一路"是创新之路，唯有各方共同加强数字基础设施互联互通，推进数字丝绸之路建设，加强科技前沿领域创新合作，促进科技同产业、科技同金融深度融合，才能为共同发展注入强劲动力。共建"一带一路"是文明之路，唯有各方积极建立多层次人文合作机制，搭建更多合作平台，开辟更多合作渠道，密切各领域往来，才能推动不同国家间相互理解、相互尊重、相互信任，更好地凝聚思想和价值共识，实现人类文明创新发展。

本版共收录165个新词条，这些词条基本上是2022—2023年出现的"一带一路"最新表述和最新进展。本版继续以"条目模式"为编撰体例，力争与之前版本内容和形式保持一致性。在中文版出版的同时，也将适时推出英文版，以保持英文版内容的更新。中文版继续由中国社会科学出版社出版，英文版由英国泰勒·弗朗西斯出版集团出版。除继续邀请英国著名的中国问题专家、经济学家彼得·诺兰（Peter Nolan）担任联合主编外，还邀请非洲学者查尔斯·奥努纳伊朱（Charles Onunaiju）担任联合执行主编。来自中国社会科学院的 40 余位学者参与本版词条写作。在此特别感谢国内外同行以及编辑人员对本版词条的出版所做的大量工作，感谢中国社会科学院科研局、中国社会科学院世界经济与政治研究所、中国社会科学院国家全球战略智库给予的大力支持，使得《"一带一路"手册》能够有幸不断展现"一带一路"倡议的新进步与新成就。

蔡　昉

中国社会科学院学部委员，中国社会科学院国家高端智库首席专家

2024 年 4 月 30 日

序　二

一　中国与丝绸之路的历史关系

中国历史上早期出现的以儒家思想为基础的官僚制度有效地维护了国家统一和政治稳定。传统的中央集权君主官僚制国家形态在确保经济繁荣和社会稳定方面发挥着关键作用：在广袤的统一领土上维护和平，使国家能够受益于专业化生产和交换；修建和维护规模庞大的水利基础设施；饥荒预防和饥荒救济；编纂百科全书和教科书，传播最佳的实践知识；颁布施行法律制度，保护生产者和商人的财产权；密切监测市场并采取行动，确保商品价格尤其是粮食价格的稳定。

在"市场失灵"的领域，通过国家干预，经济发展充满活力。在这种国家与市场的共生互动下，中国实现了长期且持续的技术进步。18世纪初，中国在世界制造业产量中所占份额大约是1/3，而欧洲的占比则不到1/4。诸多的伟大发明都是中国首创的。这些发明或技术创新包括船舶制造技术（尾舵和水密隔舱）、航海技术（指南针用于航海）、内陆运输技术（运河水闸）、冶金技术（高炉炼铁）、制瓷技术、造纸术、印刷术、纺织工艺（包括织造提花织物的机械）、兵器（火药的应用和管状类火器的生产）、采矿技术（通风井和炸药的使用）以及深层钻探技术（盐卤水和天然气）。欧洲工业革命中许多重要的发明创新，包括蒸汽机的主要工作原理（双作用活塞结构、活塞的上下运动转化为船轴的旋转运动），都源自中国。这些先进的技术通过横跨中亚和中国南海的丝绸之路来到欧洲。

两千年来，陆上丝绸之路将中国与中亚和西方连接起来。从罗马帝国开始，中国的丝绸沿丝绸之路陆路出口。茶叶和瓷器成为中国古代重要的出口商品。中国从中亚进口的物品包括马匹、贵金属和宝石、玻璃器皿和植物染料。贸易同时伴随着文化交流。到了唐朝（618—907年），其都城长安（今西安）已经发展成为一个充满活力的国际化大都市，有来自印度的僧侣、波斯和中亚的官员、商人，还有来自美索布达米亚的突厥人、阿拉伯人等。城内有佛教和道教寺庙、摩尼教、景教、伊斯兰教教堂等。络绎不绝的骆驼商队经由中亚沟通中国与欧洲的货物与人文。在近东和中东的集市上，到处都能看到来自中国的商品。文化交流同样伴随着贸易发展。例如，元朝时期（1271—1368 年），在中国的来自中亚、西亚的穆斯林医生，将伊本·西拿（Ibn Sina，980—1037 年，在西方又被称作阿维森纳）的《医典》等医书译成汉语，并在元大都（今北京）建立伊斯兰天文台。欧亚大陆与中国的贸易往来一直持续到 19 世纪。

中国拥有规模庞大的国内贸易，这给 13 世纪来中国游历的马可·波罗留下了深刻印象。17—18 世纪，在华的耶稣会士也对中国印象深刻。中国还拥有繁荣的国际海上贸易，包括与东北亚的贸易，以及横跨中国南海通往东南亚和其他地区的贸易。11—14 世纪，泉州（福建省）是世界海洋贸易网络中高度繁荣的商贸中心之一。17—18 世纪，中国长江下游的江南地区通过丝绸、瓷器贸易与全球市场产生密切联动，成为早期世界经济体系的重要参与区域之一，与中国其他地区以及外部世界有着规模巨大的贸易往来。一直到 19 世纪，中国在对外贸易中都是有着巨大的贸易顺差的，出口的商品包括丝绸、纺织品、瓷器、漆器、铁器和茶叶。中国进口的主要是初级产品，包括木材、药材、香料，以及越来越多来自印度的鸦片。1405—1433 年，郑和带队开展了七场连续的大规模远洋航海，穿越了南海、印度洋、阿拉伯海、红海和非洲东海岸，进行贸易和探索。郑和船队的船只比欧洲同类船只大得多，也更加先进，包括先进的水密隔舱技术。虽然郑和船队配备了火炮，但他们并没有试图征服沿途经过的国家。

伊斯兰国家是共建"一带一路"高质量发展合作国家的重要组成部分，在"一带一路"倡议的基础设施建设中占有很大比重。从印度尼西亚到塞拉利昂这个范围内的伊斯兰国家有 18 亿人口，发展水平参差不齐。由商人和传教士通过丝绸之路上的骆驼商队传播佛教。7 世纪，来自阿拉伯半岛的穆斯林商人通过海上丝绸之路穿过南部岛屿来到中国，传播宗教文化。马可·波罗在横跨欧亚大陆的旅途中主要经过穆斯林地区。由于穆斯林商人和当地居民的接触，还有通过菲律宾南部和其他相邻区域比如文莱、马来西亚或印度尼西亚的丝绸之路贸易往来，促进了伊斯兰教在当地的传播。大量中国人定居在东南亚的伊斯兰国家，通过海上丝绸之路而来的大量穆斯林商人活跃在广州和泉州等中国港口城市。郑和出生在伊斯兰教家庭，他在爪哇、苏门答腊和马六甲建造了清真寺。海上丝绸之路沿线也有为纪念他而修建的郑和清真寺。

1700 年之前，西方在东亚的存在几乎可以忽略不计。两千年来，中国一直是东亚乃至世界上最发达的国家。尽管中国拥有明显的经济和文化优势，但并没有寻求征服世界其他地区。尽管中国拥有发达的经济和先进的技术水平，但并没有寻求建立海外殖民地。在海外开展贸易和定居的中国人是"没有帝国的商人"。中国的官僚机构统治着一个庞大、统一的国内市场。它专注于经营自己辽阔的领土，并治理人口稀少的边境地区。中国对周边地区产生了巨大的文化影响，尤其是对东亚地区的日本、朝鲜和越南的影响最大。与此同时，中国也与中亚和东南亚有着深入的互动，主要是通过贸易和人口迁移。

1000多年的时间里，中国周边的这些国家都曾在中央王国的朝贡体系之内，它们必须承认中国在政治、文化上的优越地位。朝贡体系自大约公元前3世纪开始，直到公元19世纪末期才宣告结束。在"朝贡体系"下，藩属国使节需要正式向宗主国中原王朝赠送礼物，以表示他们的国家可能从中国文明中获得的利益。朝贡使团在往返首都的途中受到宗主国的保护，并获准在由政府官员监管的特殊市场进行贸易，以确保"公正和公平的贸易"。天子与贡使之间的关系是建立在伦理基础上的，因此也是互惠的。在朝贡体系下，来中国朝贡的国家和地区曾一度包括中亚、东北亚和东南亚的大部分地区，以及更加遥远的国家和地区。1587年明朝的一份详细的朝贡名单中包括38个"西域"国家向朝廷进贡的贡品。早在汉代，中国南海周边的国家以及海上丝绸之路沿线更远的国家和地区就向当时的统治者派遣了朝贡使团。事实上，中国大规模的国际贸易发生在朝贡体系之外，通过中国商人进入中亚和东南亚。除了中国商人进行的海外贸易，还有许多外国商人在中国的一些城市活动，包括广州、泉州和宁波等沿海港口，以及西安和兰州等中国北部和西部的内陆贸易中心。中国先进的技术对丝绸之路沿线地区产生了深刻的影响。其中包括向中国周边地区传播包括高炉冶炼、制瓷和丝绸纺织技术。

二 丝绸之路沿线的西方霸权

工业化和与之相关的军事技术变革使西方对亚洲的影响急剧加速。关键技术沿着丝绸之路从中国传入西方。这些技术包括火药的军事应用、高炉冶炼、管状金属武器、水密船舱技术和航海指南针。这些构成了1500—1700年欧洲军事革命的技术基础。启蒙运动时期欧洲内部激烈的民族竞争促进了工具发展和技术进步。西方殖民征服时代恰逢中国纷争不断的时期。中国进入了一个经济和社会动荡、民族屈辱的时代。在中国爆发政治经济危机的同时，周边领土被强行纳入西方的殖民版图。以中国为中心的东亚世界"天翻地覆"，加深了中国社会的民族危机。

从 17 世纪开始，西方国家利用其军事优势不遗余力地进行殖民征服。沙皇俄国建立了一个庞大的陆基殖民帝国。到 19 世纪末，它从高加索地区经中亚、外蒙古和西伯利亚一直延伸到阿穆尔河。英国控制了南亚、马来西亚、加拿大、澳大利亚和新西兰，以及一系列遥远的岛屿，包括皮特凯恩群岛、福克兰群岛、圣赫勒拿岛、阿森松岛和南乔治亚岛。在非洲，英国建立了"从开普到开罗"这一纵贯非洲大陆的殖民地带。英国通过鸦片战争让清王朝屈服。到 1898 年，法国夺取了对印度支那的控制权，并在太平洋上建立了包括波利尼西亚在内的殖民地网络。法国在非洲获得了大片殖民地，包括西非、北非和马达加斯加。英、法两国在西印度群岛的大部分地区建立起殖民统治，并在第一次世界大战后控制了中东部分地区。荷兰对广袤的印度尼西亚群岛建立了殖民统治，到 19 世纪末，美国完成了对北美洲的征服，获得了阿拉斯加和阿留申群岛的大片领土，征服了菲律宾，控制了夏威夷、马里亚纳群岛和太平洋上的其他岛屿。1868 年明治维新后，日本开始了自己的殖民征服之路，侵略了亚洲多地。

西方殖民统治时代留下了复杂的遗产，包括由前殖民国家控制的"海外领土"网络，它们散布在世界各地，包括中国在太平洋的附属地区。两千年来，中国与周边地区的关系一直建立在通过贸易进行和平互动的基础上。而西方的殖民统治则建立在西方军事优势、暴力征服和政治控制的基础上。

三　中国可持续发展的创新

改革开放时期，中国已成为全球经济的重要组成部分。中国 GDP 占全球经济规模比重（以固定购买力平价美元计算）从 1980 年的 2.3% 增至 2022 年的 18.5%。2010—2022 年，中国占全球 GDP 增长总量的 2/5。1990 年，中国的制造业附加值还不到世界总量的 3%。到 2021 年，中国早已成为"世界工厂"，制造业增加值占全球比重的 32%，而美国为 15.6%，德国和日本合计为 11.4%。中国 2020 年出口总额高达 179326 亿元，占全球出口总额的 15.8%，超过美国（8.1%）和德国（7.8%），稳居世界第一大出口国地位。

1978 年之后，改革开放 40 多年来的快速工业化对环境带来了影响。中国的制造业产量几乎占世界总产量的 1/3，并经历了高速城市化时期，这就需要大量生产水泥和钢材。中国的发电量急剧增长：2000—2022 年，发电量增长了 8 倍多，从 319 千兆瓦增至 2568 千兆瓦。与此同时，火力发电能力增长了近 6 倍，从 238 千兆瓦增至 1333 千兆瓦。中国的煤炭产量增长了 3 倍多，从

2000年的13.6亿吨增至2022年的45.6亿吨。2022年，中国的水泥、煤炭和粗钢产量分别占全球总产量的52%、53%和54%。中国碳排放占世界总排放量的29%。中国与自然界的关系如何发展，对于向全球可持续发展而言至关重要。

为应对快速工业化对环境造成的负面影响，中国在开发和应用有助于环境可持续发展的电力技术方面已走在世界前列。2023年，中国风电新增装机占据全球市场50%的份额，占全球光伏组件产量的80%。在中国规模经济和技术进步的推动下，中国单位光伏发电成本在2010—2021年下降了80%以上。陆上风能和太阳能光伏补贴于2020年和2021年逐步取消，但中国陆上风能和太阳能光伏发电的部署仍在加速，这主要得益于该技术的经济吸引力以及包括长期可再生能源合同在内的支持性政策环境。从2008年到2022年，中国的可再生能源总发电规模（水力、风力和太阳能）增长了6倍多，从181千兆瓦增至1173千兆瓦；水力发电规模从173千兆瓦增至414千兆瓦；风力发电规模从8千兆瓦增至366千兆瓦；太阳能发电规模从0增至393千兆瓦；而核电规模从9千兆瓦增至56千兆瓦。中国核能发电量占世界核能发电总量的比重从2014年的5%增至2023年的16%。

2008—2022年，可再生能源和核能在中国总发电量中所占比例从24%增加到48%，而火力发电（化石燃料）所占比例则从76%下降到52%。2022年，全国可再生能源发电量（风能、水能、太阳能）达2.7万亿千瓦时，占全球发电总量的30.8%。2023年，中国可再生能源总装机占全国发电总装机的比例超过50%，历史性超过煤电。截至2023年12月底，中国太阳能发电装机容量同比增长55.2%，相当于世界其他国家太阳能发电装机容量的总和，风力发电装机容量增长了66%。2017—2022年，中国的可再生能源发电装机容量约为欧盟的4倍，美国的5倍，印度的8倍。国际能源署发布《2023年可再生能源报告》，预测2023—2028年中国将占全球可再生能源新增产能的56%，分别是欧盟装机容量的5倍、美国装机容量的6倍和印度装机容量的11倍。

中国可再生能源的主要来源包括太阳能、风能和水能，分别位于中国的北部（内蒙古自治区）、西部（甘肃省、青海省和新疆维吾尔自治区）和西南部（云南省），远离主要的人口密集地区。通过先进的现代远程电网系统与客户连接，既能保证超高的可靠性，又能最大限度地减少浪费，这对于利用这些地区丰富的可再生能源资源至关重要。"十三五"规划时期（2016—2020年），中国在智能电网和特高压输电领域投资了3700亿美元。截至2017年年底，中国已建成21条特高压输电线路，另有4条在建。这些线路总长23000英里①，能够输送150

---

① 1英里约等于1.6千米。

吉瓦电力。在建设长距离特高压输电线路方面，中国遥遥领先于世界其他国家。

在中国电力工业转型的同时，交通运输电气化也在快速推进。中国无污染发电的快速发展是发展绿色交通的必要条件。2008年8月1日，中国第一条高速铁路客运专线京津城际铁路开通运营。到2016年，中国高铁运营里程占世界高铁运营总里程的2/3。与此同时，全电动化的城市地铁网络也发生了变革。1995年，城市轨道交通运送乘客200亿人次。到2017年，这一数字已增至720亿。从2017年到2022年，中国城市轨道交通运营线路从4500千米扩展至10000千米。中国曾是世界上最大的内燃机汽车市场，现在已成为最大的新能源汽车市场。2022年，中国占全球新能源汽车销售市场的2/3。中国的新能源汽车销量是美国和欧洲新能源汽车销量总和的两倍多。2023年，中国的新能源汽车销量为800万辆，而欧洲为300万辆，美国为200万辆。政府政策在中国新能源汽车行业的快速发展中发挥了核心作用，并使中国走在了全球向新能源汽车转型的前列。2022年，中国新能源汽车电池容量达到9亿千瓦时，占全球电池总容量的77%。全球前10大动力电池制造商中，中国占了7家，正极、负极和精炼电池材料的产能在全球占据主导地位。

改革开放以来，中国电信基础设施建设取得了巨大进步。中国的电信设备生产商和电信服务提供商的发展走在了全球电信业的前列。到2019年，中国的4G基站数量已占全球的150%左右。到2021年5月，中国已累计建成5G基站超81.9万个，5G手机终端用户连接数达2.8亿，占全球比例超过80%。中国有望在2025年前建成5G网络。截至2021年5月，中国移动通信用户月均支出5.94美元，约为全球平均水平一半。5G技术的发展正在改变中国人民的日常生活和社会关系，包括金融服务、娱乐、医疗保健以及和政府之间的互动。

基础设施是处于所有发展阶段的国家潜在市场失灵的一个至关重要的领域。在改革开放时期，中国的金融体系非常有效地将储蓄用于基础设施建设。支持基础设施建设是金融"服务实体经济"这一国家政策目标的重要组成部分。中国在基础设施建设中把握住了"后发优势"。基础设施建设的快速推进意味着先进的数字技术已在大部分基础设施中得到应用，从而提升了技术性能和客户体验。中国基础设施的建设大大方便了人们的生活，对社会各阶层日常生活而言是一场革命。基础设施建设的主体是国有资产监督管理委员会（简称国资委）所属企业。中国的基础设施建设为非公有制部门提供了深层次的支持，而非公有制经济是国民经济的重要组成部分，并雇佣了绝大多数劳动力。中国大量的微型企业、中小企业和大型非国有企业都能使用最先进的基础设施，这一点远远领先于大多数发展中国家。在电信和高速铁路等许多方面，中国的基础设施建设甚至都领先于"发达"国家。

四 "一带一路"沿线的可持续发展

在 18 世纪之前的两千年时间里,中国在利用水资源进行农业、运输和工业生产方面一直处于世界领先地位。在这个漫长的"水利时代",中国的一系列技术全球领先,其中许多技术沿着丝绸之路传入欧洲。源自中国的技术为欧洲的军事革命(1500—1700 年)奠定了基础,使欧洲得以实现殖民统治。这些技术支撑了欧洲启蒙运动时期的技术进步,并在英国工业革命中达到顶峰。18 世纪末,英国发明了蒸汽机,开启了"化石燃料时代",19 世纪末,内燃机的研发进一步推动了这一时代的发展。在化石燃料时代,高收入经济体主导了全球创新,包括热电站、汽车、飞机、铁路和电信。

全球化石燃料(煤、石油和天然气)的消耗量从 1800 年的 97 太瓦时增加至 1900 年的 5973 太瓦时,到 2022 年增至 1372137 太瓦时。化石燃料时代即将结束。世界经济正在进入一个以电气化和信息技术为基础的新时代。利用可再生能源实现电气化将成为未来几十年世界经济体系的基础。中国已经展现出追求长远目标的强大能力,并整合了整个经济体系,包括金融、国有企业、非国有企业和研究机构,以追求共同的目标。在中国共产党的领导下,中国长期坚持的产业政策使其在一系列有助于实现绿色和可持续发展的领域走在前列:核能、风力涡轮机、太阳能电池板、高压直流远距离输电线路、高速铁路、城市轨道交通、新能源汽车、电池、电信设备和智能手机。中国在建设高能效、低碳基础设施方面遥遥领先。

共建"一带一路"合作国家对于全球努力实现生态和环境可持续发展至关重要。能源和交通是共建"一带一路"合作的重点领域。中国在可再生能源领域取得的巨大成就使其站在了全球能源转型的前沿。目前,中国已发展成为世界上最大的低成本可再生能源设备生产基地,包括太阳能、风能、水能、核能和电力传输。中国在可再生能源领域取得的进步为发展清洁、低耗能交通奠定了基础。目前,中国已成为世界上最大的低成本电动汽车、城市轨道交通系统和高速铁路生产基地。中国巨大的低成本生产能力以及在可再生能源和节能交通领域持续不断的技术进步,将使中国在"一带一路"沿线的经济、社会和环境可持续发展中发挥核心作用。它将有助于实现"生态文明"建设,并促进共建国家和地区的"共同富裕"。它是构建"人类命运共同体"的基础。

彼得·诺兰

英国剑桥大学发展研究中心主任、中国发展问题教授

序　三
共建"一带一路"第二个金色十年
谱写开放包容、互联互通、共同发展的新华章

2013年，习近平总书记深刻洞察世界发展大势、顺应时代进步要求，创造性地传承弘扬丝路精神，开启了举世瞩目、波澜壮阔的共建"一带一路"进程，标志着中国与世界进入共同发展的新时代。十年来，海内外各参与方持续深化共建国家战略对接和政策协调，持续推动共建"一带一路"从理念变为行动、从愿景变为现实，从"大写意"变为"工笔画"，积极推动建设陆海天网"四位一体"互联互通、发展互利共赢的经贸伙伴关系、开展多种形式的金融合作、拓展多层次多领域人文交流合作。十年来，共建"一带一路"秉持共商共建共享理念，积极倡导合作共赢观与正确义利观；秉持开放、绿色、廉洁理念，在推动高质量发展道路上稳步前行；以高标准、可持续、惠民生为目标，努力实现更高合作水平、更高投入效益、更高供给质量、更高发展韧性。十年来，共建"一带一路"以丝路精神为不竭力量源泉，走出了一条人间正道，为世界经济增长注入了新动能，为全球发展开辟了新空间，为国际经济合作打造了新平台，为推动构建人类命运共同体搭建了重要实践平台。十年来，共建"一带一路"的实践和成就充分证明，人类是相互依存的命运共同体，只有合作共赢才能办成事、办好事、办大事，才能符合时代进步的逻辑。十年来，共建"一带一路"走过了第一个蓬勃十年，正值风华正茂，务当坚持目标导向、行动导向。咬定青山不放松，一张蓝图绘到底，昂扬奋进，推动共建"一带一路"进入高质量发展的下一个金色十年。2023年10月，在第三届"一带一路"国际合作高峰论坛开幕式上，习近平总书记以"建设一个开放包容、互联互通、共同发展的世界"为主题发表了主旨演讲。习近平总书记深刻指出："让我们谨记人民期盼，勇扛历史重担，把准时代脉搏，继往开来、勇毅前行，深化'一带一路'国际合作，迎接共建'一带一路'更高质量、更高水平的新发展，推动实现世界各国的现代化，建设一个开放包容、互联互通、共同发

展的世界，共同推动构建人类命运共同体！"①

当前，世界之变、时代之变、历史之变正以前所未有的方式展开。世界进入新的动荡变革期，世界经济增长动能不足，不稳定、不确定、难预料因素增多，但从长远来看，世界多极化的趋势没有变，经济全球化的大方向没有变，和平、发展、合作、共赢的时代潮流没有变，各国人民追求美好生活的愿望没有变，广大发展中国家整体崛起的势头没有变，中国作为最大发展中国家的地位和责任没有变。面对百年未有之大变局，面对新一轮科技革命和产业变革浪潮，面对人类社会面临的危机和挑战，世界各国纷纷发问，世界怎么了？应该怎么办？习近平总书记给出了科学答案，那就是"发展是解决一切问题的总钥匙"②，中国提出并推动共建"一带一路"，目的就是要给世界提供一条通往美好生活方式的新路径。

"一带一路"倡议建设的是开放包容的新世界。开放包容，就是以世界眼光和战略思维兼收并蓄、博采众长。这是丝绸之路精神最显著的特征之一。历史滚滚潮流淘汰最多的是那些封闭保守排外的做法。中国在提出"一带一路"倡议之始就曾声明，"一带一路"不针对任何国家，不搞排他性的经济集团，而是面向所有国家和地区开放，并致力于构建一个联动、包容的世界。开放是人类社会繁荣进步的必由之路。开放是一国以自身优势与国际社会进行利益交换，进而为本国发展获得新的优势，实现更快跃升的途径。可以说，世界上越早实行开放的国家，其经济社会就越能实现更快发展。开放已成为当代中国的鲜明标识。改革开放 40 多年来，中国人民敞开胸怀、拥抱世界，坚持打开国门搞建设，中国货物进出口总额增长 198 倍，服务贸易进出口总额增长超过 147 倍。世界上没有哪一个国家比中国更深切地感受到开放发展的重大意义。包容是人类社会共同进步的必有气度。习近平总书记提出："发展是实现人民幸福的关键。在人类追求幸福的道路上，一个国家、一个民族都不能少。世界上所有国家、所有民族都应该享有平等的发展机会和权利。"③ 追求幸福生活是各国人民共同愿望。对外开放中，难免有的国家因缺乏优势而难以从国际社会中获得新的优势，特别是在为开放准备不足时，甚至可能面临"开放"带来的风险。包容是对在开放中不具备足够优势的国家予以支持，各国应相互帮助，不能为了蝇头小利，而使其中任何一个优势不足的国家在一起奔跑中落伍，甚至被遗弃。在经济全球化深入发展的今天，弱肉强食、赢者通吃是一条

---

① 习近平：《建设开放包容、互联互通、共同发展的世界》，《人民日报》2023 年 10 月 19 日第 2 版。
② 习近平：《携手推进"一带一路"建设——在"一带一路"国际合作高峰论坛开幕式上的演讲》，人民出版社 2017 年版，第 8 页。
③ 习近平：《加强政党合作 共谋人民幸福——在中国共产党与世界政党领导人峰会上的主旨讲话》，人民出版社 2021 年版，第 4—5 页。

越走越窄的死胡同，包容普惠、互利共赢才是越走越宽的人间正道。

"一带一路"倡议建设的是互联互通的新世界。要想富，先修路。倡导互联互通是中国奉献给世界的最大致富礼物。破解发展中国家经济起飞的最大难题首先要解决基础设施问题。中国自 2013 年以来主动设立或参与设立多个新的多边金融机构，如新开发银行、亚洲基础设施投资银行以及丝路基金、海上丝绸之路管理基金、海上丝绸之路银行和南南合作基金等，这些机构向基础设施项目投资的总额加起来，比美西方主导的世界银行、国际货币基金组织和亚洲开发银行等机构还要多。亚洲开发银行的研究表明，内陆国家基础设施贸易成本每降低 10%，其出口将增加 20%。由印度和瑞士学者撰写并由英国罗德里奇出版社于 2022 年 1 月出版的《"一带一路"倡议的地缘政治经济影响》一书对"一带一路"这样评价道，"一带一路"是"人类历史上最大的协调基础设施投资计划"，是"真正的全球发展项目"。美国半球事务研究所认为，中国无与伦比的经济增长和渴望利用其雄厚的资金启动"第三世界"的经济发展项目，是对新自由资本主义霸权的直接威胁，因为中国为发展中国家提供了另一种选择，以摆脱世界银行和国际货币基金组织等西方贷款机构所造成的掠夺性债务陷阱。世界银行研究表明，共建"一带一路"倡议将使相关国家 760 万人摆脱极端贫困、3200 万人摆脱中度贫困，将使共建"一带一路"国家贸易增长 2.8%—9.7%、全球贸易增长 1.7%—6.2%、全球收入增加 0.7%—2.9%。威廉·琼斯在美国《行政情报评论》发表的《中国的"一带一路"倡议是高速列车》报告中指出，"如果西方国家改变了想法，把'一带一路'看作是机遇，而不是挑战，并让'一带一路'参与到他们已经崩溃的基础设施重建项目之中，与中国一起开展消除人类社会贫困的行动，那我们就可以改变历史进程"。

"一带一路"倡议建设的是共同发展的新世界。所谓"共同发展"，就是不以邻为壑、不谋求一己之私利最大化，是相互扶持、共同面对问题和挑战，为解决全球发展赤字尽各自的责任和义务。共同发展的实质是超越西方个人中心主义、重新看待世界发展进程的新思维。共建"一带一路"鼓励各国放下分歧和宿怨，转向面向发展、定位发展，力争让曾经是"流淌着牛奶与蜂蜜的地方"继续"流淌着牛奶与蜂蜜"。中国发展理论与实践的成功给予了践行共同发展理念最有力的支撑。习近平总书记指出，"我们建设的现代化必须是具有中国特色、符合中国实际的……我国现代化是人口规模巨大的现代化，是全体人民共同富裕的现代化，是物质文明和精神文明相协调的现代化，是人与自然和谐共生的现代化，是走和平发展道路的现代化"[1]。中国式现代化道路包含

---

[1]《习近平谈治国理政》第四卷，外文出版社 2022 年版，第 164 页。

推动世界共同发展、共同富裕的基因，这一范式的提出既符合中国实际，也为世界发展中国家走有自己特色的现代化道路提供参考和借鉴，更为世界实现共同发展、共同富裕奠定了理论基础。今天的世界早已不同于百年前、千年前的世界，人类社会从未有过如此紧密联系，也从未面临诸多需要共同探讨、共同建设的新难题、新挑战，"各人自扫门前雪"的时代早已过去，走向共同繁荣是新趋势、大未来。中国不仅为共同繁荣提供了新理念、新认知，也为实现共同繁荣提供新实践、新表率。中国是第一个消除绝对贫困的人口大国，解决了占全世界1/4人口的贫困问题，而共建"一带一路"的提出是真正把发展放在全球议程的核心位置上，更是把发展中国家的发展放在突出位置上，不让一个人、一个国家掉队是共同发展的核心要义。这是因为没有发展中国家的发展就没有全人类社会发展的未来，因而致力于发展中国家的脱贫致富是共建"一带一路"的代名词。在谈到中国模式时，习近平总书记指出，"这是一条把人民利益放在首位的道路""这是一条在开放中谋求共同发展的道路"①。

今天，"一带一路"正在推进开放包容、互联互通、共同发展的伟大实践。已有150多个国家、30多个国际组织签署共建"一带一路"合作文件，举办了3届"一带一路"国际合作高峰论坛，成立了20多个专业领域多边合作平台。

在开放包容方面，已成功举办5届中国国际进口博览会，并创办中国进出口商品交易会、中国国际服务贸易交易会、中国国际投资贸易洽谈会、中国国际消费品博览会、全球数字贸易博览会、中非经贸博览会、中国—阿拉伯国家博览会、中俄博览会、中国—中东欧国家博览会、中国—东盟博览会、中国—亚欧博览会等重点展会。与世界卫生组织签署《关于"一带一路"卫生领域合作的谅解备忘录》，与160多个国家和国际组织签署卫生合作协议。与45个共建国家和地区签署高等教育学历学位互认协议，与144个共建国家签署文化和旅游领域合作文件，设立了"丝绸之路"政府奖学金，文化年、艺术节、博览会、展览会，以及鲁班工坊、"丝路一家亲""光明行"等人文交流项目。

在互联互通方面，2013—2022年，中国在共建国家的承包工程年均完成营业额约1300亿美元，建设了中老铁路、雅万高铁、蒙内铁路、匈塞铁路、比雷埃夫斯港等一系列标志性项目，特别是中欧班列的开通打开了亚欧陆路运输新通道，2023年中欧班列已通达欧洲25个国家217个城市，集装箱运量较2022年增长18%，累计开行超8万列；运送货物占中欧贸易总额比重从2016年的1.5%提高到2022年的8%，物流运输已扩大到53个大类、5万多个品种产品，累计运送货物超3000亿美元。《区域全面经济伙伴关系协定》（RCEP）

---

① 《习近平谈治国理政》第二卷，外文出版社2017年版，第483页。

已对15个签署国全面生效，与28个国家和地区签署了21份自贸协定，与65个国家标准化机构和国际组织签署了107份标准化合作协议，与112个国家和地区签署了避免双重征税协定。

在共同发展方面，已同40多个国家签署了产能合作文件，中国国际矿业大会、中国—东盟矿业合作论坛等成为共建国家开展矿业产能合作的重要平台。中国企业与共建国家政府、企业合作共建的海外产业园超过70个，如中马、中印尼"两国双园"、中白工业园、中阿产能合作示范园、中埃·泰达苏伊士经贸合作区等。2023年6月底，丝路基金累计签约投资项目75个，承诺投资金额约220.4亿美元。亚洲基础设施投资银行已有106个成员，批准227个投资项目，共投资436亿美元，项目涉及交通、能源、公共卫生等领域。另外，中国发起设立中国—欧亚经济合作基金、中拉合作基金、中国—中东欧投资合作基金、中国—东盟投资合作基金、中拉产能合作投资基金、中非产能合作基金等国际经济合作基金。2013—2022年，中国与共建国家进出口总额累计达到19.1万亿美元，年均增长6.4%。与共建国家双向投资累计超过3800亿美元，其中中国对外直接投资超过2400亿美元，共建国家累计对华投资超1400亿美元。共有13家中资银行在50个共建国家设立145家一级机构，131个共建国家的1770万家商户开通银联卡业务，74个共建国家开通银联移动支付服务，与20个共建国家签署双边本币互换协议，在17个共建国家建立人民币清算安排，与28个国家共同核准《"一带一路"融资指导原则》。与联合国环境规划署签署《关于建设绿色"一带一路"的谅解备忘录（2017—2022）》，与30多个国家及国际组织签署环保合作协议，与80多个共建国家签署政府间科技合作协定，"一带一路"国际科学组织联盟（ANS）成员单位达58家，与17个国家签署"数字丝绸之路"合作谅解备忘录，与18个国家和地区签署关于加强数字经济领域投资合作的谅解备忘录。

未来，中国将继续坚持正确的义利观、坚持共商共建共享原则、坚持共同发展的大方向，将共建"一带一路"蓝图描绘得更亲民、更亮丽。习近平总书记指出，"要统筹我国同沿线国家的共同利益和具有差异性的利益关切，寻找更多利益交汇点，调动沿线国家积极性"[1]。"要双赢、多赢、共赢而不要单赢，不断寻求最大公约数、扩大合作面，引导各方形成共识，加强协调合作，共同推动全球治理体系变革。"[2] 在开放包容方面，创建"丝路电商"合作先行区，同更多国家商签自由贸易协定、投资保护协定。全面取消制造业领域外

---

[1]《借鉴历史经验创新合作理念 让"一带一路"建设推动各国共同发展》，《人民日报》2016年5月1日第1版。
[2]《习近平谈"一带一路"》，中央文献出版社2018年版，第140页。

资准入限制措施。主动对照国际高标准经贸规则，深入推进跨境服务贸易和投资高水平开放，扩大数字产品等市场准入，深化国有企业、数字经济、知识产权、政府采购等领域改革。每年举办"全球数字贸易博览会"。将实施1000个小型民生援助项目，通过鲁班工坊等推进中外职业教育合作，并同各方加强对共建"一带一路"项目和人员安全保障。举办"良渚论坛"，深化同共建"一带一路"国家的文明对话。继续实施"丝绸之路"中国政府奖学金项目。同合作伙伴发布《"一带一路"廉洁建设成效与展望》，推出《"一带一路"廉洁建设高级原则》，建立"一带一路"企业廉洁合规评价体系，同国际组织合作开展"一带一路"廉洁研究和培训。在互联互通方面，中国将加快推进中欧班列高质量发展，参与跨里海国际运输走廊建设，办好中欧班列国际合作论坛，会同各方搭建以铁路、公路直达运输为支撑的亚欧大陆物流新通道。积极推进"丝路海运"港航贸一体化发展，加快陆海新通道、空中丝绸之路建设。在共同发展方面，未来5年（2024—2028年），中国货物贸易、服务贸易进出口额有望累计超过32万亿美元、5万亿美元。中国国家开发银行、中国进出口银行将各设立3500亿元人民币融资窗口，丝路基金新增资金800亿元人民币。持续深化绿色基建、绿色能源、绿色交通等领域合作，加大对"一带一路"绿色发展国际联盟的支持，继续举办"一带一路"绿色创新大会，建设光伏产业对话交流机制和绿色低碳专家网络。落实"一带一路"绿色投资原则，到2030年为伙伴国开展10万人次培训。继续实施"一带一路"科技创新行动计划，举办首届"一带一路"科技交流大会，把同各方共建的联合实验室扩大到100家，支持各国青年科学家来华短期工作。将同各国加强交流和对话，共同促进全球人工智能健康有序安全发展。

习近平总书记指出，让和平的薪火代代相传，让发展的动力源源不断，让文明的光芒熠熠生辉，是各国人民的期待，也是我们这一代政治家应有的担当。[①] 中国共产党在承继中华优秀传统文化基因的同时，也将为人类作出新的更大贡献作为自己的崇高使命。共建"一带一路"的提出则将中国共产党的历史使命与世界人民对美好生活的千年追求历史性地完美结合在一起，引领人类社会走向更加美好的未来。2023年10月发布的《共建"一带一路"：构建人类命运共同体的重大实践》白皮书评论说，10年来，共建"一带一路"不仅给相关国家带来实实在在的利益，也为推进经济全球化健康发展、破解全球发展难题和完善全球治理体系作出积极贡献，开辟了人类共同实现现代化的新路径，推动构建人类命运共同体落地生根。

---

① 《习近平主席在出席世界经济论坛2017年年会和访问联合国日内瓦总部时的演讲》，人民出版社2017年版，第21—22页。

序　三

共建"一带一路"取得的每一项成绩、每一点进步，都是我们记录的对象。本次共收录了 2022—2023 年的 165 个新词条。我们将继续全面、系统、准确地记录共建"一带一路"的点点滴滴，这是我们对共建"一带一路"最好的贡献，让未来能够看到共建"一带一路"成长的艰辛与不易，看到当今人们为完成共同心愿而作出的不懈努力与奋斗，也让丝路精神如薪火般永传下去。

王灵桂

中国社会科学院大学原教授

2024 年 5 月 7 日

《"一带一路"手册》(2022)
序 一
共建"一带一路"成为深受欢迎的国际公共产品和国际合作平台

习近平总书记在中国共产党第二十次全国代表大会报告中指出,共建"一带一路"成为深受欢迎的国际公共产品和国际合作平台。2022年是"一带一路"倡议提出九周年,从酝酿至今历时五个年头的《"一带一路"手册》,也将推出第三个中文版本。由于"一带一路"的实践发展日新月异,我们力争每隔一年就推出一个新的手册版本,由中国社会科学出版社和英国泰勒·弗朗西斯出版集团同步出版中英文版本。在每一个版本中,我们都力图保持几个"初心"。

首先,我们力求全面、系统反映"一带一路"倡议的最新进展和最新成果。2018年版共计117个词条,反映的是2016—2017年涉及"一带一路"倡议的进展和成果;2020年版共计155个词条,反映的是2018—2019年的进展和成果;即将出版的2022年版共计102个词条,反映2020—2021年的进展和成果。这样做,既保持每个版本的相对独立性,也保持了手册的开放性和版本之间的连续性。需要说明的是,由于词条内容主要以反映最新进展和最新成果为主,有少部分条目名称看似未变,但是内容仍会有较大的不同,这样可以最大限度上减少不同版本之间的重复。

其次,我们保持了最初的设计理念、框架和风格。手册以"条目模式"为编撰体例,对"一带一路"倡议的初衷与原则、历史与现状、基本知识及相关研究成果进行了集中展示。同时,手册也并没有局限于"一带一路"倡议本身,而是以开放的态度,对国际社会提出的类似倡议也进行了梳理和总结,特别是强调这些倡议与"一带一路"倡议的合作、对接与共同发展。

再次,我们坚持以国际合作的方式编撰和出版本手册。作为一个全球性倡议,"一带一路"倡议的最新进展和成果都迫切需要为世界所了解和认知。与此同时,国内外均有迫切的需求,希望有这样一本书,既能够全面系统展示

"一带一路"倡议的来龙去脉，也能够对最新的理论、政策和实践进展予以更新。因此，分别作为国内国际的顶级专业出版机构，中国社会科学出版社和英国泰勒·弗朗西斯出版集团合作推动《"一带一路"手册》的问世。泰勒·弗朗西斯出版集团全球图书业务总裁贝谨立（Jeremy North）先生表示，该手册的成功是中英双方多年合作历史上一个闪耀的里程碑，是"中西方学者对话与合作的典范之作，是传播知识，促进人心相通的典范之作"。我们还特别邀请了英国著名的中国问题专家、经济学家彼得·诺兰（Peter Nolan）教授担任联合主编，不同版本也酌情邀请其他著名学者担任联合执行主编。

最后，我们始终将其作为集体项目和集体成果来进行组织。为做好手册的撰写工作，我们多次举办小型研讨会，征求中外各方专家的意见和建议，同时就条目的增删选择进行研讨。迄今为止，直接参与手册词条撰写的作者队伍，规模已达92位。

随着"一带一路"倡议的不断推进，我们会不断更新版本。新版本内容完全不与之前的版本重复，反映的是"一带一路"倡议最新成果。只有通览第一、二、三版本，才能完全把握截止到2022年的"一带一路"倡议发展全貌。《"一带一路"手册》出版以来，逐步为国内、国际社会了解和认同。2023年是"一带一路"倡议提出十周年。我们坚信"一带一路"倡议必将给世界发展带来全新的面貌。一位外国人士描述中国梦的话，我认为放在"一带一路"这儿也非常合适，"一带一路"倡议就像一朵花，花开后，其他人都可以闻到花香。《"一带一路"手册》也将伴随"一带一路"倡议的花开而清香四溢。在此，特别感谢为《"一带一路"手册》问世做出过贡献的每一位同行。

蔡　昉

中国社会科学院学部委员

中国社会科学院国家高端智库副理事长、首席专家

2022年10月17日

《"一带一路"手册》（2022）
序　　二

　　中国高质量共建"一带一路"的核心是实现参与共建各个基础设施的互联互通。一方面，基础设施建设对国家的发展至关重要，与贸易和投资也密切相关；另一方面，基础设施建设是必要的，不仅能够释放企业家的创造性精神，而且为实现人类自我发展提供了基础。无论一国处于何种发展阶段，市场总是无法提供必要水平的基础设施供给。在不同规模和传统的国家之间，以及在不同的历史时期，国家参与基础设施建设的程度和性质可能有所不同。亚当·斯密（1776）关于政府提供基础设施建设与社会发展之间复杂关系的讨论如下，"君主或联邦的第三项也是最后一项责任，建立和维护那些公共机构和公共工程。尽管它们在极大程度上有利于社会发展，但由于它们的公共品属性——其利润永远无法偿还任何个人或少数人的成本。因此，不能指望任何个人或少数人建立或维护这些公共机构和公共工程"。

　　为了促进市场机制有效地运作，近代中国政府起到了至关重要的作用，其中包括构建法律体系框架、预防饥荒、稳定商品价格以及调节货币供给量。然而，无论是地方或是中央政府层面，最重要的职能是对公共品——水资源的管理，包括大规模地推进中央管理计划的实施，如对黄河的管理以及大运河的维护，还包括无数地方水资源管理计划的出台。可以说，近代中国政府的管理行为，是以道德价值为导向的"看得见的手"为以市场机制为导向的"看不见的手"提供了基础。从罗马帝国灭亡到18世纪，近代中国的商业化、城市化以及科技文化水平都遥遥领先于欧洲各国，这一差距直到16世纪之后才逐渐缩小。近代中国与中亚、东南亚的贸易和文化往来，促使中华文明长期流向欧洲，这有助于欧洲在短短半个世纪的时间里就率先完成工业革命并赶超中国。而且，通过这场工业革命，西方国家迅速崛起，主导了包括中亚、东南亚在内的全球政治经济命脉，然而，欧洲工业革命至今却还不到200年。

　　西方国家与中国的交往互动由来已久，可以追溯到2000多年前。中国共建"一带一路"的倡议是建立在中国与中亚、东南亚之间的贸易往来和文化传播的历史基础上。19 世纪前，中欧之间的互动大多是间接的，主要通过中间贸易体系进行，而这一体系不仅涉及中国人，还涉及中国和西方国家之间各地区的大量民众。与中国庞大的人口数量相比，这些民众的数量微不足道，但是，他们是来自中亚、东南亚的贸易群体，包含佛教徒和穆斯林，有印度人、阿拉伯人和波斯人。虽然，中国传统的国际贸易与规模巨大的国内贸易相比微不足道，然而，这一时期的贸易往来使得中国与中亚、东南亚间的贸易体系产生了更为深层次的共生、双向的文化流动，有助于他们汇集在一幅美好的文化织锦中。

改革开放以来，基础设施建设成为中国现代化建设的重要组成部分。一方面，基础设施的增长对于创造一个国内和国际资本都能投资的环境至关重要；另一方面，基础设施的增长也提供了一个"笼子"，"笼子"里市场力量的"鸟"可以随着笼子的扩张展开翅膀。纵观中国的历史长河，政府的职责一直是确保"天下为公"，这一由孔子阐述的儒家哲学思想，至今仍是中国寻求"共同富裕"的基础。为了实现这一目标，近年来，中国加快了基础设施建设的步伐，政府作为协调主体，汇集来自不同渠道的资金来源，建设发展所需的基础设施。

2008—2019 年，全国发电装机容量翻了一番，中国拥有全球最可靠的电网并已成为可再生能源发电的世界领导者。截至 2019 年年底，中国超过 1/5 的电力来自清洁能源，主要是风能和太阳能。1978—2018 年，中国城镇常住人口从 1.72 亿增加到 8.31 亿。与此同时，城市人均建筑面积从不足 7 平方米增加到 38 平方米。2008—2019 年，中国港口集装箱运输量增加了 1 倍多，飞机乘客数量增加了两倍多，中国的港口和空中交通系统均处于全球技术前沿。2008—2019 年，全国乘用车保有量增长了近 6 倍，这就需要大规模扩展中国的道路运输系统。目前，中国超过 3/5 的铁路出行是由高铁完成的，票价定在大部分民众能够负担得起的水平。中国的高铁系统，不仅具有最先进的车站、数字售票系统，还能提供安全、快速、文明的运输方式。截至 2019 年年底，中国共有 35 个城市开通城市轨道交通，运营线路 185 条，中国的地铁线路总长从 1990 年占全球地铁网络的 10%增长到 28%，票价远低于全球平均水平。截至 2019 年年底，中国 4G 基站数量约为全球的一半，截至 2021 年 5 月，中国已安装 81.9 万个 5G 基站，5G 手机终端用户连接数达 2.8 亿，约占全球总数的 80%，同时，中国将在 2025 年实现 5G 网络全覆盖。2021 年，中国移动用户月均话费为 5.94 美元，而全球平均话费为 11.36 美元。中国 5G 网络快速发展深刻地影响了人们的日常生活、工作方式、个人消费以及社会交往，包括娱乐、医疗和城市治理。

中国有着发展公共事业的优良传统——"天下为公",旨在建设推动市场有效运作所需的基础设施,而这一优良传统延续至今,成为中国现代化建设的基础。这一中国经验——务实的国家宏观调控行为参与到市场失灵的领域——会为"一带一路"倡议中海上和陆上丝绸之路沿线的国家和地区的经济发展作出深刻的贡献。

彼得·诺兰

英国剑桥大学耶稣学院

中国中心主任

《"一带一路"手册》(2022)
序　　三
记录共建"一带一路"
高质量发展的共同繁荣

2013年金秋，习近平主席提出共建"一带一路"倡议。2022年，"一带一路"倡议已经进入第九个年头，即将迎来十周年。2022年10月16日，习近平总书记在中国共产党第二十次全国代表大会上指出，"共建'一带一路'成为深受欢迎的国际公共产品和国际合作平台"，强调要继续"推动共建'一带一路'高质量发展"。

一个时期以来，在治理赤字、信任赤字、和平赤字、发展赤字有增无减，人类社会面临严峻挑战的背景下，共建"一带一路"所展现的天下情怀、开放气度、共赢精神，更加凸显其时代价值。作为中国的国家级高端智库，负责任地记录共建"一带一路"的时代之声、坚实步伐，亦是我们对国家、对世界义不容辞的学者责任。自2016年初始，我和赵江林教授在蔡昉教授的指导下，按照中央有关部门的要求和部署，开始酝酿通过科研形式记录伟大时代共建"一带一路"前进的铿锵足音。在中国社会科学出版社赵剑英社长和王茵副总编辑、喻苗等编辑的督促下，这项工作得到了英国罗德里奇出版集团的鼎力支持，由此也就有了《"一带一路"手册（2018）》《"一带一路"手册（2020）》的面世，并得到了学界和国际社会的普遍鼓励。今天，我很高兴地写下了序言，既是《"一带一路"手册（2022）》的"出生证"，更是我们见证和记录共建"一带一路"促进共同发展繁荣的又一呕心沥血之作，也是我们团队对读者们殷切期望的回馈。在这个过程里，我欣喜地看到我们的团队在工作中不断迸发的饱满热情、不断增强的家国情怀，也更欣喜地看到，在漫长艰苦的研究工作中，许多人已经成为了研究"一带一路"的知名专家。在此，我十分愿意向大家分享对共建"一带一路"高质量发展的感受。

九年多来，世界日益清晰地看到，"一带一路"是大家携手前进的阳光大道，共建"一带一路"倡议源于中国，机会和成果属于世界。2016年9月3

日，习近平主席在二十国集团工商峰会开幕式上的主旨演讲中指出："中国的发展得益于国际社会，也愿为国际社会提供更多公共产品。我提出'一带一路'倡议，旨在同沿线各国分享中国发展机遇，实现共同繁荣。"我们的工作得益于九年多来"一带一路"的繁荣发展。"一带一路"倡议诞生后，从大写意阶段走进了工笔画阶段，共建"一带一路"从夯基垒台、立梁架柱到落地生根、跨越高山深壑、海洋沙漠，持久发展，取得了实打实、沉甸甸的成就，波澜壮阔的壮美画卷徐徐铺展，老挝人民的铁路梦成为现实，柬埔寨进入"高速公路时代"，马尔代夫有了跨海大桥，白俄罗斯有了自己的轿车制造业，非洲有了电气化铁路和轻轨……一个个互利共赢的故事，正是共建"一带一路"促进共同发展繁荣的生动写照，共商共建共享的"丝路精神"更加深入人心。

九年多来，世界日益清晰地看到，共建"一带一路"是促进全球开放合作、完善全球经济治理、为世界经济提供发展新机遇的中国方案，标注了国际经济合作和新一轮全球化的新高度。2022年5月18日，习近平主席在庆祝中国国际贸易促进委员会建会70周年大会暨全球贸易投资促进峰会上发表的视频致辞中指出：中国扩大高水平开放的决心不会变，中国开放的大门只会越开越大。推动高质量共建"一带一路"，为全球工商界提供更多市场机遇、投资机遇、增长机遇。回顾过去九年多来的实践，世界也更加清楚地认识到，共建"一带一路"坚持"拉手"而不是"松手"，坚持"拆墙"而不是"筑墙"，不断推进政策沟通、设施联通、贸易畅通、资金融通和民心相通，主动扩大对外开放，携手各方共建"一带一路"，持续为构建开放型世界经济注入不竭动力，充分展现出中国引领国际开放合作的大国格局和担当。

九年多来，世界日益清晰地看到，共建"一带一路"是促进共同发展繁荣、推动构建人类命运共同体的重要实践，书写了全球发展史的新篇章。人类社会越来越朝着安危与共、荣损相依的命运共同体迈进。共建"一带一路"顺应这一历史大势，秉持共商共建共享原则，摒弃制度模式偏见，超越意识形态藩篱；想的是自己要过好、也要让别人过好，信的是众人拾柴火焰高、互帮互助走得远。新冠疫情发生后，中国与各方守望相助，共克时艰，体现负责任大国担当，不仅推动共建"一带一路"继续前行，也向国际社会传递了信心和力量，为全球抗疫合作和经济复苏作出了重要贡献。如今，共建"一带一路"倡议核心理念已被写入联合国、二十国集团（G20）、亚太经济合作组织（APEC）、上海合作组织（SCO）等国际组织和多边机构重要文件，充分说明这是一个凝聚广泛合作共识的国际公共产品。

九年多来，世界日益清晰地看到，共建"一带一路"跨越不同地域、不同发展阶段、不同文明，"朋友圈"越来越大，发展规划对接日益深化，合作质量越来越高，已经成为当今世界范围最广、规模最大的国际合作平台。截至2022年7月底，中国已与149个国家、32个国际组织签署200多份共建"一带一路"合作文件。仅2022年以来，中国就与非洲联盟（AV）、摩洛哥、古巴签署共建"一带一路"合作规划，与俄罗斯、蒙古国确认《建设中蒙俄经济走廊规划纲要》延期，与基里巴斯共和国签署共建"一带一路"实施方案。中国和共建国家启动50多家"一带一路"联合实验室，许多发展中国家实现了"自己制造"的夙愿。连续举办四届的中国国际进口博览会，累计成交额高达2722.7亿美元，与广交会、消博会等一系列国际经贸盛会，不断展现出中国超大规模市场的惊人魅力。中埃·泰达苏伊士经贸合作区、柬埔寨西哈努克港经济特区、中国白俄罗斯工业园等经贸合作园区开辟了经贸合作互惠共赢的新局面，截至2021年年底，中国企业在境外经贸合作园区投资超过430.8亿美元，为园区落地国累计创造就业岗位超过34.6万个。

九年多来，世界日益清晰地看到，共建"一带一路"从数字丝绸之路、创新丝绸之路到绿色丝绸之路、健康丝绸之路、法治丝绸之路，内涵不断丰富、活力不断释放，越来越多的共建国家人民从中受益，靠自己的双手改变自己和家人的命运。共建"一带一路"合作项目成效显著，设施联通成果累累，一大批务实合作项目加速落地，为当地经济发展、民生改善作出了实实在在的贡献。截至2022年9月，中欧班列累计开行近6万列，货值累计近3000亿美元，铺画的82条运输线路通达欧洲24个国家200余个城市。丝路海运持续密织，联盟成员单位超过250家，截至2022年9月，以"丝路航运"命名的航线已达94条，通达31个国家的108座港口，累计开行9000艘次，完成集装箱吞吐量超1000万标箱。蒙内铁路开通运营五年来，累计发送旅客794.5万人次，发送集装箱181.7万标箱，发送货物2029.3万吨。面对新冠疫情在全球肆虐的冲击，"一带一路"设施联通成果捷报频传。2021年12月3日，中老昆万铁路全线通车运营，截至2022年9月，已累计发送旅客671万人次，累计运输货物717万吨，国际货运总值超过100亿元。作为中国与中东欧国家共建"一带一路"重点项目的匈塞高速铁路，其贝诺段自2022年3月19日通车运营至9月，每天开行动车组列车64列，累计发送旅客80万人次。佩列沙茨跨海大桥首次实现了克罗地亚人民连接南北领土的夙愿，自2022年7月开通至9月，车流量超过50万车次。巴基斯坦瓜达尔港已经建成一个拥有3个两万吨级泊位的多用途码头，瓜达尔自由区已有40多家企业入驻，投资额超过30亿元。

九年多来，世界日益清晰地看到，共建"一带一路"贸易畅通质效双增，贸易投资规模稳步提升，贸易自由化便利化水平持续提升。截至2022年6月，中国与"一带一路"共建国家货物贸易额累计约12万亿美元，对共建国家非金融类直接投资超过1400亿美元。辐射"一带一路"的自由贸易区网络得到加快建设，中国与13个共建国家签署了7个自贸协定。中国已累计与32个共建国家和地区签署"经认证的经营者"（AEO）互认协议，贸易安全与通关便利化合作持续推进。丝路电商成为"一带一路"新的亮点和增长点，贸易新业态得到快速发展。资金融通步伐稳步推进，人民币国际化水平不断提升。截至2022年7月，中国累计与20多个共建国家建立了双边本币互换安排，在十多个共建国家建立了人民币清算安排，人民币跨境支付系统（CIPS）业务量、影响力稳步提升。截至2022年7月，亚洲基础设施投资银行（AIIB）成员扩容至105个，累计批准项目181个，融资额达357亿美元，惠及33个亚洲与域外成员。丝路基金与欧洲投资基金设立的中欧共同投资基金，已经在近20个国家开展投资。多边开发融资合作中心（MCDF）成立后，吸引了10家国际金融机构积极参与其业务。

　　九年多来，世界日益清晰地看到，共建"一带一路"民心相通持续深入。在第三次"一带一路"建设座谈会上，习近平总书记回忆起20多年前的一件往事，在福建工作期间，习近平同志接待了来访的巴布亚新几内亚东高地省省长拉法纳玛，"我向他介绍了菌草技术，这位省长一听很感兴趣。我就派《山海情》里的那个林占熺去了""我当国家副主席以后，到南太，到非洲，到南美洲继续推广菌草。现在这个技术已经在100多个国家落地生根，给当地创造了数十万个就业机会"。以菌草项目为代表的一大批直接体现民生需求的项目落地生根，以其"小而美、见效快、惠民生"的特点，有效增进了共建国家民众的获得感。以埃及艾因夏姆斯大学鲁班工坊为代表的十余个教育合作和文化交流品牌逐步形成。截至2022年9月，"丝路一家亲"行动在共建国家开展民生合作项目300多个，推动中外社会组织建立600余对合作伙伴关系。丝绸之路国际剧院、博物馆、艺术节、图书馆、美术馆联盟成员达到539家。中国同31个合作伙伴共同发起"一带一路"疫苗合作伙伴关系倡议，迄今已向153个国家和15个国际组织提供了数千亿件抗疫物资，向120多个国家和国际组织提供了超过22亿剂疫苗。

　　共建"一带一路"承载着人们对文明交流的渴望、对和平安宁的期盼、对共同发展的追求、对美好生活的向往。记录走过的筚路蓝缕，见证取得的辉煌成绩，是为了更好地走进明天。历经九年多的携手同行，共建"一带一路"已成为广受欢迎的国际公共产品和规模最大的国际合作平台，为全球经济复苏作出了持续的、进阶的、实质性的贡献。面对百年未有之大变局和新冠疫情全球大流行，中国将继续坚定秉持人类命运共同体理念，始终将基础设施互联互通作为"一带一路"建设的优先领域，深化经贸合作，推动共建国家绿色低碳、数字化转型，保障全球产业链供应链稳定，为共建国家发展注入新动力。中国将继续担当文明沟通的使者，成为拉近国家间关系的纽带，帮助各国共享发展成果，打造甘苦与共、命运相连的发展共同体。中国将继续与各方一道，推动共建"一带一路"高质量发展，打造造福各国人民的世纪工程，为构建人类命运共同体作出新的更大贡献。

在"一带一路"倡议砥砺前行、勇毅前行的九年多时间里，中国学术界积极跟进，从不同角度展开"一带一路"研究，取得了一系列重要研究成果，具有学理性的新观点和新论述不断涌现，推动"一带一路"建设日益成为构建人类命运共同体理论大厦不可或缺的重要支柱，为深入推进"一带一路"建设贡献了学术力量。九年多来，中国学术界围绕"一带一路"倡议的研究成果，走过了从个案专题研究到系统制度论证、从对接各国发展战略到分享中国发展经验、从现象介绍到学理体系构建、从开展国际传播到主动构建中国话语体系、从单一研究视角到跨学科综合研究的发展历程，学者们开始尝试运用经济学、政治学、社会学、地理学、管理学、文化学、历史学、传播学等学科的理论和方法，对"一带一路"进行多维度、多视角、多学科的交叉研究。有的学者从世界市场失灵角度探讨了"一带一路"国际合作的基础，有的从重塑全球价值链角度为共建"一带一路"提供经济学阐释，还有人从以新兴市场经济体为枢纽的全球分工网络角度，提出了中国开放型经济"共轭环流"理论等。中国社会科学院学者也围绕"一带一路"相关理论和实践进行了大量探索，其中作为中国社会科学院年度创新工程重大科研成果陆续推出的多版《"一带一路"手册》，就是例证之一。可以说，我国"一带一路"建设取得的广泛成果，受到国际社会越来越多的理解和认同，与学界提供的良好学术供给和智力支持密不可分。

截至目前，《"一带一路"手册》已出版两版中文版（2018、2020）和两版英文版（2018、2018修订版），其中涉及不重复词条339个，撰写词条的作者人数达92人。《"一带一路"手册》从酝酿之初，就秉持如实记录"一带一路"倡议前行轨迹的理念。几年来，这项工作得到了国内外诸多机构和朋友的支持与鼓励。2018年，手册编撰工作得到国家社科基金大力支持，设立了特别委托课题"《'一带一路'手册》编辑出版"（项目编号18@ZH009）。2019年9月，《"一带一路"手册》（2018）被"一带一路"百人论坛推荐为中国企业共建"一带一路"必读的10本书之一，被认为"为促进国际社会深刻理解'一带一路'伟大战略构想提供了学术引导价值，对中国企业管理者全面了解'一带一路'倡议的主要内容有重要的参考价值"。2021年9月，在《"一带一路"手册（2020）》新书发布的同时，中国社会科学院隆重举行了新书发布会暨推动共建"一带一路"高质量发展国际研讨会。目前，手册已有多个语种受到国家社科基金中华学术外译项目、中国图书对外推广计划、丝路书香工程重点翻译资助项目、经典中国国际出版工程等国家级外译资助项目支持。

自第一版发行以来，国际社会也对手册给予高度关注和认同。2019 年 6 月，在《"一带一路"手册》（英文版）(The Routledge Handbook of Belt and Road) 正式面向全球出版发行之际，英国剑桥大学专门举办了《"一带一路"手册》英文版全球首发暨学术研讨会。2019 年，《"一带一路"手册》在泰勒·弗朗西斯集团（Taylor & Francis Group）7000 余种新书中入围好书名单。泰勒·弗朗西斯集团全球图书业务总裁贝谨立（Jeremy North）先生表示，该手册的成功是中英双方多年合作历史上一个闪耀的里程碑，是"中西方学者对话与合作的典范之作，是传播知识、促进人心相通的典范之作"。英国电子书平台 Perlego、Vital Sources Bookshelf（在线观看电子书的提供商）、英国网络书商 Book Depository、世界图书集团 World of Books（英国最大的二手书零售商）、英国在线书店 Wordery、英国书店 Foyles、美国亚马逊、荷兰电商平台 BOL、挪威 Bokklubben 等多个国外购书平台发布《"一带一路"手册》信息。有的认为，《"一带一路"手册》在保留"一带一路"知识与信息的完整性方面，具有不可替代性。有的认为，手册是参与"一带一路"的研究人员、实践人员和观察员的必备指南，全球智库、媒体从业者和大学会发现这本书是一本有用的参考书。手册在"一带一路"基础设施建设的关键时期出版，揭示了"一带一路"对未来全球经济发展的影响，并以创新的全球视角为政治学学者和学生提供了前沿视角，手册显示出的可靠见解和广泛实证分析也将有利于在该领域工作的政策制定者和智库分析师。截至目前，《"一带一路"手册》已签约 14 个语种，包括英文、德文、西班牙文、俄文、匈牙利文、韩文、波兰文、印地文、土耳其文、波斯文、罗马尼亚文、孟加拉文、希伯来文、哈萨克文等。《"一带一路"手册》正踏着"一带一路"倡议高质量发展的铿锵脚步，并伴随着其实践的日益丰富和理念的日臻完善，一步一个脚印向全世界传递中国全新的发展理念。

同时，作为一名"一带一路"高质量发展的参与者和研究者，我们也深感工作的艰巨性和挑战性。面对该系列出版以来国内外各界的褒扬与赞美，我们也知道自己工作的局限性和有待加强之处，也无法忽视其中还存在的一些亟待突破之处，特别是理论供给与实际需求不相匹配的窘态、学术创新力与"一带一路"蓬勃生机相比之下的缺位、囿于既往概念范式的汗颜等。在本版手册和今后工作中，我们将继续在进一步强化战略思维、构建"一带一路"知识体系上着力，在加快建设多学科交叉融合、建立"一带一路"研究的全方位综合性上着墨，在"一带一路"高质量发展的长时段、全局性、基础性问题上着眼，在重大项目、金融支撑、投资环境、风险管控、安全保障、气候变化等实际问题上投入。

2022年10月16日，习近平总书记在中国共产党第二十次全国代表大会上向世界郑重宣告，中国将继续推进高水平对外开放。稳步扩大规则、规制、管理、标准等制度型开放。加快建设贸易强国。推动共建"一带一路"高质量发展。维护多元稳定的国际经济格局和经贸关系。共建"一带一路"高质量发展的征程无涯，我们的团队也将继续把记录见证工作扛在肩上，勇毅前行、踔厉奋进，以不辍之笔按期续写更新《"一带一路"手册》新篇章，不负韶华、不负使命、不负初心。

信笔至此，言不及义，诸理在文，以此衷心感谢中国社会科学出版社和罗德里奇出版社的一贯支持，衷心感谢工作团队每一位成员的不懈付出，衷心感谢各界对手册撰写工作的鼓励与支持。是为序。

王灵桂

中国社会科学院研究员

中国社会科学院大学教授

2022年10月16日

《"一带一路"手册》（2022）
序　　四
后疫情时代共建"一带一路"倡议的未来之路

　　自新冠疫情暴发以来：一方面，疫情在全世界范围内造成了严重的疾病传播并且严重影响国际贸易往来，全球经济逐渐衰退；另一方面，中国以开放的姿态面向全世界所有国家，在"一带一路"倡议框架下加强与各国的抗疫合作，共克时艰、守望相助，增进了中国与"一带一路"共建国家的友谊，为全球抗疫进程提供了一丝光亮，向国际社会传递出信心和力量。新冠疫情暴发初期，中国在控制国内疫情蔓延、对病毒进行追踪溯源的同时，也积极地帮助许多没有健全医疗系统的发展中国家抗疫，不仅派出专机运送大量的医疗援助物资，而且也派出具有第一线抗疫经验的医疗专家组，世界各国也自发地向中国捐赠个人防护装备。

　　2020年5月18日，习近平主席在第73届世界卫生大会（WHA）视频会议开幕式上承诺，中国将毫无保留同各方分享防控和救治经验，中国新冠疫苗研发完成并投入使用后，将作为全球公共产品，为实现疫苗在发展中国家的可及性和可负担性作出中国贡献。与此同时，在疫情最严重时，中国与"一带一路"共建国家相互支持所播下的"善意种子"，为各国在未来可能发生的公共卫生危机中的合作铺平了道路。而"一带一路"倡议的新内涵——共建"健康丝绸之路"，将可能成为未来全球合作抗疫的成功模板。

　　受新冠疫情的持续影响，遭受重创的全球经济亟须复苏，需要更多国际活力来激发经济潜能，而不是西方国家在自诩民主的名义下，使用政治口号"大力发展自由的价值驱动型经济模式"来挽救危机局面。无论是发展中国家还是发达国家，都在为恢复经济发展的问题而挣扎不已。许多国家承受的政府债务负担越来越重，低收入和中低收入国家消除极端贫困的目标与任何时期相比都更显得遥遥无期。

　　在如此悲观、低迷的经济形势下，"一带一路"倡议的新领域——共建

"数字丝绸之路"席卷全球，保持社交距离的必要性成为人类沟通交往的新常态，进一步推动了数字经济合作在全球的推广。共建数字经济合作不仅避免了经济的全面崩溃（疫情导致一些生产线全面停滞），而且为复苏经济的传统举措——财政政策、货币政策措施提供了可替代性方案。中国是2020年世界主要经济体中唯一保持GDP正增长的国家，国内国际"双循环"新格局为中国后疫情时代经济的高质量发展持续提供动力，也将为"一带一路"共建国家的经济发展提供巨大市场。2022年1月1日，《区域全面经济伙伴关系协定》（RCEP）正式生效，将为经济复苏注入"强心剂"。

然而，共建"数字丝绸之路"并非没有挑战，社会对数字经济合作的接受程度和参与程度"因国而异"，数字经济基础设施的可用性是"数字丝绸之路"建设的先决条件，也是建设"数字丝绸之路"的一项巨大挑战。中国在发展数字经济方面起步较早，被视为一个成功的典型案例。国际社会普遍认为，数字经济合作将成为经济全球化发展的下一个主要推动力。后疫情时代，世界各国完全有理由期待中国高质量共建"一带一路"倡议发挥更大的作用。

翁诗杰

马来西亚新亚洲战略研究中心主席

2022年10月27日

《"一带一路"手册》(2020)
序　　一

自从习近平主席在2013年提出"一带一路"倡议之后，这个倡议得到众多国家和国际组织的积极响应和参与，建设"一带一路"的朋友圈越来越广，合作伙伴越来越多。从那时以来，"一带一路"倡议历经了从总体布局到实施落地的过程，合作建设实践也逐步走向更深的层次，实务空间得到进一步拓展，发展质量得到不断提高。如今，我们可以丝毫不夸大地说，"一带一路"倡议和建设实践，日益成为一个世界级话题和现象。

首先，实务上取得了良好进展。截至2021年1月，中国与140个国家和31个国际组织，签署了205份共建"一带一路"合作文件。2013年至2019年，中国与共建国家的货物贸易累计总额超过了7.8万亿美元，对共建国家直接投资超过了1100亿美元。

其次，引起全球范围内的关注，成为国际舆论和讲坛上的讨论热点。2017年5月召开的首届"一带一路"国际合作高峰论坛，有29个国家的元首和政府首脑，140多个国家、80多个国际组织的1600多名代表参与。此后，2019年4月，第二届"一带一路"国际合作高峰论坛再次举行。2020年6月，"一带一路"国际合作高级别视频会议在北京举行。

在过去这些年里，首倡于中国的"一带一路"建设跨越了国家和地域界限、不同经济社会发展阶段、多样的文明，日益成为一个开放包容的合作平台，各方共同打造的全球公共产品。联合国大会、联合国安理会通过的重要决议也纳入了"一带一路"建设的内容。

第三，引起学术界舆论界热切的研究和传播，有关理论成果不断涌现。既有各国学者围绕"一带一路"相关的历史、地理、经济、文化等话题展开的讨论，也有政策研究者围绕共商共建共享实践中的问题进行的决策研究，在政策沟通、设施联通、贸易畅通、资金融通、民心相通等各实务领域的研究形成丰硕成果。

世界越来越紧密地连接在一起，人类越来越成为一个休戚与共的命运共同体。正如任何一个国家和地区都要寻求自身的经济社会发展一样，无论哪一个国家和地区都不能在彼此分割的状态中独立发展，因而也注定离不开全球化。然而，全球化并不是自然而然产生的，也不会是一个不受羁绊的过程；全球化也不会自然而然地惠及所有国家和所有人群。全球化需要呵护、修补、改进和维护。

2008—2009年国际金融危机发生后，虽然产生了一股逆全球化潮流，但并未能够阻止全球化的继续发展。一些国家奉行民粹主义、保护主义、单边主义的政策和行为，也没有成为各国普遍认同和模仿的做法。制造贸易摩擦甚至打贸易战的做法更是害人害己，也引起诟病和抵制。2020年以来在全球和各国肆虐的新冠疫情大流行，虽然助长了一些国家的内顾发展倾向，却依然不能终止全球化进程。疫情期间出现的供应链断裂也好，苏伊士运河堵塞造成的混乱和损失也好，从反面证明全球化不能逆转，同时证明全球化仍然是脆弱的。这种脆弱性的表现既表现在合作意愿尚未充分沟通，也表现在连接世界的基础设施仍有巨大的缺口。

既然全球化不能走回头路，就只能勇往直前；既然国与国之间的合作与交流承受不起再次被断开，就必然需要加强连接性和连接能力。连接性是全球化的核心，也是全球价值链的短板，需要通过跨地域基础设施建设提高连通性。建设"一带一路"倡议之所以得到积极而广泛的响应，就是因为这一倡议本身及其实施，回应了全球化和相关国家发展的现实需要。

"一带一路"建设涉及众多共建国家和第三方，涉及大量在建和预期实施的项目，需要克服诸如经济体制、政策理念、文化传统、要素禀赋等诸多问题造成的难点和堵点。因此，"一带一路"不仅是一个基础设施项目建设的问题，还面临着诸多其他领域相通的任务。

好消息是，各国之间的广泛磋商、建设项目的早期成果、学术界和舆论界的充分交流，都给我们提供了丰富的新事物和新经验，无疑有助于我们求同存异，形成新的认识，达成新的共识。《"一带一路"手册》的作者，在此前版本的基础上，广泛吸纳和反映了这些新的发展，内容更加完整、丰富和准确，可以说形成了一个全新的版本。我衷心地希望这个手册的新版本能够有助于各界读者增进对"一带一路"相关问题的理解，进而有助于建设实务的推进。

蔡　昉
中国社会科学院国家高端智库首席专家
2021年5月7日

《"一带一路"手册》(2020)
序　　二

在中国过去十年采取的所有举措中最引人注目的是"一带一路"倡议，它雄心勃勃、极具原创性和有着历史性的意义。即使是现在，在它第一次宣布的七年后，它的规模之大和可能性之多，仍然让人难以综合和总结。"一带一路"简直是太大了，太新颖了，太开放了。这项工作仍在进行中，并将在今后许多年继续如此。众所周知，"一带一路"将改变世界。

"一带一路"的既定目标是改造欧亚大陆的基础设施，从而为其所包含的众多经济体开辟全新的前景。在现代，没有什么能比"一带一路"更好了。"一带一路"倡议惠及的欧亚大陆，人口数占世界的一半以上，其中绝大多数生活在发展中国家。

最初提出"一带一路"的时候，它意味着什么？必然会怎样？大家并不是很清楚。甚至它的名字，在它发展的早期似乎一直在变化，也不说明什么。最初，至少在翻译中，它造成了一些混乱。"一带一路"是什么意思？是关于什么的？世界各地都有人问这样的问题。人们对此很感兴趣。然而，没过多久，它就开始俘获大众的想象力，当然是在发展中国家。实际上，"一带一路"是从一个想法开始产生的。这就是为什么有人问了这么多问题。人们希望有实质性的解释，这样他们才能理解。毕竟，在他们遇到重大的新倡议时通常都会这样。但是"一带一路"不像以前的任何倡议，它是全新的。还有什么倡议像这样？以一个想法开始产生，孕育着可能性，却没有计划、制度框架或明确的既定目标？当然，在现实中，我们可以称这些计划、框架、目标等为具体细节，只有当这个想法开始被讨论，并从潜在的伙伴国家得到回应时这些细节才可能实现。这个过程是一个从想法开始，逐渐获得吸引力、动力和最后成形的过程。它不是从一个完全成形的计划开始的，没有建筑师的画，而是有机地发展起来的，就像一棵树逐渐长出大大小小的树枝，见证了自然过程的复杂性、不规则性和新颖性。

然而，人们习惯于以更可预测和传统的方式来思考这些问题。一个经常被问到的问题是，一个国家或国际组织能否加入"一带一路"？这并不奇怪。大多数国际组织对成员开放：联合国、欧盟、亚投行、上海合作组织、东盟和北约就是明显的例子。答案是否定的："一带一路"不是一个成员组织。一个国家可以是"一带一路"的一部分，但不能是其成员。一个国家与"一带一路"的关系是由他们签署的项目决定的。"一带一路"不是一个中央集权的机构，而是其各个部分的总和，这些部分由各种双边和多边协议和项目组成的。因此，它的形状、内容和范围不断增长和变化：它是一个活的、不断进化的有机体。在现代世界的经济机构、政治项目和外交举措中，很难想到类似或等同的多边结构。"一带一路"是一个完整的一次性的，真正的原创，一种新的发明。这是它天才的一部分。这个概念是全新的，也是陌生的。最相似的地方是在自然界，而不是在人造的国际机构中。正是这种灵活性给了它同时以多种不同方式成长和进化的自由。这也使得我们很难预测十年后"一带一路"将会是什么样子？或者说的确会是什么样子？然而，这也是它力量的主要来源。"一带一路"能够以各国需要的方式发展，这种方式是开放、能够满足它们需求的，而不是要求它们适应预先设想的模式。虽然这个想法最初是在欧亚大陆的背景下产生的，但它已经远远超出了这些地理限制，扩展到了非洲、拉丁美洲和北极。然而，无论地理位置如何，"一带一路"仍有一个基本的总体概念，即核心是中国与发展中国家的关系。

  "一带一路"的可能性和力量的另一个证明是发达世界的反应和对发达世界的影响。起初，美国并没有注意到这一点，试图通过沉默来谴责它，认为这不会有什么影响，从而大大低估了它的潜在重要性。直到特朗普担任总统期间这种情况才开始改变，美国对"一带一路"的批评越来越多，指责中国参与债务外交并寻求利用发展中国家。相比之下，欧洲的反应则更加好奇和开放。一个关键的原因是，位于欧亚大陆西端的欧洲，在地理上与美国相比与"一带一路"的距离没有那么遥远。就中国而言，中国已经非常认真地尝试让欧洲国家参与这个项目。现在，超过一半的欧盟成员国支持"一带一路"。最明显的支持来自中欧和东欧国家。但"一带一路"也获得了南欧国家越来越多的支持，尤其是希腊、葡萄牙和意大利，后者是七国集团中第一个支持"一带一路"的国家。尽管欧洲其他地方的支持不那么明显，但总的来说，欧洲大陆的态度可以描述为感兴趣和开明，而不是像美国那样充满敌意。德国是欧洲的关键国家，尤其是在经济方面。尽管德国至少目前为止没有特别参与"一带一路"事务，但德国与中国的经济关系却是欧洲国家中最为密切的。

  美国和欧洲对"一带一路"的截然不同的反应具有更广泛的重要性。欧洲和美国在对待中国的态度上逐渐但肯定地出现了差距。可以说，这一点最重要的表现是他们在"一带一路"问题上的对立立场。两个多世纪以来，欧洲一直向西望大西洋，而不是向东望欧亚大陆。随着亚洲的崛起和美国的衰落，欧洲的重点开始转移。

西方曾有过各种三心二意的尝试，试图组织自己的竞争对手来替代"一带一路"，但这些尝试似乎不太可能取得很大进展。"一带一路"理念十分先进，得到了来自150多个国家和国际组织的支持和呼吁。西方对发展优先的兴趣和参与长期以来远远落后于中国，特别是在东亚和非洲，甚至是在所有发展中国家。这使得此类替代方案获得巨大吸引力的空间微乎其微。它们很可能仍然处于边缘地位。一种可能的情况是，随着时间的推移，它们实际上将成为"一带一路"的一部分，并被"一带一路"所包容。

最后，我们应该在更广阔的地缘经济和地缘政治背景下看待"一带一路"。"一带一路"寻求促进和转变发展中国家的经济，从而加快它们的崛起，并在此过程中将全球经济的重心转移到发展中世界。从某种程度上说，"一带一路"的成功将导致全球经济的重组，欧亚大陆，尤其是亚洲，将发挥越来越大的作用。欧洲在这个方向上的缓慢漂移很好地说明了这一趋势。

《"一带一路"手册》记录了该项目在其短暂的发展过程中取得的进展，并对"一带一路"的巨大的影响和复杂性提供了许多见解。对于那些想了解21世纪最重要和最新颖的国际倡议之一，及其最新动态的人来说，这是一本重要的读物。

马丁·雅克
英国剑桥大学政治与国际研究系
前高级研究员
2021年5月3日

《"一带一路"手册》（2020）
序　三

共建"一带一路"，通天下，顺大势。随着经济全球化的深入发展，区域经济一体化的加快推进，全球增长和贸易、投资格局正处于深刻调整的关键阶段，需要思路创新以激发发展活力与合作潜力。进入新时代的中国，迫切需要打造高水平对外开放的新范式，以更宽领域、更深层次开放适应经济社会更好发展的新需要。党的十八大以来，以习近平同志为核心的党中央把中国发展和世界共同发展有机结合，从古代丝绸之路汲取营养，创造性提出共建"一带一路"倡议，对中国开放发展和世界经济未来作出了具有重大历史性变革的开放设计和部署，为世界共享中国发展机遇创建了新平台，为国际合作开辟了新途径。"一带一路"倡议提出近8年来，就像一对腾飞的翅膀，将中国和众多合作共建方带向了和平、发展、合作、共赢的远方[①]，成为国际社会广泛关注的参与全球开放合作、改善全球经济治理体系、促进全球共同发展繁荣、推动构建人类命运共同体的中国方案。

2013年9月7日，习近平总书记在哈萨克斯坦纳扎尔巴耶夫大学发表演讲，首次提出共同建设"丝绸之路经济带"的合作倡议。这个充满东方智慧的为实现共同繁荣发展的倡议强调，"为了使我们欧亚各国经济联系更加紧密、相互合作更加深入、发展空间更加广阔，我们可以用创新的合作模式，共同建设'丝绸之路经济带'"。10月3日，习近平总书记在印度尼西亚国会发表演讲时，提出共同建设"21世纪海上丝绸之路"、倡议筹建亚洲基础设施投资银行，向国际社会进一步传递出中国实实在在推进新开放的明确信号。

2013年11月12日，党的十八届三中全会审议通过了《中共中央关于全面深化改革若干重大问题的决定》，将"推进丝绸之路经济带、海上丝绸之路建设，形成全方位开放新格局"[②]，作为全面深化改革的重大决策部署。12月，

---

① 习近平：《开辟合作新起点 谋求发展新动力——在"一带一路"国际合作高峰论坛圆桌峰会上的开幕辞》，《人民日报》2017年5月16日。
② 《十八大以来重要文献选编》（上），中央文献出版社2014年版，第526页。

习近平总书记在中央经济工作会议上指出，建设"丝绸之路经济带"和"21世纪海上丝绸之路"，"是党中央统揽政治、外交、经济社会发展全局作出的重大战略决策，是实施新一轮扩大开放的重要举措，也是营造有利周边环境的重要举措"①。

2014年6月，在北京召开的中国—阿拉伯国家合作论坛第六届部长级会议上，习近平总书记首次正式使用了"一带一路"的提法，并首次对丝绸之路精神和"一带一路"建设应该坚持的原则作出了系统阐述，赋予了古代丝路精神以全新的时代内涵。以和平合作、开放包容、互学互鉴、互利共赢为特征的丝绸之路精神，唤起了共建国家对古老丝绸之路的回忆，契合他们的共同需求，为共同实现优势互补、开放发展开启了新的机遇之窗。

合作共建"一带一路"跨越不同地域、不同发展阶段、不同文明国家和地区，要付诸实施，须获得各方认同，达成广泛共识。倡议提出后，习近平总书记利用各种场合和机会，同有关各方坦诚深入地对话沟通、增进战略互信、广泛凝聚共识。"一带一路"在探索中前进、在发展中完善、在合作中成长。2014年11月，习近平总书记在中央财经领导小组第八次会议上强调，要集中力量办好这件大事，做好"一带一路"总体布局，尽早确定时间表、路线图。同年，中共中央、国务院印发《丝绸之路经济带和21世纪海上丝绸之路建设战略规划》，对推进"一带一路"建设工作作出全面部署。同年，在"加强互联互通伙伴关系"东道主伙伴对话会上，习近平总书记提出以亚洲国家为重点方向、以经济走廊为依托、以交通基础设施为突破、以建设融资平台为抓手、以人文交流为纽带的合作建议，指明了"一带一路"建设的方向和路径，推动"一带一路"建设进入务实合作新阶段。

在2016年召开的推进"一带一路"建设工作座谈会上，习近平总书记对推进思想统一、规划落实、统筹协调、关键项目落地、金融创新、民心相通、舆论宣传、安全保障等推进"一带一路"建设的重要问题和重点工作作出具体部署。在2018年召开的推进"一带一路"建设工作5周年座谈会上，习近平总书记在重要讲话中用"夯基垒台、立柱架梁"对"一带一路"建设5年来的成就作出了精辟总结，强调促进政策沟通、设施联通、贸易畅通、资金融通、民心相通是推动"一带一路"建设的重要内容，实现互利共赢是"一带一路"倡议的初衷。座谈会上，习近平总书记提出了"推动共建'一带一路'向高质量发展转变"的基本要求，明确了"基础设施等重大项目建设和产能合作"这一重点，以及"重大项目、金融支撑、投资环境、风险管控、安全保障"等关键问题。他以共绘"工笔画"为喻，从项目建设、开拓市场、金融

---

① 《习近平关于社会主义经济建设论述摘编》，中央文献出版社2017年版，第247页。

保障等方面对推进"一带一路"建设提出系列更高要求，强调"一步一个脚印推进实施，一点一滴抓出成果"，推动共建"一带一路"走深走实，造福共建国家人民，推动构建人类命运共同体。

2017年5月14日至15日，首届"一带一路"国际合作高峰论坛在北京召开，29位外国元首和政府首脑，140多个国家、80多个国际组织的1600多名代表与会，达成共5大类、76大项、270多项成果。首届"一带一路"国际合作高峰论坛进一步明确、规划、确定了未来"一带一路"合作方向、具体路线图、重点项目。习近平总书记在开幕式的主旨演讲中强调，要将"一带一路"建成和平之路、繁荣之路、开放之路、创新之路、文明之路。2019年4月25日至27日，第二届"一带一路"国际合作高峰论坛在北京成功举行。论坛期间举行高峰论坛开幕式、领导人圆桌峰会、高级别会议、12场分论坛和1场企业家大会。包括中国在内，38个国家的元首和政府首脑等领导人以及联合国秘书长和国际货币基金组织总裁共40位领导人出席圆桌峰会。来自150个国家、92个国际组织的6000余名外宾参加了论坛。习近平总书记在高峰论坛开幕式上的主旨演讲中指出，面向未来，要聚焦重点、深耕细作，共同绘制精谨细腻的"工笔画"，推动共建"一带一路"沿着高质量发展方向不断前进。推动共建"一带一路"实现高质量发展是中国面向世界提出的重要理念，反映了参与共建"一带一路"国家的普遍愿望，树立起大家共同努力的目标。中方牵头汇总了论坛期间各方达成的具体成果，共6大类283项。

2015年，习近平总书记在博鳌亚洲论坛、在访问美国和英国期间的演讲中，反复阐述"一带一路"的开放包容性，加深了国际社会对"一带一路"建设的理解。3月，国务院发布《推动共建丝绸之路经济带和21世纪海上丝绸之路的愿景与行动》。共建"一带一路"倡议及其核心理念写入联合国、二十国集团、亚太经合组织以及其他区域组织等有关文件中。7月，上海合作组织发表《上海合作组织成员国元首乌法宣言》，支持关于建设"丝绸之路经济带"的倡议。2016年11月，联合国193个会员国协商一致通过决议，欢迎共建"一带一路"等经济合作倡议，呼吁国际社会为"一带一路"建设提供安全保障。2017年3月，联合国安理会一致通过第2344号决议，呼吁国际社会通过"一带一路"建设加强区域经济合作。2018年，中拉论坛第二届部长级会议、中国—阿拉伯国家合作论坛第八届部长级会议、中非合作论坛北京峰会先后召开，分别形成中拉《关于"一带一路"倡议的特别声明》《中国和阿拉伯国家合作共建"一带一路"行动宣言》《关于构建更加紧密的中非命运共同体的北京宣言》等重要成果文件。

在习近平总书记倡议下，为推动亚洲地区互联互通，深化区域合作，实现共同发展，亚洲基础设施投资银行（以下简称亚投行）于 2015 年 12 月 25 日成立。亚投行按照多边开发银行模式和原则运作，坚持国际性、规范性、高标准，实现良好开局，"朋友圈"越来越大、好伙伴越来越多、合作质量越来越高，得到国际社会广泛认可，成员数量从开业时的 57 个扩至 2020 年 11 月底的 103 个。截至 2020 年 7 月 29 日，亚投行共批准 87 个项目，覆盖 24 个经济体，投资总额超过 196 亿美元；亚投行成立以来，与世界银行、亚洲开发银行等多边开发银行保持良好合作，约 53% 的项目为联合融资。新冠疫情暴发以后，亚投行迅速设立 50 亿美元的危机恢复基金，为成员紧急公共卫生需求提供资金支持。后根据需要，该基金又追加至 130 亿美元。

为更好推动共建"一带一路"，中国政府倡议设立了丝路基金。该基金是按照《公司法》设立的中长期开发投资基金，其定位为通过股权、债权、贷款、基金等多元化投融资方式为"一带一路"多边、双边互联互通提供投融资支持。2014 年 11 月 4 日，习近平总书记主持召开中央财经领导小组第八次会议，批准设立丝路基金。11 月 8 日，习近平总书记在"加强互联互通伙伴关系"东道主伙伴对话会上宣布，中国将出资 400 亿美元成立丝路基金。11 月 9 日，他在亚太经合组织工商领导人峰会上明确，丝路基金是开放的，可以根据地区、行业或者项目类型设立子基金，并欢迎亚洲域内外的投资者积极参与。12 月 29 日，丝路基金有限责任公司正式成立并开始运行。截至 2019 年 11 月，丝路基金通过股权、债权等方式实现多元化融资，签约 34 个项目，承诺投资金额约 123 亿美元，投资领域覆盖东南亚、南亚、中亚、西亚、北非、欧洲、北美以及南美等区域。

"一带一路"倡议提出以来，成绩斐然、硕果累累，成为当今世界广泛参与的国际合作平台和普受欢迎的国际公共产品。共建"一带一路"倡议的实施，在促进政策沟通、设施联通、贸易畅通、资金融通、民心相通方面取得显著进展。2020 年 12 月，中国政府同非洲联盟委员会签署《关于共同推进"一带一路"建设的合作规划》。至此，中国政府与 138 个国家、31 个国际和区域组织签署了 203 份共建"一带一路"合作文件。

服务"一带一路"倡议和"一带一路"倡议各共建方，是智库义不容辞的使命和义务。2018 年，为给有志于"一带一路"倡议的中外研究者、实践者和观察者提供一个指南性的读本，中国社会科学院国家高端智库组织研究人员编写了《"一带一路"手册》（2018），力图从"一带一路"理论和实践初步成果的角度，对其初衷与原则、历史与现状、基本知识及相关研究成果进行集中展示。其后，我们又与英国罗德里奇出版社在剑桥大学联合举办了《"一带一路"手册》英文版的首发式。该书发布后，得到了国际国内学界和政界的赞赏。许多读者希望我们能不断续写该手册，为他们提供最新的资讯和研究帮助。对此，我们既感到高兴，也感到很有压力。

蔡昉教授在《"一带一路"手册》（2018）的序言中指出，"一带一路"倡议是一个给每个国家以充分选择空间的开放型发展框架。他认为，"一带一路"倡议的基本理念和主体思路已经为中国改革开放时期的发展和分享的经验所验证，其共商共建共享的原则蕴含着打破以传统霸主国家为中心的全球公共产品供给的内容与范式，抓住了基础设施建设这一各国普遍面临的关键性制约因素，为各国根据国情探索适合自身的发展模式提供了充分的空间，是一种同各国自身需要和努力并行不悖的有益知识和共建共享倡议。彼得·诺兰教授在序言中也强调，"一带一路"不仅能加强与这些地区的国际贸易，还能在文化上长期促进深入共存、双向交流，促使世界各国在这幅千丝万缕的历史织锦中融汇交织。

直至今天，蔡昉教授和彼得·诺兰教授的研究和判断仍具相当的前瞻性和预见性，体现了两位学者的深刻洞察力。但是，由于《"一带一路"手册》（2018）的材料使用是截至2017年年底的，之后"一带一路"倡议的理论研究和实践探索又有了许多新的进展。同时，中国政府提出的进入新发展阶段、贯彻新发展理念、构建新发展格局的发展战略，又与"一带一路"倡议相融相长、水涨船高。"一带一路"的不断成长和发展，广大读者的新要求，使我们下决心尽快推出《"一带一路"手册》（2020）。

《"一带一路"手册》（2020），并不是第一版的补充，而是续写的"故事"。反映的是2017年年底以来"一带一路"倡议理论发展和实践探索、经验总结的最新成果。今后我们还将按照这种思路，继续续写新的版本。

当然，由于水平和能力所限，我们历来和从来不能奢想本书以及今后的版本，能成为一部指导性的文献。如果本书能让各位读者有所裨益，则我们也就感到无上荣耀了。同时，我们今天和今后的工作，也取决于广大读者的意见和建议。在此，我们诚挚希望读者能不断地给我们提出意见建议和工作努力方向。

王灵桂

中国社会科学院国家高端智库副理事长

2021年3月25日

《"一带一路"手册》（2018）
序　　一

　　世界各国分别处于不同的发展阶段，有各自不同的历史和文化，但是，各国人民对于和平与发展有着共同的愿望。以摆脱贫困和改善人民生活质量为基本标志，提高国家的经济社会发展水平，也是各国执政者的目标和不断做出的承诺。与此同时，人们也倾向于同意，任何国家在谋求自身发展时也应兼顾他国，各国共同发展才是一国发展的可持续性所在。习近平同志于2013年担任中国国家主席以来，一贯倡导并做出深刻阐释的构建人类命运共同体理念，迅速得到了国际社会的广泛认同，这个概念本身也被载入一系列联合国决议。

　　共同的发展愿望并不意味着唯一道路，也不要求单一模式，而是提倡发展途径的多样化、本土化和与时俱进。不过，各国发展的道路上也面临着一些共同的障碍，如资本积累的瓶颈、国际经贸关系中的不平等、基础设施能力的不足、人力资本培养的难点、劳动力等资源动员能力的缺乏和配置的无效率等。因此，在承认和鼓励模式多样性的同时，世界各国特别是发展中国家也在探讨促进发展的基本条件，寻找创造这些条件的途径，以便能够打破关键领域的瓶颈制约。此外，各国的发展也需要相互借鉴成功经验、汲取失败教训，也有必要形成一种各国紧密合作、充分协商、携手互动，同时又给每个国家以充分选择空间的发展战略框架。中国国家主席习近平2013年提出的"一带一路"倡议，就是这样一个开放性的框架。

　　第一，"一带一路"倡议的基本理念和主体思路，已经为中国改革开放时期的发展和分享的经验所验证。中国在过去40余年的发展历程，为经济史提供了一个同时做大蛋糕和分好蛋糕的成功案例。1978—2019年期间，在实际GDP总量增长38倍、实际人均GDP增长26倍左右的同时，得益于就业的扩大，实际城乡居民可支配收入与人均GDP保持了相同的增长速度。同一时期劳动生产率（劳均GDP）提高了19.4倍，其中劳动力在区域间和产业间的重新配置作出了重要的贡献。

　　进入21世纪以来，实施西部大开发战略、东北等老工业基地振兴战略和中部崛起战略等区域均衡发展战略，通过财政转移支付、项目建设投资和基础设施建设等措施，明显改善了中国的中西部地区的营商环境、对外开放水平、交通通信等基础设施条件、基本公共服务保障能力和人力资本水平。随着投资环境和发展条件的显著改善，中西部地区的工业化实现了赶超式的发展。随着沿海地区劳动力和土地等要素成本的提高，劳动密集型制造业在这些地区逐渐丧失比较优势，与此同时，中西部地区通过能力建设做好了充分的准备，得以成功地接受更多的国内跨地区投资和外商直接投资，承接了从沿海地区转移的制造业产业。

第二，"一带一路"倡议坚持共商共建共享的原则。这一倡议并非简单地借用古老的陆地和海上丝绸之路这个符号，还有更深的历史含义和现实启迪。从历史深度上，这个符号隐含着对于传统的西方中心论的否定，更强调东西方文明相互交通、互学互鉴在人类发展历史上的作用。从当代国际视野来看，这个符号也蕴含着如何打破传统的全球公共品供给的内容及模式，特别是破除单一或少数国家主导国际规则话语权的过时做法，更加注重在联合国宪章原则基础上，通过所有国家的参与，治理全球化和消除全球贫困的新理念。

第三，"一带一路"倡议抓住了基础设施建设这一各国普遍面临的关键性制约。在几乎所有的"一带一路"相关国家，都存在着交通、通信、能源等基础设施薄弱的瓶颈问题，构成对投资环境、投资效率和产业发展的长期制约，也使许多国家不能充分享受经济全球化的红利。中国发起并率先投资，借助亚洲基础设施投资银行、金砖国家新开发银行、丝路基金等融资机构，与相关国家和地区进行基础设施建设能力的合作，可以像中国自身曾经实施过的西部大开发战略所显示的那样，预期大幅度改善"一带一路"相关国家的基础设施条件，创造经济发展必要条件。

最后，"一带一路"倡议为各国根据国情探索适合自身发展道路的模式提供了充分的空间。发展中国家要摆脱贫困、实现联合国2030年可持续发展目标、走向现代化，终究需要立足于自身的国情，依靠内在的决心和努力，消除在发展动力和制度环境等方面现存的各种障碍。如果说外部人能够做什么有意义的事情的话（无论是否称其为国际公共品），那无疑就是提供有益的知识，包括曾经在其他环境下取得过成功的经验和需要汲取的教训、软件和硬件基础设施建设资金、人力资本培训等方面的必要帮助，以及容易入手和迅速见效的市场投资机会。理论和实践都表明，"一带一路"就是这样一种可以同各国自身需要和努力并行不悖的共建共享倡议。

自2013年习近平主席首倡以来，"一带一路"倡议已经迅速转变为各国的合作行动，体现在一系列国际合作机制的建立、合作项目的落地，以及一部分早期成果的收获上面。然而，在不同国家，人们对这个倡议和相关行动的理解尚不尽一致，也存在着疑惑、误解甚至有意歪曲。这种情况也并不令人感到过分意外。毕竟，正如人类社会任何活动都必然经历不断探索和认识的过程，任何合作事业都需要参与各方不断磨合一样，"一带一路"倡议本来就具有开放的性质，也需要在实施中积累经验、完善理念、增进共识。因此，在该倡议的每一个实践阶段，都有必要对已经取得的进展做出总结，对已有的经验进行评估，对已经形成的共识予以确认，甚至在理论上进行提炼和抽象。

出于以上考虑，我们编辑撰写了这本《"一带一路"手册》，于2018年和2019年分别出版了中文版和英文版，作为截止到当时关于"一带一路"理论、实务和实践成果的一个阶段性汇总，也受到了读者的欢迎。鉴于"一带一路"理论和实践的发展日新月异，编者、作者（我相信读者也是如此）都感到这本手册有更新、修订和再版的需要。经过编者和作者一段时间的工作努力，现在，我们把本书的2020版奉献给国内外广大读者。我们希望这本手册能够满足高质量共建"一带一路"任务的需要，特别是在新冠疫情之后的实践需要。

参加"手册"写作的作者包括了相关领域的研究人员，通过条目的选择和内容的介绍，我们力图反映与"一带一路"的理念、实务和实践相关的内容，包括倡议的理念与原则，历史与现状，相关的国际和国家经验，合作的内容与实践，机制、平台和项目建设，可能对接的相关地区机制和国家行动计划，以及与"一带一路"有关的基本知识，等等。编者和作者并无意让这本手册充当理论和实务的指南，但希望它能成为一个有参考价值的读本，对参与"一带一路"建设的研究者、实际工作者和观察者及至感兴趣的一般读者有所裨益。文本中的内容或许未能体现最新进展，错误和遗漏之处也在所难免，作者和主编诚挚地期待读者提出批评。

蔡　昉

中国社会科学院副院长、学部委员

中国社会科学院国家全球战略智库理事长

2018年4月25日

《"一带一路"手册》（2018）
序　二[*]

"1987年，在中国陕西的法门寺，地宫中出土了20件美轮美奂的琉璃器，这是唐代传入中国的东罗马和伊斯兰的琉璃器。我在欣赏这些域外文物时，一直在思考一个问题，就是对待不同文明，不能只满足于欣赏它们产生的精美物件，更应该去领略其中包含的人文精神；不能只满足于领略它们对以往人们生活的艺术表现，更应该让其中蕴藏的精神鲜活起来。"

——习近平主席在联合国教科文组织总部的演讲（2014年3月28日）[①]

2011—2012年，美国宣布对战略方向进行重大调整，将重点转向亚太地区："美国的经济和安全利益与从西太平洋和东亚延伸至印度洋地区和南亚的弧形地带的发展息息相关，这对美国既是挑战也是机遇，两者都不断演化。因此，尽管美国军队将继续为全球安全作出贡献，但势必要重新进行战略平衡，转向亚太地区。"时任美国国务卿希拉里·克林顿公开确认："21世纪将是美国的太平洋世纪，就像以前的各个世纪一样。"她进一步阐述了美国战略方向的转变："世界政治的未来将决定于亚洲，而非阿富汗或伊拉克。美国将处在行动的正中心……因此，美国未来十年治国方略中最重要的任务之一是确保大幅增加在亚太地区的投入，包括外交、经济、战略及其他投入。"

未来几十年，美国国际关系战略布局中打造亚洲政治和军事同盟网络将是至关重要的一部分，在其看来重新回归亚洲对该地区的未来极为重要："该地区也许比世界近代史上任何时期都更渴望我们的领导和参与。我们是唯一一个在该地区拥有强大同盟网络却没有领土野心、存在共同利益并持续提供支持的强国……我们现在的挑战是在整个太平洋打造一个符合美国利益和价值观的、持久的关系网，正如我们在大西洋所打造的一样。"

约200年前，欧洲对中亚、东南亚以及中国本身的了解都极为有限，主要

---

[*] 本文摘自Peter Nolan, *Understanding China-The Silk Road and the Communist Manifesto*, Taylor and Francis; October 2015。现将引言部分作为本书代序。

[①] 习近平：《在联合国教科文组织总部的演讲》，《人民日报》2014年3月28日第3版。

途径也只是从通过海陆丝绸之路与东亚交易的中间商那里获得二手信息。库克船长在1768—1779年进行了著名的探索航行，此时欧洲人对亚太地区的了解几乎为零。1776年北美殖民地宣布脱离英国独立时，美国还仅仅由一小群聚居在辽阔北美大陆东部边缘的殖民地居民组成，远眺太平洋的西海岸加利福尼亚州直到1850年才成为"美国"的一部分。

中国国家主席习近平将连接中西方的"一带一路"倡议作为中国对外关系顶层设计的关键部分。2013年9月7日，习近平主席在哈萨克斯坦的纳扎尔巴耶夫大学的演讲中提出建设"丝绸之路经济带"；2013年10月3日，他在印度尼西亚国会的演讲中提出建设"21世纪海上丝绸之路"。中国两千多年来与其周边地区有着深厚的友好往来，通过新疆与中亚、通过南海地区与东南亚保持着深厚长期的贸易和文化交流，新疆和南海地区因而分别构成中国进入中亚和东南亚的"门户"。

2013年，习近平主席访问了中亚四国，包括乌兹别克斯坦、土库曼斯坦、吉尔吉斯斯坦和哈萨克斯坦。习近平主席还访问了东南亚，包括马来西亚和印度尼西亚，并于2014年春出访欧洲。他在这些出访的一系列讲话中清晰阐述了在新的"一带一路"上建设中欧桥梁的中国构想，特别重视港口、机场、公路、铁路、水电和通信等基础设施的发展。基础设施建设对于带动经济关系极为重要，而经济关系是增进相互了解的基础。

习近平主席每次出访都强调理解历史对相互了解的重要性："历史是现实的根源，任何一个国家的今天都来自昨天。只有了解一个国家从哪里来，才能弄懂这个国家今天怎么会是这样而不是那样，也才能搞清楚这个国家未来会往哪里去和不会往哪里去。"[①] 他一再指出增进彼此文化了解对和平发展的重要性："历史告诉我们，只有交流互鉴，一种文明才能充满生命力。只要秉持包容精神，就不存在什么'文明冲突'，就可以实现文明和谐。"[②]

中国和欧洲处于新丝绸之路的两端，习近平主席的演讲指出中欧之间自古以来沿着水陆交通建立了长期联系："我们要建设文明共荣之桥，把中欧两大文明连接起来。中国是东方文明的重要代表，欧洲则是西方文明的发祥地。"他也强调了中国思想沿着丝绸之路传播对欧洲发展做出的贡献："中国的造纸术、火药、印刷术、指南针四大发明带动了世界变革，推动了欧洲文艺复兴。中国哲学、文学、医药、丝绸、瓷器、茶叶等传入西方，渗入西方民众日常生活之中。《马可·波罗游记》令无数人对中国心向往之。"[③]

---

① 习近平：《在布鲁日欧洲学院的演讲》，《人民日报》2014年4月2日第2版。
② 习近平：《在联合国教科文组织总部的演讲》，《人民日报》2014年3月28日第3版。
③ 习近平：《在联合国教科文组织总部的演讲》，《人民日报》2014年3月28日第3版。

习近平主席还强调了中亚和东南亚作为连接中欧两地桥梁的重要性："桥不仅方便了大家的生活，同时也是沟通、理解、友谊的象征。我这次欧洲之行，就是希望同欧洲朋友一道，在亚欧大陆架起一座友谊和合作之桥。"[1]

中国政府"一带一路"倡议的核心，是发展基础设施和商业关系。为扶持商业、促进社会稳定而建设基础设施，是中国长期繁荣的基石。中国过去的国际贸易与数量庞大的内部贸易比起来微不足道，中国通过"一带一路"，不仅能加强与这些地区的国际贸易，还能在文化上长期相互深入共存、双向交流，促使世界各国在这幅千丝万缕的历史织锦中融汇交织。

彼得·诺兰

大英帝国司令勋章获得者

剑桥大学发展研究中心创始主任

剑桥大学耶稣学院中国中心主任

2018 年 8 月 8 日

---

[1] 习近平：《在布鲁日欧洲学院的演讲》，《人民日报》2014 年 4 月 2 日第 2 版。

目 录

一 新时代与新理念 …………………………………………（1）
1. "一带一路"十年成就 2013—2023 ……………………（1）
2. 全人类共同价值 …………………………………………（4）
3. 中国式现代化 ……………………………………………（6）
4. 全球安全倡议 ……………………………………………（8）
5. 全球文明倡议 ……………………………………………（11）
6. 全球观 ……………………………………………………（12）
7. 发展观 ……………………………………………………（14）
8. 安全观 ……………………………………………………（17）
9. 开放观 ……………………………………………………（19）
10. 合作观 …………………………………………………（21）
11. 文明观 …………………………………………………（23）
12. 治理观 …………………………………………………（26）
13. 生命之路 ………………………………………………（27）
14. 共赢共担共治 …………………………………………（29）
15. 文明交流互鉴之路 ……………………………………（30）
16. 中国共产党与世界政党领导人峰会 …………………（33）
17. 中国共产党与世界政党高层对话会 …………………（35）

二 命运共同体建设 ………………………………………（38）
18. 利益共同体 ……………………………………………（38）
19. 责任共同体 ……………………………………………（40）
20. 命运共同体 ……………………………………………（42）
21. 网络空间命运共同体 …………………………………（44）
22. 中老命运共同体 ………………………………………（47）
23. 中巴命运共同体 ………………………………………（50）

24. 中阿命运共同体 ……………………………………………（52）
25. 中拉命运共同体 ……………………………………………（54）
26. 中国—中亚命运共同体 ……………………………………（56）
27. 中国—太平洋岛国命运共同体 ……………………………（59）

三　伙伴关系建设 …………………………………………………（62）
28. 卫生合作伙伴关系 …………………………………………（62）
29. 绿色发展伙伴关系 …………………………………………（64）
30. 开放包容伙伴关系 …………………………………………（66）
31. 创新合作伙伴关系 …………………………………………（69）
32. 廉洁共建伙伴关系 …………………………………………（71）
33. 绿色发展投融资伙伴关系 …………………………………（74）

四　政策沟通 ………………………………………………………（77）
34. "一带一路"国际合作机制 …………………………………（77）
35. 中国—东盟建设部长圆桌会议 ……………………………（79）
36. "一带一路"企业家大会北京宣言 …………………………（81）
37. "一带一路"倡议十周年暨促进高质量就业国际研讨会 …（82）
38. "一带一路"自然灾害防治和应急管理国际合作部长论坛 …（84）
39. 廉洁丝绸之路北京倡议 ……………………………………（87）
40. "一带一路"廉洁建设高级原则 ……………………………（89）
41. 海上丝绸之路（泉州）司法合作国际论坛 ………………（92）
42. "一带一路"参与企业廉洁合规倡议 ………………………（94）
43. 地方合作专题论坛主席声明 ………………………………（96）
44. 香港特别行政区主办"一带一路"高峰论坛 ………………（97）
45. "一带一路"国际合作高峰论坛秘书处 ……………………（100）

五　产业发展 ………………………………………………………（102）
46. 共建"一带一路"产业发展国际研讨会 ……………………（102）
47. "一带一路"农业合作发展论坛 ……………………………（104）
48. 中国国际矿业大会 …………………………………………（106）
49. 中国—东盟矿业合作论坛 …………………………………（108）
50. "一带一路"和平利用核能合作主题研讨会 ………………（110）
51. 中国—东盟和平利用核技术论坛 …………………………（112）

六　数字经济 （115）
52. "一带一路"数字经济国际合作倡议 （115）
53. "一带一路"数字经济国际合作北京倡议 （118）
54. 数字丝路北京宣言 （122）
55. 金砖国家数字经济伙伴关系框架 （123）
56. 中国—东盟关于建立数字经济合作伙伴关系的倡议 （126）
57. 中阿数据安全合作倡议 （127）
58. "中国+中亚五国"数据安全合作倡议 （129）

七　可持续发展 （132）
59. "一带一路"绿色创新大会 （132）
60. "一带一路"绿色发展伙伴关系倡议 （134）
61. "一带一路"绿色发展北京倡议 （136）
62. "一带一路"绿色发展圆桌会 （138）
63. 数字经济和绿色发展国际经贸合作框架倡议 （140）
64. "一带一路"蓝色合作倡议 （142）
65. 全球滨海论坛盐城共识 （144）
66. "凝聚发展合力　共建美丽丝路"倡议 （145）
67. 国际城市可持续发展高层论坛 （146）
68. "一带一路"应对气候变化南南合作计划 （149）
69. 气候变化南南合作谅解备忘录 （151）
70. "一带一路"生态环保大数据服务平台年会 （153）

八　设施联通 （156）
71. 中欧班列国际合作论坛 （156）
72. 全球可持续交通高峰论坛 （158）
73. 全球互联互通网络 （160）
74. 深化互联互通合作北京倡议 （162）
75. 亚欧大陆物流新通道 （164）
76. 跨里海国际运输走廊 （165）
77. "丝路海运"海航贸一体化 （167）
78. "陆海天网" （168）
79. "丝路海运" （171）
80. "丝路海运"国际合作论坛 （173）

81. 海丝港口国际合作论坛 …………………………………（174）
82. 空中丝绸之路 ……………………………………………（177）
83. 郑州—卢森堡"空中丝绸之路"国际合作论坛 ………（180）
84. 中国民航"一带一路"合作平台 ………………………（181）
85. 澳门国际基础设施投资与建设高峰论坛 ……………（184）
86. "气候智慧型互联互通基础设施融资创新和良好实践"
    研讨会 ……………………………………………………（185）

九 贸易畅通 ……………………………………………………（188）
87. "一带一路"贸易畅通合作倡议 …………………………（188）
88. "一带一路"国家会计准则合作论坛 ……………………（189）
89. "一带一路"税收征管合作论坛 …………………………（191）
90. "单一窗口"合作机制 ……………………………………（194）
91. "经认证的经营者"（AEO）互认 ………………………（195）
92. "一带一路"海关食品安全合作倡议 ……………………（198）
93. 海关检验检疫合作文件 …………………………………（199）
94. 监管合作谅解备忘录 ……………………………………（201）
95. 跨境电商标准框架 ………………………………………（203）
96. "丝路电商"合作先行区 …………………………………（205）

十 资金融通 ……………………………………………………（208）
97. "一带一路"专项贷款 ……………………………………（208）
98. 中国—欧亚经济合作基金 ………………………………（210）
99. 中国—中东欧投资合作基金 ……………………………（211）
100. 中国—东盟投资合作基金 ………………………………（214）
101. 中日韩—东盟银联体 ……………………………………（216）
102. 中国—东盟银联体 ………………………………………（217）
103. 中国—阿拉伯国家银行联合体 …………………………（219）
104. 中非产能合作基金 ………………………………………（221）
105. 中非金融合作银行联合体 ………………………………（223）
106. 中拉合作基金 ……………………………………………（225）
107. 中拉开发性金融合作机制 ………………………………（226）
108. 中拉产能合作投资基金 …………………………………（228）
109. "一带一路"银行间常态化合作机制 ……………………（230）

110. 金融支持共建"一带一路"高质量发展研讨会 …………（233）
111. 绿色金融支持"一带一路"能源转型倡议 ……………（234）
112. "一带一路"主题基金 ……………………………………（236）
113. "一带一路"主题指数 ……………………………………（238）

十一　民心相通 ……………………………………………（241）

114. 良渚论坛 …………………………………………………（241）
115. 人文交流项目 ……………………………………………（243）
116. 促进"文明互鉴"联合倡议 ……………………………（246）
117. "丝路心相通"共同倡议 ………………………………（247）
118. 中国—东盟卫生合作论坛 ………………………………（249）
119. "一带一路"疫苗合作伙伴关系倡议 …………………（251）
120. "小而美"民生项目 ……………………………………（254）
121. 小型民生援助项目 ………………………………………（256）
122. 公园城市论坛 ……………………………………………（258）
123. "一带一路"园区建设国际合作峰会 …………………（260）
124. 丝绸之路沿线民间组织合作网络 ………………………（262）
125. 中国青年全球伙伴行动 …………………………………（265）
126. 推进共建"一带一路"教育行动 ………………………（267）
127. 丝绸之路青年学者资助计划（即丝绸之路青年研究基金）……（270）
128. "一带一路"青年故事会 ………………………………（271）
129. 中国—中东欧国家青年创客国际论坛 …………………（273）
130. 丝绸之路国际艺术节联盟论坛 …………………………（275）
131. 中蒙俄万里茶道城市合作大会 …………………………（277）
132. 海外中国文化中心 ………………………………………（279）
133. "丝绸之路"中国政府奖学金 …………………………（281）
134. 中国政府原子能奖学金项目 ……………………………（282）
135. 国际传播"丝路奖" ……………………………………（284）

十二　科技、智库合作 ……………………………………（287）

136. "一带一路"科技创新部长级会议 ……………………（287）
137. "一带一路"科技交流大会 ……………………………（289）
138. "一带一路"知识产权高级别会议 ……………………（290）
139. 第一届中国—中亚知识产权局局长会议联合声明 ……（292）

140. 全球人工智能治理倡议……（294）
141. "加强中非带路科技创新，促进非洲可持续发展"倡议……（296）
142. 加强"一带一路"学术共同体建设的倡议……（298）
143. "一带一路"国际智库合作论坛……（300）
144. 关于加强"一带一路"国际智库合作倡议……（303）
145. "一带一路"国际智库合作委员会大会……（305）
146. "一带一路"能源合作智库共同行动倡议……（308）

十三　媒体合作……（310）

147. "一带一路"新闻合作联盟理事会议……（310）
148. 丝路媒体《共同行动联合宣言》……（312）
149. "一带一路"媒体合作论坛……（314）
150. 中国—东盟媒体合作论坛……（317）
151. 中国—阿拉伯国家广播电视合作论坛……（319）
152. 中非媒体合作论坛……（321）
153. 丝路电视国际合作共同体……（324）
154. 丝绸之路电视共同体高峰论坛……（326）
155. 2023·中国国际纪录片论坛……（328）
156. "一带一路"共建国家出版合作体高峰论坛……（330）
157. "中东伙伴"合作机制……（332）

十四　博览会、交易会等……（334）

158. 第五届中国国际进口博览会……（334）
159. 中国进出口商品交易会……（336）
160. 中国国际消费品博览会……（338）
161. 中国国际投资贸易洽谈会……（341）
162. 中国国际服务贸易交易会……（343）
163. 全球数字贸易博览会……（346）

十五　共建国家相关计划……（349）

164. 土库曼斯坦"复兴丝绸之路"战略……（349）
165. 南非"经济重建和复苏计划"……（351）

主要参考文献……（353）

一　新时代与新理念

1. "一带一路"十年成就 2013—2023

——背景

党的十八大以来，习近平总书记站在人类历史发展进程的高度，着眼中国人民和世界人民的共同利益，以大国领袖的责任担当，准确把握国际形势的深刻变化，顺应和平、发展、合作、共赢的时代潮流，深入思考"建设一个什么样的世界、如何建设这个世界"[①] 等关乎人类前途命运的重大课题，高瞻远瞩地提出共建"一带一路"倡议，为推动构建人类命运共同体和创建人类文明新形态绘制了蓝图，指明了全人类共同繁荣之梦照进现实的康庄大道。2013 年 9 月和 10 月习近平总书记分别提出建设"新丝绸之路经济带"和"21 世纪海上丝绸之路"，十年来，共建"一带一路"事业硕果累累，取得了全球性影响和历史性成就。

——成就

第一，确立了指引共建"一带一路"的理论体系。"一带一路"作为践行人类命运共同体理念的重要实践平台，为习近平外交思想特别是构建人类命运共同体理论体系提供了鲜活经验，并在中国共产党的创新理论指引下不断完善。2013 年 3 月，习近平主席在莫斯科国际关系学院的演讲对人类命运共同体的时代特征进行了归纳，"这个世界，各国相互联系、相互依存的程度空前加深，人类生活在同一个地球村里，生活在历史和现实交汇的同一个时空里，越来越成为你中有我、我中有你的命运共同体"[②]，这为同年金秋"一带一路"国际合作倡议的提出做好了理论准备。2017 年 1 月，习近平主席在联合国日内瓦总部的主旨演讲中，系统完整阐述了人类命运共同体的内涵与构筑逻辑，明确提出了建设一个持久和平、普遍安全、共同繁荣、开放包容、清洁美丽的世

[①] 习近平：《论坚持推动构建人类命运共同体》，中央文献出版社 2018 年版，第 1 页。
[②] 《习近平外交演讲集》第一卷，中央文献出版社 2022 年版，第 2 页。

界的愿景及实现途径。2020年9月，习近平主席在第七十五届联合国大会一般性辩论上的重要讲话中提出和平、发展、公平、正义、民主、自由的全人类共同价值，为人类命运共同体提供了深厚的价值根基。[①] 2022年10月，党的二十大报告进一步确认了人类命运共同体实现途径，也提出了推动共建"一带一路"高质量发展的更高要求。这些围绕构建人类命运共同体的时代背景、重大意义、丰富内涵和实现途径等重大问题进行的深刻阐述，形成了思想深邃、系统完整、逻辑严密的科学理论体系，为共建"一带一路"倡议的发起和顺利实施奠定了坚实的理论基础。

第二，完善了推动共建"一带一路"的顶层设计。作为全党全国人民智慧结晶，共建"一带一路"倡议成为服务民族复兴、促进人类进步的重要制度性力量，还经过庄严程序成为中国共产党治国理政纲领及国家治理顶层设计的有机组成部分。2017年10月，经党的十九大通过，"遵循共商共建共享原则，推进'一带一路'建设"写入《中国共产党章程》。[②] 2018年3月，共建"一带一路"所遵循和落实的构建人类命运共同体理念经十三届全国人大一次会议通过的宪法修正案写入了《中华人民共和国宪法》。[③] 2018年6月，"坚持以共商共建共享为原则推动'一带一路'建设"被明确为习近平外交思想十个方面的核心要义之一。2022年10月，党的二十大审议通过的《中国共产党章程（修正案）》补充了"弘扬和平、发展、公平、正义、民主、自由的全人类共同价值"的要求。[④] 党的二十大报告进一步明确，共建"一带一路"成为深受欢迎的国际公共产品和国际合作平台。[⑤]

第三，拓展了体现中国智慧的全球治理路径。共建"一带一路"倡议提出之后，以其超越时空的感召力，成为改进和完善全球治理的重要思想和制度资源，对重要的双边和多边国际议程的推进和落实发挥了关键引领作用。多边层面看，2016年3月，联合国安理会第2274号决议首次纳入"一带一路"倡议；同年11月，联合国大会第A/71/9号决议首次写入"一带一路"倡议，得到193个会员国的一致赞同。除联合国之外，共建"一带一路"还被广泛写进二十国集团、亚太经合组织等全球和地区性组织的重要文件中。双边层面看，从2013年到2023年，中国已经同150多个国家和30多个国际组织签署240余份共建"一带一路"合作文件。"一带一路"是推进国际治理和建章立

---

① 《习近平在联合国成立75周年系列高级别会议上的讲话》，人民出版社2020年版，第13页。
② 《中国共产党章程》，人民出版社2022年版，第10页。
③ 《中华人民共和国宪法》，人民出版社2018年版，第7页。
④ 《中国共产党章程》，人民出版社2022年版，第9页。
⑤ 习近平：《高举中国特色社会主义伟大旗帜 为全面建设社会主义现代化国家而团结奋斗——在中国共产党第二十次全国代表大会上的报告》，人民出版社2022年版，第9页。

制之路，不仅体现在其框架下确立的《"一带一路"融资指导原则》《"一带一路"债务可持续性分析框架》《关于推进共建"一带一路"绿色发展的意见》等具体制度规范在不同领域的引领作用越来越强，更重要的是，让"共商共建共享"的全球治理观深入人心。与西方殖民主义时代"带剑行商"、以坚船利炮打开国门、搞赢者通吃的掠夺性"全球规则"或国际金融资本大肆扩张时代寡头"大鳄"们强取豪夺的寄生型"全球规则"截然不同，"一带一路"崇尚的"共商共建共享"为国际规则的制定树立了大小国家共行平等善治的根本原则，确保了据此创制或衍生的规则具备充分的道义基础。

第四，开辟了"全球南方"引领世界潮流的新纪元。近代西方发达国家崛起以来，发展中国家要么沦为其殖民地半殖民地，长期处于其直接管制压迫之下，要么被排斥固化在世界舞台的边缘，对发达国家亦步亦趋。以中国等新兴经济体为代表的发展中国家在21世纪以来的复兴使"全球南方"的地位止跌回升，"东升西降"的生动局面逐渐展开。共建"一带一路"倡议的提出，让"全球南方"的正义主张开始在全球舞台上绽放异彩，让被发达国家掣肘的"发展"主题在新平台新机制上重新焕发生命力。"一带一路"倡议还在世界舞台上连接了俄罗斯提出的欧亚经济联盟、东盟提出的互联互通总体规划、哈萨克斯坦提出的"光明之路"、土耳其提出的"中间走廊"、蒙古国提出的"草原之路"、越南提出的"两廊一圈"、波兰提出的"琥珀之路"等诸多合作倡议，在人类共谋发展的浩瀚星空中点亮满天星斗。美国等发达国家甚至开始回过头来模仿"一带一路"推出自己的"竞争性"国际合作计划，扮演起"追随者"的角色，成为共建"一带一路"倡议引领世界发展浪潮的另类注脚。

第五，取得了举世瞩目的丰硕实践成果。十年来，"一带一路"建设取得了实实在在的成效。贸易与投融资方面，2013—2022年，我国与共建国家货物贸易进出口额、非金融类直接投资额分别年均增长8.6%和5.8%。与沿线国家双向投资累计超过2700亿美元。在共建国家承包工程新签合同额、完成营业额累计分别超过1.2万亿美元、8000亿美元，占对外承包工程总额的比重超过一半。至2023年，亚洲基础设施投资银行会员国从创立时的57个增长到109个，累计批准项目244个，融资额超过500亿美元。至2023年6月，丝路基金累计签约项目已达75个，承诺投资金额超过220亿美元，项目遍及60多个国家和地区。交通方面，中欧班列已铺画运行线路84条，通达欧洲25个国家的211个城市。西部陆海新通道铁海联运班列货物流向通达全球100多个国家的300多个港口。更重要的是，"一带一路"不是强取豪夺之路，而是利民厚生之路，其项目尤其关注民生就业的改善。十年来，中国企业在共建国家建设的境外经贸合作区已为当地创造了 42.1 万个就业岗位。预计到 2030 年，共建"一带一路"可使相关国家 760 万人摆脱极端贫困、3200 万人摆脱中度贫困。

——展望

当前，世界之变、时代之变、历史之变正以前所未有的方式展开，人类社会面临前所未有的挑战。世界又一次站在历史的十字路口，"一带一路"的高质量建设之路也未必毫无障碍。但是无论如何，"一带一路"不会走封闭排他的回头路，也不会走附庸他国的断头路。只要秉持初心，总结经验，扬长避短，中国和全球合作伙伴的"一带一路"一定越走越宽广。（本条执笔：冯维江）

2. 全人类共同价值

——背景

中国国家主席习近平在 2015 年出席第七十届联合国大会一般性辩论时首次提出"和平、发展、公平、正义、民主、自由，是全人类的共同价值"[1]，此后又在多个重要双多边场合对"全人类共同价值"进行深刻阐释。在庆祝中国共产党成立 100 周年大会上，习近平总书记再次向全世界表明，"中国共产党将继续同一切爱好和平的国家和人民一道，弘扬和平、发展、公平、正义、民主、自由的全人类共同价值"[2]。党的十九届六中全会通过的《中共中央关于党的百年奋斗重大成就和历史经验的决议》，第一次将"全人类共同价值"写入中共全会文件，指出："面对复杂严峻的国际形势和前所未有的外部风险挑战，必须统筹国内国际两个大局，健全党对外事工作领导体制机制，加强对外工作顶层设计，对中国特色大国外交作出战略谋划，推动建设新型国际关系，推动构建人类命运共同体，弘扬和平、发展、公平、正义、民主、自由的全人类共同价值，引领人类进步潮流。"[3] 2023 年 6 月 28 日中国第十四届全国人民代表大会常务委员会第三次会议通过《中华人民共和国对外关系法》，第二十三条规定"中华人民共和国主张世界各国超越国家、民族、文化差异，弘扬和平、发展、公平、正义、民主、自由的全人类共同价值"[4]。以中共文件和国家法律形式予以彰显和规范，体现了中国对全人类共同价值的坚守和践行。

---

[1] 《习近平在联合国成立 70 周年系列峰会上的讲话》，人民出版社 2015 年版，第 15 页。
[2] 《习近平谈治国理政》第四卷，外文出版社 2022 年版，第 12 页。
[3] 《中共中央关于党的百年奋斗重大成就和历史经验的决议》，人民出版社 2021 年版，第 60 页。
[4] 《中华人民共和国对外关系法》，《人民日报》2023 年 6 月 29 日第 12 版。

——内容

各国历史、文化、制度、发展水平不尽相同，但各国人民都追求和平、发展、公平、正义、民主、自由的全人类共同价值。全人类共同价值的六大要素贯通了个人、社会、国家、世界多个层面，蕴含着不同文明对价值内涵和价值实现的共通点，有利于把全人类意志和力量凝聚起来，共同应对各种全球性挑战。

和平与发展是共同事业。和平是人类社会的普遍期望和殷切向往，需要各国共同维护。"大家都只想享受和平，不愿意维护和平，那和平就将不复存在"[1]，"只有各国都走和平发展道路，各国才能共同发展，国与国才能和平相处"[2]。发展是第一要务，是实现人民幸福的关键。在人类追求幸福的道路上，一个国家、一个民族都不能少。"提倡创新、协调、绿色、开放、共享的发展观，实现各国经济社会协同进步。"[3] "要直面贫富差距、发展鸿沟等重大现实问题，关注欠发达国家和地区，关爱贫困民众，让每一片土地都孕育希望。"[4] 和平与发展具备内在的关联性。贫瘠的土地上长不成和平的大树，连天的烽火中结不出发展的硕果。要解决好各种全球性挑战，根本出路在于谋求和平、实现发展。

公平与正义是共同理想。从国内层面看，维护社会公平正义是各国人民的基本诉求和各国政府的共同选择。从国际层面看，"公平正义是世界各国人民在国际关系领域追求的崇高目标"[5]。任何国家都不能在世界上我行我素，搞霸权霸道霸凌。应当引导经济全球化朝着更加开放、包容、普惠、平衡、共赢方向发展，既要做大蛋糕，更要分好蛋糕，着力解决公平公正问题；提升全球发展的公平性、有效性、协同性，反对任何人出于限制别人发展的目的，搞技术封锁、科技鸿沟、发展脱钩。[6] 共同推动国际关系法治化，在国际关系中维护国际法和国际秩序的权威性和严肃性，反对由少数人来制定国际规则。确保国际法平等统一适用，不能搞双重标准，不能"合则用、不合则弃"，真正做到"无偏无党，王道荡荡"。[7]

民主与自由是共同追求。不存在定于一尊的民主，更不存在高人一等的民主。民主不是可口可乐，一国生产原浆，全世界一个味道；民主不是装饰品，而是要用来解决实际问题的。试图垄断民主"专利"、强行划定民主"标准"，炮制"民主对抗威权"的伪命题，挑动政治制度与意识形态之争，是假借民主

---

[1] 习近平：《携手追寻中澳发展梦想 并肩实现地区繁荣稳定》，《人民日报》2014年11月18日第2版。
[2] 《习近平关于实现中华民族伟大复兴的中国梦论述摘编》，中央文献出版社2013年版，第66页。
[3] 《习近平外交演讲集》第二卷，中央文献出版社2022年版，第108页。
[4] 《习近平外交演讲集》第二卷，中央文献出版社2022年版，第355页。
[5] 《习近平外交演讲集》第一卷，中央文献出版社2022年版，第155页。
[6] 《习近平外交演讲集》第二卷，中央文献出版社2022年版，第355页。
[7] 习近平外交思想研究中心：《坚守和弘扬全人类共同价值》，《求是》2021年第16期。

之名的伪民主。弘扬全人类共同价值，不是要把哪一家的价值观奉为一尊，而是倡导求同存异、和而不同，充分尊重文明的多样性，尊重各国自主选择社会制度和发展道路的权利和自由。①

——意义

中国提出全人类共同价值，以宽广胸怀理解不同文明对价值内涵的认识，尊重不同国家人民对自身发展道路的探索，弘扬中华文明蕴含的全人类共同价值，超越所谓"普世价值"的狭隘历史局限，反映了世界各国人民的普遍共识和国际社会的共同追求，找到了不同国家、不同民族、不同文明在价值追求上的最大公约数。（本条执笔：冯维江）

3. 中国式现代化

——背景

新中国成立特别是改革开放以来长期探索和实践基础上，经过党的十八大以来在理论和实践上的创新突破，中国共产党成功推进和拓展了中国式现代化新道路。在庆祝中国共产党成立100周年大会上，习近平总书记庄严宣告："我们坚持和发展中国特色社会主义，推动物质文明、政治文明、精神文明、社会文明、生态文明协调发展，创造了中国式现代化新道路，创造了人类文明新形态。"② 世界上既不存在定于一尊的现代化模式，也不存在放之四海而皆准的现代化标准。中国既不走封闭僵化的老路，也不走改旗易帜的邪路，坚持把国家和民族发展放在自己力量的基点上、把中国发展进步的命运牢牢掌握在自己手中。党的二十大报告将中国共产党的中心任务明确为：团结带领全国各族人民全面建成社会主义现代化强国、实现第二个百年奋斗目标，以中国式现代化全面推进中华民族伟大复兴。③

——内容

习近平总书记强调："中国式现代化，是中国共产党领导的社会主义现代化，既有各国现代化的共同特征，更有基于自己国情的中国特色。"④

中国式现代化是人口规模巨大的现代化。中国十四亿多人口整体迈进现代

---

① 中华人民共和国国务院新闻办公室：《携手构建人类命运共同体：中国的倡议与行动》，《人民日报》2023年9月27日第6版。
② 习近平：《在庆祝中国共产党成立100周年大会上的讲话》，人民出版社2021年版，第13—14页。
③ 习近平：《高举中国特色社会主义伟大旗帜 为全面建设社会主义现代化国家而团结奋斗——在中国共产党第二十次全国代表大会上的报告》，人民出版社2022年版，第21页。
④ 习近平：《高举中国特色社会主义伟大旗帜 为全面建设社会主义现代化国家而团结奋斗——在中国共产党第二十次全国代表大会上的报告》，人民出版社2022年版，第22页。

化社会，规模超过现有发达国家人口的总和，艰巨性和复杂性前所未有，发展途径和推进方式也必然具有自己的特点。中国共产党始终从国情出发想问题、作决策、办事情，既不好高骛远，也不因循守旧，保持历史耐心，坚持稳中求进、循序渐进、持续推进。

中国式现代化是全体人民共同富裕的现代化。共同富裕是中国特色社会主义的本质要求，也是一个长期的历史过程。中国共产党坚持把实现人民对美好生活的向往作为现代化建设的出发点和落脚点，着力维护和促进社会公平正义，着力促进全体人民共同富裕，坚决防止两极分化。

中国式现代化是物质文明和精神文明相协调的现代化。物质富足、精神富有是社会主义现代化的根本要求。物质贫困不是社会主义，精神贫乏也不是社会主义。中国共产党不断厚植现代化的物质基础，不断夯实人民幸福生活的物质条件，同时大力发展社会主义先进文化，加强理想信念教育，传承中华文明，促进物的全面丰富和人的全面发展。

中国式现代化是人与自然和谐共生的现代化。人与自然是生命共同体，无止境地向自然索取甚至破坏自然必然会遭到大自然的报复。中国共产党坚持可持续发展，坚持节约优先、保护优先、自然恢复为主的方针，像保护眼睛一样保护自然和生态环境，坚定不移走生产发展、生活富裕、生态良好的文明发展道路，实现中华民族永续发展。

中国式现代化是走和平发展道路的现代化。中国不走一些国家通过战争、殖民、掠夺等方式实现现代化的老路，那种损人利己、充满血腥罪恶的老路给广大发展中国家人民带来深重苦难。中国共产党带领全国人民坚定站在历史正确的一边、站在人类文明进步的一边，高举和平、发展、合作、共赢旗帜，在坚定维护世界和平与发展中谋求自身发展，又以自身发展更好维护世界和平与发展。

中国式现代化的本质要求是：坚持中国共产党领导，坚持中国特色社会主义，实现高质量发展，发展全过程人民民主，丰富人民精神世界，实现全体人民共同富裕，促进人与自然和谐共生，推动构建人类命运共同体，创造人类文明新形态。

——意义

中国式现代化蕴含了富有特色的世界观、价值观、历史观、文明观、民主观、生态观。中国式现代化倡导人类命运共同体理念，推崇包括文明、和谐、自由、平等元素在内的社会主义核心价值观和包括和平、发展、公平、正义、民主、自由要素的全人类共同价值，秉持推进人类解放事业不断进步的唯物史观，奉行"各美其美，美美与共"的文明交流互鉴理念，践行全链条、全方位、全覆盖的全过程人民民主，追求天人合一、民胞物与的人与自然和谐。中国式现代化代表了人类文明进步的方向，为"世界向何处去"作出了重要探索，为广大发展中国家独立自主迈向现代化树立了典范、提供了全新选择方向。

经济层面，中国式现代化提供了一条创造和维持"经济快速发展和社会长期稳定奇迹"的行稳致远之路。制度层面，中国式现代化提供了一种底蕴深厚、开放包容、文明进步的人类文明新形态。习近平总书记指出，"中国式现代化，深深植根于中华优秀传统文化，体现科学社会主义的先进本质，借鉴吸收一切人类优秀文明成果，代表人类文明进步的发展方向，展现了不同于西方现代化模式的新图景，是一种全新的人类文明形态。中国式现代化，打破了'现代化＝西方化'的迷思，展现了现代化的另一幅图景，拓展了发展中国家走向现代化的路径选择，为人类对更好社会制度的探索提供了中国方案"[1]。理念层面，中国式现代化提供了一条"外不掠夺、内无剥削"而实现现代化的道义充盈之路。中国式现代化强调树立人类命运共同体理念，在此基础上以"一带一路"的共同现代化发展促进普遍安全和持久和平。其实质即是立足发轫于人类本源的统一性，把彼此间原拟用于压迫与反压迫、剥削与反剥削的相互设防的资源，转换为应对共同挑战、促进共同利益的规模收益，帮助人类整体和全面地从落后状态中超越出来，进入饱满充盈的现代化世界。（本条执笔：冯维江）

4. 全球安全倡议

——背景

当前，世界之变、时代之变、历史之变正以前所未有的方式展开，国际社会正经历罕见的多重风险挑战。地区安全热点问题此起彼伏，局部冲突和动荡频发，新冠疫情延宕蔓延，单边主义、保护主义明显上升，各种传统和非传统安全威胁交织叠加。和平赤字、发展赤字、安全赤字、治理赤字加重，世界又一次站在历史的十字路口。2022年4月21日，习近平主席在博鳌亚洲论坛年会开幕式上以视频方式发表题为《携手迎接挑战，合作开创未来》的主旨演讲，首次提出全球安全倡议，旨在同国际社会一道，弘扬联合国宪章精神，倡导以团结精神适应深刻调整的国际格局，以共赢思维应对各种传统安全和非传统安全风险挑战，走出一条对话而不对抗、结伴而不结盟、共赢而非零和的新型安全之路。[2] 其后，习近平主席在双多边场合多次倡导和阐述全球安全倡议，该倡议得到各国领导人广泛赞赏和支持。2023年2月，中国正式发布《全球

---

[1]《正确理解和大力推进中国式现代化》，《人民日报》2023年2月8日第1版。
[2]《习近平在博鳌亚洲论坛2022年年会开幕式上发表主旨演讲》，《人民日报》2022年4月22日第1版。

安全倡议概念文件》，进一步阐释了倡议核心理念与原则，明确了倡议重点合作方向，并就倡议合作平台和机制提出建议设想，展现了中国对维护世界和平的责任担当、对守护全球安全的坚定决心。全球安全倡议是国际公共产品，服务的是全世界人民的利益，维护的是全世界人民的安宁。[①] 2023年6月28日中国第十四届全国人民代表大会常务委员会第三次会议通过的《中华人民共和国对外关系法》第十八条明确，中国推动践行全球安全倡议。[②]

——内容

全球安全倡议的核心理念与原则是"六个坚持"。[③] 第一，坚持共同、综合、合作、可持续的安全观。习近平主席2014年首次提出共同、综合、合作、可持续的新安全观，赢得国际社会普遍响应和广泛认同。这一安全观的核心内涵，就是主张秉持共同安全理念，尊重和保障每一个国家的安全。主张重视综合施策，统筹维护传统领域和非传统领域安全，协调推进安全治理。主张坚持合作之道，通过政治对话、和平谈判来实现安全。主张寻求可持续安全，通过发展化解矛盾，消除不安全的土壤。只有基于道义和正确理念的安全，才是基础牢固、真正持久的安全。

第二，坚持尊重各国主权、领土完整。主权平等和不干涉内政是国际法基本原则和现代国际关系最根本准则。国家不分大小、强弱、贫富，都是国际社会的平等一员，各国内政不容干涉，主权和尊严必须得到尊重，自主选择发展道路和社会制度的权利必须得到维护。应坚持主权独立平等，推动各国权利平等、规则平等、机会平等。

第三，坚持遵守联合国宪章宗旨和原则。联合国宪章宗旨和原则承载着世界人民对两次世界大战惨痛教训的深刻反思，凝结了人类实现集体安全、永久和平的制度设计。当今世界发生的各种对抗和不公，不是因为联合国宪章宗旨和原则过时了，而是由于其未能得到有效维护和履行。呼吁共同践行真正的多边主义，坚定维护以联合国为核心的国际体系、以国际法为基础的国际秩序、以联合国宪章宗旨和原则为基础的国际关系基本准则，维护联合国权威及其在全球安全治理中的主要平台地位。冷战思维、单边主义、阵营对抗、霸权主义与联合国宪章精神相违背，应当受到抵制和反对。

第四，坚持重视各国合理安全关切。人类是不可分割的安全共同体，一国安全不应以损害他国安全为代价。各国安全利益都是彼此平等的。任何国家的

[①] 中华人民共和国国务院新闻办公室：《携手构建人类命运共同体：中国的倡议与行动》，《人民日报》2023年9月27日第6版。

[②] 《中华人民共和国对外关系法》，《人民日报》2023年6月29日第12版。

[③] 《全球安全倡议概念文件》，《人民日报》2023年2月22日第15版。

正当合理安全关切都应得到重视和妥善解决，不应被长期忽视和系统性侵犯。任何国家在谋求自身安全时都应兼顾其他国家合理安全关切。主张秉持安全不可分割原则，倡导自身安全与共同安全不可分割，传统安全与非传统安全不可分割，安全权利与安全义务不可分割，安全与发展不可分割，构建均衡、有效、可持续的安全架构，从而实现普遍安全、共同安全。

第五，坚持通过对话协商以和平方式解决国家间的分歧和争端。战争和制裁不是解决争端的根本之道，对话协商才是化解分歧的有效途径。呼吁加强国家间战略沟通，增进安全互信，化解矛盾，管控分歧，消除危机产生的根源。大国应坚持公道正义，承担应尽责任，支持平等协商，根据当事国需要和愿望劝和促谈、斡旋调停。国际社会应支持一切有利于和平解决危机的努力，鼓励冲突各方以对话建互信、解纷争、促安全。滥用单边制裁和"长臂管辖"不但解决不了问题，反而会制造更多困难和复杂因素。

第六，坚持统筹维护传统领域和非传统领域安全。当前，安全的内涵和外延更加丰富，呈现更加突出的联动性、跨国性、多样性，传统安全威胁和非传统安全威胁相互交织。倡导各国践行共商共建共享的全球治理观，共同应对地区争端和恐怖主义、气候变化、网络安全、生物安全等全球性问题，多管齐下、综合施策，完善规则，携手寻求长远解决之道，推进全球安全治理，防范化解安全困境。

"六个坚持"彼此联系、相互呼应，是辩证统一的有机整体。其中，坚持共同、综合、合作、可持续的安全观是理念指引，坚持尊重各国主权、领土完整是基本前提，坚持遵守联合国宪章宗旨和原则是根本遵循，坚持重视各国合理安全关切是重要原则，坚持通过对话协商以和平方式解决国家间的分歧和争端是必由之路，坚持统筹维护传统领域和非传统领域安全是应有之义。[1]

为实现"世界持久和平，让每一个国家享有和平稳定的外部环境，让每一个国家的人民都能安居乐业，人民权利得到充分保障""远离恐惧、普遍安全的世界"愿景，中国在全球安全倡议框架下，利用联合国大会和各相关委员会、安理会、相关机构以及其他有关国际和地区组织等已有平台并设立有关机制，开展与世界各国和国际、地区组织的双多边安全合作，积极推进安全理念对接和利益共融。

——意义

全球安全倡议具有十分重要的现实意义和时代价值。该倡议回应了国际社会维护世界和平、防止冲突战争的迫切需要；顺应了世界各国坚持多边主义、维护国际团结的共同追求。响应了各国人民共克时艰、携手开创疫后美好世界

---

[1] 《全球安全倡议概念文件》，《人民日报》2023年2月22日第15版。

的普遍愿望。全球安全倡议体系完整，内涵丰富，是习近平外交思想在国际安全领域的重要应用成果，更是对西方地缘政治安全理论的扬弃超越。①（本条执笔：冯维江）

5. 全球文明倡议

——背景

文明多样性是世界的基本特征，人类社会创造的各种文明，都闪烁着璀璨光芒，并跨越时空、超越国界，共同为人类发展进步作出了重要贡献。在各国前途命运紧密相连的今天，不同文明包容共存、交流互鉴，在推动人类社会现代化进程、繁荣世界文明百花园中具有不可替代的作用。2023年3月，习近平主席在中国共产党与世界政党高层对话会上提出全球文明倡议，指出中国愿同国际社会一道，努力开创世界各国人文交流、文化交融、民心相通新局面，让世界文明百花园姹紫嫣红、生机盎然。② 2023年6月28日中国第十四届全国人民代表大会常务委员会第三次会议通过的《中华人民共和国对外关系法》第十八条明确，中华人民共和国推动践行包括全球文明倡议在内的三大倡议，推进全方位、多层次、宽领域、立体化的对外工作布局。第二十四条进一步指出，中华人民共和国坚持平等、互鉴、对话、包容的文明观，尊重文明多样性，推动不同文明交流对话。③

——内容

全球文明倡议是继全球发展倡议、全球安全倡议后，新时代中国为国际社会提供的又一重要公共产品。从提出全球发展倡议、全球安全倡议，到提出全球文明倡议，中国始终是世界和平的建设者、全球发展的贡献者、国际秩序的维护者、人类文明进步的促进者，"为人类谋进步、为世界谋大同"的使命担当一以贯之。全球文明倡议主要包括以下四方面内容。

第一，共同倡导尊重世界文明多样性，坚持文明平等、互鉴、对话、包容，以文明交流超越文明隔阂、文明互鉴超越文明冲突、文明包容超越文明优越。

第二，共同倡导弘扬全人类共同价值，和平、发展、公平、正义、民主、自由是各国人民的共同追求，要以宽广胸怀理解不同文明对价值内涵的认识，不将自己的价值观和模式强加于人，不搞意识形态对抗。

第三，共同倡导重视文明传承和创新，充分挖掘各国历史文化的时代价

---

① 《国家海外利益安全知识百问》，人民出版社2023年版，第24—25页。
② 习近平：《携手同行现代化之路》，《人民日报》2023年3月16日第2版。
③ 《中华人民共和国对外关系法》，《人民日报》2023年6月29日第12版。

值，推动各国优秀传统文化在现代化进程中实现创造性转化、创新性发展。

第四，共同倡导加强国际人文交流合作，探讨构建全球文明对话合作网络，丰富交流内容，拓展合作渠道，促进各国人民相知相亲，共同推动人类文明发展进步。

全球文明倡议一经提出，就引发国际社会积极反响。多国人士认为，习近平主席首次提出全球文明倡议，将有力推动文明交流互鉴，促进人类文明进步。

——意义

全球文明倡议向全世界发出增进文明交流对话、在包容互鉴中促进人类文明进步的真挚呼吁，为推动人类现代化进程、推动构建人类命运共同体注入了强大正能量。自古以来，中华民族就以"天下大同""协和万邦"的宽广胸怀，自信而又大度地开展同域外民族交往和文化交流。当今世界面临百年未有之大变局，在文明多样发展的今天，中华民族坚持以开放的文化心态对待世界不同文明，认为无论是中华文明还是世界上存在的其他文明，都是人类文明创造的重要成果，都是推进人类文明不断前进的不竭动力。

全球文明倡议为人类文明新形态提供了坚实有力支撑。正如习近平总书记指出："当今世界不同国家、不同地区各具特色的现代化道路，植根于丰富多样、源远流长的文明传承。人类社会创造的各种文明，都闪烁着璀璨光芒，为各国现代化积蓄了厚重底蕴、赋予了鲜明特质，并跨越时空、超越国界，共同为人类社会现代化进程作出了重要贡献。中国式现代化作为人类文明新形态，与全球其他文明相互借鉴，必将极大丰富世界文明百花园。"[1]

全球文明倡议推动人类社会物质世界和精神世界得到全面发展、更加富足。中国人很早就懂得"衣食足而知荣辱"。物质贫困不是社会主义，精神贫乏也不是社会主义。中国式现代化是以人民为中心的现代化，其中一个重要目标就是在不断提高国家经济实力、人民生活水平的同时，不断丰富人民的精神世界、提高全社会文明程度、促进人的全面发展。习近平总书记提出全球文明倡议，"就是要推动国际社会解决物质和精神失衡问题，共同推动人类文明不断进步"[2]。（本条执笔：冯维江）

6. 全球观

——背景

当前，世界之变、时代之变、历史之变正以前所未有的方式展开。一方

---

[1] 习近平：《携手同行现代化之路》，《人民日报》2023年3月16日第2版。
[2] 习近平：《汇聚两国人民力量 推进中美友好事业——在美国友好团体联合欢迎宴会上的演讲》，人民出版社2023年版，第11页。

面、和平、发展、合作、共赢的历史潮流不可阻挡，人心所向、大势所趋决定了人类前途终归光明。另一方面，恃强凌弱、巧取豪夺、零和博弈等霸权霸道霸凌行径危害深重，和平赤字、发展赤字、安全赤字、治理赤字加重，人类社会面临前所未有的挑战。世界又一次站在历史的十字路口，何去何从取决于各国人民的抉择。① 面对国际形势发生深刻复杂变化，以习近平同志为核心的党中央，统筹中华民族伟大复兴战略全局和世界百年未有之大变局，倡导并践行适应时代发展的全球观，走出了一条中国特色大国外交新路，为世界各国走向共同繁荣发展提供了理念指引。2023 年 10 月发布的《共建"一带一路"：构建人类命运共同体的重大实践》白皮书提道，"共建'一带一路'秉持人类命运共同体理念，倡导并践行适应时代发展的全球观、发展观、安全观、开放观、合作观、文明观、治理观"②。2023 年 12 月召开的中央外事工作会议指出，构建人类命运共同体是习近平外交思想的核心理念，是我们不断深化对人类社会发展规律认识，对建设一个什么样的世界、怎样建设这个世界给出的中国方案，体现了中国共产党人的世界观、秩序观、价值观，顺应了各国人民的普遍愿望，指明了世界文明进步的方向，是新时代中国特色大国外交追求的崇高目标。

——内容

以构建人类命运共同体为核心理念。人类生活在同一个地球村里，生活在你中有我、我中有你的命运共同体。人类命运共同体，顾名思义，就是每个民族、每个国家的前途命运都紧密联系在一起，应该风雨同舟，荣辱与共，把世界各国人民对美好生活的向往变成现实。习近平总书记在一系列重大国际场合多次深刻阐述人类命运共同体核心理念。构建人类命运共同体，是以建设持久和平、普遍安全、共同繁荣、开放包容、清洁美丽的世界为努力目标，以推动共商共建共享的全球治理为实现路径，以践行全人类共同价值为普遍遵循，以推动构建新型国际关系为基本支撑，以落实全球发展倡议、全球安全倡议、全球文明倡议为战略引领，以高质量共建"一带一路"为实践平台，推动各国携手应对挑战、实现共同繁荣，推动世界走向和平、安全、繁荣、进步的光明前景。

积极做全球治理变革进程的参与者、推动者、引领者。中国积极参与全球治理体系改革和建设，践行共商共建共享的全球治理观，坚持真正的多边主义，推进国际关系民主化，推动全球治理朝着更加公正合理的方向发展。坚定

---

① 《习近平著作选读》第一卷，人民出版社 2023 年版，第 49 页。
② 中华人民共和国国务院新闻办公室：《共建"一带一路"：构建人类命运共同体的重大实践》，《人民日报》2023 年 10 月 11 日第 10 版。

维护以联合国为核心的国际体系、以国际法为基础的国际秩序、以联合国宪章宗旨和原则为基础的国际关系基本准则，反对一切形式的单边主义，反对搞针对特定国家的阵营化和排他性小圈子。

坚持立己达人的世界情怀与开放包容的宽广胸襟。习近平总书记在党的二十大报告中指出，"中国共产党是为中国人民谋幸福、为中华民族谋复兴的党，也是为人类谋进步、为世界谋大同的党""积极回应各国人民普遍关切，为解决人类面临的共同问题作出贡献，以海纳百川的宽阔胸襟借鉴吸收人类一切优秀文明成果，推动建设更加美好的世界"①。作为最大的发展中国家和负责任大国，中国认真履行相关国际责任和义务，积极贡献中国智慧和中国方案。

——意义

中国倡导适应时代发展的全球观，体现了深刻的历史逻辑、理论逻辑和实践逻辑，是对中华优秀传统文化的传承弘扬，是对马克思主义关于人类社会发展规律和新中国七十多年外交理念的继承发展，是在实践中应对全球性挑战的思辨探索。在实践过程中推动构建和平共处、总体稳定、均衡发展的大国关系格局，形成了范围广、质量高的全球伙伴关系网络，推动高质量共建"一带一路"，有效维护国家主权、安全、发展利益，引领国际体系和秩序变革方向，在重大关键时刻担当作为，坚定做世界和平的维护者、全球发展的促进者，推动各国携手应对挑战、实现共同繁荣，推动世界走向和平、安全、繁荣、进步的光明前景。

中国全球观获得国际社会高度评价。埃及外交事务委员会秘书长希沙姆·齐迈提称，"我认为'一带一路'就是一种真正的多边主义倡议。真正的多边主义强调多国合作，成果要惠及世界"。时任联合国经济和社会理事会主席穆尼尔·阿克拉姆说，"对于联合国而言，中国的作用不可或缺，中国是支撑联合国的很关键的支柱"。哈萨克斯坦《实业报》总编辑谢利克·科尔容巴耶夫表示，"中国在实现本国经济发展的同时，不忘对需要帮助的国家施以援手，践行人类命运共同体理念，推动共同发展"②。（本条执笔：李冲）

7. 发展观

——背景

发展是人类社会的永恒主题，是时代进步的重要标尺。习近平主席在 2015

---

① 《习近平著作选读》第一卷，人民出版社 2023 年版，第 18 页。
② 《习主席的这些话，让世界更懂中国的"全球观"》，2021 年 5 月 8 日，新华网，http://xinhuanet.com/world/2021-05/08/c_1211146835.htm.

年联合国发展峰会上指出，对各国人民而言，发展寄托着生存和希望，象征着尊严和权利。① 正是在此次发展峰会上通过了2030年可持续发展议程，为全球发展事业制定了行动蓝图。然而，突如其来的新冠疫情，造成的冲击吞噬了全球多年发展成果，联合国2030年可持续发展议程落实进程受阻，南北差距、复苏分化、发展断层、技术鸿沟等问题更加突出。有的国家将发展议题政治化、边缘化，人为制造分裂和对抗，中国发展面临的外部环境的复杂性、严峻性、不确定性上升。与此同时，新一轮科技革命和产业变革给各国带来广阔机遇，新兴市场和发展中国家团结协作、共谋发展的愿望更加强烈、意志更加坚定。

党的十八届五中全会首次提出"以人民为中心的发展思想"，并正式提出"新发展理念"。2018年中国将"坚持和平发展道路"写入宪法，"走和平发展道路的现代化"也被视为中国式现代化的突出特征之一。在国际交往中，中国呼吁坚持发展优先，将发展置于全球宏观政策框架的突出位置，推动发展问题重回国际议程的核心，致力于与各国共同走出一条公平、开放、全面、创新的发展之路，努力实现各国共同发展。

——内容

坚持以人民为中心的发展思想。为了人民而发展，发展才有意义；依靠人民而发展，发展才有动力。中国把增进人民福祉、促进人的全面发展、朝着共同富裕方向稳步前进作为经济发展的出发点和落脚点。② 以人民为中心的发展思想，是中国发展取得伟大成就的成功经验，也为人类对更好发展模式的探索提供了中国智慧和中国方案。世界各国应该坚持以人民为中心，努力实现更高质量、更有效率、更加公平、更可持续、更为安全的发展。③ 坚持把促进发展、保障民生置于突出位置，在发展中保护和促进人权，做到发展为了人民、发展依靠人民、发展成果由人民共享。

秉持创新、协调、绿色、开放、共享的新发展理念。新发展理念是中国进入新发展阶段、构建新发展格局的战略指引，进一步科学回答了实现什么样的发展、怎样实现发展的问题，有力指导了中国新的发展实践。新发展理念中，创新是引领发展的第一动力，协调是持续健康发展的内在要求，绿色是永续发展的必要条件和人民对美好生活追求的重要体现，开放是国家繁荣发展的必由之路，共享是中国特色社会主义的本质要求。④ 中国也呼吁各国树立创新、协

---

① 习近平：《谋共同永续发展 做合作共赢伙伴》，《人民日报》2015年9月27日第2版。
② 习近平：《不断开拓当代中国马克思主义政治经济学新境界》，《求是》2020年第16期。
③ 习近平：《在中华人民共和国恢复联合国合法席位50周年纪念会议上的讲话》，《人民日报》2021年10月26日第2版。
④ 习近平：《全党必须完整、准确、全面贯彻新发展理念》，《求是》2022年第16期。

调、绿色、开放、共享的新发展理念，抓住新一轮科技革命和产业变革的历史性机遇，推动疫情后世界经济"绿色复苏"，汇聚起可持续发展的强大合力。①

走公平、开放、全面、创新的发展之路，努力实现各国共同发展。要争取公平的发展，让发展机会更加均等。各国都应成为全球发展的参与者、贡献者、受益者；要着力解决国家间和各国内部发展不平衡、不充分问题，提高发展的平衡性、协调性、包容性。要坚持开放的发展，让发展成果惠及各方。各国要打开大门搞建设，促进生产要素在全球范围更加自由便捷地流动，构建开放型经济；要尊重彼此的发展选择，相互借鉴发展经验，让不同发展道路交会在成功的彼岸。② 要追求全面的发展，让发展基础更加坚实。在消除贫困、保障民生的同时，要维护社会公平正义，努力实现经济、社会、环境协调发展。要促进创新的发展，让发展潜力充分释放。各国要通过结构性改革充分激发创新潜能，实现新旧动能转换，增强发展动力。

坚定不移走和平发展道路，既通过维护世界和平发展自己，又通过自身发展维护世界和平。中华文明具有突出的和平性。中国走和平发展道路，不是权宜之计，更不是外交辞令，而是从历史、现实、未来的客观判断中得出的结论，是思想自信和实践自觉的有机统一。③ 中国愿同世界上一切进步力量携手前进，不依附别人，不掠夺别人，无论发展到什么程度，中国永远不称霸、永远不搞扩张。中国走和平发展道路，同时也呼吁其他国家都要走和平发展道路，只有各国都走和平发展道路，各国才能共同发展。

——意义

中国始终是全球发展的贡献者，中国发展本身就是对世界的最大贡献。在发展观指引下，中国坚持经济全球化正确方向，与各方共同营造有利于发展的国际环境，共同培育全球发展新动能，反对保护主义，反对"筑墙设垒""脱钩断链"。中国愿加大对全球发展合作的资源投入，致力于缩小南北差距，坚定支持和帮助广大发展中国家加快发展。④ 2021年9月，习近平主席出席第七十六届联合国大会一般性辩论，首次提出全球发展倡议并提出构建全球发展命运共同体。2022年6月，习近平主席主持召开全球发展高层对话会，提出要共创普惠平衡、协调包容、合作共赢、共同繁荣的发展格局，强调要共同凝聚促进发展的国际共识，共同营造有利于发展的国际环境，共同培育全球发展新动

---

① 习近平：《在第七十五届联合国大会一般性辩论上的讲话》，《人民日报》2020年9月23日第3版。
② 习近平：《谋共同永续发展 做合作共赢伙伴》，《人民日报》2015年9月27日第2版。
③ 习近平：《在德国科尔伯基金会的演讲》，《人民日报》2014年3月30日第2版。
④ 习近平：《高举中国特色社会主义伟大旗帜 为全面建设社会主义现代化国家而团结奋斗——在中国共产党第二十次全国代表大会上的报告》，人民出版社2022年版，第62页。

能，共同构建团结、平等、均衡、普惠的全球发展伙伴关系，并宣布了中国落实全球发展倡议、支持联合国 2030 年可持续发展议程的一系列务实举措。[1] 中国在致力于自身发展的同时，愿继续与各国分享发展机遇，吹响共同发展的"集结号"，铺设合作发展的"快车道"，推动更加包容、更加普惠、更有韧性的全球发展。（本条执笔：陈兆源）

8. 安全观

——背景

当今世界并不太平，地缘政治挑战风高浪急，冷战思维和强权政治阴霾不散，传统和非传统安全威胁层出不穷，建设持久和平、普遍安全的世界任重道远。各国相互联系、相互依存，可谓安危与共、唇齿相依，安全问题的联动性、跨国性、多样性更加突出。以意识形态划界，拉"小集团"，搞零和游戏只会让世界更加动荡不安。只有基于道义、理念的安全，才是基础牢固、真正持久的安全。[2] 中国倡导坚持共同、综合、合作、可持续的安全观，立足人类是不可分割的安全共同体，走出一条对话而不对抗、结伴而不结盟、共赢而非零和的新型安全之路。

2013 年 10 月，在新中国成立后首次周边外交工作座谈会上，习近平主席指出要坚持互信、互利、平等、协作的新安全观，倡导全面安全、共同安全、合作安全理念。2014 年 3 月，中国成为第一个正式提出"核安全观"的国家。[3] 同年 4 月，习近平主席主持召开中央国家安全委员会第一次会议并发表重要讲话，指出必须坚持总体国家安全观，以人民安全为宗旨，以政治安全为根本，以经济安全为基础，以军事、文化、社会安全为保障，以促进国际安全为依托，走出一条中国特色国家安全道路。在此次会议上，习近平主席还强调要既重视自身安全，又重视共同安全，打造命运共同体，推动各方朝着互利互惠、共同安全的目标相向而行。[4] 国际安全和共同安全是总体国家安全观的重要内涵。2014 年 5 月，习近平主席在亚洲相互协作与信任措施会议第四次峰会上的讲话首次提出"共同、综合、合作、可持续的亚洲安全观"以及"努力走出一条共建、共享、共赢的亚洲安全之路"。[5] 2017 年 9 月，在国际刑警组

---

[1] 习近平：《构建高质量伙伴关系 共创全球发展新时代》，《人民日报》2022 年 6 月 25 日第 2 版。
[2] 习近平：《弘扬和平共处五项原则 建设合作共赢美好世界》，《人民日报》2014 年 6 月 29 日第 2 版。
[3] 习近平：《在荷兰海牙核安全峰会上的讲话》，《人民日报》2014 年 3 月 25 日第 2 版。
[4] 《坚持总体国家安全观 走中国特色国家安全道路》，《人民日报》2014 年 4 月 16 日第 1 版。
[5] 习近平：《积极树立亚洲安全观 共创安全合作新局面》，《人民日报》2014 年 5 月 22 日第 2 版。

织第 86 届全体大会开幕式上，习近平主席发表主旨演讲，倡导各国树立共同、综合、合作、可持续的全球安全观。[①] 全球安全观也已成为总体国家安全观理论体系中的重要内容。

——内容

倡导共同安全，尊重和保障每一个国家的安全。安全应该是普遍、平等和包容的，不能一个国家安全而其他国家不安全，一部分国家安全而另一部分国家不安全，更不能也不应以损害别国安全为代价谋求自身绝对安全。各国都有平等参与国际和地区安全事务的权利，也都有维护国际和地区安全的责任。只有捍卫国际关系基本准则，尊重各国自主选择的社会制度和发展道路，重视各方合理安全关切，才能保障自身安全，维护全球战略稳定。

重视综合施策，统筹维护传统领域和非传统领域安全。当前，传统安全和非传统安全问题交织互动。一方面，传统安全问题中包含了许多非传统安全要素；另一方面，非传统安全风险又日益同传统安全紧密相连。"一个看似单纯的安全问题，往往并不能简单对待，否则就可能陷入头痛医头、脚痛医脚的困境。"[②] 必须通盘考虑安全问题的历史经纬和现实状况，坚持标本兼治、综合施策。既要着力解决当前突出的安全问题，又要统筹谋划如何应对各类潜在的安全威胁，坚持多管齐下、协调推进。

找准合作之道，通过对话和谈判携手实现安全。安全问题早已超越国界，没有哪个国家能够置身事外而独善其身，应对安全挑战需要各国团结合作而非单打独斗。要加强国家间对话沟通，增加安全互信，求同化异，管控分歧，消除安全危机产生的根源。要着眼各国共同安全利益，从低敏感领域入手，扩大安全利益汇合点，树立合作应对安全挑战的意识，创新合作方式，以合作谋和平、以合作促安全。中国呼吁共同践行真正的多边主义，维护联合国权威及其在全球安全治理中的主要平台地位。

寻求可持续安全，通过高质量发展夯实安全根基。发展是解决一切问题的总钥匙。习近平总书记多次强调，发展是安全的基础，安全是发展的条件。"贫瘠的土地上长不成和平的大树，连天的烽火中结不出发展的硕果。"[③] 放眼世界，可持续发展是各方的最大利益契合点和最佳合作切入点。[④] 要坚持发展和安全并重，努力形成经济合作和安全合作的良性互动，以可持续发展促进可持续安全。

---

① 习近平：《坚持合作创新法治共赢 携手开展全球安全治理》，《人民日报》2017 年 9 月 26 日第 2 版。

② 习近平：《坚持合作创新法治共赢 携手开展全球安全治理》，《人民日报》2017 年 9 月 26 日第 2 版。

③ 习近平：《积极树立亚洲安全观 共创安全合作新局面》，《人民日报》2014 年 5 月 22 日第 2 版。

④ 习近平：《坚持可持续发展 共创繁荣美好世界》，《人民日报》2019 年 6 月 8 日第 2 版。

——意义

中国的安全观有力推进了国际共同安全，有助于完善全球安全治理体系，推动构建普遍安全的人类命运共同体。2022年4月的博鳌亚洲论坛年会开幕式上，习近平主席面向世界首次提出全球安全倡议，明确表示将坚持共同、综合、合作、可持续的安全观。[1] 此后中国发布的《全球安全倡议概念文件》亦将坚持这一安全观列为六项核心理念与原则之首。[2]《关于政治解决乌克兰危机的中国立场》也指出，应坚持共同、综合、合作、可持续的安全观，着眼世界长治久安，推动构建均衡、有效、可持续的欧洲安全架构。[3] 在《澜沧江—湄公河合作第四次领导人会议内比都宣言》中，各方同意坚持共同、综合、合作、可持续的安全观，在尊重各国主权基础上，鼓励加强非传统安全合作。[4] 近年来，中国的安全观多次被写入国际宣言和联合声明，赢得国际社会普遍响应和广泛认同。（本条执笔：陈兆源）

9. 开放观

——背景

开放带来进步，封闭必然落后。改革开放以来，中国积极顺应全球化潮流，坚持对外开放基本国策，打开国门搞建设，拥抱世界、学习世界、贡献世界，与世界良好互动、共同发展。[5] 习近平总书记在总结改革开放40年来的经验时指出，中国经济发展是在开放条件下取得的，未来中国经济实现高质量发展也必须在更加开放条件下进行。[6] 近年来，中国不断推进高水平对外开放，推动共建"一带一路"高质量发展，为各国分享"中国红利"创造更多机会。

开放是当代中国的鲜明标识。2013年9月，习近平主席在圣彼得堡出席二十国集团领导人第八次峰会期间首次提出"共同维护和发展开放型世界经济"。[7] 党的二十大报告中强调，"中国坚持对外开放的基本国策，坚定奉行互利共赢的开放战略""推进高水平对外开放"。与此同时，建设开放包容的世界也已成为构建人类命运共同体的努力目标之一。当前，世界进入新的动荡变

---

[1] 习近平：《携手迎接挑战，合作开创未来》，《人民日报》2022年4月22日第2版。
[2] 《全球安全倡议概念文件》，《人民日报》2023年2月22日第5版。
[3] 《中国外交部发布〈关于政治解决乌克兰危机的中国立场〉》，《人民日报》2023年2月25日第5版。
[4] 《澜沧江—湄公河合作第四次领导人会议内比都宣言》，《人民日报》2023年12月26日第3版。
[5] 中华人民共和国国务院新闻办公室：《新时代的中国与世界》，《人民日报》2019年9月28日第11版。
[6] 习近平：《开放共创繁荣 创新引领未来》，《人民日报》2018年4月11日第3版。
[7] 习近平：《共同维护和发展开放型世界经济》，《人民日报》2013年9月6日第2版。

革期，世界经济增长动力不足，不稳定、不确定、难预料因素增多。习近平主席多次释放扩大开放的积极信号，指出"要以开放纾发展之困、以开放汇合作之力、以开放聚创新之势、以开放谋共享之福"。[1]

——内容

奉行互利共赢的开放战略。中国坚持经济全球化正确方向，支持推动经济全球化朝着更加开放、包容、普惠、平衡、共赢的方向发展。中国将继续促进贸易和投资自由化便利化，维护全球产业链供应链顺畅稳定，推进高质量共建"一带一路"。中国将更加主动对接高标准国际经贸规则，着力推动规则、规制、管理、标准等制度型开放，持续打造市场化、法治化、国际化营商环境，发挥超大市场优势和内需潜力，为各国合作提供更多机遇。[2] 中国在从世界汲取发展动力的同时，也愿意为各方创造发展空间、分享发展机遇，欢迎世界各国共享中国大市场机遇、共享制度型开放机遇、共享深化国际合作机遇。

扎实推进高水平对外开放，开放过程中需要解决好发展的内外联动问题。高水平对外开放是促进深层次的改革开放、是推动高质量发展的开放、是服务构建新发展格局的开放、是满足人民美好生活需要的开放、是与世界合作共赢的开放、是统筹发展和安全的开放。扩大高水平对外开放有助于拓展中国式现代化的发展空间，有利于建设更高水平开放型经济新体制，使对内对外开放相互促进，引进来和走出去更好结合，构建互利共赢、多元平衡、安全高效的开放型经济体系。[3] 高水平开放的推进使中国形成更大范围、更宽领域、更深层次对外开放格局，加快建设贸易强国，推动共建"一带一路"行稳致远，维护多元稳定的国际经济格局和经贸关系。

推动建设开放型世界经济。经济全球化是社会生产力发展的客观要求和科技进步的必然结果，人为切断各国经济的资金流、技术流、产品流、产业流、人员流不符合历史潮流。习近平主席指出，不能一遇到风浪就退回到港湾中去，那是永远不能到达彼岸的。[4] 中国选择站在历史正确的一边，以更加开放的心态和举措，期待与各方共同把全球市场的蛋糕做大、把全球共享的机制做实、把全球合作的方式做活，共同把经济全球化动力搞得越大越好、阻力搞得越小越好。[5] 中国坚持"拉手"而不是"松手"，坚持"拆墙"而不是"筑墙"，旗帜鲜明反对保护主义、单边主义，致力于推进合作共赢、合作共担、合作共治的共同开放。

---

[1] 习近平：《共创开放繁荣的美好未来》，《人民日报》2022年11月5日第2版。
[2] 习近平：《让多边主义的火炬照亮人类前行之路》，《人民日报》2021年1月26日第2版。
[3] 习近平：《深化改革开放 共创美好亚太》，《人民日报》2013年10月8日第3版。
[4] 习近平：《共担时代责任 共促全球发展》，《人民日报》2017年1月17日第3版。
[5] 习近平：《开放合作 命运与共》，《人民日报》2019年11月6日第3版。

建设一个开放包容的世界。开放包容是人类命运共同体理念的鲜明特征，是推进国际关系民主化的必要路径，也是世界各国实现共同发展的重要前提。不能搞"一国独霸"或"几方共治"。世界命运应该由各国共同掌握，国际规则应该由各国共同书写，全球事务应该由各国共同治理，发展成果应该由各国共同分享。[1] 推动开放不应以意识形态划线，不应针对特定的对象，不应拉帮结派、搞排他的"小圈子"。中华文明历来具有开放包容的博大胸怀，开放包容也是中国特色大国外交的方针原则之一。中国倡导尊重世界文明的多样性、弘扬全人类共同价值、重视文明传承和创新、加强国际人文交流合作，让文明交流互鉴成为推动人类社会进步的动力。

——意义

中国开放的大门不会关闭，只会越开越大。高水平对外开放使中国得以综合运用国际国内两个市场、国际国内两种资源、国际国内两类规则，以高质量发展引领推进中国式现代化。与此同时，在开放观的指引下，中国呼吁各国应该推动构建公正、合理、透明的国际经贸规则体系，推进贸易和投资自由化便利化，促进全球经济进一步开放、交流、融合。中国始终是全球共同开放的重要推动者，始终是世界经济增长的稳定动力源，始终是各国拓展商机的活力大市场，始终是全球治理改革的积极贡献者，让中国大市场成为世界大机遇，不断以中国新发展为世界提供新机遇，推动建设开放型世界经济，更好惠及各国人民。（本条执笔：陈兆源）

10. 合作观

——背景

在复杂变幻的国际环境中，各国应该如何相处，应遵循什么样的准则，构建什么样的国际关系，一直是近现代国际关系史上的重要课题。新中国成立以来始终坚持独立自主的和平外交政策，在和平共处五项原则基础上同各国发展友好合作关系。党的十八大以来，以习近平同志为核心的党中央开创性地提出推动构建相互尊重、公平正义、合作共赢的新型国际关系，在推动构建人类命运共同体、高质量共建"一带一路"等国际合作实践中形成了以互利共赢为核心的合作观。

2021年1月，习近平主席在出席世界经济论坛"达沃斯议程"对话会发表特别致辞时指出，"恪守互利共赢的合作观，拒绝以邻为壑、自私自利的狭隘政策，抛弃垄断发展优势的片面做法，保障各国平等发展权利，促进共同发

---

[1] 习近平：《共同构建人类命运共同体》，《人民日报》2017年1月20日第2版。

展繁荣"。① 同年9月，习近平总书记在上海合作组织成员国元首理事会第二十一次会议中指出，"要恪守互利共赢的合作观，拆除割裂贸易、投资、技术的高墙壁垒，营造包容普惠的发展前景"②。2023年10月，第三届"一带一路"国际合作高峰论坛举行，习近平主席在主旨演讲中表示"和平合作、开放包容、互学互鉴、互利共赢的丝路精神，是共建'一带一路'最重要的力量源泉"③。

——内容

互利共赢的合作观体现出中国外交政策的宗旨。中国外交政策的宗旨是维护世界和平、促进共同发展。中国坚定不移走和平发展道路，把中国的机遇转变为世界的机遇，在中国与世界各国良性互动、互利共赢中开拓前进，既通过维护世界和平为自身发展创造和平安宁的国际环境，又通过自身发展壮大维护世界和平的力量；既通过融入世界为自身发展创造开放包容的合作环境，又通过自身发展促进世界繁荣。

互利共赢的合作观要求尊重各国主权。各国主权范围内的事情只能由本国政府和人民去管，世界上的事情只能由各国政府和人民共同商量来办。践行互利共赢的合作观要坚持国际事务的民主原则，积极推动全球治理规则民主化。在开展合作时，各国应尊重彼此主权、尊严、领土完整，尊重彼此发展道路和社会制度，尊重彼此核心利益和重大关切。

互利共赢的合作观要求坚持正确的义利观。习近平总书记指出，"义，反映的是我们的一个理念，共产党人、社会主义国家的理念""利，就是要恪守互利共赢原则，不搞我赢你输，要实现双赢"。④ 在同其他国家开展合作时，要妥善处理义和利的关系，政治上主持公道、伸张正义，经济上互利共赢、共同发展，国际事务中讲信义、重情义、扬正义、树道义，做到义利兼顾、义利平衡。

高质量共建"一带一路"是践行互利共赢的合作观的重要平台。共建"一带一路"坚持共享原则，秉持互利共赢的合作观，寻求各方利益交汇点和合作最大公约数，对接各方发展需求、回应人民现实诉求，实现各方共享发展机遇和成果，不让任何一个国家掉队。共建国家大多属于发展中国家，各方聚力解决发展中国家基础设施落后、产业发展滞后、工业化程度低、资金和技术缺乏、人才储备不足等短板问题，促进经济社会发展。中国坚持道义为先、义利并举，向共建国家提供力所能及的帮助，真心实意帮助发展中国家加快发展

---

① 习近平：《让多边主义的火炬照亮人类前行之路》，《人民日报》2021年1月26日第2版。
② 习近平：《不忘初心 砥砺前行 开启上海合作组织发展新征程》，《人民日报》2021年9月18日第2版。
③ 习近平：《建设开放包容、互联互通、共同发展的世界》，《人民日报》2023年10月19日第2版。
④ 中共中央宣传部、中华人民共和国外交部编：《习近平外交思想学习纲要》，人民出版社、学习出版社2021年版，第137—138页。

共享发展机遇和成果，不让任何一个国家掉队。

——意义

互利共赢的合作观源于中华民族的天下大同理念，源于中国的国际主义情怀，源于中国的大国责任担当。当前，世界之变、时代之变、历史之变正以前所未有的方式展开，世界进入新的动荡变革期，但人类发展进步的大方向不会改变，世界历史曲折前进的大逻辑不会改变，国际社会命运与共的大趋势不会改变。面对日益严峻的全球性挑战，世界各国只有践行互利共赢的合作观，加强团结协作，深化和平合作、平等相待、开放包容、共赢共享的伙伴关系，才能实现持久稳定和发展，让和平与发展的阳光普照世界。

互利共赢的合作观赢得国际社会高度评价。哈萨克斯坦《实业报》总编辑谢利克·科尔容巴耶夫表示，"一提起中国的国际形象，世界上许多人可能首先想到的词语是：和平、发展、合作、稳定器和火车头""中国的发展离不开世界，其实对于世界来说又何尝不是中国发展好，世界也会变得更好！"巴西商业领袖组织中国区首席执行官小若泽·里卡多·卢斯说，"中国提出在和平共处五项原则的基础上扩大与其他国家的友谊与合作，推动构建人类命运共同体。在各国为发展而共同努力的世界中，中国发挥着越来越关键的作用"①。

（本条执笔：李冲）

11. 文明观

——背景

2013年12月，在十八届中央政治局第十二次集体学习中，习近平总书记首次明确提出，提高国家文化软实力，应"去粗取精、去伪存真""努力实现中华传统美德的创造性转化、创新性发展"②。其后，习近平总书记在纪念孔子诞辰2565周年国际学术研讨会上再次指出，要"努力实现传统文化的创造性转化、创新性发展，使之与现实文化相融相通，共同服务以文化人的时代任务"③。习近平总书记在多个场合提到"两创"的重要性。"要推动中华文明创造性转化、创新性发展，激活其生命力，让中华文明同各国人民创造的多彩文

---

① 《阔步新征程 为全球发展注入信心与力量——国际社会高度评价习近平主席在十四届全国人大一次会议闭幕会上的重要讲话》，新华网，2023年3月14日，http://www.news.cn/2023-03/14/c_1129430466.htm。
② 习近平：《建设社会主义文化强国 着力提高国家文化软实力》，《人民日报》2014年1月1日第1版。
③ 习近平：《在纪念孔子诞辰2565周年国际学术研讨会暨国际儒学联合会第五届会员大会开幕会上的讲话》，《人民日报》2014年9月25日第2版。

明一道，为人类提供正确精神指引。"①

2017年1月，中共中央办公厅、国务院办公厅联合印发《关于实施中华优秀传统文化传承发展工程的意见》，明确将"两创"作为实施该工程的基本原则。同年10月，"创造性转化、创新性发展"正式被写入党的十九大报告，第一次以党代会的形式确认了"创造性转化、创新性发展"的文化发展方针地位，标志着这一理论与实践路径趋于成熟。② 在2023年3月15日举行的中国共产党与世界政党高层对话会上，习近平主席首次提出"全球文明倡议"，成为新时代中国为国际社会提供的又一重要公共产品，受到了国际社会的广泛欢迎。③ 党的二十大报告进一步提出："尊重世界文明多样性，以文明交流超越文明隔阂、文明互鉴超越文明冲突、文明共存超越文明优越，共同应对各种全球性挑战。"④ 这深刻而鲜明地彰显了中国式现代化的文明观。

——内容

习近平总书记在讲话中指出我们要共同倡导尊重世界文明多样性、弘扬全人类共同价值、重视文明传承和创新、加强国际人文交流合作。⑤ 这四个"共同倡导"，集中表达了"中国文明观"的丰富内涵。

尊重世界文明的多样性，就是要包容不同文明之间的差异性，并以此差异性为基础，推动文明之间的交流与互鉴。正如习近平总书记所指出的："每一个国家和民族的文明都扎根于本国本民族的土壤之中，都有自己的本色、长处、优点。我们应该维护各国各民族文明多样性，加强相互交流、相互学习、相互借鉴。"⑥

弘扬全人类共同价值，就是要寻找文明之间的"最大公约数"。各种不同的文明因其独特性，在与其他文明相遇时，常常会有冲突和排斥，然而这种差异并非无法调和的——各国人民对和平、发展、公平、正义、民主、自由等价值的追求存在着内在的共性。弘扬全人类共同价值，就是要在多样性中找出不同文明的共通点，以这样的"最大公约数"来指引全球文明的共同前进路径。

重视文明传承和创新，就是要推动中华优秀传统文化的创造性转化、创新性发展。中国正在通过中国式现代化全力推动中华民族的伟大复兴，这一策略要求牢固地将马克思主义的基本原理与中国特有的实践和中华优秀传统文化紧

---

① 习近平：《在哲学社会科学工作座谈会上的讲话》，《人民日报》2016年5月19日第2版。
② 习近平：《决胜全面建成小康社会 夺取新时代中国特色社会主义伟大胜利——在中国共产党第十九次全国代表大会上的报告》，人民出版社2017年版，第23页。
③ 习近平：《携手同行现代化之路》，《人民日报》2023年3月16日第2版。
④ 习近平：《高举中国特色社会主义伟大旗帜 为全面建设社会主义现代化国家而团结奋斗——在中国共产党第二十次全国代表大会上的报告》，人民出版社2022年版，第63页。
⑤ 习近平：《携手同行现代化之路》，《人民日报》2023年3月16日第2版。
⑥ 《建设社会主义文化强国 着力提高国家文化软实力》，《人民日报》2014年1月1日第1版。

密结合，鼓励对中华优秀传统文化的创新转变和发展。这意味着，要用时代的精神激活中华优秀传统文化的生命力，使其可以与全球的其他文明相互学习、借鉴，共同繁荣世界文明的百花园。

加强跨国文化交流合作，需要不同文明之间取长补短、共同进步。无论是共同、综合、合作、可持续的安全观，还是共商共建共享的全球治理观，或是平等、互鉴、对话、包容的文明观，抑或是全球文明倡议，多年来，中国一直积极投入，贡献着自己的智慧和方案，以推进世界和平与繁荣。中国始终把促进全球各国的团结合作，以及不同文明的交流融合，作为最为基本的追求。

——意义

中国文明观为中国文化现代化指明了方向。习近平总书记指出："要推动中华优秀传统文化创造性转化、创新性发展，以时代精神激活中华优秀传统文化的生命力。"[1] 党的二十大将"传承中华优秀传统文化"作为新征程社会主义文化发展战略的重要内容，为新时代中华优秀传统文化创新发展带来了契机。在中国文明观的影响下，近年来，从实施中华优秀传统文化传承发展工程，到追溯中华文明的源头，再到建立中华民族的现代文化体系，中华优秀传统文化始终致力于服务于新时代中国特色社会主义事业，促进中华优秀传统文化与时代同步发展，释放出新的时代魅力。

中国文明观为世界各国文明发展提供了中国智慧。全球文明倡议要求："推动各国优秀传统文化在现代化进程中实现创造性转化、创新性发展"[2]，这一表述将"创造性转化、创新性发展"的文化发展方针从中国"一国"上升到世界"各国"，将中国方案推广到了世界范围，实现了中国文明观从特殊性到普遍性的跃升。[3] 这为在世界现代化进程中充分尊重文明多样性，推进文化交流与互学，推动世界文明朝着平衡、积极、向善的方向发展贡献了中国智慧和中国力量。[4] 如同在党的二十大报告中所强调的："尊重世界文明多样性，以文明交流超越文明隔阂、文明互鉴超越文明冲突、文明共存超越文明优越，共同应对各种全球性挑战。"[5]（本条执笔：任琳）

---

[1] 《在服务和融入新发展格局上展现更大作为 奋力谱写全面建设社会主义现代化国家福建篇章》，《人民日报》2021年3月26日第1版。

[2] 习近平：《携手同行现代化之路》，《人民日报》2023年3月16日第2版。

[3] 《中国式现代化独特的文明观》，中国共产党新闻网，2023年5月29日，http://theory.people.com.cn/n1/2023/0529/c40531-40000824.html。

[4] 《深入研究中国式现代化蕴含的世界观、价值观、历史观、文明观、民主观、生态观》，《人民日报》2023年3月27日第9版。

[5] 习近平：《高举中国特色社会主义伟大旗帜 为全面建设社会主义现代化国家而团结奋斗——在中国共产党第二十次全国代表大会上的报告》，人民出版社2022年版，第63页。

12. 治理观

——背景

随着国际力量对比消长变化和全球性挑战日益增多，加强全球治理、推动全球治理体系改革成为大势所趋。党的十八大以来，以习近平同志为核心的党中央就中国参与引领全球治理体系改革作出顶层设计和战略谋划。2017年10月，党的十九大报告指出，"中国秉持共商共建共享的全球治理观，倡导国际关系民主化，坚持国家不分大小、强弱、贫富一律平等，支持联合国发挥积极作用，支持扩大发展中国家在国际事务中的代表性和发言权"[1]。2022年10月，党的二十大报告指出，"中国积极参与全球治理体系改革和建设，践行共商共建共享的全球治理观，坚持真正的多边主义，推进国际关系民主化，推动全球治理朝着更加公正合理的方向发展"[2]。践行共商共建共享的全球治理观，坚持对话而不对抗、拆墙而不筑墙、融合而不脱钩、包容而不排他，已成为应对治理赤字、完善全球治理体系的中国方案。

——内容

治理观坚持共商原则。"共商"就是沟通协商，集思广益，倡导并践行真正的多边主义，坚持大家的事由大家商量着办，充分尊重各国发展水平、经济结构、法律制度和文化传统的差异，强调平等参与、沟通协商、集思广益，不附带任何政治或经济条件，以自愿为基础，最大限度凝聚共识。

治理观坚持共建原则。"共建"就是共同参与，各国应该有以天下为己任的担当精神，坚持公正合理、互商互谅、同舟共济、互利共赢，携手破解和平赤字、发展赤字、安全赤字、治理赤字，通过充分协商形成全球治理体系变革方案的共识和一致行动，满足应对全球性挑战的现实需要，顺应和平发展合作共赢历史趋势。

治理观坚持共享原则。"共享"就是互利共赢，各方通过合作实现利益的最大化。秉持互利共赢的合作观，寻求各方利益交汇点和合作最大公约数，对接各方发展需求、回应人民现实诉求，提倡所有人参与、所有人受益，不搞一家独大或者赢者通吃，而是寻求利益共享，实现各方共享发展机遇和成果。

高质量共建"一带一路"是践行共商共建共享的全球治理观的重要平台。共建"一带一路"不是中国一家的独奏，而是各方的大合唱，倡导并践行真正

---

[1] 习近平：《决胜全面建成小康社会 夺取新时代中国特色社会主义伟大胜利——在中国共产党第十九次全国代表大会上的报告》，人民出版社2017年版，第23页。

[2] 《习近平著作选读》第一卷，人民出版社2023年版，第51页。

的多边主义，不附带任何政治或经济条件，以自愿为基础，最大限度凝聚共识。各国无论大小、强弱、贫富，都是平等参与，都可以在双多边合作中积极建言献策。各方加强双边或多边沟通和磋商，共同探索、开创性设立诸多合作机制，为不同发展阶段的经济体开展对话合作、参与全球治理提供共商合作平台。共建"一带一路"坚持各方共同参与，深度对接有关国家和区域发展战略，充分发掘和发挥各方发展潜力和比较优势，共同开创发展新机遇、谋求发展新动力、拓展发展新空间，实现各施所长、各尽所能、优势互补、联动发展。通过双边合作、第三方市场合作、多边合作等多种形式，鼓励更多国家和企业深入参与，形成发展合力。深度对接有关国家和区域发展战略，通过双边合作、第三方市场合作、多边合作等各种形式，鼓励更多国家和企业深入参与，持之以恒加以推进。共建"一带一路"坚持共享原则。共建国家大多属于发展中国家，各方聚力解决发展中国家基础设施落后、产业发展滞后、工业化程度低、资金和技术缺乏、人才储备不足等短板问题，促进经济社会发展。中国坚持道义为先、义利并举，向共建国家提供力所能及的帮助，真心实意帮助发展中国家加快发展。

——意义

坚持共商共建共享的全球治理观，就是全球事务要由大家一起商量，治理体系要由大家一起建设，治理成果要由大家一起分享，让各国成为世界和平与发展的参与者、贡献者、受益者。各方要积极推进全球治理规则民主化，推动各国权利平等、机会平等、规则平等。以公平正义为理念引领全球治理体系变革，使全球治理体系符合变化了的世界政治经济格局，顺应和平发展合作共赢的历史趋势，满足应对全球性挑战的现实需要。

共商共建共享的治理观获得国际社会高度评价。时任联合国经济和社会理事会主席穆尼尔·阿克拉姆表示，"中国所倡导的是真正的多边主义。这是一条对世界上大多数国家充满吸引力的道路"。尼日利亚中国研究中心主任查尔斯·奥努纳伊朱说："中国从不强求你要做什么，而是启迪你找到适合自身发展的道路。"乌兹别克斯坦政治分析人士库尔班诺夫认为，共建"一带一路"秉承共商共建共享原则，"对于发展中国家开展合作非常具有吸引力，也因此得到共建国家支持"。（本条执笔：李冲）

13. 生命之路

——背景

2013年，习近平主席提出共建"一带一路"倡议，卫生健康合作是其中一项重要内容。此后，习近平总书记多次在国内外重要场合提出要打造"健康丝绸之路"、构建人类卫生健康共同体，获得国际社会广泛认同和高度赞誉。习近平主席在第三届"一带一路"国际合作高峰论坛开幕式上的主旨演讲中指出："新冠疫情暴发后，'一带一路'成为生命之路和健康之路。"[①] 习近平主席的重要论述，为新阶段推进"一带一路"卫生健康合作高质量发展指明了前进方向、提供了根本遵循。

——内容

人人享有健康是全人类的共同愿望。十年来，"生命之路"和"健康丝绸之路"建设成果丰硕，"健康丝绸之路"的理念和实践深度融入"一带一路"政策沟通、设施联通、贸易畅通、资金融通、民心相通建设，成为基础设施"硬联通"、规则标准"软联通"、共建国家人民"心联通"的重要领域。中方毫无保留地分享在中国式现代化进程中推进卫生健康发展的经验和技术，与共建国家共同提升医疗卫生服务可及性和卫生体系自主发展能力，向76个国家和地区派遣中国医疗队。与43个国家和地区的48家医院建立对口合作，协助共建25个临床重点专科中心，填补数千项技术空白[②]；开展"光明行""爱心行""微笑行""送医上岛"等短期医疗义诊，这些活动受益面广、社会影响力大，深受"一带一路"共建国家民众欢迎。

新冠疫情暴发后，中国向各国提供了上百亿个口罩和23亿剂疫苗，同20多个国家合作生产疫苗，为共建"一带一路"合作伙伴抗击疫情作出独特贡献。中国在疫情最严峻的时候也得到70多个国家的宝贵支持。与全球180多个国家和地区以及十多个国际组织举办技术交流活动，向120多个共建国家提供抗疫援助，向34个国家派出38批抗疫医疗专家组，向共建国家提供20余亿剂疫苗，为"一带一路"共建国家人民带去生命的希望和健康的关爱。意大利是七国集团中首个与中国签署"一带一路"谅解备忘录的国家，中意共建"一带一路"原本就有良好合作基础。中意在抗击新冠疫情的战斗中团结合作，书写了共建"健康丝绸之路"的感人一页。经过十年的不懈努力，共建"生命之路"和"健康丝绸之路"已经成为应对全球和平赤字、发展赤字、安全赤字、治理赤字的中国主张和中国方案的重要组成部分，为促进落实联合国2030年可持续发展议程健康目标、实现世界卫生组织"三个十亿"目标贡献了重要力量。

——意义

面对新冠疫情在全球范围内蔓延，打造"生命之路"意义深远。携手打造

---

① 习近平：《建设开放包容、互联互通、共同发展的世界》，《人民日报》2023年10月19日第2版。
② 《为推动构建人类卫生健康共同体贡献力量》，《人民日报》2023年12月30日第5版。

一　新时代与新理念

"生命之路",为共建"一带一路"开辟了新的合作空间。2017年,习近平主席在日内瓦访问世界卫生组织时提出,中国欢迎世界卫生组织积极参与"一带一路"建设,共建"健康丝绸之路"。时任世界卫生组织总干事陈冯富珍回应称,世界卫生组织赞赏中国在全球卫生安全和卫生治理领域的领导能力,愿加强同中方在"一带一路"框架下合作,携手打造"健康丝绸之路",也为完善全球公共卫生治理提供了新思路。抗击新冠疫情的实践再次表明,筑墙于事无补,独善其身是不可能的,各国唯有团结协作,着眼长远,提升全球公共卫生治理水平,才可能在与病毒的战斗中赢得先机。(本条执笔:杨超)

14. 共赢共担共治

——背景

2020年11月4日,习近平主席在第三届中国国际进口博览会开幕式上首次提出推进合作共赢、合作共担、合作共治的共同开放的合作理念。[①] 当时,新冠病毒肆虐全球,疫情持续蔓延,中国排除困难如期举办第三届进博会,为世界各国进入中国市场、获得更大发展机遇提供了良好平台,是共赢共担共治理念的良好实践。习近平主席提出三个"致力于",强调要致力于推进合作共赢的共同开放、致力于推进合作共担的共同开放、致力于推进合作共治的共同开放,引发与会各界人士热烈反响。

——内容

共赢共担共治强调在合作过程中各方能够共同获得利益、共同承担责任,并共同参与治理。共赢意味着合作各方都能够从合作中获得利益,实现共同发展。只有合作共赢才能办大事、办好事、办长久之事。习近平主席在2015年博鳌亚洲论坛年会上指出,"合作共赢的理念不仅适用于经济领域,也适用于政治、安全、文化等广泛领域,不仅适用于地区国家之间,也适用于同域外国家开展合作"。在共赢的理念下,各方会积极寻求利益的共同点,通过合作实现资源的共享和优势的互补,从而取得更好的成果。

共担强调在合作过程中,各方需要共同承担风险、责任和义务。2018年8月27日习近平总书记在推进"一带一路"建设工作5周年座谈会上指出,共建"一带一路"顺应了全球治理体系变革的内在要求,彰显了同舟共济、权责共担的命运共同体意识,为完善全球治理体系变革提供了新思路新方案。[②] 通

[①] 《习近平在第三届中国国际进口博览会开幕式上发表主旨演讲》,《人民日报》2020年11月5日第1版。

[②] 《推动构建人类命运共同体的重要实践平台》,《人民日报》2018年8月28日第1版。

过共担风险，可以增强合作的稳固性和可持续性。

共治则意味着在合作中各方共同参与治理，共同制定和执行规则。面对经济全球化带来的挑战，不应该任由单边主义、保护主义破坏国际秩序和国际规则，要以建设性姿态改革全球经济治理体系，更好地趋利避害。要坚持共商共建共享的全球治理观，维护以世界贸易组织为基石的多边贸易体制，完善全球经济治理规则，推动建设开放型世界经济。通过共治，可以促进合作的长远发展和稳定，避免出现不公平或不合理的情况。

——意义

共赢共担共治展现了中国推动建设开放型世界经济、推动构建人类命运共同体的坚定与担当，为推动世界经济复苏指明了方向。埃森哲大中华区主席朱伟表示，习近平主席在主旨演讲中强调，历史和实践证明，风险挑战面前，各国应该同舟共济、各尽其责，而不应该唯我独尊、损人不利己，中国不断践行全面扩大开放的承诺，举办进博会是中国承担大国责任、深化改革开放的重要举措。阿斯利康中国总裁王磊表示，习近平主席的主旨演讲彰显了共享中国机遇、共创美好未来的大国担当，进一步坚定了我们继续扎根中国发展的决心。

（本条执笔：杨超）

15. 文明交流互鉴之路

——背景

当前，世界文明融合程度空前深入，文明间的交流愈加频繁，文明交流成为人类社会发展不可抗拒的主流趋势。但文明交流中的不平等、不和谐因素仍然存在，一些发达国家凭借其国际地位与话语权优势，强调优胜劣汰，垄断文明阐释权，以"文明冲突"为借口掩饰国际矛盾背后利益争夺的现实，给文明共生共荣的新际遇蒙上了阴影。"文明互鉴"既是世界文明发展的大势所趋，也是"一带一路"共建国家发展的模式和目标。"一带一路"倡议坚持以"和平合作，开放包容，互学互鉴，互利共赢"为核心的丝路精神，提出了"文明交流与互鉴"的新文明观。2014年3月，习近平主席在联合国教科文组织总部发表了以人类文明的"多彩、平等、包容"为主题的演讲，为绘就人类文明美美与共的人类命运共同体画卷凝聚了新共识，第一次对人类文明的相处之道发出了较为系统的"中国声音"。随后，习近平主席在2017年"一带一路"国际合作高峰论坛、上海合作组织成员国元首理事会第十八次会议、2019年亚洲文明对话大会等多个国际场合进一步阐述了中国以文明交流互鉴思想为中心的文明观，通过秉持正确义利观，摒弃冷战思维和强权政治的"文明互鉴"

理念，丰富、发展了文明互鉴的思想内涵，让文明互学互鉴成为推动构建人类命运共同体的积极力量，初步构建了习近平总书记关于文明交流互鉴重要论述的理论体系，为中国特色大国外交提供了新的理论指导。

——内容

1. 文明交流互鉴的基本原则。坚持文明"多样性、平等性、包容性"是推动文明交流互鉴所必须遵循正确的态度和原则，文明交流互鉴主张是基于多元文明论基础上的一种文明观，认为所有文明都取得了伟大的成绩，批判和否定了单一文明论。"一带一路"建设把握住了人类文明多样性这个人类文明进步的源泉，坚持文明是多彩的，多彩的文明给了我们多种可能，给我们开创有选择的未来创造了可能；"一带一路"坚持文明是平等的，各种文明对人类的发展都有其独到的价值；"一带一路"坚持文明是包容的，要学会接纳承认其他文明的存在。

多样性是文明的本质特征，也是文明交流互鉴的重要基础。文明多样性和差异性使文明具有了交流互鉴的价值和动力，文明价值内在的相通性使文明的多样性和差异性具有了交流互鉴的现实可能性。多样性原则是"一带一路"文明交流互鉴的源泉，"一带一路"倡议"推动文明交流互鉴，可以丰富人类文明的色彩"，促进多元文化的共生共荣。

平等性原则是"一带一路"文明交流互鉴的前提和基础。每种文明都凝聚着非凡智慧和精神追求，有其历史功绩、现实价值和独特魅力。文明之间的交往不应以独尊某一种文明或贬损某一种文明为前提，"文明交流互鉴应该是对等的、平等的，应该是多元的、多向的，而不应该是强制的、强迫的"[1]。"认为自己的人种和文明高人一等，执意改造甚至取代其他文明，在认识上是愚蠢的，在做法上是灾难性的！"[2]

开放包容性原则是"一带一路"文明交流互鉴的动力。文明的共生共荣要求我们开放包容，加强文明之间对话、交流，求同存异，推进文明之间和平共处、共生共荣。"一带一路"共建国家文明的多姿多彩形成了不同文明之间的区别，正确对待文明的特点及差别，尊重世界文明丰富多样性，倡导文明宽容，秉承求同存异、兼容并蓄、博采众长的精神，以文明互鉴超越文明冲突、文明共存超越文明优越，才能促进共建国家在交流互鉴中共同前进。

2. 文明交流互鉴的方法论。"以文明交流超越文明隔阂，以文明互鉴超越文明冲突，以文明共存超越文明优越"[3]是文明交流互鉴思想所遵循的基本方

---

[1] 《习近平谈治国理政》第三卷，外文出版社2020年版，第469页。
[2] 《习近平谈治国理政》第三卷，外文出版社2020年版，第468页。
[3] 《习近平谈治国理政》第三卷，外文出版社2020年版，第441页。

法论。在 2019 年 5 月亚洲文明对话大会的开幕式演讲中，习近平总书记再次将不同文明的交流互鉴原则具化为四点主张：第一，坚持相互尊重、平等相待。第二，坚持美人之美、美美与共。第三，坚持开放包容、互学互鉴。第四，坚持与时俱进、创新发展。习近平总书记关于文明交流互鉴的重要论述是在世界"百年未有之大变局"背景下提出的，旨在打破国际社会出现的文明冲突论、文明优越论等论调的狭隘藩篱。

各美其美，以文明交流超越文明隔阂。"各美其美"的文化思维承认其他各个国家文明的"美"，"一切文明成果都值得尊重，一切文明成果都要珍惜"①。文明交流互鉴离不开人与人的交流交往，文明因交流而不同，"各美其美"把文明交流的可能与必要推向现实。只有坚持以人文交流为纽带，在尊重文化差异、包容多样性的前提下加强不同文明之间的交流对话、包容互鉴，才能领悟和吸收对方文明中的价值与长处，推动共建国家互联互通，构建人类命运共同体。

美人之美，以文明互鉴超越文明冲突。"美人之美"就是要在文明的互鉴互赏中汲取不同文明所蕴含的智慧，通过互鉴互赏的方式彻底消除文明隔阂，防范文明冲突。全球化时代的国际政治实践证明，不同文明只有秉持包容精神，才能求同存异，超越冲突，实现和谐共存。"文明冲突论"会误导人们选择战争之路，而"文明互鉴"理念将不断促进不同民族、国家和文明的和谐共处。

美美与共，以文明共存超越文明优越。推动构建人类命运共同体，不是以一种文明代替另一种文明，而是不同发展水平的国家在国际事务中利益共生、权利共享、责任共担。人类命运共同体的文明理念的核心是坚持平等态度、采取互鉴方式，推进各文明间的交流对话与互鉴共融，打破当前文明交流中仍存的不平等交流现状，在平等互鉴中取长补短，在交流碰撞中促进文明发展创新，实现各种文明"美美与共"。

——意义

"一带一路"倡议传承弘扬丝路精神，以文明交流互鉴为宗旨，将共建国家的历史、现实与未来紧密联系在一起。共建"一带一路"倡导重视文明传承和创新，尊重各国人民文化历史、风俗习惯，充分挖掘各国历史文化的时代价值，推动各国优秀传统文化在现代化进程中实现创新性发展。"一带一路"所提倡的共生、平等、多元文明观念，在共建国家民众中形成相互欣赏、相互理解、相互尊重的人文格局，体现了全人类的共同价值诉求，为新时代人类命运共同体的建构提供了文化理念的基本支撑，也为"一带一路"建设打下了广泛

---

① 习近平：《在联合国教科文组织总部的演讲》，《人民日报》2014 年 3 月 28 日第 3 版。

的社会心理基础。人类文明观从"文明冲突"到"文明互鉴"转变，顺应了当今时代人类社会发展所需，实现了历史性的飞跃。

随着"一带一路"建设的不断推进，文明互鉴理念已被视为重要的引领力量。文明交流互鉴的理念、制度及实践作为不同文明相处之间的一种方式，在国际话语场域中被诠释、被强化认同。文明交流互鉴已成为国际社会的普遍期待，也是中国推进全球治理改革的重要理念。文明交流互鉴作为一种客观应对世界文明格局走向的中国理念、中国主张、中国方案，将推进"一带一路"建设不断前行，引领共建国家各族人民迎接"美美与共"新时代的到来。对于人类文明发展、中国话语权提升以及人类命运共同体构建都具有重要意义。（本条执笔：张中元）

16. 中国共产党与世界政党领导人峰会

——背景

在2017年召开的中国共产党与世界政党高层对话会上，习近平主席发表主旨讲话，呼吁各国政党顺应时代发展潮流、把握人类进步大势、顺应人民共同期待，共襄构建人类命运共同体的伟业，赢得与会代表广泛认同。从中国共产党与世界政党高层对话会，到"中国共产党的故事——地方党委的实践"活动；从中俄执政党对话，到中国—阿拉伯国家政党对话会、中拉政党论坛、中非政党理论研讨会、中国—中亚政党论坛、中国共产党同东南亚国家政党对话会……中国共产党不断丰富同各方的对话机制，主动搭建桥梁，分享治国理政经验，构建起了全方位、多渠道、宽领域、深层次的全球政党伙伴关系网络。

2021年中国共产党成立100周年之际，中国倡议举行中国共产党与世界政党领导人峰会，旨在同世界各国政党加强治国理政经验交流互鉴，共同应对世界百年变局和世纪疫情带来的挑战，增强为人民谋幸福的理念和能力，促进世界和平与发展，推动构建人类命运共同体。160多个国家500多位政党和政治组织领导人报名参会，其中许多是担任国家元首、政府首脑职位的政党领导人。逾万名政党和政治组织的代表报名，希望通过视频连线或者网络直播方式听会。130多个国家驻华大使或临时代办也在北京参会。

——内容

2021年7月6日，中国共产党与世界政党领导人峰会以视频连线方式举行，来自160多个国家的500多个政党和政治组织的领导人出席会议。习近平主席出席峰会并发表题为《加强政党合作 共谋人民幸福》的主旨讲话，指出政党作为推动人类进步的重要力量，要锚定正确的前进方向，担起为人民谋幸福、为人类谋进步的历史责任……坚定不移沿着这条光明大道走下去……团结带领中国人民深入推进中国式现代化，为人类对现代化道路的探索作出新贡献……团结带领中国人民全面深化改革和扩大开放，为世界各国共同发展繁荣作出新贡献……履行大国大党责任，为增进人类福祉作出新贡献……积极推动完善全球治理，为人类社会携手应对共同挑战作出新贡献。① 习近平主席提出的"四个新贡献"，立足中国、胸怀世界，以史为鉴、开创未来，是新时代中国共产党造福各国人民、促进人类发展进步的庄严宣示与历史担当。中国用实实在在的行动告诉世界：中国始终不渝做世界和平的建设者、全球发展的贡献者、国际秩序的维护者，始终不渝站在历史正确的一边、人类进步的一边。

峰会通过《中国共产党与世界政党领导人峰会共同倡议》，"人类生活在同一个地球村，越来越成为你中有我、我中有你的命运共同体，团结合作才能解决人类面临的困难和挑战。政党是国家政策的源头、人民利益的代表，在国家政治生活中发挥着重要作用。在新的历史条件下，让各国人民真正拥有自己的幸福，相互成就幸福，实现美美与共的和谐愿景，是政党的共同责任和努力方向"。倡议呼吁各国政要致力于凝聚价值共识，致力于推动实现共同发展，致力于建设宜居地球家园，致力于守卫人民生命健康，致力于促进文明交流互鉴，致力于增进本国民生福祉，致力于提升治国理政水平，致力于完善全球治理规则。②

——意义

在人类社会何去何从的历史当口，进一步提出中共主张、阐发中共方案、贡献中共智慧，引领时代潮流和人类前进方向。多国政党领导人及专家学者认为，此次峰会非常及时和重要，有利于加强政党间的交流互鉴，激励各国政党携手共创更加美好的未来。柬埔寨奉辛比克党总书记昂松博说，"这次峰会非常重要和及时，为全球各政党搭建起交流、分享、沟通的平台，将对促进国际合作、和平与发展起到重要作用"。中国—马尔代夫文化交流协会创始人兼会长莫芮德说，"中国共产党坚持多边主义和国家间对话，致力于发展开放和务实的对外关系，为国际社会树立了典范"③。（本条执笔：李冲）

---

① 习近平：《加强政党合作 共谋人民幸福》，《人民日报》2021 年 7 月 7 日第 2 版。
② 《中国共产党与世界政党领导人峰会共同倡议》，《人民日报》2021 年 7 月 8 日第 3 版。
③ 新华社驻外记者：《加强政党交流互鉴 共创更加美好未来》，《人民日报》2021 年 7 月 11 日第 3 版。

17. 中国共产党与世界政党高层对话会

——背景

党际交往是发展国家关系的重要组成部分。新中国成立70年来，党的对外工作坚持以马克思主义中国化的理论成果为指导，紧紧围绕党和国家的中心工作谋篇布局，不断取得新进展、开创新局面。特别是党的十八大以来，在习近平外交思想指引下，党的对外工作统筹国内国际两个大局，牢牢把握服务民族复兴、促进人类进步这一主线，不断推进理论和实践创新，取得一系列重要成就，为维护和巩固党的执政地位、实现"两个一百年"奋斗目标、推动构建人类命运共同体作出了新的重要贡献。

2014年首届中国共产党与世界对话会举行，主题为"中国改革：执政党的角色"。这一对话平台促进国内外学界、思想界与领导层、决策层、实践层等进行坦率、深入、建设性的交流，以国际比较的视角，更客观、更全面、更深刻地认识中国执政党在中国新一轮改革进程中的角色，更准确、透彻地把握中国改革的前景和影响。2015年第二届中国共产党与世界对话会召开，主题为"从严治党：执政党的使命"。2016年举办的第三届中国共产党与世界对话会以"全球经济治理创新：政党的主张和作为"为主题。对话会阐释了习近平主席提出的关于全球经济治理的新思路、新任务和新要求，以及中国的五大发展理念。50多个国家的70多个政党和政治组织领导人以及中外专家学者、工商界人士共300余人围绕全球经济治理创新进行交流，会议发表了《重庆倡议》。为进一步提升党的对外工作质量，更好发挥党际交往作用，中国于2017年首次举办中国共产党与世界政党高层对话会，并积极推动高层对话会机制化。

——内容

2017年11月30日至12月3日，首次中国共产党与世界政党高层对话会在北京举行。会议由中共中央对外联络部主办，主题为"构建人类命运共同体、共同建设美好世界：政党的责任"。来自世界各国近300个政党和政治组织的领导人齐聚一堂，共商合作大计。这次对话会是党的十九大之后首场由中国共产党主办的多边外交活动。习近平主席出席开幕式并发表题为《携手建设更加美好的世界》的主旨讲话。习近平主席指出，"不同国家的政党应该增进互信、加强沟通、密切协作，探索在新型国际关系的基础上建立求同存异、相互尊重、互学互鉴的新型政党关系，搭建多种形式、多种层次的国际政党交流合作网络，汇聚构建人类命运共同体的强大力量"[1]。会议通过了《中国共产

---

[1] 习近平：《携手建设更加美好的世界》，《人民日报》2017年12月2日第2版。

党与世界政党高层对话会 北京倡议》，指出"世界正处于大发展大变革大调整时期""面对深刻复杂变化的国际形势，没有哪个国家能够独自应对人类面临的各种挑战，也没有哪个国家能够退回到自我封闭的孤岛""只有各国共同坚持走和平发展道路，我们生活的世界才能更加安定美好""推动建设相互尊重、公平正义、合作共赢的新型国际关系是构建人类命运共同体、建设美好世界的必然要求"，强调政党要做"伙伴关系的推动者""世界和平的建设者""全球发展的促进者""文明互鉴的践行者"以及"生态环境的守护者"。[①]

2023年3月15日，习近平主席出席中国共产党与世界政党高层对话会。此时会议正逢全国两会闭幕之际，同时也是党的二十大之后习近平主席在中国国内出席的首场重大多边外交活动。会议主题为"现代化道路：政党的责任"，150多个国家的500多个政党和政治组织的领导人慕名参与、共襄盛会。随着党的二十大胜利召开，"中国式现代化"日渐成为解码中国发展的重要关键词。习近平主席出席会议并发表题为《携手同行现代化之路》的主旨讲话，首次提出"全球文明倡议"，呼吁共同倡导尊重世界文明多样性，共同倡导弘扬全人类共同价值，共同倡导重视文明传承和创新，共同倡导加强国际人文交流合作。[②] 这是中国继2021年9月"全球发展倡议"、2022年4月"全球安全倡议"之后提出的又一国际公共产品。

——意义

中国共产党与世界政党高层对话会是中国共产党与世界政党交流思想、增进理解、扩大共识的重要平台。通过面对面的交流，世界各国政党能够直接了解中国共产党的理念和政策，增强对中国的理解和信任。高层对话会不仅体现了中国对全球治理的积极贡献，也展现了中国愿意与世界各国共同努力，应对全球挑战的决心。通过这样的平台，中国共产党希望促进国与国之间的交流合作，共同推动建设一个更加美好的世界。

举办中国共产党与世界政党高层对话会，在国内外引起强烈反响。积极推动高层对话会机制化，充分利用"对外宣介团"和"中共代表团"两大品牌，在国际上掀起了"中共热"和"习近平新时代中国特色社会主义思想热"。南非共产党总书记索利·马派拉表示，"中国共产党通过百余年奋斗，领导中国发展成为世界第二大经济体，成功地消除了绝对贫困，以中国式现代化全面推进中华民族伟大复兴，为非洲和世界各地的政治组织提供了重要经验"。中俄

[①] 白宇：《中国共产党与世界政党高层对话会 北京倡议》，新华社，2017年12月3日，http://politics.people.com.cn/n1/2017/1203/c1001-29682816.html。

[②] 习近平：《携手同行现代化之路》，《人民日报》2023年3月16日第2版。

一　新时代与新理念

数字经济研究中心俄方执行主任、莫斯科大学大数据中心国际关系发展部主任宓河力表示,"全球文明倡议中提到的平等、包容等原则为各国文明的发展与繁荣提供保障,有利于人类文明的存续和进步"[①]。(本条执笔:李冲)

---

① 《国际社会热议全球文明倡议:有利于人类文明的存续和进步》,中国网,2023年3月16日,http://news.china.com.cn/2023-03/16/content_85173334.htm.

二　命运共同体建设

18. 利益共同体

——背景

2015年10月12日,中共中央政治局进行了以"全球治理格局和全球治理体制"为主题的集体学习,习近平总书记主持学习时强调,"现在,世界上的事情越来越需要各国共同商量着办,建立国际机制、遵守国际规则、追求国际正义成为多数国家的共识"。他指出,经济全球化深入发展,把世界各国的利益和命运都深深地联结在了一起,形成了你中有我、我中有你的利益共同体[①]。全球性挑战也不再能以一国之力解决,要求各国通力合作、共同应对。

同年10月20日,习近平主席在英国议会发表演讲,再次深刻论述"利益共同体"理念,他进一步指出,中英越来越成为你中有我、我中有你的利益共同体。强调今天所处的时代,是以和平与发展为主题的时代,也是各国同舟共济、携手共进的时代。在这样伟大的时代,站在全面战略伙伴关系的新起点,中英两国携手恰逢其时。[②]

2018年11月17日,习近平主席在亚太经合组织工商领导人峰会上作主旨演讲,他再次指出:"在各国相互依存日益紧密的今天,全球供应链、产业链、价值链紧密联系,各国都是全球合作链条中的一环,日益形成利益共同体、命运共同体。"[③] 此后,利益共同体的内涵已深刻融入了人类命运共同体的内涵之中。

——内容

利益共享是命运共同体发展的基础,命运共同体的核心就是利益共同体。

[①] 《推动全球治理体制更加公正更加合理　为我国发展和世界和平创造有利条件》,《人民日报》2015年10月14日第1版。

[②] 《习近平在英国议会发表讲话》,《人民日报》2015年10月21日第1版。

[③] 习近平:《同舟共济创造美好未来》,《人民日报》2018年11月18日第2版。

马克思指出:"人类奋斗所争取的一切,都同他们的利益有关。"[1] 从近代以来的共同体实践看,利益是连接个体、个体与共同体之间的桥梁和纽带。一方面,全球各国之间的联系紧密,利益相互交织;另一方面,各国的利益与共同体的利益互相支持并共同发展。在这样的共同体内部,每个国家在追求自身利益的同时,都需要考虑到其他国家的合理关切,并在追求自身发展的过程中推动所有成员国的共同发展。我们应不断拓宽共享利益的交汇点,编织更加紧密的共享利益网络,将各方的利益提升至新的高度,并努力增进全人类的共同利益。

当今世界是开放的世界,全球分工和交换的频率不断加强,而全球化的趋势日益显著,这是无法阻挡的。世界的物质流、金融流和信息流为每一个国家提供了机遇和财富。退回到封闭的小岛,远离世界市场,只会导致退化和灭亡。继而,国与国、地区与地区,彼此都成为生存和发展的必要条件,这构成了不可分割的全球供应链、产业链和价值链。各国都是全球合作链条中的一环,结成了利益共同体。[2] 利益共同体强调,将经济的互补性转变为发展的协力,不断拓展共享利益的合力点,以实现共同发展、互惠共存、互利共赢。

——意义

在世界经济变革的大背景下,国家需要不断推动自我创新和对外开放,积极投身于国际产业分工,借助持续的科技创新,深度挖掘各自的经济增长潜力,并缩短新材料、新产品、新业态的迭代周期。然而,也必须意识到,经济全球化也是一把"双刃剑"。近年来,随着权力与资本、资本与劳动、效率与公平、增长与分配等各种矛盾日益凸显,特别是南北差距、资源分配失衡、经济增长疲软、金融危机、地区冲突、难民问题等现象时有发生,导致一种"反全球化"的思潮愈演愈烈。在这样的环境下,要打造一个更加理想的人类命运共同体,就必须强调生命个体之间、不同社群之间以及个体与社群之间的荣耻共享和利益共享。深入推进经济全球化,为构建人类命运共同体提供了源源不断的动力。只要我们能够秉持正确的义利观,提升全球互联互通水平,便一定能通过利益共享让各国人民对美好生活的向往变为现实。[3]

国家间的共享利益构成了国际合作的基石,而零和博弈以及利益对立往往是导致国家间纷争、摩擦乃至冲突的根源。在今日的世界,一些国家出现的社会动荡、族群冲突以及政治不稳定,归根结底,都与各国、各群体间的利益分配不均有紧密联系。全球肆虐的不平等问题在一定程度上可以归咎于某些国家

---

[1] 《马克思恩格斯全集》第1卷,人民出版社1956年版,第82页。
[2] 《利益共同体、责任共同体和命运共同体的内在逻辑》,《湖南日报》2021年2月20日第5版。
[3] 靳凤林:《人类命运共同体的利益共享》,《光明日报》2021年1月4日第15版。

坚持"弱肉强食"的丛林法则。在国际领域，他们倾向于进行赢者通吃的零和博弈，这种做法不仅令一些国家对于合作产生疑虑、对于开放产生抵制，而且还从根本上摧毁了人类社会和平共存的信任基石。构建人类命运共同体的核心意义在于选择和平而非战争、发展而非贫穷、合作而非对抗，以及共赢而非单赢。坚持互惠互利、避免零和博弈的策略，是实现人类命运共同体这一目标的基本保证。我们必须普遍接纳这一原则，以构造一个和平、公平、繁荣、共享的全球社会。（本条执笔：任琳）

19. 责任共同体

——背景

2018年11月17日，习近平主席在亚太经合组织工商领导人峰会上作主旨演讲，他再次指出："在各国相互依存日益紧密的今天，全球供应链、产业链、价值链紧密联系，各国都是全球合作链条中的一环，日益形成利益共同体、命运共同体。"[1]

利益共享和责任共担是打造命运共同体的关键基础和必由之路，打造命运共同体则是构建利益共同体和责任共同体的结合和升华。此后，责任共同体的内涵深刻地融入了人类命运共同体理念之中。党的十八大以来，习近平总书记在多个国际场合中呼吁并阐述了构建人类命运共同体的理念，这不仅是面对世界百年未有之大变局，中国共产党提出的中国方案与中国智慧，也是中国作为负责任大国的责任担当，这是当代中国对世界的重要理论贡献，符合时代发展的趋势和人类文明的进步方向。构建人类命运共同体，不仅需要不同文明利益共享、交流互鉴，更需要破除强权政治和霸权行径，实现公平正义、责任共担。[2]

——内容

"责任担当"存在两个关键点：一是职责义务担当，这代表主体应担负或履行的道德义务和责任，也就是责任概念与义务概念大致相当。二是行为后果担当，这代表着行为主体应当为自身行为与结果负责。简而言之，责任担当就是应当做什么以及承担由自己的行为而引发的后果。建设人类命运共同体的过程中，世界各国政府以及各类非政府组织作为全球治理的参与者和主导者，都必须实现利益共享及责任共担。对待全球性问题，世界各国政府和组织需要从全球视角和整体思维出发，倾力应对，诚实面对复杂的全球性挑战作为共同责

---

[1] 习近平：《同舟共济创造美好未来》，《人民日报》2018年11月18日第2版。
[2] 杨义芹：《人类命运共同体的责任共担》，《光明日报》2021年1月4日第15版。

任。如果采取以邻为壑、隔岸观火的姿态，他国的危机最终将转变为自己的挑战。

"人类命运共同体"的概念也可以被看作是"责任共同体"，各国在参与这一共同体的构建过程中，可以适用"共同但有区别的责任"原则。在构建"人类命运共同体"的过程中，所有的国家都有努力的义务。中国可以并且也应该在这个过程中发挥引领作用，然而也不应尝试一手包办所有事宜。[①] 每个主权国家，不论强弱、贫富，都是国际社会的平等一员，都应对自己的义务负好责任。全球事务应由主权国家共同治理，坚持主权平等、对话协商原则。通过多元责任担当建立一个公平、正义、合作与和平的全球秩序，是当前解决全球问题的新期望。

此外，国际责任与国内责任也是紧密相连、相互促进的。对于任何国家的现代政府而言，其首要职责是对本国国民负责。如果一个国家想要有效地履行其国际责任，它必须首先在国内履行其职责。中国在追求承担更多国际责任的过程中，也需要平衡好国内和国际义务之间的关系。

——意义

责任共同体的构建体现了大国担当。当前，发达国家已不能单靠自己的力量平衡世界经济，与此同时，中国则愿意在其能力范围内承担更多的国际责任。中国已经发展成为全球基础设施建设能力最强大的国家，具备在"一带一路"相关国家进行大规模基础设施建设的实力。共建"一带一路"不仅能够促进世界经济均衡发展，同时也带给了发展中国家珍贵的发展机会。自2008年国际金融危机以来，新兴经济体和发展中国家已成为推动世界经济增长的关键力量。"一带一路"的建设有助于发展中国家的迅速发展，有助于保持地区稳定，并有助于促进文化交流。创建一个持续和平、共享繁荣的欧亚非大陆，是所有"一带一路"共建国家的共同愿景。"一带一路"的建设就是通过全新合作方式串联各种文化，一同解决国际难题，促进国家和人民之间的和谐共处。这是不同种族、不同信仰和不同文化背景的国家在新时代为人类文明进步作出的重要贡献。

全球性挑战需要责任共同体共同面对。当今世界正处于百年未有之大变局，各种新旧问题与复杂矛盾叠加碰撞、交织发酵。人类社会面临前所未有的挑战，不稳定、不确定、难预料成为常态。面对全球性危机，各国不是乘坐在190多条小船上，而是乘坐在一条命运与共的大船上。小船经不起风浪，只有巨舰才能顶住惊涛骇浪。任何一国即使再强大也无法包打天下，必须开展全球合作。各国应携起手来，把"我"融入"我们"，共同构建人类命运共同体，

[①] 江时学：《为构建人类命运共同体作出中国贡献》，《红旗文稿》2021年第9期。

才能共渡难关、共创未来。①（本条执笔：任琳）

20. 命运共同体

2013年3月23日，习近平主席在莫斯科国际关系学院发表演讲，首次在国际场合向世界提出"命运共同体"这一概念："这个世界，各国相互联系、相互依存的程度空前加深，人类生活在同一个地球村里，生活在历史和现实交汇的同一个时空里，越来越成为你中有我、我中有你的命运共同体。"② 命运共同体是中国政府反复强调的关于人类社会的新理念。

——背景

当今世界面临着百年未有之大变局，政治多极化、经济全球化、文化多样化和社会信息化潮流不可逆转，各国间的联系和依存日益加深，但也面临诸多共同挑战。粮食安全、资源短缺、气候变化、网络攻击、人口爆炸、环境污染、疾病流行、跨国犯罪等全球非传统安全问题层出不穷，对国际秩序和人类生存都构成了严峻挑战。不论人们身处何国、信仰如何、是否愿意，实际上已经处在一个命运共同体中。与此同时，一种以应对人类共同挑战为目的的全球价值观已开始形成，并逐步达成国际共识。

——内涵及进展

"人类命运共同体，顾名思义，就是每个民族、每个国家的前途命运都紧紧联系在一起，应该风雨同舟，荣辱与共，努力把我们生于斯、长于斯的这个星球建成一个和睦的大家庭，把世界各国人民对美好生活的向往变成现实。"③ 其核心是"建设持久和平、普遍安全、共同繁荣、开放包容、清洁美丽的世界"。构建人类命运共同体思想的丰富内涵，可以从政治、安全、经济、文化、生态五个方面来理解：政治上，要相互尊重、平等协商，坚决摒弃冷战思维和强权政治，走对话而不对抗、结伴而不结盟的国与国交往新路。要坚持以对话解决争端、以协商化解分歧，统筹应对传统和非传统安全威胁，反对一切形式的恐怖主义。要同舟共济，促进贸易和投资自由化便利化，推动经济全球化朝着更加开放、包容、普惠、平衡、共赢的方向发展。要尊重世界文明多样性，以文明交流超越文明隔阂、文明互鉴超越文明冲突，文明共存超越文明优越。要坚持环境友好，合作应对气候变化，保护好人类赖以生

---

① 中华人民共和国国务院新闻办公室：《携手构建人类命运共同体：中国的倡议与行动》，《人民日报》2023年9月27日第6版。
② 习近平：《顺应时代前进潮流 促进世界和平发展》，《人民日报》2013年3月24日第2版。
③ 习近平：《携手建设更加美好的世界——在中国共产党与世界政党高层对话会上的主旨讲话》，人民出版社2017年版，第4页。

存的地球家园。①

构建人类命运共同体已经从理念主张发展为科学体系，从中国倡议扩大为国际共识，从美好愿景转化为实践成果，展现出强大生命力。在人类命运共同体理念的指导下，中国推动高质量共建"一带一路"，为世界提供的广受欢迎的国际公共产品和国际合作平台；中国于2021年、2022年、2023年相继提出全球发展倡议、全球安全倡议、全球文明倡议，从发展、安全、文明三个维度指明人类社会前进方向，彼此呼应、相得益彰②；截至2024年3月，中国已经和数十个国家和地区在多个领域构建了不同形式的命运共同体：中柬、中老、中缅、中巴、中埃、中乌（乌兹别克斯坦）等双边命运共同体，中非命运共同体、中阿命运共同体、中拉命运共同体、中国—东盟命运共同体、上海合作组织命运共同体、中国—中亚命运共同体等区域性命运共同体应运而生；此外，中国在卫生健康、气候变化、网络安全等领域提出丰富主张，转化为具体行动，为解决世界性难题作出了中国的独特贡献。人类命运共同体理念多次写入联大决议，以及上合组织、金砖国家等多边机制决议或宣言。③ 2022年11月，人类命运共同体理念写入联大一委三项决议。

——意义

推动构建人类命运共同体，是习近平总书记运用马克思主义宽广视野深刻观察全球发展大势，直面"世界怎么了、我们怎么办"这一时代之问，着眼于人类前途命运，为维护世界和平、促进共同发展而贡献的中国方案，是在世界百年未有之大变局中各国同舟共济克时艰、命运与共创未来的必由之路，始终站在历史正确的一边，始终站在人类进步的一边。④ 人类命运共同体理念不仅契合人类共同发展的需求，还强调人与自然环境的关系，为世界提供了应对挑战、共创未来的方案。⑤ 构建人类命运共同体理念在世界上日益深入人心……被多次写入联合国、上海合作组织等国际组织决议或宣言，在国际社会特别是广大发展中国家产生积极效应和重大影响，在凝聚国际共识方面取得了重大成果。联合国秘书长古特雷斯表示，我们践行多边主义的目的，就是要建立人类命运共同体。第七十七届联大主席克勒希表示，在面临重大全球性危机时，人类应构建更加紧密的"命运共同

---

① 习近平：《决胜全面建成小康社会 夺取新时代中国特色社会主义伟大胜利——在中国共产党第十九次全国代表大会上的报告》，人民出版社2017年版，第59页。
② 中华人民共和国国务院新闻办公室：《携手构建人类命运共同体：中国的倡议与行动》，《人民日报》2023年9月27日第6版。
③ 《就中国外交政策和对外关系回答中外记者提问》，《人民日报》2024年3月8日第3版。
④ 《站在历史正确的一边，站在人类进步的一边》，《人民日报》2021年10月27日第2版。
⑤ 《"共赢"是构建人类命运共同体理念的重要内涵——访玻利维亚前外长瓦纳库尼》，新华网，2022年10月17日，http://www.news.cn/2022-10/17/c_1211693240.htm。

体",团结一致、共同应对挑战。国际社会的广泛认同和积极参与,彰显了构建人类命运共同体强大的理论穿透力和思想感召力。[1](本条执笔:郎平)

21. 网络空间命运共同体

2015年12月16日,第二届世界互联网大会在浙江省乌镇开幕。习近平主席出席开幕式并发表主旨演讲,强调互联网是人类的共同家园,各国应该共同构建网络空间命运共同体,推动网络空间互联互通、共享共治,为开创人类发展更加美好的未来助力。[2] 2022年11月7日,国务院新闻办公室发布《携手构建网络空间命运共同体》白皮书。

——背景

当前,世界百年未有之大变局加速演进,新一轮科技革命和产业变革深入发展。同时,逆全球化思潮抬头,单边主义、保护主义明显上升,世界经济复苏乏力,局部冲突和动荡频发,全球性问题加剧,世界进入新的动荡变革期。互联网领域发展不平衡、规则不健全、秩序不合理等问题日益凸显,网络霸权主义对世界和平与发展构成新的威胁。个别国家将互联网作为维护霸权的工具,滥用信息技术干涉别国内政,从事大规模网络窃密和监控活动,网络空间冲突对抗风险上升。一些国家搞"小圈子""脱钩断链",制造网络空间的分裂与对抗,网络空间安全面临的形势日益复杂。网络空间治理呼唤更加公平、合理、有效的解决方案,全球性威胁和挑战需要强有力的全球性应对。作为全球最大的发展中国家和网民数量最多的国家,中国顺应信息时代发展趋势,坚持以人民为中心的发展思想,秉持共商共建共享的全球治理观,推动构建网络空间命运共同体。[3]

——基本原则和主张

2022年11月7日,国务院新闻办公室发布《携手构建网络空间命运共同体》白皮书,介绍了新时代中国互联网发展和治理理念与实践,分享中国推动构建网络空间命运共同体的积极成果,展望网络空间国际合作前景。白皮书指出:构建网络空间命运共同体,坚持以下基本原则:第一,尊重网络主权。尊重各国自主选择网络发展道路、治理模式和平等参与网络空间国际治理的权利。第二,维护和平安全。坚持以对话解决争端、以协商化解分歧,统筹应对传统和非传统安全威胁,确保网络空间的和平与安全。第三,促进开放合作。

---

[1] 习近平外交思想研究中心:《推动构建人类命运共同体》,《红旗文稿》2022年第20期。
[2] 习近平:《在第二届世界互联网大会开幕式上的讲话》,《人民日报》2015年12月17日第2版。
[3] 《携手构建网络空间命运共同体》,人民出版社2022年版。

秉持开放理念，强化资源优势互补，维护全球协同一致的创新体系，促进不同制度、不同民族和不同文化在网络空间包容性发展。第四，构建良好秩序。共同管理和公平分配互联网基础资源，实现网络空间资源共享、责任共担、合作共治，建立公平正义的网络空间秩序。①

构建网络空间命运共同体，倡导五点主张：第一，加快全球网络基础设施建设，促进互联互通。加强技术支持，共同推动全球网络基础设施建设，让更多发展中国家和人民共享互联网带来的发展机遇。第二，打造网上文化交流共享平台，促进交流互鉴。发挥互联网传播平台优势，推动世界优秀文化交流互鉴，推动网络文化繁荣发展，丰富人们精神世界，促进人类文明进步。第三，推动网络经济创新发展，促进共同繁荣。加强合作，通过发展跨境电子商务、建设信息经济示范区等，促进世界范围内投资和贸易发展，推动全球数字经济发展。第四，保障网络安全，促进有序发展。携手努力，共同遏制信息技术滥用，反对网络监听和网络攻击，反对网络空间军备竞赛。第五，构建互联网治理体系，促进公平正义。加强沟通交流，完善网络空间对话协商机制，研究制定全球互联网治理规则，使全球互联网治理体系更加公正合理，更加平衡地反映大多数国家意愿和利益。②

——进展

为落实网络空间命运共同体理念，中国不断深化网络空间国际交流合作，秉持共商共建共享理念，加强双边、区域和国际对话与合作，致力于与国际社会各方建立广泛的合作伙伴关系，深化数字经济国际合作，共同维护网络空间安全，积极参与全球互联网治理体系改革和建设，促进互联网普惠包容发展，与国际社会携手推动构建网络空间命运共同体。③

促进互联网普惠包容发展，努力弥合数字鸿沟。中国积极开展网络扶贫国际合作，通过加大资金投入和加强技术支持，推动全球信息基础设施建设，特别是向欠发达国家提供技术、设备、服务等数字援助，助力各国提升数字互联互通水平，共享数字时代红利。积极研发数字公共产品，开展中阿电子图书馆项目、建设国际合作教育"云上样板区"等。积极开展数字抗疫合作，向东盟等相关国家捐赠远程视频会议系统，提供远程医疗系统、人工智能辅助诊疗、5G无人驾驶汽车等技术设备及解决方案，务实推动全球抗疫合作。

积极拓展数字经济国际合作，助力全球经济发展。中国积极推进全球信息基础设施建设，为全球光缆海缆等建设贡献力量，推动北斗相关产品及服务惠

---

① 《携手构建网络空间命运共同体》，人民出版社2022年版。
② 习近平：《在第二届世界互联网大会开幕式上的讲话》，《人民日报》2015年12月17日第2版。
③ 《携手构建网络空间命运共同体》，人民出版社2022年版。

及全球，并开展 5G 技术创新及开发建设的国际合作。同时，中国努力发挥数字技术对经济发展的助力作用。截至 2023 年 9 月，中国已与 30 个国家签署了双边电子商务合作备忘录，电子商务国际规则构建取得突破，云计算、人工智能等新技术创新应用发展。此外，中国积极参与亚太经合组织、二十国集团、金砖国家、东盟和全球移动通信系统协会等国际和区域性多边机制下的数字经济治理合作，推动发起多个倡议、宣言，为全球数字经济治理贡献力量。

持续深化全球网络安全合作，筑牢网络空间安全基石。中国支持在联合国框架下制定打击网络犯罪的全球性公约，在国际刑警组织、金砖国家、东盟地区论坛等多边机制下开展打击网络犯罪合作。深化网络安全应急响应国际合作，截至 2023 年 5 月，中国已与 82 个国家和地区的 285 个计算机应急响应组织建立了"CNCERT 国际合作伙伴"关系，与其中 33 个组织签订网络安全合作备忘录。同时，中国努力提高数据安全和个人信息保护合作水平。继《全球数据安全倡议》之后，2021 年 3 月，中国同阿拉伯国家联盟秘书处发表《中阿数据安全合作倡议》。2022 年 6 月，《"中国+中亚五国"数据安全合作倡议》的通过标志着发展中国家在携手推进全球数字治理方面迈出了重要一步。

搭建互联网国际交流平台，促进网络空间对话协商。2014—2023 年，中国连续十年在浙江乌镇举办世界互联网大会，邀请各界代表共商世界互联网发展大计。2019 年 10 月，大会发布《携手构建网络空间命运共同体》概念文件，2022 年 11 月发布《携手构建网络空间命运共同体行动倡议》，深入阐释落实构建网络空间命运共同体理念。在世界互联网大会活动中，"携手构建网络空间命运共同体精品案例"发布展示、世界互联网领先科技成果、"互联网之光"博览会和"直通乌镇"全球互联网大赛等受到广泛关注。2022 年 7 月，世界互联网大会国际组织正式成立，更是顺应信息化时代发展潮流、深化网络空间国际交流合作的重要举措。2017—2023 年，中国网络空间研究院连续 7 年发布《中国互联网发展报告》和《世界互联网发展报告》蓝皮书，为全球互联网发展与治理提供思想借鉴与智力支撑。

深化网络文化交流与文明互鉴，推动各国数字文明和合共生。中国充分把握数字技术发展机遇，积极发挥互联网作为国际传播主渠道作用，推动网络文化国际交流互鉴取得新进展。推进"丝绸之路"共建国家数字文化遗产保护和利用，开展中俄网络媒体论坛、中国—南非新媒体圆桌会议、中坦（坦桑尼亚）网络文化交流会等多样化的交流活动。每年定期举办"中国网络文明大会"，打造中国网络文明的理念宣介平台、经验交流平台、成果展示平台和国际网络文明互鉴平台，推动各国数字文明更加开放包容，和谐发展。

积极参与网络空间全球治理，深化多方共同治理。中国始终尊重各国自主选择网络发展道路、网络管理模式、互联网公共政策和平等参与网络空间国际治理的权利。2020年9月，《中国关于联合国成立75周年立场文件》发布，呼吁国际社会加强对话合作，反对网络战和网络军备竞赛。2023年4月，中国向联合国提交《中国关于全球数字治理有关问题的立场》，呼吁各方应坚守公平正义、统筹发展和安全、完善全球数字治理体系。2023年10月，中国提出《全球人工智能治理倡议》，就各方普遍关注的人工智能发展和治理问题提出建设性解决思路。同时，中国还积极参与国际电信联盟、互联网治理论坛、互联网名称与数字地址分配机构等治理平台的活动，鼓励科技企业、技术社群、社会组织、智库和研究机构为技术创新的标准和规范建设贡献力量。[1]

——意义

网络空间命运共同体是人类命运共同体的重要组成部分，是人类命运共同体理念在网络空间的具体体现。作为全球最大的发展中国家和网民数量最多的国家，中国顺应信息时代发展趋势，坚持以人民为中心的发展思想，秉持共商共建共享的全球治理观，推动构建网络空间命运共同体。构建网络空间命运共同体，这一理念符合信息时代的发展规律、符合世界人民的需求与期待，为全球在尊重网络主权的基础上，推进网络空间发展和治理体系变革贡献了中国方案。网络空间命运共同体所包含的关于发展、安全、治理、普惠等方面的理念主张，与人类命运共同体理念既一脉相承，又充分体现了网络空间的客观规律和鲜明特征。同时，推动构建网络空间命运共同体，将为构建人类命运共同体提供充沛的数字化动力，构筑坚实的安全屏障，凝聚更广泛的合作共识。（本条执笔：郎平）

22. 中老命运共同体

——背景

中老两国山同脉、水同源，是搬不走的邻居。2019年，中国和老挝签订了《中国共产党和老挝人民革命党关于构建中老命运共同体行动计划》，标志着两国关系进入了新时期。21世纪以来，中国同老挝的关系不断发展。2009年中老将两国关系提升为全面战略合作伙伴。"一带一路"倡议为两国关系发展注

---

[1] 中国网络空间研究院：《推动构建网络空间命运共同体迈向新阶段》，《红旗文稿》2023年第23期。

入了新动力，中老铁路更成为两国合作的标志性项目。2016年5月，老挝人民革命党总书记、国家主席本扬对华进行正式友好访问时，双方第一次在联合声明中阐明中老两国"是具有战略意义的命运共同体"。2017年11月，习近平主席在中国共产党第十九次全国代表大会闭幕后首次出访就选择老挝，两党两国最高领导人在会谈时再次确认了这一共识，为构建中老命运共同体注入了强劲动力。2018年5月，本扬访华期间，两党两国最高领导人一致决定启动制定《中国共产党和老挝人民革命党关于构建中老命运共同体行动计划》①。此后，双方相互支持、密切协调、紧密合作，相互支持彼此核心诉求与利益。为谋划好下一阶段两党两国关系发展的原则和方向，推动中老命运共同体建设行稳致远，2023年，双方一致同意续签并实施新的5年行动计划，坚持政治上互尊互信、经济上互惠互利、安全上相守相助、人文上相知相亲、生态上共生共治，携手共建高标准、高质量、高水平的中老命运共同体，为构建人类命运共同体作出积极努力和示范。② 中国同老挝的命运共同体既有历史的基础，也是习近平外交思想的体现，具有现实层面的必然性。

——内容

中老命运共同体体现了彼此的高度互信。双方一致同意为构建人类命运共同体作出积极努力和示范。

（1）政治互信。2023年《中国共产党和老挝人民革命党关于构建中老命运共同体行动计划（2024—2028年）》（以下简称《行动计划（2024—2028）》）重申了中老双方在政治层面的互信。《行动计划（2024—2028）》指出："发挥高层引领作用，通过双边互访、视频通话、互致信函、多边场合会见等形式，加强两党两国高层交往特别是最高领导人战略沟通，及时就双边关系重大问题和国际地区形势深入交换意见，牢牢把握中老关系前进方向。"

（2）经济融合与合作。《行动计划（2024—2028）》中关于经济融合的内容有：第一，有序推进两国发展战略对接，推动合作规划纲要取得成效。第二，充分发挥中老经济走廊合作联委会机制作用，以中老铁路为依托，统筹推进中老在经济与民生领域务实合作。第三，充分发挥中老经贸和技术合作的现有机制作用，加强沟通交流，统筹规划双边经贸合作。第四，改善贸易基础设施，加强口岸建设，积极探讨口岸创新管理查验模式，促进边境地区经贸发展合作和人员交往。深化与推动海关检验检疫、电商、信息、金融等经贸领域的

---

① 《中国共产党和老挝人民革命党关于构建中老命运共同体行动计划》，《人民日报》2019年5月1日第5版。
② 《中国共产党和老挝人民革命党关于构建中老命运共同体行动计划（2024—2028年）》，《人民日报》2023年10月21日第2版。

合作，改善营商环境，扩大双边贸易。

（3）安全沟通协作深化。第一，加强对"颜色革命"的预防，为此加强合作与沟通。第二，深化两军合作，共同保障重点项目。第三，加强执法合作，共同打击跨国犯罪。第四，加大本国工作，保护对方侨民。第五，加强在东盟内打击跨境犯罪机制内的配合。

（4）人文交流深化全面。第一，发展与深化边境城市关系，夯实民意基础。第二，加强两国青年间的相互了解与沟通，筑牢新一代的关系基础。第三，加强教育政策上的对话沟通，拓宽相互合作。第四，开展与深化在文化、旅游、出版物上的交流合作，推动人员和文化产品的相互往来。第五，加强卫生医疗领域的合作，开展热带疾病的防治与交流。第六，深化两国退役军人管理和交流等方面经验与机制的合作。

（5）生态多方面合作。第一，深化合作，加强理念、法规和人员方面的交流。第二，加强双边和澜湄合作机制下水资源的合作，提高集约利用水平。第三，利用好中国—东盟、澜湄以及"一带一路"绿色发展国际联盟等平台推动双方技术等多方面合作，就共同关注的议题以沟通协调。第四，积极加强在野生药材上的合作和多平台、多渠道的沟通。第五，中方应用航天技术帮助老方于自然灾害、农林资源规划等方面。[1]

——意义

中老命运共同体有助于中国和老挝关系的长期稳定发展，以及两国自身的长久发展。对中老命运共同体，老挝和中国都给予了高度评价和热情赞扬。老挝政府总理潘坎表示，"老挝人民革命党愿同中国共产党和中国人民一道，在好邻居、好朋友、好同志、好伙伴精神指引下，继续深化老中传统友谊，推动两国全面战略合作不断开花结果、老中命运共同体建设不断迈上新台阶，更好地造福两国和两国人民，为发展共同的社会主义事业和构建人类命运共同体作出更大贡献"[2]。而中国驻老大使姜再冬指出：2022年习近平主席访问老挝期间，双方发表《关于进一步深化中老命运共同体建设的联合声明》签署了20余份合作文件。[3] 数量之多、范围之广、内容之实，都比较罕见。中国与老挝构建双边命运共同体的进程已经走深走远，中老关系已经成为共建"一带一路"、构建新型国际关系的一个先例。（本条执笔：薛力、张靖昆）

---

[1] 《中国共产党和老挝人民革命党关于构建中老命运共同体行动计划（2024—2028年）》，《人民日报》2023年10月21日第2版。

[2] 赵欣悦、岳弘彬：《老挝总理表示中共二十大为老挝提供了宝贵经验》，人民网，2022年11月1日，http://world.people.com.cn/n1/2022/1101/c1002-32556599.html。

[3] 《关于进一步深化中老命运共同体建设的联合声明》，《人民日报》2022年12月2日第2版。

23. 中巴命运共同体

——背景

2013年5月，中国和巴基斯坦两国领导人提出共建中巴经济走廊建设，其目的主要有：协助巴基斯坦进行基础设施扩建与升级，深化两国在交通、能源、海洋等领域的交流与合作，加强基础设施互联互通，实现两国发展战略的有效对接。

作为"一带一路"倡议的早期项目之一，中巴经济走廊项目的实施推动中巴命运共同体理念落地生根。2014年2月19日，习近平主席同巴基斯坦总统侯赛因举行会谈，两国元首一致决定发展传统友谊、深化务实合作、维护地区安全、共同打造中巴命运共同体。[1] 2015年4月21日，中巴两位最高领导人一致同意将中巴关系提升为全天候战略合作伙伴关系。[2] 2018年11月3日，伊姆兰·汗总理首次对中国进行正式访问并出席首届中国国际进口博览会。两国领导人一致同意加强中巴全天候战略合作伙伴关系，继续推进中巴经济走廊建设，打造新时代更加紧密的中巴命运共同体。[3]

2022年11月2日下午，李克强总理与夏巴兹总理举行会谈。李克强表示，中巴互为全天候战略合作伙伴，是亲密友好邻邦和铁杆朋友。中方愿同巴方弘扬传统友谊，拓展全方位合作，推动构建更加紧密的中巴命运共同体，造福两国人民，促进地区和平、稳定与繁荣。[4] 2023年10月16—20日，应习近平主席邀请，安瓦尔·哈克·卡卡尔总理出席第三届"一带一路"国际合作高峰论坛。双方一致认为，中巴两国是全天候战略合作伙伴和"铁杆"兄弟，两国友谊历久弥坚、牢不可破。双方将继续从战略和长远角度看待中巴关系，在发展道路上携手前行，加快构建新时代更加紧密的中巴命运共同体。[5]

——内容

中巴命运共同体体现了中巴弘扬传统友谊、深化全天候战略合作伙伴的决心。

中巴两国友谊始于1950年，并在20世纪70年代驶入快车道。进入21世纪以来，中国在复杂地区局势下提出与周边国家携手共建区域性的多边命运共

---

[1] 《习近平同巴基斯坦总统侯赛因举行会谈》，《人民日报》2014年2月20日第1版。
[2] 《习近平在巴基斯坦议会发表重要演讲》，《人民日报》2015年4月22日第1版。
[3] 《中华人民共和国和巴基斯坦伊斯兰共和国关于加强中巴全天候战略合作伙伴关系、打造新时代更紧密中巴命运共同体的联合声明》，《人民日报》2018年11月5日第3版。
[4] 《弘扬传统友谊 拓展全方位合作 推动构建更加紧密的中巴命运共同体》，《人民日报》2022年11月3日第1版。
[5] 《中华人民共和国和巴基斯坦伊斯兰共和国联合新闻声明》，《人民日报》2023年10月21日第2版。

二 命运共同体建设

同体、双边命运共同体。2013年,习近平总书记在中央周边外交工作座谈会上提出"要让'命运共同体'意识在周边国家落地生根",此后中国政府以"一带一路"为依托,持之以恒地构建"周边命运共同体"。中巴命运共同体作为中国构建"周边命运共同体"的重要组成部分和双边命运共同体的标志性工程,体现了两国开放包容、互利共赢的发展理念。中巴命运共同体要求中巴双方利益融合提升到更高水平,与时俱进、更加积极地应对周边外交工作中的新变化,共同解决周边风险与挑战,为本国、地区和国际的和平繁荣贡献自己的力量与智慧。

中巴命运共同体体现中巴拓展和深化全方位合作的宏伟战略目标。在政治沟通领域上,中巴表示保持两国领导人频繁互访和会晤,继续利用多边场合举行领导人双边会见,在涉及彼此核心利益和重大关切问题上相互支持。在经贸合作领域上,中巴同意巩固和拓展两国经济关系,加强务实合作,通过现有机制和渠道推动中巴经济走廊深入建设。在社会领域上,中国愿意在减贫、反腐和医疗卫生等方面与巴基斯坦进行政策对话、经验分享,帮助其建设扶贫示范项目,并在农业、教育、医疗、扶贫、供水、职业培训等方面对其无偿援助。在人文交流上,中巴鼓励两国国民、城市、大学、智库、媒体等加强往来与合作。在安全合作上,中巴同意保持两国军队高层互访和各部门、各层级间交流,充分发挥中巴防务安全磋商机制作用,深化在联合军演、培训、人员交流和装备技术等方面的合作。[①] 在中巴命运共同体框架下,中巴两国在战略沟通中提升共同命运,在经济交往中增强相互依存,在文化互鉴中增强彼此认同,在安全合作中构建集体身份。

——意义

在新形势下构建中巴命运共同体,为深化"一带一路"国际合作、塑造新型国际关系和构建"人类命运共同体"作出了突出的贡献。自"一带一路"倡议提出以来,中巴经济走廊建设为地区互联互通和一体化进程奠定良好基础,中巴关系再次走在中国扩大对外开放、推动合作共赢发展的前列。打造中巴命运共同体不仅是"一带一路"国际合作继续推进的重要支撑,更是两国在多元文化的交流中相互尊重、平等相待、合作共赢的生动体现。中巴两国虽然国情不同,但依然可以在遵循国际法的原则和亲诚惠容的周边外交理念下共同谱写睦邻友好、合作共赢的新篇章,这一榜样为构建"周边命运共同体"提供了宝贵的经验,更为构建"人类命运共同体"这一伟大愿景树立了坚实的标杆。

---

① 《中华人民共和国和巴基斯坦伊斯兰共和国关于加强中巴全天候战略合作伙伴关系、打造新时代更紧密中巴命运共同体的联合声明》,《人民日报》2018年11月5日第3版。

中巴命运共同体为中巴开展全方位、多维度合作提供了广阔的空间，为两国主权、发展和安全利益的维护提供了坚实的保障。中巴友谊堪称国与国友好相处的典范。两国各界人士对中巴经济走廊和中巴命运共同体的构建均高度肯定。巴基斯坦伊斯兰堡和平与外交研究所所长费尔哈特·阿西夫认为，中巴经济走廊促进了两国人文交流和文明交融，培育了构建新时代更加紧密的巴中命运共同体的共识。巴基斯坦人类命运共同体研究中心主任哈立德·泰穆尔·阿克拉姆指出，中巴经济走廊建设得到了两国人民的支持，体现了开放包容、互利共赢的发展理念。① 习近平主席在巴基斯坦议会发表重要演讲，高度评价中国同巴基斯坦的全天候友谊和全方位合作，强调中巴要不断充实中巴命运共同体内涵，为打造亚洲命运共同体发挥示范作用。②（本条执笔：薛力、张少文）

24. 中阿命运共同体

——背景

2014年6月5日，习近平主席在中阿合作论坛第六届部长级会议开幕式上发表题为《弘扬丝路精神，深化中阿合作》的讲话，指出实现民族振兴的共同使命和挑战，需要中阿弘扬丝绸之路精神，促进文明互鉴，尊重道路选择，坚持合作共赢，倡导对话和平。同时，中国同阿拉伯国家因为丝绸之路相知相交，是共建"一带一路"的天然合作伙伴。中阿双方应该坚持共商共建共享原则，打造中阿利益共同体和命运共同体。③ 这是习近平主席首次提出打造中阿利益共同体和命运共同体。2016年1月21日，习近平主席访问阿盟总部并发表演讲，全面系统阐释中国新时期的中东政策，规划未来中阿关系发展蓝图，推动中阿两大民族复兴形成更多交汇。④ 2018年7月10日，习近平主席在中阿合作论坛第八届部长级会议开幕式上发表题为《携手推进新时代中阿战略伙伴关系》的重要讲话，宣布中阿一致同意建立全面合作、共同发展、面向未来的战略伙伴关系，并倡议打造中阿命运共同体，为推动构建人类命运共同体作出贡献。⑤

2020年7月6日，习近平主席向中阿合作论坛第九届部长级会议致贺信，指出新冠疫情发生以来，中国和阿拉伯国家风雨同舟、守望相助，坚定相互支持，开展密切合作，这是中阿命运与共的生动写照。当前形势下，中阿双方比

---

① 《推动构建新时代更加紧密的中巴命运共同体》，《青海日报》2023年8月2日第3版。
② 《习近平在巴基斯坦议会发表重要演讲》，《人民日报》2015年4月22日第1版。
③ 《习近平谈治国理政》第一卷，外文出版社2018年版，第313—320页。
④ 《习近平谈治国理政》第二卷，外文出版社2017年版，第461—465页。
⑤ 《习近平谈治国理政》第三卷，外文出版社2020年版，第480—485页。

二 命运共同体建设

以往任何时候都更需要加强合作、共克时艰、携手前行。希望双方以此次会议召开为契机，加强战略沟通协调，稳步推进抗疫等各领域合作，推动中阿命运共同体建设不断走深走实，更好造福中阿双方人民。[①] 2022年12月10日，习近平主席在首届中国—阿拉伯国家峰会开幕式上发表题为《弘扬中阿友好精神 携手构建面向新时代的中阿命运共同体》主旨讲话，指出中国和阿拉伯国家友好交往源远流长，在丝绸古道中相知相交，在民族解放斗争中患难与共，在经济全球化浪潮中合作共赢，在国际风云变幻中坚守道义，凝聚成"守望相助、平等互利、包容互鉴"的中阿友好精神。中阿作为战略伙伴，要继承和发扬中阿友好精神，加强团结合作，构建更加紧密的中阿命运共同体，更好造福双方人民，促进人类进步事业。这次峰会决定全力构建面向新时代的中阿命运共同体，并制定《中阿全面合作规划纲要》，共同擘画中阿关系未来发展蓝图。[②]

——内容

中阿要坚持独立自主，维护共同利益。中方支持阿拉伯国家自主探索符合本国国情的发展道路，把前途命运牢牢掌握在自己手中。愿同阿方深化战略互信，坚定支持彼此维护国家主权、领土完整、民族尊严。双方要共同坚持不干涉内政原则，践行真正的多边主义，维护广大发展中国家正当权益。

中阿要聚焦经济发展，促进合作共赢。要加强发展战略对接，高质量共建"一带一路"。要巩固经贸、能源、基础设施建设等传统合作，做强绿色低碳、健康医疗、投资金融等新增长极，开拓航空航天、数字经济、和平利用核能等新领域，应对好粮食安全、能源安全等重大挑战。中方愿同阿方一道，落实全球发展倡议，带动南南合作实现可持续发展。

中阿要维护地区和平，实现共同安全。中方支持阿方运用阿拉伯智慧推动政治解决热点难点问题，构建共同、综合、合作、可持续的中东安全架构。中方敦促国际社会尊重中东人民主人翁地位，为中东安全稳定增添正能量。中方欢迎阿方参与全球安全倡议，愿继续为促进中东和平安宁贡献中国智慧。

中阿要加强文明交流，增进理解信任。要扩大人员往来，深化人文合作，开展治国理政经验交流。要共同反对"伊斯兰恐惧症"，开展去极端化合作，反对把恐怖主义同特定民族、特定宗教挂钩。要弘扬和平、发展、公平、正义、民主、自由的全人类共同价值，树立新时代文明交流互鉴的典范。

——意义

当前，世界百年未有之大变局加速演进，单边主义、霸权主义依然存在，

[①]《习近平谈治国理政》第四卷，外文出版社2022年版，第418页。
[②]《习近平出席首届中国—阿拉伯国家峰会并发表主旨讲话》，《人民日报》2022年12月10日第1版。

世界进入新的动荡变革期。中国和阿拉伯国家同为国际舞台上重要政治力量，面临相似的历史机遇和挑战，双方发展友好关系的决心更加坚定，双方加强团结合作的时代价值和现实意义变得更加突出。召开首届中国—阿拉伯国家峰会，弘扬中阿友好精神，深化阿中战略伙伴关系，携手构建面向新时代的中阿命运共同体是中阿在新形势下加强团结协作的战略抉择，双方将发出加强团结协作、坚定相互支持、促进共同发展、维护多边主义的强有力声音。这有利于实现中阿人民共同诉求，也有助于实现国际公平正义，为中阿战略伙伴关系开辟更为广阔的前景，注入更加强劲的动力，引领中国和阿拉伯国家在构建中阿命运共同体的道路上大踏步前进。

在新的历史条件下，中阿双方比以往任何时候都更需要加强合作、共克时艰、携手前行。在元首外交引领下，中阿关系进入新时代，各领域取得一系列标志性、突破性成就，全方位、多层次、宽领域合作格局不断充实深化。中国与阿拉伯国家政治互信不断增强，在涉及彼此核心利益和重大关切的问题上始终相互理解，相互支持。中国与阿拉伯国家经济优势互补，双边务实合作不断提质升级。中国与阿拉伯国家人文交往持续扩大，民心相通的桥梁更加通畅。中阿双方将以构建命运共同体为契机，弘扬传统友好，深化各领域合作，加强文明交流，造福中阿人民，带动发展中国家团结合作，共同促进世界的和平与发展。这不仅将为中阿各领域合作开辟新的美好前景，有助于中东地区实现持久和平与繁荣，也将为推动全球经济复苏带来新的机遇，为弘扬真正的多边主义、构建多极化世界秩序作出新的贡献。（本条执笔：毕海东）

25. 中拉命运共同体

——背景

志合者，不以山海为远。中国和拉美虽然相距遥远，但共同的梦想和共同的追求，将双方紧密联系在一起。2014年7月17日，中国—拉美和加勒比国家领导人会晤在巴西首都巴西利亚举行。习近平主席同与会各国领导人在亲切、友好、务实的气氛中，围绕"平等互利、合作共赢、共同发展"的主题，共叙友谊，共谋发展，共商合作，一致决定建立平等互利、共同发展的中拉全面合作伙伴关系，共同宣布成立中国—拉共体论坛。习近平主席发表了题为《努力构建携手共进的命运共同体》主旨讲话，宣布中方对促进中拉合作的倡议和举措，提出构建政治上真诚互信、经贸上合作共赢、人文上互学互鉴、国际事务中密切协作、整体合作和双边关系相互促进的中拉关系"五位一体"新格局，努力构建携手共进的命运共同体。①

十年来，中拉各领域合作一步一个脚印，收获累累硕果，中拉关系进入平等、互利、创新、开放、惠民的新时代。中国与拉美和加勒比国家携手并进，共同谋划中拉关系蓝图，增添中拉合作动力，推动构建中拉命运共同体，为增进中拉人民福祉和人类进步事业作出新贡献。作为中拉整体合作的主渠道，中拉论坛由习近平总书记亲自倡导成立，为构建中拉命运共同体提供了有力支撑。同时，在元首外交引领下，中拉政治互信持续深化，务实合作不断拓展。近年来，巴拿马、多米尼加、萨尔瓦多、尼加拉瓜、洪都拉斯先后与中国建立或恢复外交关系。越来越多的拉美和加勒比国家加入高质量共建"一带一路"，支持并参与全球发展倡议、全球安全倡议、全球文明倡议，携手构建中拉命运共同体。

——内容

坚持平等相待，始终真诚相助。道路决定命运。中拉应该坚定支持对方走符合各自国情的发展道路，加强治国理政经验交流，深化战略互信，继续在涉及国家主权、领土完整、稳定发展等核心利益和重大关切上相互理解、相互支持。中方重申支持拉美推进地区一体化，实现联合自强，在地区和国际事务中发挥更大作用。

坚持互利合作，促进共同发展。中拉经济互补性强，发展战略相互契合，加强合作具备天然优势。中方倡议双方共同构建"1+3+6"合作新框架，推动中拉务实合作在快车道上全面深入发展。"1"就是"一个规划"，即以实现包容性增长和可持续发展为目标，实现各自发展战略对接。"3"就是"三大引擎"，即以贸易、投资、金融合作为动力，推动中拉务实合作全面发展。"6"就是"六大领域"，即以能源资源、基础设施建设、农业、制造业、科技创新、信息技术为合作重点，推进中拉产业对接，推动中拉互利合作深入发展。

坚持交流互鉴，巩固世代友好。国之交在于民相亲。中方愿意同拉美国家加强政府、立法机构、政党、地方交往，加强教育、文化、体育、新闻、旅游等领域交流合作，开展文明对话，使双方人民在文化上彼此欣赏、心灵上相亲相近，夯实中拉关系长远发展的民意基础。

坚持国际协作，维护共同权益。中拉在全球事务中加强协调和配合，对促进国际关系民主化，推动国际秩序朝着更加公正合理的方向发展具有重要意义。中方愿意同拉方在联合国、世界贸易组织、亚太经合组织、二十国集团、七十七国集团等国际组织和多边机制框架内，围绕全球治理、可持续发展、应对气候变化、网络安全等全球性议题和热点问题加强沟通和协作，维护广大发

---

① 习近平：《努力构建携手共进的命运共同体》，《人民日报》2014年7月19日第2版。

展中国家共同利益。中方愿意同拉方就亚太和拉美事务加强对话和合作，共同为两地区和平和繁荣作出积极贡献。

坚持整体合作，促进双边关系。开展整体合作是中拉双方长期以来的共同愿望。中方愿意同拉方充分利用中拉论坛这一合作平台，在政治、经贸、人文、社会、外交等领域开展集体对话，创新合作方式，挖掘合作潜力，扩大合作规模，提高合作水平，实现优势互补，促进共同发展。中方愿意在中国—拉共体论坛框架内，同拉美和加勒比区域组织和次区域组织开展对话合作，办好中国—加勒比经贸合作论坛，打造全面均衡的中拉整体合作网络。

——意义

中拉领导人相聚在一起，共商中拉关系发展大计，这是具有世界影响的历史事件。中拉深化全面互利合作面临更好机遇、具备更好基础、拥有更好条件，完全有理由实现更大发展。中拉关系发展是开放的发展、包容的发展、合作的发展、共赢的发展。中方倡议举行中国—拉美和加勒比国家领导人会晤，构建携手共进的命运共同体，目的是加强对话、凝聚共识，从最高层面推动中拉关系在更高水平上向前发展。这既符合中拉双方的现实利益和长远利益，有力提升双方的国际地位，提高双方在全球事务中的发言权，也有利于促进南南合作，推动世界多极化和国际关系民主化，揭开中拉关系和南南合作的新篇章。

当前，中国人民正在为实现中华民族伟大复兴的中国梦而奋斗，拉美和加勒比各国人民也在为实现团结协作、发展振兴的拉美梦而努力。中拉有着传统友好关系，双方合作平等互利，潜力巨大。中国是拉美和加勒比国家重要合作伙伴，中国的发展是拉美和加勒比国家的重要机遇。拉美和加勒比国家具有丰富自然和人力资源，都在推进改革发展，希望借鉴中国的成功经验，促进共同、可持续发展。共同的梦想和共同的追求，将中拉双方紧密联系在一起。中拉双方抓住机遇，开拓进取，努力构建携手共进的命运共同体，必将共创中拉关系的美好未来。（本条执笔：毕海东）

26. 中国—中亚命运共同体

——背景

中国—中亚命运共同体的构想起源于对中国与中亚国家传统友好关系的深厚基础和未来合作潜力的充分认识，是"一带一路"倡议的重要组成部分，旨在加强中国与中亚国家之间的合作与交流。

2013年，习近平主席在哈萨克斯坦纳扎尔巴耶夫大学发表《弘扬人民友

谊 共创美好未来》的著名演讲中，表达了构建中国—中亚利益共同体的愿景。[1] 2022年1月25日下午，习近平主席在北京主持中国同中亚五国建交30周年视频峰会，习近平主席在题为《携手共命运 一起向未来》的讲话中强调，"中方愿同中亚国家携手构建更加紧密的中国—中亚命运共同体"[2]。该倡议得到了中亚五国元首的积极回应，五国元首均表示，完全赞同习近平主席就未来中国同中亚国家关系提出的建议，打造中亚—中国命运共同体，推动构建人类命运共同体。中国—中亚命运共同体概念体现了中国与中亚国家共同发展、互利共赢的愿景和努力。

2023年5月19日，习近平主席在西安市国际会议中心主持中国—中亚峰会，在主旨讲话中进一步强调构建命运共同体的重要性和具体意义，并就如何建设中国—中亚命运共同体提出"四个坚持"。一是坚持守望相助，携手建设一个守望相助、团结互信的共同体。二是坚持共同发展，携手建设一个合作共赢、相互成就的共同体。三是坚持普遍安全，携手建设一个远离冲突、永沐和平的共同体。四是坚持世代友好，携手建设一个相知相亲、同心同德的共同体。[3] 这些坚持反映了中国与中亚国家构建命运共同体的愿景和具体举措，旨在深化双方合作，推动共同发展。

——内容

中国与中亚国家正致力于构建更加紧密的命运共同体。这一努力旨在促进双方在多个领域的合作，包括机制建设、经贸关系、互联互通、能源合作、绿色创新、发展能力提升、文明对话和地区和平维护。

一是加强机制建设。中国与中亚国家成立外交、经贸、海关等会晤机制和实业家委员会。中国还倡议成立产业与投资、农业、交通、应急管理、教育、政党等领域会晤和对话机制，为各国开展全方位互利合作搭建广泛平台。

二是拓展经贸关系。中国将出台更多贸易便利化举措，升级双边投资协定，实现双方边境口岸农副产品快速通关"绿色通道"全覆盖，举办"聚合中亚云品"主题活动，打造大宗商品交易中心，推动贸易规模迈上新台阶。

三是深化互联互通。中国将全面提升跨境运输过货量，支持跨里海国际运输走廊建设，提升中吉乌、中塔乌公路通行能力，推进中吉乌铁路项目对接磋商。加快现有口岸现代化改造，增开别迭里口岸，大力推进航空运输市场开放，发展地区物流网络。加强中欧班列集结中心建设，鼓励优势企业在中亚国家建设海外仓，构建综合数字服务平台。

---

[1] 《弘扬人民友谊 共创美好未来》，《人民日报》2013年9月8日第3版。
[2] 《习近平主持中国同中亚五国建交30周年视频峰会》，《人民日报》2022年1月26日第1版。
[3] 《携手建设中国—中亚命运共同体》，《人民日报》2023年5月20日第3版。

四是扩大能源合作。中国倡议建立中国—中亚能源发展伙伴关系，加快推进中国—中亚天然气管道 D 线建设，扩大双方油气贸易规模，发展能源全产业链合作，加强新能源与和平利用核能合作。

五是推进绿色创新。中国愿同中亚国家在盐碱地治理开发、节水灌溉等领域开展合作，共同建设旱区农业联合实验室，推动解决咸海生态危机，支持在中亚建立高技术企业、信息技术产业园。中国欢迎中亚国家参与可持续发展技术、创新创业、空间信息科技等"一带一路"专项合作计划。

六是提升发展能力。中国将制订中国同中亚国家科技减贫专项合作计划，实施"中国—中亚技术技能提升计划"，在中亚国家设立更多鲁班工坊，鼓励在中亚的中资企业为当地提供更多就业机会。

七是加强文明对话。中国邀请中亚国家参与"文化丝路"计划，将在中亚设立更多传统医学中心，加快互设文化中心，继续向中亚国家提供政府奖学金名额，支持中亚国家高校加入"丝绸之路大学联盟"，办好中国同中亚国家人民文化艺术年和中国—中亚媒体高端对话交流活动，推动开展"中国—中亚文化和旅游之都"评选活动、开行面向中亚的人文旅游专列。

八是维护地区和平。中国愿帮助中亚国家加强执法安全和防务能力建设，支持各国自主维护地区安全和反恐努力，开展网络安全合作。继续发挥阿富汗邻国协调机制作用，共同推动阿富汗和平重建。[①]

通过这些合作举措，中国与中亚国家共同努力，旨在构建一个更加繁荣、稳定与和谐的地区环境，推动构建中国—中亚命运共同体，实现共同发展和共赢。

——意义

构建中国—中亚命运共同体具有重要的战略意义和深远的历史影响。

第一，它标志着中国与中亚国家关系进入了更加紧密和全面的新阶段。通过加强政治互信、经济合作、文化交流和安全协作，双方能够共同应对区域和全球性挑战，实现共同发展和繁荣。

第二，该共同体的建立有助于促进地区一体化和经济全球化，推动构建开放型世界经济。中国与中亚国家在"一带一路"框架下的合作将为区域内其他国家提供发展机遇，促进经济互联互通和人文交流。

第三，构建中国—中亚命运共同体有助于增强中亚地区的稳定性和安全性。通过深化安全合作，双方能够共同打击恐怖主义、极端主义和分裂主义，维护地区和平与稳定。

第四，该共同体的建立是中国积极参与全球治理、推动构建人类命运共同

---

① 《携手建设中国—中亚命运共同体》，《人民日报》2023 年 5 月 20 日第 3 版。

体的重要体现。作为建设人类命运共同体的先行者和示范者，中国—中亚命运共同体的建立将为推动全球合作与共赢作出积极贡献。

总体来说，构建中国—中亚命运共同体是中国在国际舞台上实现从"一方领唱"到"众声合唱"的重要进展，为全球治理和国际关系发展提供了新的范例。（本条执笔：尹如玉、薛力）

27. 中国—太平洋岛国命运共同体

——背景

中国是太平洋岛国论坛的对话伙伴，多数太平洋岛国与中国长期保持着友好合作关系，并且双方建立了长期合作的稳定机制。2002年9月，太平洋岛国论坛驻华贸易代表处在北京正式开馆。2006年4月，首届"中国—太平洋岛国经济发展合作部长级会议"在斐济楠迪举行，并签署了《中国—太平洋岛国经济发展合作行动纲领》。共建"一带一路"倡议提出后，中国与太平洋岛国关系迎来新的发展机遇。2013年12月，中方举办第二届中国—太平洋岛国经济发展合作论坛。2019年10月，第三届中国—太平洋岛国经济发展合作论坛在萨摩亚阿皮亚成功举行。2021年10月和2022年5月，论坛秘书长普那出席首次和第二次中国—太平洋岛国外长会。2024年3月，所有与中国建交的太平洋岛国都同中国签署了共建"一带一路"合作文件。

——内容

2021年9月24日，习近平主席同汤加国王图普六世通电话时指出，面对世界百年变局和全球疫情交织的复杂局面，中汤要加强团结，协调合作，推动中汤全面战略伙伴关系不断迈上新台阶，携手构建人类命运共同体。[①] 这是中国同太平洋岛国首次明确提出携手构建人类命运共同体。2021年10月26日，习近平主席同巴布亚新几内亚总理马拉佩通电话时指出，巴新在太平洋岛国地区具有重要影响，中方愿同巴新一道，把握两国友好合作大方向，构建中国同太平洋岛国命运共同体。[②] 这是中方在国际场合首次提出构建中国—太平洋岛国命运共同体。

2022年5月30日，外交部部长王毅在苏瓦同斐济总理兼外交部部长姆拜尼马拉马共同主持第二次中国—太平洋岛国外长会。会议取得圆满成功，并达成如下五个方面共识[③]：一是深化全面战略伙伴关系。中国不是"新来者"，

[①] 《习近平同汤加国王图普六世通电话》，《人民日报》2021年9月25日第1版。
[②] 《习近平同巴布亚新几内亚总理马拉佩通电话》，《人民日报》2021年10月27日第1版。
[③] 《斐济总理兼外长姆拜尼马拉马同王毅举行会谈》，《人民日报》2022年5月30日第3版。

而是同岛国相知相交多年的"老朋友"。中国和岛国关系的快速发展也不是"横空出世",而是"水到渠成"。中国和岛国将继续相互支持、相互帮助,坚定维护彼此核心利益和重大关切,不断巩固拓展全面战略伙伴关系。二是捍卫国家主权独立和民族尊严。国家不分大小一律平等。岛国有实现和平发展的权利,岛国人民有追求美好生活的自由,岛国命运应掌握在自己手里。应尊重各国国家主权,坚持不干涉内政原则,共同维护发展中国家尤其是中小国家的正当权益。三是追求共同发展繁荣。发展是中国和岛国的共同使命。中方致力于高质量共建"一带一路",共同应对疫情、经济复苏等挑战,保障和拓展民生福祉。中方将继续向岛国提供不附加任何政治条件的援助,提高岛国的自主发展能力。四是倡导真正的多边主义。中国和岛国都恪守联合国宪章宗旨和原则,倡导践行多边主义,呼吁加快落实《巴黎协定》,在支持岛国应对气候变化上采取实际举措。中方赞赏岛国支持全球发展倡议,助力实现 2030 年可持续发展目标。五是促进民心民意相通。中国同岛国友好交往源远流长。中方愿同岛国进一步加强教育、文化、青年、体育、新闻等领域交流合作,将向岛国提供更多政府奖学金名额和各类培训机会,支持开展地方对口合作。这些共识为构建中国—太平洋岛国命运共同体奠定了新的重要基础。

2023 年 7 月,习近平主席会见所罗门群岛总理索加瓦雷时指出,中国的太平洋岛国政策秉持"四个充分尊重":一是充分尊重岛国主权和独立,坚持大小国家一律平等。二是充分尊重岛国意愿,坚持共商、共建、共享、共赢。三是充分尊重岛国民族文化传统,坚持和而不同、美美与共。四是充分尊重岛国联合自强,支持岛国落实《蓝色太平洋 2050 战略》,为建设一个和平、和谐、安全、包容、繁荣的蓝色太平洋作出贡献。中方理解太平洋岛国面临气候变化严峻挑战,愿同岛国加强气象服务、防灾减灾、清洁能源等领域交流合作,助力岛国落实联合国 2030 年可持续发展议程。中方愿同所方加强协调配合,坚持真正的多边主义,维护国际公平正义,共同反对冷战思维和霸权主义,维护亚太地区和平稳定。[①] "四个充分尊重"充分反映了中国—太平洋岛国命运共同体的重要内涵。

——意义

近年来,中国同太平洋岛国相互尊重、共同发展的全面战略伙伴关系不断向前发展,取得丰硕成果,成为南南合作、互利共赢的典范。中国同太平洋岛国的合作顺应时代潮流,造福地区人民,展现出活跃生机和光明前景。中国与太平洋岛国的合作受到相关方高度评价,有助于为构建中国—太平洋岛国命运共同体凝聚共识、提升信心。所罗门群岛总理索加瓦雷表示,"同中国建交是

---

① 《习近平会见所罗门群岛总理索加瓦雷》,《人民日报》2023 年 7 月 11 日第 1 版。

所方作出的正确选择。建交以来,两国关系取得累累硕果。中国已经成为所罗门群岛最大基础设施合作伙伴和可信赖的发展伙伴。习近平主席提出全球发展倡议、全球安全倡议和全球文明倡议,展现了卓越远见和非凡领导力,所方对此表示高度赞赏和支持"[1]。巴布亚新几内亚总理马拉佩表示"没有任何势力能够阻挡巴新同中国关系进一步发展。巴新愿继续积极促进太平洋岛国地区同中国关系发展"[2]。(本条执笔:徐秀军、王越)

---

[1] 《习近平会见所罗门群岛总理索加瓦雷》,《人民日报》2023年7月11日第1版。
[2] 《习近平会见巴布亚新几内亚总理马拉佩》,《人民日报》2022年11月19日第2版。

三 伙伴关系建设

28. 卫生合作伙伴关系

——背景

健康是全人类的基本需求，卫生健康合作是人类战胜疾病、提升生活品质的共同事业。联合国可持续发展目标中，实现全球健康保障和提供高质量的医疗保健服务等健康目标在所有目标中处于优先位置。作为专注于提升人类卫生健康的最重要国际组织，世界卫生组织建立了广泛的全球卫生伙伴关系网络，以向人类卫生健康事业提供支持。同时，各国也建立了各自较为成熟的卫生合作关系网络。

自"一带一路"倡议提出以来，卫生健康合作始终是共建"一带一路"高质量发展的重要组成部分。2016年6月，习近平主席在乌兹别克斯坦最高会议立法院的演讲中，首次在国际场合提出携手打造"健康丝绸之路"这一愿景。2020年新冠疫情全球蔓延期间，习近平主席向法国总统马克龙致慰问电，首次提出打造"人类卫生健康共同体"愿景。在此后的诸多国际场合，"健康丝绸之路""人类卫生健康共同体"成为中国推动全球卫生治理，发展和巩固卫生合作伙伴关系的关键词，获得了国际社会的广泛认同。

——内容与进展

2021年4月，在博鳌亚洲论坛2021年年会开幕式上的主旨演讲中，习近平主席在论及高质量共建"一带一路"时，提出建设更紧密的卫生合作伙伴关系。"中国企业已经在印度尼西亚、巴西、阿联酋、马来西亚、巴基斯坦、土耳其等共建'一带一路'伙伴国开展疫苗联合生产。我们将在传染病防控、公共卫生、传统医药等领域同各方拓展合作，共同护佑各国人民生命安全和身体健康。"[1] 由此可见，卫生合作伙伴关系主要聚焦于疾病防控、疫苗合作、传统医药等公共卫生主题。

---

[1] 习近平：《同舟共济克时艰，命运与共创未来》，《人民日报》2021年4月21日第2版。

三　伙伴关系建设

自"一带一路"倡议提出以来，中国与"一带一路"共建国家的卫生健康合作成效显著。据国务院新闻办公室2023年发布的《共建"一带一路"：构建人类命运共同体的重大实践》白皮书（以下简称白皮书），"一带一路"倡议提出十周年来，共建国家积极推进"健康丝绸之路"建设，推动构建人类卫生健康共同体，建立紧密的卫生合作伙伴关系。

据白皮书统计，截至2023年6月底，中国已与世界卫生组织签署《关于"一带一路"卫生领域合作的谅解备忘录》，与160多个国家和国际组织签署卫生合作协议，发起和参与中国—非洲国家、中国—阿拉伯国家、中国—东盟卫生合作等9个国际和区域卫生合作机制。中国依托"一带一路"医学人才培养联盟、医院合作联盟、卫生政策研究网络、中国—东盟健康丝绸之路人才培养计划（2020—2022）等，为共建国家培养数万名卫生管理、公共卫生、医学科研等专业人才，向58个国家派出中国医疗队，赴30多个国家开展"光明行"，免费治疗白内障患者近万名，多次赴南太岛国开展"送医上岛"活动，与湄公河流域的国家、中亚国家、蒙古国等周边国家开展跨境医疗合作。①

尤其是在抗击新冠疫情方面，新冠疫情暴发以后，中国向120多个共建国家提供抗疫援助，向34个国家派出38批抗疫专家组，同31个国家发起"一带一路"疫苗合作伙伴关系倡议，向共建国家提供20余亿剂疫苗，与20余个国家开展疫苗生产合作，提高了疫苗在发展中国家的可及性和可负担性。② 正如世界卫生组织总干事谭德塞所言，"如果不是因为中国政府的努力，在中国境外将会有更多病例甚至死亡。中国的努力值得尊重和赞赏，值得学习和致敬"③。

此外，在传统医药合作方面，中国与14个共建国家签订传统医药合作文件，8个共建国家在本国法律法规体系内对中医药发展予以支持，30个中医药海外中心投入建设，百余种中成药在共建国家以药品身份注册上市。④

——意义

卫生合作伙伴关系的实践为建设"健康丝绸之路"和"人类卫生健康共同体"奠定了坚实基础，对共建"一带一路"高质量发展起到了积极的推动作用。

---

① 中华人民共和国国务院新闻办公室：《共建"一带一路"：构建人类命运共同体的重大实践》，《人民日报》2023年10月11日第10版。

② 中华人民共和国国务院新闻办公室：《共建"一带一路"：构建人类命运共同体的重大实践》，《人民日报》2023年10月11日第10版。

③ "WHO Director-General'sstatement on IHR Emergency Committee on Novel Coronavirus (2019-nCoV)", World Health Organization, January 30, 2020, https://www.who.int/director-general/speeches/detail/who-director-general-s-statement-on-ihr-emergency-committee-on-novel-coronavirus-(2019-ncov).

④ 中华人民共和国国务院新闻办公室：《共建"一带一路"：构建人类命运共同体的重大实践》，《人民日报》2023年10月11日第10版。

第一，提升中国与共建国家公共卫生服务水平。"一带一路"共建国家的经济社会条件差异较大，公共卫生服务水平有所不同。卫生合作伙伴关系能够通过卫生健康领域的合作交流，提高"一带一路"共建国家公共卫生服务质量，提高卫生服务的覆盖面和可及性，进而提升中国和共建国家人民的健康水平。

第二，防范传染性疾病，维护"一带一路"参与国家的经济社会发展的环境。卫生健康合作与交流能够推动中国与"一带一路"共建国在传染病防控方面通力合作，提升双方应对公共卫生危机的能力。合作各方可通过信息通报和共享，搭建共同的传染病"防火墙"，对公共卫生问题实现"早发现、早应对"，利用合作资源将公共卫生问题所造成的影响限制在最低范围，为经济社会发展提供有力保障。

第三，通过卫生合作带动其他民生领域的合作，使共建"一带一路"成果更多更好地惠及各国人民。提升卫生服务质量是惠民生、暖民心的重要抓手，是推动共建"一带一路"民心相通的重要渠道。高质量的卫生合作有利于其他民生领域合作项目的顺利推进，以高效务实合作更好地推动共建"一带一路"高质量发展。（本条执笔：田旭）

29. 绿色发展伙伴关系

——背景

重振全球可持续发展伙伴关系是联合国可持续发展目标之一。《2030年可持续发展议程》呼吁所有国家采取行动，致力于全球伙伴关系与合作，确保在全球可持续发展进程中不让任何一个国家掉队。而要实现世界绿色和可持续发展，任何一个国家都无法通过单打独斗达成目标，各国需要加强合作。绿色发展是各国共同追求的目标和全球治理的重要内容。顺应和引领绿色、低碳、循环发展国际潮流，推进绿色发展伙伴关系建设，是增强各国经济持续健康发展动力的有效途径。

中国一直是绿色发展伙伴关系的坚定参与者和支持者。绿色发展是当前中国经济高质量发展的重要内涵。党的十八大把生态文明建设纳入中国特色社会主义事业"五位一体"总体布局，坚持走生态优先、绿色低碳的发展道路。作为全球生态文明建设的参与者、贡献者、引领者，绿色也逐渐成为中国"走出去"的鲜明底色。中国通过多种形式的务实合作，帮助发展中国家提高应对气候变化能力，通过绿色发展伙伴关系在生物多样性保护和应对气候变化等全球挑战面前继续积极履行国际责任。

2017 年中国生态环境部、外交部、国家发展和改革委员会、商务部联合发布《关于推进绿色"一带一路"建设的指导意见》着力提升企业和金融机构对外投资合作建设项目的环境管理水平，更好地服务新发展格局。2019 年，中国与覆盖 40 多个国家的 150 余家中外方伙伴共同成立"一带一路"绿色发展国际联盟（BRIGC），负责开展"'一带一路'项目绿色发展指南"研究项目，为相关共建项目提供思路指导。2021 年 6 月在"一带一路"亚太区域国际合作高级别会议期间，中国与 28 个国家共同发起的"一带一路"绿色发展伙伴关系倡议。

中国欢迎更多的合作伙伴加入中国的绿色发展伙伴计划，期待同合作伙伴一道，秉持共商共建共享原则，与共建国家分享中国绿色发展理念和协同推进降碳、减污、扩绿、增长的绿色解决方案，为加快落实联合国《2030 年可持续发展议程》作出更大贡献。

——内容

绿色发展伙伴关系旨在提供切实可行的解决方案，通过开发和交付具体的伙伴关系，实现各国共同发展，共建更好、环保的家园。根据"一带一路"绿色发展伙伴关系倡议的具体内容，绿色发展伙伴关系旨在推动全方位的绿色合作，包括：

一是加强伙伴国绿色发展政策协调，包括采取统筹兼顾的方式，从经济、社会和环境三个维度，继续努力实现 2030 年可持续发展目标。支持绿色低碳发展，落实气候变化《巴黎协定》和分享最佳实践。在尊重各国国情和法律及监管政策的基础上，就绿色发展加强政策沟通与协调，相互借鉴有益经验和良好实践。

二是开展绿色项目务实合作，包括深化环境合作，加大生态和水资源保护力度，促进人与自然和谐共生，推进绿色和可持续发展。建设环境友好和抗风险的基础设施，包括加强项目的气候和环境风险评估，借鉴国际上公认的标准和最佳实践，鼓励相关企业承担社会责任，保护当地生态环境。推进清洁能源开发利用，加强可再生能源国际合作，确保伙伴国获得可负担、经济上可持续的能源等。

三是提升发展中国家的能力建设水平，包括创新利用金融工具，鼓励各国和国际金融机构开发有效的绿色金融工具，为环境友好型和低碳项目提供充足、可预测和可持续融资。此外，加强与绿色发展有关的人力资源和机构能力建设。

——进展

在中非合作论坛、南南合作机制、"一带一路"倡议等机制引领和带动下，中国和伙伴关系国家建立了大批绿色工程项目，绿色发展理念不断深入，国际合作平台不断完善，务实合作举措不断深化，绿色基建、绿色能源、绿色交通、绿色金融等领域的合作项目不断地从愿景变为现实。

2020年中欧领导人宣布建立中欧绿色合作伙伴关系，并创立中欧环境与气候高层对话机制。中欧双方已经在可持续生产与消费、生物多样性保护、流域综合治理、大气污染防治、应对气候变化、环境污染事故应急、治理体制机制安排等方面开展了务实的交流与合作。中欧绿色合作伙伴关系的建立是中欧全面战略伙伴关系新的增长点，将为全球实现可持续发展目标、共建美丽地球家园提供示范。中欧绿色合作不仅包含中国与欧盟整体层面的合作，还包括与各欧盟成员国的环境合作，目前中国与法国、德国、意大利等国都建立了良好的环境合作伙伴关系。2021年11月中国和丹麦制定《中丹绿色联合工作方案》，特别强调将在环境、水资源、科教、粮农、海事、旅游、健康等领域加强绿色合作。

中国也是非洲绿色转型的重要合作伙伴。自中非合作论坛启动以来，中国在中非合作论坛框架内实施了上百个清洁能源和绿色发展合作项目，支持非洲国家更好发挥太阳能、风能、生物能、水电等清洁能源优势，迈向自主可持续发展道路。2021年中国发表《新时代中非合作》白皮书提出要加强中非在应对气候变化、应用清洁能源等生态环保领域交流合作。中非合作论坛第八届部长级会议上制定的《中非合作2035年愿景》明确提出将共同打造绿色发展新模式，实现中非生态共建。双方还通过了《中非应对气候变化合作宣言》加强清洁能源等领域务实合作，共同应对气候变化挑战。

绿色"一带一路"建设也取得丰硕成果。中国充分发挥各类合作平台作用，汇聚各方资源、技术与力量，把绿色、低碳、可持续理念持续融入"一带一路"合作的各领域全过程，支持发展中国家绿色低碳发展。"一带一路"绿色发展国际联盟先后启动了生物多样性与生态系统，应对气候变化，绿色金融、绿色技术创新等10个专题伙伴关系，举办了绿色发展圆桌会、"一带一路"绿色创新大会等70余场活动，为中外合作伙伴搭建交流合作平台。联盟还发布了《"一带一路"绿色发展案例研究报告》等近20份文件，分享了"一带一路"绿色发展理念与实践，并启动了《绿色丝路行》国际传播项目，旨在加快绿色发展理念、经验、实践案例以及合作成果的分享。（本条执笔：田慧芳）

30. 开放包容伙伴关系

2023年10月10日，国务院新闻办公室发布《共建"一带一路"：构建人类命运共同体的重大实践》白皮书。白皮书指出，中方愿与"一带一路"共建国家一道，建设更加紧密的开放包容伙伴关系……推动共建"一带一路"高质量发展，为构建人类命运共同体注入新的强大动力。[①]

——背景

中华人民共和国成立后，中国与苏联结成的同盟关系，以及根据意识形态对国际社会进行划分的对外政策，在一定程度上损害了中国的国家利益。冷战期间的历史表明，只有坚持求同存异、结伴不结盟才是符合国家利益、有利于国际和平的国家间交往模式。建设开放包容伙伴关系是新时代，尤其是党的十八大以来中国坚持推行的对外政策。党的十九大报告写道："我们呼吁，各国人民同心协力，构建人类命运共同体，建设持久和平、普遍安全、共同繁荣、开放包容、清洁美丽的世界。要相互尊重、平等协商、坚决摒弃冷战思维和强权政治，走对话不对抗、结伴不结盟的国与国交往新路。"[②] 党的二十大报告再次强调，构建人类命运共同体是世界各国人民前途所在。中国坚持交流互鉴，推动建设一个开放包容的世界。我们真诚呼吁世界各国弘扬和平、发展、公平、正义、民主、自由的全人类共同价值，促进各国人民相知相亲，尊重世界文明多样性，以文明交流超越文明隔阂、以文明互鉴超越文明冲突、以文明共存超越文明优越，共同应对各种全球性挑战。[③]

追溯"一带一路"可以发现，其前身古丝绸之路即包含着开放包容的精神。张骞的"凿空"之旅开启了古丝绸之路，"汉始筑令居以西，初置酒泉郡，以通西北国"[④]。此后，这条陆路继续向西域内部延伸，直至大月氏、安息、身毒等西域国家。得益于此，西域与中原文化间互通有无，彼此了解得以加深。一个多世纪后，班超平定西域五十余国，更是为东汉在疏勒、于阗等地成功建立友谊。东汉得以接触学习西域文化和印度文化。"众多产品通过古丝绸之路（包括后来的海上丝绸之路）在中原、西域、印度之间相互传播，大大促进了相关地区的经济发展和社会繁荣。"[⑤] 佛教传入中国就是其中一个生动的案例。

——内容

2014年6月5日，习近平主席出席中阿合作论坛第六届部长级会议开幕式，

[①] 中华人民共和国国务院新闻办公室：《共建"一带一路"：构建人类命运共同体的重大实践》，《人民日报》2023年10月11日第10版。

[②] 习近平：《决胜全面建成小康社会 夺取新时代中国特色社会主义伟大胜利——在中国共产党第十九次全国代表大会上的报告》，人民出版社2017年版，第58—59页。

[③] 习近平：《高举中国特色社会主义伟大旗帜 为全面建设社会主义现代化国家而团结奋斗——在中国共产党第二十次全国代表大会上的报告》，人民出版社2022年版，第63页。

[④] （汉）班固：《汉书》，中华书局2012年版，第2340—2341页。

[⑤] 《"一带一路"为什么没有引发文明冲突》，《解放日报》2018年5月22日第15版。

并在题为《弘扬丝路精神 深化中阿合作》的讲话中指出："千百年来，丝绸之路承载的和平合作、开放包容、互学互鉴、互利共赢精神薪火相传。"①"一带一路"是新时代中国推出的重要外交战略，古丝绸之路积淀下来的丝路精神在千年后的共建"一带一路"中继续传承，并被赋予新的时代内涵。

"开放包容，就是以世界眼光和战略思维兼收并蓄、博采众长。这是丝绸之路精神最显著的特征。"② 放眼古今丝绸之路，由于坚持开放包容的丝路精神，两者同为"亲善之路""繁荣之路""交流之路"。"亲善之路"是指立足于古丝绸之路对民族稳定、和谐相处的贡献，"一带一路"是一条福泽各国民众的发展之路。它促进沿线不同国家和民族之间的友好往来与和睦相处。"繁荣之路"是指与古丝绸之路联系东西方贸易，创造大量社会财富一样，"一带一路"建设贯穿亚欧非大陆，一头是活跃的东亚经济圈，一头是发达的欧洲经济圈，如今已扩展至非洲和拉丁美洲地区。"交流之路"是指"一带一路"与古丝绸之路一样，是一条文化交流、民众交往之路。③

共建"一带一路"国家众多，涉及不同历史文化传统、不同种族信仰、不同社会制度，这需要中国与"一带一路"共建国家在合作过程中秉持开放包容的态度。唯有如此，中国才能与"一带一路"共建国家结成开放包容的伙伴关系，共建"一带一路"才能成为国际社会广泛接受并支持的公共产品。正如中国外交部部长王毅所强调的，"'一带一路'是开放包容的。我们不搞小圈子，不设高门槛。无论是发达国家还是发展中国家，无论是双边合作还是三方、四方合作，只要认同共商共建共享的理念，我们都欢迎。我们同各国推进合作，包括一些多方和集体合作，决不针对特定国家，或是要影响现有的区域合作机制"④。

——意义

尽管经济全球化在近年来遭遇局部收缩，但经济全球化的总体发展态势不可逆转。中国坚定支持经济全球化，并在这一背景下推出"一带一路"倡议。它与联合国2030年可持续发展议程高度契合，既是中国扩大开放的重大举措，旨在以更高水平开放促进更高质量发展，与世界分享中国发展机遇；也是破解全球发展难题的中国方案，旨在推动各国走向现代化，推进更有活力、更加包容、更可持续的经济全球化进程，让发展成果更多更公平地惠及各国人民。⑤

---

① 习近平：《弘扬丝路精神 深化中阿合作》，《人民日报》2014年6月6日第2版。
② 王义桅：《"一带一路"：机遇与挑战》，人民出版社2015年版，第210页。
③ 王义桅：《论"一带一路"的历史超越与传承》，《人民论坛·学术前沿》2015年第9期。
④ 《王毅谈中英共建"一带一路"：开放包容、规则导向》，中华人民共和国外交部官网，2018年7月30日，https://www.mfa.gov.cn/web/wjbzhd/201807/t20180730_357610.shtml.
⑤ 中华人民共和国国务院新闻办公室：《共建"一带一路"：构建人类命运共同体的重大实践》，《人民日报》2023年10月11日第10版。

三　伙伴关系建设

如今,"一带一路"建设已走过十个年头,共建"一带一路"已从亚欧大陆扩展至非洲和拉美地区,中国已同130多个国家和30多个国际组织签署共建"一带一路"合作文件。"一带一路"建设发展至如此宏大的规模,与中国在"一带一路"建设历程中坚持推进开放包容伙伴关系密切相关。这是保证"一带一路"长久建设下去的重要因素。2023年10月18日,第三届"一带一路"国际合作高峰论坛召开。习近平主席在开幕式上发表题为《建设开放包容、互联互通、共同发展的世界》的主旨演讲中强调,我们深刻认识到,和平合作、开放包容、互学互鉴、互利共赢的丝路精神,是共建"一带一路"最重要的力量源泉。① 共建"一带一路"跨越不同文明、文化、社会制度、发展阶段差异,开辟了各国交往的新路径,搭建起国际合作的新框架,汇聚着人类合作发展的最大公约数。当下的国际局势面临经济发展动力不足、俄乌冲突和巴以冲突久拖不决等重大挑战,这需要国际社会凝聚力量才能克服。在此背景下,国际社会推行开放包容的伙伴关系具有更为迫切的意义。(本条执笔:薛力、席寒婷)

31. 创新合作伙伴关系

——背景

共建"一带一路"十年来,"创新"始终是各方聚焦的高频词。习近平总书记指出"我们要将'一带一路'建成创新之路",强调"'一带一路'建设本身就是一个创举,搞好'一带一路'建设也要向创新要动力"②。从2013年以来,中国支持逾万名共建国家青年科学家来华开展短期科研工作和交流,累计培训共建国家技术和管理人员1.6万余人次;发布《推进"一带一路"建设科技创新合作专项规划》,启动实施"一带一路"科技创新行动计划,通过联合研究、技术转移、科技人文交流和科技园区合作等务实举措,提升共建国家的创新能力。③ 截至2023年6月底,中国与80多个共建国家签署政府间科技合作协定,同50多个"一带一路"共建国家和国际组织建立知识产权合作关系;"一带一路"国际科学组织联盟成员单位达58家。

2023年10月10日,中华人民共和国国务院新闻办公室发布《共建"一带一路":构建人类命运共同体的重大实践》白皮书,提出建设更加紧密的创新合作伙伴关系。④ 2023年10月18日,习近平主席在第三届"一带一路"国际

---

① 习近平:《建设开放包容、互联互通、共同发展的世界》,《人民日报》2023年10月19日第2版。
② 《促进绿色发展　推动科技创新》,《人民日报》2023年10月24日第3版。
③ 《促进绿色发展　推动科技创新》,《人民日报》2023年10月24日第3版。
④ 中华人民共和国国务院新闻办公室:《共建"一带一路":构建人类命运共同体的重大实践》,《人民日报》2023年10月11日第10版。

合作高峰论坛开幕式上发表的主旨演讲中，宣布"推动科技创新"是中国支持高质量共建"一带一路"的八项行动之一。① "中方将继续实施'一带一路'科技创新行动计划，举办首届'一带一路'科技交流大会，未来5年把同各方共建的联合实验室扩大到100家，支持各国青年科学家来华短期工作。"② 2023年11月6日，习近平主席向首届"一带一路"科技交流大会致贺信，阐明了推进国际科技创新交流，助力共建"一带一路"高质量发展，推动构建人类命运共同体的中国方案。③

——内容

中国将与各方协同深化科技创新、模式创新、业态创新，共同探索新的增长动能和发展路径。继续实施共建"一带一路"科技创新行动计划，同各方一道推进科技人文交流、共建联合实验室、科技园区合作、技术转移四大举措。④ 作为推动"一带一路"倡议走深走实的最新行动，中国提出同各方深化5方面的具体合作：持续深化政府间合作关系、大幅提升科技交往规模、全面拓宽合作领域、加快构建高水平合作平台、共同完善全球科技治理。

统筹好继承和创新的关系，打造"一带一路"科技创新合作新高地。巩固合作基础，注重调整盘活存量，维护好共建"一带一路"朋友圈，夯实高质量发展根基。在全球化、信息化、网络化进一步发展的情况下，创新要素更具有开放性、流动性。着力提升创新发展能力，做优做强增量，开拓共同发展新空间，打造更多特色品牌。坚持创新驱动发展，加强科技创新合作，优化创新环境，集聚创新资源，共同为促进共同发展、实现共同繁荣注入强劲动力。

继续实施"一带一路"科技创新行动计划，共同迎接新一轮科技革命和产业变革。启动实施"一带一路"可持续发展技术专项合作计划、空间信息科技专项合作计划、创新创业专项合作计划、科技减贫专项合作计划4项专项行动。依托和完善"一带一路"知识产权合作机制等平台，加强知识产权保护国际合作，打造开放、公平、公正、非歧视的科技发展环境。落实好全球人工智能治理倡议，共同促进全球人工智能健康有序安全发展。⑤

以共建"一带一路"推进国际科技创新交流。中国提出国际科技合作倡议，包括坚持崇尚科学、创新发展、开放合作、平等包容、团结协作、普惠共

---

① 《促进绿色发展 推动科技创新》，《人民日报》2023年10月24日第3版。
② 习近平：《建设开放包容、互联互通、共同发展的世界》，《人民日报》2023年10月19日第2版。
③ 《习近平向首届"一带一路"科技交流大会致贺信》，《人民日报》2023年11月7日第1版。
④ 中共中央宣传部、中华人民共和国外交部：《习近平外交思想学习纲要》，人民出版社、学习出版社2021年版，第98页。
⑤ 推进"一带一路"建设工作领导小组办公室：《坚定不移推进共建"一带一路"高质量发展走深走实的愿景与行动——共建"一带一路"未来十年发展展望》，《人民日报》2023年11月25日第3版。

赢等内容。倡议主张践行开放、公平、公正、非歧视的国际科技合作理念，坚持"科学无国界、惠及全人类"，携手构建全球科技共同体。促进形成全方位、多层次、广领域的国际科技合作新格局，使其成为推动世界科技创新实践、深度参与全球科技治理的重要力量。灵活运用"一带一路"智库合作联盟、"一带一路"国际科学组织联盟、"一带一路"医学人才培养联盟等各类合作机制，推动形成多元互动、百花齐放的人文交流格局。[①]

——意义

充分发挥创新就是生产力的功效。企业赖创新以强，国家赖创新以盛世。科技创新日益成为推动全球经济复苏和可持续发展的动力源泉，人类社会发展的引擎。科技创新不仅有助于中国构建新发展格局、实现高质量发展，通过构建创新合作伙伴关系，还能以加强全球科技创新合作的方式，推进技术转移和知识分享，有助于共同培养科技人才，共同应对全球性挑战，共同为培育全球发展新动能贡献力量，助力人类创造更加美好的未来。

促进创新成果更多地惠及各国人民。中国科技开放合作的大门只会越开越大，始终以构建人类命运共同体理念为指引，以高标准、惠民生、可持续为目标，与共建国家坚持把科技人文交流作为重要的根基，以更加开放的思路，更加务实的举措推动共建"一带一路"高质量发展。科技成果是人类的共同财富，深化科技创新合作有助于共同提升各国研发水平，成为各国改善民生和应对挑战的重要因素。（本条执笔：周颖昕）

32. 廉洁共建伙伴关系

——背景

习近平主席在首届"一带一路"国际合作高峰论坛上郑重提出，要加强国际反腐合作，让"一带一路"成为廉洁之路。[②] 2019年4月，习近平主席在第二届"一带一路"国际合作高峰论坛开幕式上发表主旨演讲时指出："我们要坚持开放、绿色、廉洁理念，不搞封闭排他的小圈子，把绿色作为底色，推动绿色基础设施建设、绿色投资、绿色金融，保护好我们赖以生存的共同家园，坚持一切合作都在阳光下运作，共同以零容忍态度打击腐败。"[③] 2019年4月25日举行的第二届"一带一路"国际合作高峰论坛廉洁丝绸之路分论坛上，

[①] 任春光、杨小明：《推进国际科技创新交流》，《人民日报》2024年1月24日第9版。
[②] 《廉洁丝绸之路分论坛发起"北京倡议"》，中华人民共和国中央人民政府网，2019年4月25日，https://www.gov.cn/xinwen/2019-04/25/content_5386263.htm。
[③] 习近平：《齐心开创共建"一带一路"美好未来》，《人民日报》2019年4月27日第3版。

中国与有关国家、国际组织以及工商学术界代表共同发起了《廉洁丝绸之路北京倡议》。①

中国不断强化境外"关键少数"监督、财务资金管理和重大项目监管，走出去企业的境外廉洁合规制度体系持续完善。推动中央企业出台重点领域合规指南868件，制定岗位合规职责清单5000多项，中央企业、中央金融企业及分支机构制定和完善境外管理制度1.5万余项。截至2023年7月，中国与外国已缔约生效的引渡和司法协助条约总数超过120项，与24个国家和国际组织商签反腐败合作文件，并在与37个国家和国际组织商签的"一带一路"合作协议中写入反腐败和廉洁内容，为共商"一带一路"廉洁政策规范贡献中国方案。2023年10月10日，中华人民共和国国务院新闻办公室发布《共建"一带一路"：构建人类命运共同体的重大实践》白皮书，提出建设更加紧密的廉洁共建伙伴关系。②

——内容

习近平总书记提出共建"一带一路"倡议十年来，廉洁丝绸之路建设顺应各国人民对公平正义的呼声和期待，已经成为"一带一路"共建国家的共同追求。③ 2023年10月18日，在第三届"一带一路"国际合作高峰论坛廉洁丝绸之路专题论坛上，经过对"廉洁丝绸之路成效与贡献""廉洁丝绸之路愿景与展望"2个分议题充分交流研讨，发布了《"一带一路"廉洁建设成效与展望》，推出了《"一带一路"廉洁建设高级原则》，建立了"一带一路"企业廉洁合规评价体系，廉洁丝绸之路建设迈出坚实步伐。④

共建"一带一路"始终坚守廉洁的亮色。廉洁是"一带一路"行稳致远的内在要求和必要条件。《廉洁丝绸之路北京倡议》引领广大"一带一路"国家共商共建共享廉洁丝绸之路，最终目标是让"一带一路"倡议真正惠及各国人民。在倡议的指引下，各方一道完善反腐败法治体系建设和机制建设，深化反腐败法律法规对接，不断推动反腐败国际合作向纵深发展。倡议的实践有助于建设风清气正的营商环境，提升企业廉洁合规经营能力，共建"一带一路"反腐败和法治交流合作平台。

依靠原则和评价凝聚廉洁的力量。《"一带一路"廉洁建设高级原则》进一步凝聚起"一带一路"共建国家在共享廉洁发展成果、共商廉洁伙伴关系、

---

① 《推进务实合作共享发展成果》，《人民日报》2019年4月26日第8版。
② 中华人民共和国国务院新闻办公室：《共建"一带一路"：构建人类命运共同体的重大实践》，《人民日报》2023年10月11日第10版。
③ 《第三届"一带一路"国际合作高峰论坛主席声明》，《人民日报》2023年10月18日第3版。
④ 王诗雨：《共绘廉洁丝路"同心圆"——廉洁丝绸之路专题论坛记者观察》，《中国纪检监察》2023年第21期。

共建廉洁营商环境等方面的政治共识与积极意愿。"一带一路"企业廉洁合规评价体系，将为参与"一带一路"建设的企业开展企业廉洁合规建设提供新的工具，引导企业完善治理结构、防控合规风险。通过企业廉洁合规评价的实践，可以更好地凝聚国际共识，推动企业治理水平持续提升，助力各国公平有序参加国际市场竞争，推动廉洁丝绸之路走深走实，实现共商共建共享的愿景与目标。[①]

中国主动为廉洁共建伙伴关系贡献力量。中国不断加强反腐败和廉洁治理政策立法，为"一带一路"廉洁建设规范化、法治化作出贡献。积极创建稳定公平透明的营商环境，形成反腐败共同价值观，保障各方合法权益，并以共建重点项目为抓手，助推廉洁丝绸之路落地生效。守望相助，不断完善廉洁社会文化，推动共享廉洁发展成果，举办一系列反腐败与廉洁合规培训项目，不断加强廉洁丝绸之路能力建设。携手共进，保障"一带一路"高质量发展。中国"走出去"企业坚持合规守法经营，既遵守中国的法律，也遵守所在国当地法律和国际规则，提升海外廉洁风险防范能力，加强项目监督管理和风险防控。[②]

——意义

坚持开放、绿色、廉洁理念，是共建"一带一路"结出硕果的重要成功密码，是推动共建"一带一路"高质量发展的必然要求。[③] 腐败是横亘在"一带一路"共建国家面前的共同难题，需要各方的密切协同和务实合作，反腐败的成功在一定程度上取决于国际合作的水平。建设更加紧密的廉洁建设伙伴关系，有助于不断凝聚反腐败合作共识，深化反腐败务实合作，持续优化廉洁丝绸之路营商环境，服务保障共建"一带一路"高质量发展。[④]

坚持廉洁理念，坚守廉洁的亮色，会推动共建"一带一路"阳光大道越来越宽广。让资金、项目在廉洁中高效运转，让各项合作更好地落地开展，有助于将"一带一路"建设成为廉洁之路。"一带一路"的廉洁亮色将更加鲜明，廉洁丝绸之路建设合作前景广泛，并将与相关反腐败国际合作机制形成合力。[⑤] 共建国家着力构建的是平等相待、尊重差异、交流互鉴、共同进步的反腐败合作伙伴关系，能共同为"一带一路"廉洁建设贡献力量。

廉洁共建伙伴关系是在践行真正的多边主义，将成为全球反腐败斗争的重要里程碑。《廉洁丝绸之路北京倡议》彰显了联合国 2030 年可持续发展议程确

[①] 王诗雨：《共绘廉洁丝路"同心圆"——廉洁丝绸之路专题论坛记者观察》，《中国纪检监察》2023 年第 21 期。
[②] 和音：《坚守开放本色、绿色底色、廉洁亮色》，《人民日报》2023 年 10 月 13 日第 3 版。
[③] 和音：《坚守开放本色、绿色底色、廉洁亮色》，《人民日报》2023 年 10 月 13 日第 3 版。
[④] 推进"一带一路"建设工作领导小组办公室：《坚定不移推进共建"一带一路"高质量发展走深走实的愿景与行动——共建"一带一路"未来十年发展展望》，《人民日报》2023 年 11 月 25 日第 3 版。
[⑤] 王诗雨：《共绘廉洁丝路"同心圆"——廉洁丝绸之路专题论坛记者观察》，《中国纪检监察》2023 年第 21 期。

立的关于"加大追赃和被盗资产返还力度""大幅减少一切形式的腐败和贿赂行为""在各级建立有效、负责和透明的机构"等目标。倡议将继续发挥引领作用，积极开展反腐败国际执法司法合作，简化反腐败执法合作和引渡程序，同时支持联合国全球反腐败执法合作网络建设。（本条执笔：周颖昕）

33. 绿色发展投融资伙伴关系

——背景

中国以共建"一带一路"倡议为平台，多年来与共建国家开展绿色经济相关项目合作，帮助有关国家避开"先破坏再整治"的老路，将中国的先进技术、发展成果与全球共享。[①] 2023年5月，中国进出口银行联合国家开发银行、中国出口信用保险公司等十余家金融机构发布《绿色金融支持"一带一路"能源转型倡议》。与32个共建国家共同建立"一带一路"能源合作伙伴关系，并承诺不再新建境外煤电项目。实施"一带一路"应对气候变化南南合作计划，建设"一带一路"生态环保大数据服务平台和"一带一路"环境技术交流与转移中心，为发展中国家培训环境管理人员和专家学者，持续加大对共建国家能源绿色低碳转型领域支持力度。[②]

2023年10月，第三届"一带一路"国际合作高峰论坛的绿色发展高级别论坛聚焦"共建绿色丝路 促进人与自然和谐共生"主题，分别发布了《"一带一路"绿色发展北京倡议》、建立绿色发展投融资合作伙伴关系以及启动中亚区域绿色科技发展行动计划，肯定了十年来共建绿色"一带一路"取得的积极进展，为解决绿色"一带一路"建设中面临的投融资瓶颈问题，打造沟通合作平台并提供务实解决方案。[③] 论坛的召开标志着绿色发展投融资合作伙伴关系正式启动。

——内容

健全金融合作机制。构建共建"一带一路"高质量发展的融资政策框架，与有关国家共同落实好《"一带一路"融资指导原则》，并推动《"一带一路"债务可持续性分析框架》的进一步应用。继续发挥共建"一带一路"各类贷款、丝路基金、各类专项投资基金的作用，支持各类金融机构参与项目投融资。完善信用保险支持体系，充分发挥政策性出口信用保险作用，鼓励商业性保险，丰富保险保障供给，满足各类项目和企业需求。持续优化外商投资环

[①] 孙铁牛：《应对气候变化离不开全球合力》，《光明日报》2023年11月24日第12版。
[②] 左凤荣：《"一带一路"推动世界绿色发展》，《光明日报》2023年11月3日第2版。
[③] 《促进绿色发展 推动科技创新》，《人民日报》2023年10月24日第3版。

境，健全配套措施，将法律法规确定的投资促进、投资保护、投资管理制度落地落实，为共建国家企业在华投资提供更加有力的法治保障。有序推动人民币国际化，稳步推进与共建国家的双边本币合作，鼓励金融机构在对外投融资中更多使用人民币。完善全球金融安全网，加强在金融监管、会计审计监管、税收、反腐败领域国际合作，提高抗风险能力。

拓展投融资新渠道。通过多双边合作平台，鼓励亚洲基础设施投资银行等多边开发机构与共建国家开展联合融资。规范实施股权投资、政府和社会资本合作项目融资等方式，充分发挥公共资金的带动作用，动员长期资本及私人部门资本参与。发挥多边开发融资合作中心作用，支持高质量项目储备和能力建设。支持共建国家政府和信用等级较高的企业以及金融机构在中国境内发行人民币债券。鼓励符合条件的中国境内金融机构和企业在境外发行人民币债券和外币债券，在共建国家使用所筹资金。[①] 持续优化外商投资环境，健全配套措施，将法律法规确定的投资促进、投资保护、投资管理制度落地落实，为共建国家企业在华投资提供更加有力的法治保障。中国将统筹推进标志性工程和"小而美"民生项目。中国国家开发银行、中国进出口银行将各设立3500亿元人民币融资窗口，丝路基金新增资金800亿元人民币，以市场化、商业化方式支持共建"一带一路"项目。

围绕绿色金融大力拓展绿色发展合作空间。坚持绿色的底色，依托和完善"一带一路"绿色发展国际联盟等重要平台，落实好"一带一路"绿色投资原则，探索开展绿色投融资与绿色项目评价工作，帮助发展中国家找到低碳、具有气候适应性的增长道路。大力推进绿色低碳发展，实现产业绿色转型，与各国一道统筹好经济社会发展和生态环境保护。开展绿色、数字、创新、健康等新领域合作，培育合作新增长点，为共建国家人民美好生活注入更多动力、带来更多希望。引导企业完善公司治理，积极履行社会责任，依法合规诚信经营，提升国际化经营能力，树立中国投资者良好形象。拓展第三方市场合作，与更多有意愿的国家签署第三方市场合作文件，以共建国家为重点目标市场，因地制宜采取贸易、工程承包、投资、技术合作等方式开展第三方市场合作。继续与有条件的国家搭建平台，拓宽第三方市场合作项目的市场化融资渠道。

——意义

为共建"一带一路"提供稳定、透明、高质量的资金支持。扩大与共建国家的贸易投资规模和优化投资结构，共同开展多种形式的金融合作，既有助于合作空间向纵深拓展，投融资模式向多元化发展，还有助于推动建立更加多

---

① 推进"一带一路"建设工作领导小组办公室：《坚定不移推进共建"一带一路"高质量发展走深走实的愿景与行动——共建"一带一路"未来十年发展展望》，《人民日报》2023年11月25日第3版。

元、包容、可持续的共建"一带一路"投融资体系。

为应对"逆全球化"开出一剂良方。深化国际产能与投资等经济合作，建立健全多双边经济合作机制，有利于推进与相关国家规划对接、政策磋商、市场对接、项目合作，共享发展红利。"发起绿色发展投融资合作伙伴关系"的多边合作成果，还将帮助发展中国家找到具有社会包容性和气候适应性的增长道路。[①]（本条执笔：周颖昕）

[①]《一项追求发展、崇尚共赢、传递希望的伟大事业——国际社会瞩望"一带一路"下一个金色十年》，新华网，2023年10月26日，https://politics.gmw.cn/2023-10/26/content_36920357.htm.

四　政策沟通

34. "一带一路"国际合作机制

——背景

在各方的共同努力下，共建"一带一路"从中国倡议走向国际实践，从理念转化为行动，从愿景转变为现实，从谋篇布局的"大写意"到精耕细作的"工笔画"，取得实打实、沉甸甸的成就，成为深受欢迎的国际公共产品和国际合作平台。[①] 2016 年 8 月，习近平主席出席推进"一带一路"建设工作座谈会并发表重要讲话强调，聚焦政策沟通、设施联通、贸易畅通、资金融通、民心相通，聚焦构建互利合作网络、新型合作模式、多元合作平台，聚焦携手打造绿色丝绸之路、健康丝绸之路、智力丝绸之路、和平丝绸之路。[②] 这反映出"一带一路"国际合作机制建设的重要性和必要性。2023 年 10 月举行的第三届"一带一路"国际合作高峰论坛上，各方就开启高质量共建"一带一路"新阶段达成重要共识，机制化建设则是推动"一带一路"高质量发展的基本路径。同样是在此次高峰论坛上，习近平主席明确将"完善'一带一路'国际合作机制"作为中国支持高质量共建"一带一路"的八项行动之一。

——内容

"一带一路"国际合作高峰论坛。此高峰论坛是"一带一路"框架下最高规格的国际活动，是中华人民共和国成立以来由中国首倡、中国主办的层级最高、规模最大的多边外交活动，也是各方共商、共建"一带一路"，共享互利合作成果的重要国际性合作平台，于 2017 年、2019 年和 2023 年相继举办三届，未来将继续为各方深化交往、增进互信、密切往来提供重要平台。在第三

[①] 中华人民共和国国务院新闻办公室：《共建"一带一路"：构建人类命运共同体的重大实践》，《人民日报》2023 年 10 月 11 日第 10 版。

[②] 吴秋余：《总结经验坚定信心扎实推进让"一带一路"建设造福沿线各国人民》，《人民日报》2016 年 8 月 18 日第 1 版。

届"一带一路"国际合作高峰论坛开幕式上,习近平主席宣布中国将继续举办"一带一路"国际合作高峰论坛,并成立高峰论坛秘书处。[①] 本届高峰论坛期间,各方共形成458项成果,其中包括一系列重要合作倡议和制度性安排。

共建"一带一路"合作文件。截至2023年6月底,中国与150多个国家、30多个国际组织签署了200多份共建"一带一路"合作文件。在与共建国家签署合作谅解备忘录基础上,中国还积极推动商签共建"一带一路"合作规划,建立完善多双边联合工作机制。同期,中国还与其他国家或国际组织在多个共建领域签订了数百份合作文件。中国与14个国家签署第三方市场合作文件。与40多个国家签署产能合作文件。与65个国家标准化机构以及国际和区域组织签署了107份标准化合作文件。与近90个共建国家和国际组织签署了100余份农渔业合作文件。与144个共建国家签署文化和旅游领域合作文件。[②] 并且与共建国家在技术标准协调、检验结果互认、电子证书联网等方面取得积极进展。

"一带一路"重点领域合作机制。在共建"一带一路"框架下,中外合作伙伴发起成立了20余个专业领域多边对话合作机制,涵盖铁路、港口、能源、金融、税收、环保、减灾、智库、媒体等领域,参与成员数量持续提升。[③] 在经贸投资领域,中国与"一带一路"共建国家积极建立贸易畅通工作组、投资合作工作组、服务贸易合作机制。中国积极推进亚洲基础设施投资银行等新型多边治理机制建设,"一带一路"税收征管合作机制、"一带一路"自然灾害防治和应急管理国际合作机制等先后设立,为相关领域务实合作提供了重要支撑。中国还与合作方加快推进深海、极地、外空、网络、人工智能等新兴领域的治理机制建设。

共建"一带一路"可依托的多边平台。中国支持二十国集团、上海合作组织、亚太经合组织、金砖国家、大图们倡议、大湄公河次区域经济合作、中亚区域经济合作等多边合作机制发挥建设性作用,还依托中国—东盟(10+1)合作、中非合作论坛、中阿合作论坛、中拉论坛、中国—太平洋岛国经济发展合作论坛、中国—中东欧国家合作、世界经济论坛、博鳌亚洲论坛等重大多边合作机制平台,不断深化务实合作。

"二轨"对话交流机制。中国与"一带一路"共建国家通过政党、议会、地方、民间、智库、高校、媒体等多种途径,开展形式多样、覆盖广泛的沟

[①] 习近平:《建设开放包容、互联互通、共同发展的世界》,《人民日报》2023年10月19日第2版。
[②] 中华人民共和国国务院新闻办公室:《共建"一带一路":构建人类命运共同体的重大实践》,《人民日报》2023年10月11日第10版。
[③] 中华人民共和国国务院新闻办公室:《共建"一带一路":构建人类命运共同体的重大实践》,《人民日报》2023年10月11日第10版。

通，不断拓宽交流对接渠道。① 中国组织召开中国共产党与世界政党高层对话会，就共建"一带一路"相关议题深入交换意见。中国与相关国家组建"一带一路"国际科学组织联盟、"一带一路"律师联盟、"一带一路"纪录片学术共同体等非政府组织。多国建立与"一带一路"有关的研究机构，中外高校合作设立了"一带一路"研究中心、合作发展学院、联合培训中心等。中外媒体强化交流合作机制，提高共建"一带一路"的国际传播能力。

——意义

共建"一带一路"迈入高质量发展新阶段，加强"一带一路"国际合作机制建设恰逢其时、意义重大。各方加强双边或多边沟通和磋商，共同探索、开创性设立诸多合作机制，为不同发展阶段的经济体开展对话合作、参与全球治理提供共商合作平台。"一带一路"国际合作机制坚持共商共建共享原则，不是中国的对外援助计划和地缘政治工具，而是联动发展的合作平台。不是对现有国际及多边机制的有意取代，而是与其相互对接、优势互补。

未来十年，中国将凝聚合力携手建设开放包容、互联互通、共同发展的世界，继续打造以"一带一路"国际合作高峰论坛为引领，以双边、三方和多边合作机制为支撑的复合型国际合作架构。共同细化完善安全保障措施，形成利益共享、风险共担的合作机制。② 国际合作机制的完善将使"一带一路"更好汇聚起国际社会求和平、谋发展、促合作的最大公约数，为构建人类命运共同体注入新的强大动力。（本条执笔：陈兆源）

35. 中国—东盟建设部长圆桌会议

——背景

为全面推动全球发展倡议、全球安全倡议、全球文明倡议的发展落地，共建中国—东盟和平家园、安宁家园、繁荣家园、美丽家园、友好家园，充分发挥中国广西作为面向东盟的国际大通道、西南中南地区开放发展新的战略支点和"一带一路"有机衔接的重要门户的独特区位优势，深化中国与东盟建筑业的交流合作，首届中国—东盟建设部长圆桌会议于2023年9月16日在广西南宁举行。

——内容

中国—东盟建设部长圆桌会议以"开放合作 互利共赢 共享中国—东盟建

---

① 推进"一带一路"建设工作领导小组办公室：《共建"一带一路"倡议 进展、贡献与展望》，外文出版社2019年版，第36页。
② 推进"一带一路"建设工作领导小组办公室：《坚定不移推进共建"一带一路"高质量发展走深走实的愿景与行动——共建"一带一路"未来十年发展展望》，《人民日报》2023年11月25日第3版。

设领域合作新机遇"为主题，由中国和文莱、柬埔寨、印度尼西亚、老挝、马来西亚、缅甸、菲律宾、新加坡、越南的建设主管部门部长和部长代表参加，主要商讨加强住房城乡建设领域交流合作，持续深化中国—东盟全面战略伙伴关系。各方就各国住房城乡建设领域发展成就、政策和经验进行了深入交流，原则同意建立中国—东盟建设部长圆桌会议长效机制，每年举办一次圆桌会议，并一致通过了会议成果《南宁倡议》。[①]《南宁倡议》提出，中国和东盟将探索建立住房城乡建设领域广泛的合作交流机制，携手应对全球性挑战，推动宜居和高质量城市建设。加强住房合作，实现住有所居。加强建筑领域沟通协调和信息共享，提高工程建设国际合作水平。促进科技创新与产业变革，加快绿色低碳转型，实现碳中和目标。拓展青年合作渠道，推动人才交流，促进建筑领域专业人员培训。与会各方表示，将共同落实好《南宁倡议》，聚焦住房发展、城市更新、城市治理、乡村建设、建筑产业等领域，探索在工程标准、建造技术、项目建设等方面深度合作、互利共赢，为增进中国和东盟人民福祉、建设更为紧密的中国—东盟命运共同体作出新的务实贡献。

中国—东盟建设部长圆桌会议有两项配套活动。一是第二届中国—东盟建筑业合作与发展论坛，中国的工程建设领域行业协会、高校院士专家、企业代表，东盟国家建设部门、东盟国家驻华使（领）馆、东盟国家企业代表250多人出席论坛活动，共同探讨如何更好推动建筑业的可持续发展，共同推动落实2030年可持续发展议程、新城市议程和全球发展倡议，合力推动创造更加美丽的人类家园。二是中国—东盟建筑业合作与发展成果展，由广西壮族自治区住房和城乡建设厅组织相关企业参展，集中展示中国建筑企业在国外特别是东盟十国与"一带一路"共建国家的建设成就，展现中国和东盟国家住房城乡建设领域合作成效。

以首届中国—东盟建设部长圆桌会议为起点，中国和东盟国家与会部长和部长代表达成共识，会继续完善合作平台建设，切实推动住房城乡建设事业高质量发展，努力造福中国和东盟各国人民，携手促进全球可持续发展、推动构建人类命运共同体。

——意义

中国—东盟建设部长圆桌会议作为一个重要的区域合作机制，对于深化地区基础设施建设、城市发展和可持续发展等领域的发展合作具有重要意义。

一方面，圆桌会议有助于促进基础设施建设合作。中国和东盟国家都面临着加强基础设施建设的迫切需求，以支持持续的经济增长和区域一体化。圆桌会议提供了交流合作平台，使参与国可以分享经验、规划合作项目并探讨资金

[①]《首届中国—东盟建设部长圆桌会议举行》，《人民日报》2023年9月17日第2版。

支持问题，提升道路、桥梁、铁路和信息通信技术等跨境基础设施的互联互通，以满足基础设施建设的迫切需求，并服务持续的经济增长和区域一体化。

另一方面，圆桌会议有助于加强中国与东盟国家之间在基础设施建设方面的政策对话，为建立互信和理解创造了条件。深化双边在基础设施建设上的共建共享，不仅有利于双边关系的发展，还能为更广泛的区域合作提供基础，推动地区城市和乡村可持续发展，帮助参与国共享绿色建筑、能源效率、城市规划和管理等方面的知识和技术最佳实践，强化人才交流和建筑专业人员培养培训，促进城乡协调发展，改善基础设施，提高居住条件，促进地区经济发展。

(本条执笔：庞加欣)

36."一带一路"企业家大会北京宣言

——背景

在过去的十年里，中国企业发挥产业链优势，以"一带一路"共建国家发展需求为导向，建成和运营了中老铁路、亚吉铁路等一大批标志性工程，把海外业务范围拓展至140个国家和地区。"一带一路"共建国家的企业家们充分利用各自比较优势，不断拓宽合作领域，持续夯实产业合作基础。从基础设施、环境保护、新能源，到生物医药、数字技术，再到保险金融、抗灾减灾、物流等领域，"一带一路"共建国家企业家共同合作取得了一大批务实合作成果。共建"一带一路"，不仅激发了共建国家的经济发展活力，也改善了共建国家的居民生活水平。当前，全球经济增速放缓，随之兴起的贸易保护主义和单边主义阻碍着国际贸易的发展。在不确定性上升的背景下，"一带一路"共建国家企业界希望共同维护多边贸易机制，营造更加开放包容和安全稳定的经济合作环境，并进一步加深合作领域，共同推动产业与技术发展。特别是在绿色经济成为具有巨大发展潜力产业的情况下，"一带一路"共建国家企业界希望不断提升产业的绿色水平，为低碳和环保项目创造更加有利的合作环境。为了进一步深化"一带一路"共建国家企业务实合作，推动绿色经济、数字经济等新领域的产业合作，2023年10月17日，"一带一路"共建国家的1200多位企业家在广泛凝聚各方共识的基础上，发表了《"一带一路"企业家大会北京宣言》。

——内容

《"一带一路"企业家大会北京宣言》的主要内容包括五个方面。第一，坚持开放合作。共同维护以世界贸易组织为核心，以规则为基础的多边贸易体制，促进开放型世界经济发展，通过共建"一带一路"形成更多合作机制，构筑安全稳定、畅通高效、开放包容、互利共赢的全球产业链供应链体系。第二，深化互联互通。积极参与基础设施建设，扩大标准互认领域，提高贸易自由化便利化水平，深化金融和投资领域合作，通过商贸往来和人文交流增进相互尊重和理解。第三，坚持绿色发展。落实联合国2030年可持续发展议程，提升全产业链绿色水平，为环境友好型和低碳项目提供更多融资，在参与国际规则制定中防止设置绿色贸易壁垒。第四，推进数字经济合作。推动"数字丝绸之路"建设，推广数字技术应用和普及，加强数字知识产权保护，通过数字化商业模式帮助更多中小微企业实现可持续发展。第五，坚持合规经营和履行社会责任。尊重各国法律法规，构建合规管理体系，提高自身债务风险管控和履约能力，积极承担社会责任，实现共享式发展和包容性增长。

——意义

企业家不仅是共建"一带一路"的重要实践者和推动者，也是开放共赢的促进者和创新发展的引领者。共建"一带一路"倡议提出十年来，大量的产业合作项目接连诞生与落地，而这些成果离不开共建"一带一路"这一平台，更离不开无数个企业家的努力奋斗与拼搏。尽管"一带一路"共建国家有着不同的社会制度、文化习俗、法律规制，但企业家们以开放包容、互惠互利的精神，在尊重本土文化、遵守本土法律法规的基础上，追求合作共赢，有力地推动了各国产业的繁荣与发展，促进了当地就业，为居民生活水平的提升作出重要贡献。《"一带一路"企业家大会北京宣言》中的坚持开放合作、深化互联互通、坚持绿色发展、推进数字经济合作、坚持合规经营和履行社会责任等五大共识，既体现了企业家们的实干精神和团结合作理念，也指明了未来"一带一路"产业合作项目共同发展的方向。在逆全球化思潮和贸易保护主义兴起的背景下，全球经济需要更多发展动力，而本次宣言彰显了企业家们的坚定决心和信心，为全球产业链、价值链、供应链的修复与发展注入一剂强心针。本次宣言也向全球各地的企业家发出强烈信号，号召他们加入"一带一路"共建事业之中，共同协作，大力发展经济，为全球创造出更多财富，造福于世界各国人民。（本条执笔：李天国）

37. "一带一路"倡议十周年暨促进高质量就业国际研讨会

——背景

近年来，中国致力于提高人力资源服务业的开放发展水平。根据人力资源社会保障部2022年12月印发的《关于实施人力资源服务业创新发展行动计划

（2023—2025年）的通知》，在"引进来"方面，贯彻外商投资法及实施条例，落实人力资源服务领域外商投资国民待遇，持续优化市场化法治化国际化营商环境。依托中国超大规模人力资源市场优势，积极引进中国市场急需的海外优质人力资源服务企业、项目和技术。推动保障外资企业平等参与人力资源服务领域政府采购、标准制定。在"走出去"方面，开展"一带一路"人力资源服务行动，支持国内人力资源服务企业在共建"一带一路"国家设立研发中心和分支机构。高质量建设人力资源服务出口基地，培育发展人力资源服务贸易新业态新模式。依托中国中小企业发展促进中心、企业跨境贸易投资法律综合支援平台，为人力资源服务企业"走出去"提供跨境磋商、法律政策咨询、商务考察、案件应对等服务。

——内容

2023年10月19—20日，"一带一路"倡议十周年暨促进高质量就业国际研讨会在北京召开。人力资源和社会保障部副部长俞家栋出席开幕式并致辞，介绍人社领域推进共建"一带一路"成果，提出在新起点上深化"一带一路"人社国际合作，促进共建国家经济社会发展和民生福祉。国际劳工组织助理总干事兼亚太地区局局长麻田千穗子出席会议并致辞。研讨会由中华人民共和国人力资源和社会保障部和国际劳工组织共同举办，柬埔寨、老挝、马来西亚、菲律宾等"一带一路"共建国家及东盟秘书处代表参会。"一带一路"倡议十周年暨促进高质量就业国际研讨会被纳入第三届"一带一路"国际合作高峰论坛多边合作成果文件清单。

——意义

"一带一路"倡议为共建国家人力资源领域的国际合作提供了机遇。加强"一带一路"人力资源合作有利于促进成员国之间的人员交流合作，为各国提供人力资源对话与交流创新的平台，促进各国民心相通和文明融合，推动"一带一路"实现高质量发展。

第一，加强"一带一路"人力资源合作，有利于发挥人力资源作为第一资源的优势。作为最具活力的生产要素之一，人力资源在经济社会发展中正发挥越来越重要的作用，这是技术进步加速、自然资源环境约束加大和全球发展理念转变等多种因素综合作用的结果，也是可持续发展的应有之义和全球经济发展实践的规律之一。加强"一带一路"人力资源国际合作，有利于构建国际化的人力资源服务网络，在"一带一路"共建国家和地区开展人才寻访和供求匹配、对接职业教育和技能培训、提供劳工法律咨询和外包派遣等服务。在合作过程中，探索国际化、专业化、精细化的人力资源服务新模式，有利于发掘、整合和合理配置国际性人才，打造服务"一带一路"的人力资源网络和工作平台，为企业提供坚实的人才支撑和智力支持，为中资企业"走出去"提供支持和服务。

第二，加强"一带一路"人力资源合作，有利于促进"一带一路"共建国家优势互补。近年来，中国与"一带一路"共建国家人力资源合作的方式越来越多、内容越来越新、规模越来越大、影响越来越广。加强"一带一路"人力资源合作有利于共建国家实现人力资源优势互补，引进急需人才，输出优势人才。当前中国人口发展处于重大转折期，随着年龄结构的变化，自2012年起，中国劳动年龄人口的数量和比重出现双降。第七次全国人口普查数据显示，2020年中国16—59岁劳动年龄人口总规模为8.8亿人，占总人口的比例为63.35%，与2010年相比，中国劳动年龄人口减少4000多万人，占总人口比例下降了6.79%。这意味着，中国过去以人口红利和劳动低成本比较优势发展起来的劳动密集型产业面临着转移的需要。"一带一路"共建国家具有相对丰富的人力资源。"一带一路"以新兴经济体和发展中国家为主体，涉及人口约44亿，占全球总人口的63%，并且劳动年龄人口规模较大且占总人口的比重较高。"一带一路"共建国家的人口红利恰与中国的对外投资形成了良好互补。

第三，加强"一带一路"人力资源合作，有利于深入贯彻落实人才强国战略，为建设创新型国家提供人力资源保障。加强"一带一路"人力资源合作有利于借助国家重点平台和重大项目，推动"引进来"与"走出去"实现更好的结合，培育一批有国际影响力的专家项目和培训项目，更好地服务"一带一路"建设。"一带一路"对于人力资源管理工作的开展提出新的要求，更加需要从岗位人才入手，做好人才培养，建立完善的人力资源管理模式，通过人才引进带来人力资源管理工作质量的提升。同时，加强"一带一路"人力资源合作有利于各国了解和掌握其他国家的法律法规，帮助本国人才在"走出去"过程中适应不同地域的人文、市场和法律环境，科学应对在劳工法律、招聘、培训、薪酬等方面产生的问题和风险，并采取有针对性的措施加以有效规避。

（本条执笔：耿亚莹）

38. "一带一路"自然灾害防治和应急管理国际合作部长论坛

——背景

气候变化引发的极端干旱、暴雨和其他灾害风险正在对全球生态系统产生广泛影响。"一带一路"沿线大部分区域位于亚欧、印度洋、非洲板块内。复杂的地质构造和板块运动导致该地区地质灾害频繁，地震活动频繁。此外，"一带一路"沿线地区气候类型多样，包括亚热带、温带和寒温带，季风气候导致温度和降雨分布不均匀，极易发生洪水和其他极端天气事件。紧急灾难数据库（EM-DAT）灾害数据显示，2015—2019年"一带一路"沿线区域发生洪水573起，风暴365起，其次是地震和极端气温。洪水导致17903人死亡，地震和极端气温导致的死亡人数分别达到16145人和11627人。而风暴造成的财产损失最大，总损失达1257亿美元，其次是水灾和地震，分别造成1111亿美元和456亿美元的损失。"一带一路"沿线区域各类自然灾害导致的死亡人口、影响人口、GDP损失率明显高于全球。

要解决气候变化带来的发展挑战，就必须采取"气候行动"，使整个世界和不同地区在实现经济活力的同时实现可持续发展。联合国可持续发展目标第13项目标的分目标13.1就是加强各国应对气候相关灾害和灾害的复原力和适应能力。由于"一带一路"沿线多是亚洲和非洲发展中国家和欠发达国家，经济发展水平较低，基础设施薄弱，抵御灾害的能力有限，防灾减灾救灾是"一带一路"共建国家共同面对的重大民生问题，是各国间的"最大公约数"之一，也是各国取得共识的重要基础之一。开展国际合作有利于提升共建国家灾害风险管理能力。

——进展

习近平总书记于2016年7月提出"两个坚持"和"三个转变"的防灾减灾新理念，即坚持以防为主、防抗救相结合，坚持常态减灾和非常态救灾相统一，努力实现从注重灾后救助向注重灾前预防转变，从减少灾害损失向减轻灾害风险转变，从应对单一灾种向综合减灾转变。这一理念充分反映出中国在防灾治灾理念上的现代化成果。作为共建"一带一路"合作的重要内容，中国积极推动与"一带一路"国家开展合作。

鉴于"一带一路"沿线多层次的复合型自然灾害、不断增加的系统性风险以及人口增长、快速城市化、气候变化、土地资源的不可持续利用等挑战使各地区灾害风险形势的不确定性和复杂性不断升级，风险跨越国境且相互关联，导致环境、社会、经济方面的负面后果，安全生产事故、紧急事件反复发生，对共建国家的可持续发展造成破坏性影响，2019年4月第二届"一带一路"国际合作高峰论坛圆桌峰会联合公报明确提出要"在抗灾减灾和灾害管理领域促进合作"。

2021年11月，中国应急管理部举办首届"一带一路"自然灾害防治和应急管理国际合作部长论坛，19个国家应急管理部门和联合国人道主义事务协调办公室、联合国减轻灾害风险办公室、国际劳工组织、红十字国际委员会、红十字会与红新月会国际联合会、国际民防组织、东盟秘书处、上海合作组织秘书处8个国际、地区组织的代表参加了此次视频会议，论坛最后发布了《"一带一路"自然灾害防治和应急管理国际合作北京宣言》，提出了各方共建合作机制的愿景，以期共同提升自然灾害防治和应急管理能力。

2023年11月16日，围绕"应急管理：安全第一、预防为主"主题，"一带一路"自然灾害防治和应急管理国际合作部长论坛第二次会议在北京举行，其间召开了合作机制理事会首次会议，宣布正式建立"一带一路"自然灾害防治和应急管理国际合作机制，31个应急管理部门和国际组织加入。

——内容

根据国际合作部长论坛通过的《"一带一路"自然灾害防治和应急管理国际合作北京宣言》和《2023"一带一路"自然灾害防治和应急管理国际合作部长论坛联合声明》，"一带一路"自然灾害防治和应急管理合作主要围绕以下几方面展开：

一是战略和政策合作，包括支持联合国在防灾减灾救灾、安全生产和应急响应领域国际合作中发挥重要作用，通过全球多边机制促进共建"一带一路"国家间的合作。就国家战略规划、政策、法规和标准开展对话和交流，探讨制定区域灾害防治和应急战略的可能性。

二是灾害预防和减轻合作，包括分享、应用基础数据库的灾害风险评估信息和成果，联合开展风险评估和研究，提升重大灾害风险识别能力。加强防灾措施，强化灾害风险监测和预警以促进早期响应，关注难以触及和偏远地区的人群。

三是备灾合作，包括提升公共和私人投资的风险敏感性，提高新建基础设施灾害韧性和可使用性。在资金承受范围内对现有基础设施进行改造，提高农村灾害应对能力。开展人员互访，提升人员对当地风险应对的技术能力并分享先进经验。开展关键技术的联合研发，推动新技术装备的应用，提升科技能力。

四是应急响应合作，包括分享灾情和救灾信息，派遣救援队并提供救灾物资。提高应急救援及避险能力，联合开展应急预案研究，开展救援队伍培训。提升跨境应急救援能力，建立联络和协调机制。开展救灾物资储备体系、应急信息平台、物流体系和应急预案的交流与合作。

五是灾后重建合作，包括确保关键基础设施和服务的持续性，促进响应、恢复和发展有效衔接。通过灾后恢复和重建，帮助受灾区恢复工作条件、生活条件及经济社会发展。建立自然灾害防治责任制，系统性收集、记录灾害损失，开展风险评估和分析，为区域、国家和地方战略提供信息，推动实现全球和国家目标。

六是资金合作，包括调动必要的资金资源，加强各国韧性基础设施建设、实施重大建设项目、科学研究、技术研发、科学知识传播、教育和培训。充分利用南南合作援助基金及世界银行和区域开发银行等国际和区域组织的资金，辅以三方合作，支持在较不发达国家实施合作项目。（本条执笔：田慧芳）

39. 廉洁丝绸之路北京倡议

——背景

自"一带一路"倡议提出十多年来，共建"一带一路"取得累累硕果，成为当今世界最受欢迎的国际公共产品和最大规模的国际合作平台，也成为共建国家携手发展的合作之路、机遇之路、繁荣之路。它为完善全球发展模式和全球治理提供了新路径，成为推动构建人类命运共同体的重要实践平台。古丝绸之路绵亘万里，延续千年，跨越埃及文明、巴比伦文明、印度文明、中华文明的发祥地，崇尚廉洁、鄙弃贪腐是这些古老文明共同的价值追求。腐败破坏社会公平和正义，阻碍经济合作和发展，影响政府公信力和法治，当前腐败问题的有组织、跨国境趋势愈加显现。加强廉洁建设和反腐败国际合作，是深化反腐败国际治理的重要内容，也是推动"一带一路"走深走实、行稳致远的重要保障。

2019年9月25日，由中共中央纪律检查委员会国家监察委员会主办、中华人民共和国外交部协办的第二届"一带一路"国际合作高峰论坛廉洁丝绸之路分论坛上，中国与有关国家、国际组织以及工商学术界代表共同发起了《廉洁丝绸之路北京倡议》。论坛以"共商共建共享廉洁丝绸之路"为主题，来自30个国家和国际组织的150余名代表参会，旨在加强经验分享，凝聚各方共识，建设风清气正的营商环境，提升企业廉洁合规经营能力，共建"一带一路"反腐败和法治交流合作平台。论坛期间，中国国家监察委员会还与菲律宾总统反腐败委员会、泰国反腐败委员会分别签署合作谅解备忘录，推进双方反腐败合作机制化建设。

2023年10月18日，第三届"一带一路"国际合作高峰论坛廉洁丝绸之路专题论坛在北京召开，来自31个共建"一带一路"国家、地区反腐败机构和6个国际组织的负责人以及工商界、学术界代表共200人出席。与会代表秉持共商共建共享原则，发扬"和平合作、开放包容、互学互鉴、互利共赢"丝路精神，重申共建廉洁丝绸之路承诺，回顾廉洁丝绸之路成效与贡献，描绘廉洁丝绸之路愿景与展望，探讨如何应对腐败挑战，采取措施预防和打击跨境腐败，促进企业廉洁合规建设，并加强反腐败国际合作。论坛期间，中国国家监委与柬埔寨、印度尼西亚、马来西亚等国反腐败机构签署了反腐败领域合作文件。此外，中国国家监委将继续举办"一带一路"合作伙伴反腐败研修班，并在5年内为广大亚非拉国家培训300人次以上。

——内容

第二届"一带一路"国际合作高峰论坛廉洁丝绸之路分论坛会议的代表们呼吁，根据《联合国反腐败公约》精神，依照国际规则和法律框架，在尊重国家主权、文化差异和现实国情的基础上，秉持"和平合作、开放包容、互学互鉴、互利共赢"的丝路精神，携手共商、共建、共享廉洁丝绸之路，持续为"一带一路"建设保驾护航。

一是倡议各方增强政府信息公开透明，积极预防和妥善解决贸易、投资中的有关争端，推进金融、税收、知识产权、环境保护等领域合作，为共建"一带一路"构建稳定、公平、透明的规则和治理框架。

二是呼吁各方加强对"一带一路"合作项目的监督管理，规范公共资源交易，在项目招投标、施工建设、运营管理等过程中严格遵守相关法律法规，努力消除权力寻租空间，打造规范化、法治化营商环境。

三是呼吁加强企业自律意识、法律意识和责任意识，构建企业合规管理体系，防控廉洁风险，培育廉洁文化，制定廉洁准则，坚决抵制商业贿赂行为，积极打造和共同维护"亲、清"新型政商关系。

四是倡导以有关国际公约和双边条约为基础，鼓励缔结双边引渡条约和司法协助协定，构筑更加紧密便捷的司法执法合作网络，为"一带一路"参与方开展反腐败合作创造坚实的法律基础和制度保障。

五是鼓励各方加强反腐败相关机构人员交流、信息沟通和经验分享，促进能力建设和人才培养，在反腐败追逃追赃、反贿赂等领域开展全天候、多层次、高效能的合作，拒绝成为腐败人员和腐败资产的避风港。

六是支持各方加强共建"一带一路"学术交流和研究，推进政府治理、企业经营、法律制度等领域合作研究，分享廉洁和法治建设有益经验和成功实践，建立有效沟通交流机制，共同推动廉洁丝绸之路建设。

——意义

一是廉洁丝绸之路助力国家现代化的实现。习近平主席明确强调，共建"一带一路"要坚持开放、绿色、廉洁理念，"让'一带一路'成为廉洁之路"，这与广大发展中国家期待实现现代化的愿望高度契合。"一带一路"倡议之所以应者云集，在于其紧紧抓住了发展这个最大公约数，拓展了发展中国家走向现代化的路径选择。而有效遏制腐败、实现权力廉洁高效运行，以更好地促进高质量发展，正是国家治理现代化的应有之义。

二是廉洁丝绸之路是共建"一带一路"的内在要求和必由之路。习近平主席强调"坚持一切合作都在阳光下运作""完善市场化、法治化、便利化的营商环境"。作为倡议发起国，中国明确设定建设廉洁之路的目标，彰显了大国担当和负责态度，得到各方响应和支持。在诚信和廉洁理念的指引下，"一带一路"建设成为推进人类命运共同体建设的重要实践平台，为不同国家和地区提供了共同进步、廉洁繁荣、合作共赢的现实路径。

三是廉洁丝绸之路践行多边主义并有力推进反腐败国际合作。考虑到绝大多数签署"一带一路"合作协议的国家同时也是《联合国反腐败公约》的缔约国，中国坚定支持《联合国反腐败公约》在反腐败国际合作中的主渠道作用，以共建廉洁丝绸之路，为反腐败国际合作增添新动能。如，在2021年的联合国大会反腐败问题特别会议上，中国、沙特阿拉伯等"一带一路"共建国家推动成立联合国全球反腐败执法合作网络，截至2023年10月，该网络已有来自97个国家的169个成员机构加入，为各国反腐败执法人员搭建起日常沟通联络、促进非正式个案合作的平台。（本条执笔：贾中正）

40. "一带一路"廉洁建设高级原则

——背景

《"一带一路"廉洁建设高级原则》是习近平主席在第三届"一带一路"国际合作高峰论坛开幕式上提出的八项行动之一"建设廉洁之路"行动的内容。为携手共商、共建、共享廉洁丝绸之路，秉持"和平合作、开放包容、互学互鉴、互利共赢"的丝路精神，依据各国国内法律和应履约的国际义务，特别是《联合国反腐败公约》框架下的义务，中国会同合作伙伴在专题论坛期间推出了《"一带一路"廉洁建设高级原则》，充分体现了共建"一带一路"的廉洁理念，有利于加强中国与"一带一路"共建国家的交流合作，更好地促进"一带一路"廉洁建设。

为筹备好该专题论坛，中央纪委国家监委研究确定了论坛主题为"加强反腐败国际合作，共建廉洁丝绸之路"，设置了"廉洁丝绸之路成效与贡献""廉洁丝绸之路愿景与展望"2个分议题，邀请30余个国家反腐败机构、国际组织部长级官员，以及国内"一带一路"廉洁建设相关部门负责人，香港、澳门特别行政区有关官员，国内有关学者、企业代表等共计200余人参会。与会各方充分交流研讨，取得丰硕成果，主要包括：发布《"一带一路"廉洁建设成效与展望》，推出《"一带一路"廉洁建设高级原则》，建立"一带一路"企业廉洁合规评价体系，宣布继续举办"一带一路"合作伙伴反腐败研修班，商签多份反腐败合作谅解备忘录，发表专题论坛主题总结等。在专题论坛期间，中央纪委国家监委同参会各代表团进行了深入交流，国家监委同柬埔寨、马来西亚、印度尼西亚等国反腐败机构签署了合作谅解备忘录，巩固拓展了双边合作机制。

——内容

《"一带一路"廉洁建设高级原则》包含共享廉洁发展成果、共商廉洁伙伴关系、共建廉洁营商环境三大方面十四项原则，具体内容如下。

一是共享廉洁发展成果。

原则1：我们认识到，腐败破坏社会公平正义，损害政府形象和公信力，阻碍公共资源的公平分配。"一带一路"倡议推进过程中进行反腐败和廉洁建设，对促进经济健康发展、实现可持续发展目标至关重要。

原则2：我们承诺开展正义的反腐败事业。我们承诺展现坚定的政治意愿，并在全社会形成反腐败的高度共识。各国应确认需投入更多反腐败努力的领域，并以结果为导向，采取相应措施抓好落实。我们强调须加强国际合作，加强信息和良好做法的交流，更有效地应对跨境腐败。

二是共商廉洁伙伴关系。

原则3：我们重申，预防和打击腐败应当恪守各国主权平等和领土完整原则以及不干涉他国内政原则，尊重各国反腐败法律以及依据本国国情采取的反腐败政策和措施。我们鼓励建立平等相待、尊重差异、交流互鉴、共同进步的反腐败国际合作伙伴关系。

原则4：我们意识到，须有效落实作为全球唯一具有法律约束力的反腐败文件《联合国反腐败公约》，这对廉洁丝绸之路建设至关重要。我们重申，在各国法律允许的前提下，《联合国反腐公约》缔约国应信守合作打击腐败的承诺，全面履行相关国际义务，支持《联合国反腐公约》发挥反腐败国际合作主渠道作用，将《联合国反腐公约》作为开展反腐败合作的法律依据。

原则5：我们认为，反腐败需要各方坚持多边主义，鼓励积极参与现有区域或国际反腐败合作机制，并在相关机制下做好立场的沟通协调。我们鼓励各国根据《联合国反腐败公约》缔约国会议第9/5号决议积极加入、利用全球反腐败执法合作网络，在反腐败执法机构间及时交换信息。

原则6：我们呼吁感兴趣的国家在适当情况下，针对《联合国反腐败公约》中规定的腐败犯罪，签署、缔结双边引渡条约和司法协助协定，并推动多双边反腐败合作。我们鼓励通过正式和非正式渠道有效、及时地开展腐败案件调查合作，包括在各国法律允许的范围内，通过民事、行政等方式，在丝绸之路共建国家灵活开展腐败及其他腐败相关案件的调查、起诉、审判合作。

原则7：我们认识到，国内各部门有效协作能促进腐败犯罪侦查起诉、腐败资产追回及相关国际合作。我们鼓励进一步加强信息交换合作，包括金融、税收、知识产权、环境保护等领域的信息交换。

三是共建廉洁营商环境。

原则8：我们鼓励各国制定、执行、完善反腐败法律法规，包括反贿赂法律法规。我们鼓励就监测、预防、调查、起诉贿赂及其他腐败犯罪开展多边合作；鼓励各国确保对腐败犯罪的制裁，包括对法人的制裁，是行之有效、罪责统一的，并能起到以儆效尤的作用。我们承诺采取集体行动，以符合国内法的方式，拒绝为触犯《联合国反腐败公约》相关罪行的人及其犯罪所得提供避风港。

原则9：我们承诺采取措施加强项目管理和监督，促进公共服务的廉洁。我们强调需制定公共资源交易相关的规章制度，确保公共采购、建设、开发和运营过程公开透明。我们鼓励各国积极评估并降低有损于公共服务诚信的腐败风险，为"一带一路"倡议创造公平竞争和可持续发展的清廉环境。

原则10：我们鼓励建立公私伙伴关系，鼓励政府和企业加强合作，共同预防和打击腐败，强化"诚信经营"原则。我们呼吁企业遵守适用的反腐败法律法规，实施有效的诚信与合规计划，建立举报人保护机制，并在丝绸之路沿线营造腐败零容忍文化。我们鼓励各国考虑设立激励措施，鼓励企业开展腐败自我报告和预防工作。

原则11：我们鼓励各国加强投资移民监管，防止涉腐洗钱行为破坏国际金融和经济秩序。我们承诺共同努力查明、冻结和没收非法所得，将非法资产归还给合法所有者，鼓励使用《联合国反腐败公约》和缔约国国内法允许的适当手段，不无故拖延资产返还进程。

原则12：我们支持反腐败教育研究和能力建设，愿与国际组织和学术机构开展合作。我们将继续分享良好经验做法，鼓励在符合国内法的情况下交流信息，就商业诚信合规等主题开展能力建设和培训，采取集体行动建立廉洁社会环境。

原则13：我们鼓励企业借鉴国际最佳做法，建立有效、全面的诚信合规管理体系，履行相应法律义务，秉持最高诚信标准。

原则14：我们鼓励企业根据联合国可持续发展目标的要求，实施服务和促进其经营所在地民生福祉的举措。

——意义

《"一带一路"廉洁建设高级原则》的发布，不仅将有力促进"一带一路"

廉洁建设，也将推动深化中国同各国的反腐败交流合作，对于反腐败全球治理具有重要意义。

一是建章立制，强化拒腐避风港共识。"一带一路"涉及的国家多、项目多、资金多，廉洁是"一带一路"建设走深走实、惠及各国人民的重要保障。在廉洁丝绸之路专题论坛上，不同国别背景下的各国依据其国内法和国际义务达成的《"一带一路"廉洁建设高级原则》，有力推进了"一带一路"廉洁建设进程。与会各方还重申亚太经合组织《北京反腐败宣言》《二十国集团反腐败追逃追赃高级原则》等倡议主张，呼吁在追逃追赃、反贿赂、反洗钱等方面开展全天候、多层次、高效能合作，鼓励所有国家加大对投资移民申请的审核力度，进一步强化了拒绝腐败避风港、共同打击跨境腐败的政治共识。

二是交流互鉴，共同提升反腐败治理能力。在廉洁丝绸之路专题论坛上，与会国家、地区反腐败机构和有关国际组织负责人从不同角度分享了治理腐败的经验，促进了互学互鉴的良好交流。各方对加强反腐败能力建设达成重要共识，支持共同开展反腐败教育培训，加强人员交流、信息沟通和经验共享。中国在专题论坛上宣布，中国政府将继续举办"一带一路"合作伙伴反腐败研修班，并在五年内为广大亚非拉国家培训300人次以上，持续为全球反腐败治理贡献中国力量。

三是加强合作，有效促进反腐败全球治理。"一带一路"伙伴是守望相助的大家庭、合作共赢的好伙伴，不是排外的"小圈子"。《"一带一路"廉洁建设高级原则》充分秉持了共商共建共享理念，并坚定支持《联合国反腐败公约》在反腐败国际合作中的主渠道作用，支持在二十国集团（G20）、亚太经合组织（APEC）、金砖国家等多边机制下强化反腐败务实合作，以实际行动践行真正的多边主义，有效提升了反腐败国际治理体系的公平性、有效性、包容性。（本条执笔：贾中正）

41. 海上丝绸之路（泉州）司法合作国际论坛

海上丝绸之路是中国古代对外交流的重要通道，泉州作为古代海上丝绸之路的起点城市之一，具有丰富的历史积淀和海洋文化资源。为传承和发扬丝路精神，深化"一带一路"共建国家司法交流合作，高质量共建"一带一路"，构建人类命运共同体，2021年10月26—27日，最高人民法院在福建泉州举办了首次海上丝绸之路（泉州）司法合作国际论坛。[①] 论坛以线上线下相结合的

[①] 最高人民法院：《海上丝绸之路（泉州）司法合作国际论坛》，最高人民法院网站，2021年10月26日，https://www.chinacourt.org/article/subjectdetail/id/MzAwNMhPNIABAA.shtml。

方式举行，与会代表在"加强司法合作、推动共赢发展"主题下，围绕"外国民商事判决承认与执行以及域外法查明的司法合作""海洋自然资源与生态环境保护法律问题""船舶司法出售的国际承认问题""新冠疫情下船员权益的保护"以及"国际商事纠纷多元化借鉴机制的创新与完善"五个专题展开讨论。

2023年在"一带一路"倡议提出十周年之际，海上丝绸之路（泉州）司法合作国际论坛（2023）于10月26日在福建泉州开幕。来自11个国家的100余名中外方代表共聚论坛，分享司法实践经验。论坛邀请到中国、洪都拉斯、印度尼西亚、吉尔吉斯斯坦、巴布亚新几内亚、萨摩亚、委内瑞拉7个国家的最高法院院长或首席大法官出席。[①] 与会各方在"共建海上丝绸之路、推动高质量司法合作"主题下，围绕"最高法院在维护公正与提升效率方面的作用""国际商事争端解决机制的创新发展""数字经济、丝路电商与在线纠纷解决"和"跨境犯罪取证问题"四个专题展开研讨。

从已举办的两次论坛来看，其主要内容包括：一是司法合作研讨。每次论坛均会围绕"司法合作"这一主题展开，就跨国贸易、投资、海事纠纷解决、电子商务法律问题、知识产权保护、数字经济等方面的司法实践进行深入研讨和经验分享。二是专题讨论。每次论坛会与时俱进对一些热点法律问题进行专题研讨。例如，2023年的论坛专题研讨了数字经济相关法律问题，探讨丝路电商与在线纠纷解决机制的构建和完善。三是国际交流。论坛会邀请来自"一带一路"共建国家和地区的法院代表、法官参加，共同探讨如何为高质量共建"一带一路"提供有力的司法服务和保障。

"一带一路"倡议提出后，加强法治建设与司法合作成为推动"一带一路"共建国家经济融合与稳定发展的重要保障。截至目前，中国已与83个国家缔结171项双边司法协助类条约，加入包含司法协助、引渡等内容的近30项国际公约，合作范围覆盖130多个国家。[②] 中国最高人民法院还深化与"一带一路"共建国家刑事司法合作，积极开展国际司法协助和反腐败追逃追赃国际合作，共同惩治和预防跨国犯罪。

海上丝绸之路泉州司法合作国际论坛开启了"一带一路"共建国家司法交流合作新篇章。"一带一路"共建国家在共同打击跨国犯罪、协商解决跨境贸易纠纷、深化司法协助、加强法官交流培训等方面，具有广阔的交流合作前

---

① 《"海丝"起点城市泉州举办司法合作国际论坛》，光明网，2023年10月26日，https://legal.gmw.cn/2023-10/26/content_36921835.htm。
② 《最高人民法院发布第四批涉"一带一路"建设典型案例》，《人民法院报》2023年9月28日第2版。

景。加强司法交流合作对于推动"一带一路"建设，支持推进区域贸易合作和经济增长、营造良好的法治化营商环境有着重要意义。

第一，论坛有助于推动中国与"一带一路"共建国家发展双边司法合作。论坛有助于中国与"一带一路"共建国家高效解决经济纠纷、共同应对跨境犯罪等方面加强交流，深化合作，共同造福两国人民。

第二，论坛为"一带一路"共建国家司法机构搭建了全新的交流平台。论坛为各国法官真诚沟通、深入交流、相互分享司法合作领域经验和最佳做法提供了有益平台。共建"一带一路"国家法院通过论坛交流，可以借鉴其他国家经验做法，进一步改善法律制度，提升在各项法律事务上的合作能力，实现更大范围、更深层次的互利共赢。

第三，论坛有助于深化与海上丝绸之路共建国家减少法律冲突和司法障碍。论坛有助于增进"一带一路"共建国家司法机构之间的了解和互鉴，推动各国更好地解决纠纷、打击犯罪，打造稳定、公平、透明、可预期的法治环境，为经济社会发展提供更加富有成效的司法服务和保障。（本条执笔：韩冰）

42. "一带一路"参与企业廉洁合规倡议

——背景

将"一带一路"建设成为廉洁之路是中国对国际社会的庄严承诺，加强廉洁建设不仅有助于实现"一带一路"倡议惠及更多国家和人民，也能够推动廉洁理念在"一带一路"共建国家更加深入人心。在第二届"一带一路"国际合作高峰论坛廉洁丝绸之路分论坛上，中国与有关国家、国际组织以及工商学术界代表共同发起了《廉洁丝绸之路北京倡议》，充分表现出中国政府在推动"一带一路"建设过程中对廉洁理念的高度重视，彰显了"一带一路"共建国家对廉洁发展的共同价值追求，释放出"廉洁丝绸之路"建设的正能量，得到了"一带一路"共建国家的高度支持。

中国政府始终将廉洁视为共建"一带一路"的道德"底线"和法律"红线"，与有关企业着力加强企业廉洁合规建设，引导更多企业将廉洁合规作为企业发展的核心价值与强大动力，共同营造了"一带一路"建设过程中廉洁合规的营商环境。从2018年开始，中央纪委国家监委开始举办"一带一路"参与企业廉洁合规经营培训班，推动企业廉洁合规建设。2020年11月25日，国家监察委员会、联合国毒品和犯罪问题办公室、国际反腐败学院、亚洲基础设施投资银行联合主办了第三届"一带一路"参与企业合规经营培训班。培训期间，国家能源集团等63家深度参与"一带一路"建设的中央企业、地方国企、民营企业共同发起《"一带一路"参与企业廉洁合规倡议》。①

——内容

《"一带一路"参与企业廉洁合规倡议》根据《联合国反腐败公约》和《廉洁丝绸之路北京倡议》的精神，提出五条内容：

一是提升企业廉洁意识。将廉洁意识融入企业管理的全过程，培育廉洁文化，防控廉洁风险，不断提升企业管理层以及企业员工的廉洁意识，引领行业与社会形成廉洁合规共识。

二是强化企业合规建设。以倡导合规经营价值观为导向，建立健全合规管理体系，制定合规管理制度，培育合规文化，创造重视合规经营的企业氛围。

三是严格遵守法律法规。不断增强企业法律意识，在经营行为中严格遵守相关国家法律法规，坚决抵制商业贿赂行为，努力营造规范化、法治化的营商环境。

四是促进行业廉洁自律。推动建立行业廉洁自律准则，引导行业内企业依法有序、公平地开展经营管理活动，积极打造和共同维护亲清政商关系。

五是履行企业社会责任。遵守经营所在地公序良俗，注意保护环境，维护企业良好声誉，树立企业廉洁合规的社会形象，推动"一带一路"高质量发展。

——意义

企业是"一带一路"建设的重要力量，其行为既代表企业自身形象，也体现企业所属国的国家形象。"廉洁丝绸之路"为企业参与"一带一路"建设提出了明确方向，也是企业参与"一带一路"建设的基本要求。2021年，习近平主席在第三次"一带一路"建设座谈会上强调，要加快形成系统完备的反腐败涉外法律法规体系，加大跨境腐败治理力度。各类企业要规范经营行为，决不允许损害国家声誉。这为企业不断加强廉洁合规建设提出了具体要求，也成为企业参与"一带一路"建设的重大原则。在2023年第三届"一带一路"国际合作高峰论坛上，习近平主席明确提出将建设廉洁之路列入中国支持高质量共建"一带一路"的八项行动。

廉洁合规是中华传统美德和国际社会共识，也是企业主动适应国际规则、做强做优做大的必然选择，廉洁作为提升企业竞争力的有力支撑和企业形象的重要内容，已经成为"一带一路"共建国家、企业的共同价值追求，赢得国际各方广泛认可。近年来，参与"一带一路"建设的中国企业通过建立诚信经营、拒绝腐败、确保透明度的廉洁合规体系，展现了其共建"廉洁丝绸之路"

---

① 《第三届"一带一路"参与企业合规经营培训班在京举办》，中央纪委国家监委网站，2020年11月25日，https://www.ccdi.gov.cn/toutiao/202011/t20201125_230679.html。

的担当。这些举措既有益于企业自身的长远发展，也为"一带一路"廉洁发展贡献了应有力量。企业既是廉洁丝绸之路建设的参与者，也是廉洁丝绸之路建设的受益者。企业廉洁合规建设的持续推进，有力实现了"一带一路"廉洁建设的不断深化，为打造"廉洁丝绸之路"提供了重要保障。（本条执笔：张中元）

43. 地方合作专题论坛主席声明

——背景

地方合作专题论坛是第三届"一带一路"国际合作高峰论坛六场专题论坛之一，主题为"深化地方合作 促进共同发展"，由全国对外友协、北京市人民政府主办。北京作为中国对外开放的重要窗口，是共建"一带一路"的重要枢纽，也是"一带一路"建设的积极参与者、推动者、受益者。该专题论坛旨在深化开放合作和创新合作，拓展互联互通新空间和合作领域，加强科技创新成果共享，共同塑造高质量发展新动能，密切经贸往来，深化产业合作，推动产业链供应链深度融合，共同打造互利共赢新亮点，加强人文交流，共同构建文明互鉴新格局，让地方合作成果更多更好惠及各国人民，为构建人类命运共同体贡献更多力量。

——内容

为更好地促进共同发展，地方合作专题论坛进行了深入研讨，指出民间友好根在地方、源在人民，地方政府特别是友好城市是推动伙伴国民心相通的重要力量，应鼓励各方坚持以人民为中心的发展理念，加强有关地方政府和友好城市交往，加深务实合作，携手将友好关系转化为惠及各自人民的丰硕成果。"一带一路"合作伙伴支持推进地方合作平台建设，积极推进地方合作平台建设，积极推动经济互补性强、产业衔接度高的地方政府缔结更多友好伙伴关系，发挥各自产业结构和资源禀赋优势，着力推动减贫发展、城市治理、数码经济、绿色创新发展、能力建设等优先领域互利合作，促进共同发展。同时，持续加深地方人文交流，不断拓展和夯实友好关系的利益基础和社会民意基础。

根据地方合作专题论坛的主题内容，论坛发表了地方合作专题论坛主席声明，提出三点倡议[①]：

一要坚持以人民为中心的发展理念。要大力弘扬和平、发展、公平、正义、民主、自由的全人类共同价值，着眼各国人民的共同利益和诉求，推动高质量共建"一带一路"合作成果更多落地、更惠民众，为维护世界和平、促进

---

① 《深化地方合作 促进共同发展》，《经济日报》2023年10月19日第8版。

共同发展、推动构建人类命运共同体贡献地方力量。

二要促进地方合作量质齐升。积极推动共建国家经济互补性强、产业衔接度高的地方政府缔结更多伙伴关系。进一步发挥各国地方产业结构和资源禀赋互补优势，着力推动减贫发展、城市治理、数字经济、绿色创新发展、能力建设等优先领域互利合作，促进合作共赢、共同发展。

三要持续深化地方人文交流。进一步推动地方政府间文化、教育、旅游、青年、公共卫生等领域友好交流合作，加强不同文明互学互鉴，为增进各国人民彼此了解、友谊与信任发挥桥梁和纽带作用，促进各国人民相知相亲，不断拓展、夯实双边友好关系的利益基础和社会民意基础。

——意义

该声明不仅是对会议成果的总结，更是未来行动的指南，为后续推动地方合作提供了框架指导，以确保论坛成果得到有效落实。同时，该声明也是推动国际社会在地方和城市建设中加强合作与交流，共同应对挑战的重要呼吁，对于深化地方合作具有深远影响。

一是重申了以人民福祉为核心的发展政策的重要性，强调了和平、发展、公平、正义、民主、自由的价值观念，这是推动地方合作的共识和重要基石。通过这一声明，参与国将人民中心的原则内化到国家政策和推动地方国际合作中，使"一带一路"倡议的成果能够更直接惠及民众，同时也使维护世界和平和共同繁荣落到实处。

二是提倡加强地方间的经济和工业合作，强调经济互补性和产业连接的重要性。这一合作不仅能促进经济增长，还有助于技术和知识的转移，特别是在减贫、城市治理、数字经济和绿色发展等领域。这表明"一带一路"倡议的国际合作可以并且应当深入基层，通过地方政府间的具体项目和伙伴关系推动合作走深走实。

三是强调了增强国际文化理解和国际友谊的重要性。通过推动文化、教育、旅游和公共卫生等领域的交流，能够建立民众之间的信任和了解，为持久的国际关系提供坚实基础。人文交流是深化国际合作的基础，这也有助于促进文化多样性和包容性，为解决全球问题提供更广泛的视角和资源，确保各项举措得以具体实施，并达到预期效果。（本条执笔：庞加欣）

44. 香港特别行政区主办"一带一路"高峰论坛

——背景

"一带一路"高峰论坛是推动"一带一路"合作的重要国际商贸平台。中国香港特别行政区政府自2016年起每年举办"一带一路"高峰论坛这一年度盛事,并委托香港贸易发展局合办。论坛汇聚来自"一带一路"相关国家和地区的政府官员、商界翘楚与专业人士,共同探讨共建"一带一路"带来的庞大商机,促进合作并提供务实的商业对接机会,至今已经成为全球企业交流意见和探索合作的大型国际平台。

——内容

2016年5月18日,首届"一带一路"高峰论坛在中国香港举行。第十三届全国政协副主席董建华出席论坛,中国香港特别行政区行政长官梁振英致辞,来自中国内地、中国香港以及东盟、西亚等地的政府官员、工商界人士和机构代表在论坛上发言,2000多名海内外嘉宾参加了论坛。时任全国人大常委会委员长张德江发表了题为《发挥香港独特优势 共创"一带一路"美好未来》的主旨演讲。演讲结束后,张德江分别会见了出席论坛的马尔代夫议长马斯赫、白俄罗斯国民会议代表院副主席古明斯基,表示愿同"一带一路"共建国家加强发展战略对接,拓展各领域互利合作。[①]

2017年9月11日,第二届"一带一路"高峰论坛以"化愿景为行动"为主题,吸引了超过3000名来自世界各地的政治领袖、决策者、商界翘楚及行业专家出席。在本次论坛上,"一带一路"的基建合作成为与会人士普遍关注的焦点之一。此外,论坛还涵盖了运输及物流、能源、天然资源及公用事业,以及城市发展等多个领域。为期一天的高峰论坛包含了四个主题演讲、专题午宴、一系列专题讨论,以及同时进行的多场投资及商贸配对和投资项目介绍及交流会。[②]

2018年6月28日,第三届"一带一路"高峰论坛吸引来自55个国家及地区的5000人参与。超过80位中国香港、中国内地及世界各国官员及商界领袖于论坛上分享"一带一路"的最新发展情况,以及倡议为不同行业带来的新机遇。针对基建投融资、信息科技、工程、绿色金融、风险管理以及法律服务等领域举行专题论坛,此外,论坛也为与会的商界人士提供项目推介的机会,并安排近500场"一对一"项目对接洽谈会。[③]

2019年9月11日,第四届"一带一路"高峰论坛在中国香港开幕,论坛以"成就新机遇 由香港进"为主题,共同分享"一带一路"的最新发展情况以及这一倡议为不同行业带来的新机遇,吸引了来自全球69个国家和地区的政府官

[①] 陈菲、赵博、颜昊:《张德江出席"一带一路"高峰论坛并发表主旨演讲》,《光明日报》2016年5月19日第3版。

[②] 刘志敏:《香港举办"一带一路高峰论坛" 两地企业联手为"一带一路"铺路》,中国"一带一路"网,2017年9月12日,https://www.yidaiyilu.gov.cn/p/27801.html。

[③] 李滨彬:《第三届"一带一路"高峰论坛在港举行》,新华网,2018年6月28日,http://m.xinhuanet.com/2018-06/28/c_1123052013.html。

员、企业家及专业人士约5000位代表参会。时任中国香港特别行政区行政长官林郑月娥致开幕辞，时任中华人民共和国外交部驻香港公署特派员谢锋发表主题演讲，全国政协副主席、中华全国工商业联合会主席高云龙发表特别致辞。论坛为期两天，针对可持续金融、法律仲裁和风险管理等领域进行专题讨论。香港贸易发展局还同时举办经贸访问、"一带一路"国际联盟圆桌会议、研讨会及文化活动等，向不同界别的人士深入介绍中国香港在"一带一路"中的优势。①

2020年11月30日，第五届"一带一路"高峰论坛开幕。受新冠疫情影响，此届论坛于线上举行。来自世界各地的与会者聚焦"一带一路"发展机遇，共同探讨如何在后疫情时代推动经济复苏。为期两天的论坛以"洞悉商机 共建可持续及共融的未来"为主题，针对科技抗疫、基础建设、绿色金融、投资融资、专业服务、智慧城市、初创企业等领域进行了专题讨论。②

2021年9月1日，第六届"一带一路"高峰论坛以线上形式开幕。论坛以"促进区域及国际贸易引领经济增长"为主题，通过政策对话环节、分组论坛、一对一项目对接会、投资项目推介等板块，共同探讨及把握"一带一路"、粤港澳大湾区及《区域全面经济伙伴关系协定》（RCEP）带来的机遇，吸引了来自80多个国家及地区的6000多名观众登记参与。论坛期间，中华人民共和国商务部与中国香港特别行政区政府共同签署了《关于推进境外经贸合作区高质量发展合作备忘录》。③

2022年8月31日，第七届"一带一路"高峰论坛首次以线上线下方式同步举行，是香港特区政府庆祝香港回归祖国25周年的系列活动之一。本届论坛以"携手共创新篇章"为主题，吸引来自80多个国家和地区、超过1.9万名商界领袖和观众参加。时任中共中央政治局常委、国务院副总理韩正以视频方式出席论坛并发表致辞。论坛上的一对一项目对接会和投资项目介绍及交流会，广受项目方及与会者欢迎。大会展示了超过280个来自"一带一路"共建国家及地区的投资项目，聚焦城市发展、运输及物流基建等四大范畴。大会共安排逾800场一对一项目对接会。④

2023年9月14日，第八届"一带一路"高峰论坛于疫情后首次以线下形式举办，适逢共建"一带一路"倡议提出十周年，本届论坛以"携手十载 共建共赢"为主题，汇聚了约80位"一带一路"沿线及相关国家与地区的主要

---

① 陈然：《"一带一路"高峰论坛在港举行》，《人民日报》（海外版）2019年9月12日第4版。
② 《第五届"一带一路"高峰论坛举行 探讨后疫情时代推动经济复苏》，中国政府网，2020年11月30日，http://hm.people.com.cn/n1/2021/0901/c42272-32214926.html。
③ 陈然：《第六届"一带一路"高峰论坛开幕》，《人民日报》（海外版）2021年9月2日第3版。
④ 任成琦：《香港深度参与"一带一路"正逢其时》，《人民日报》（海外版）2022年9月5日第4版。

官员及商界翘楚，吸引近 6000 名来自多个国家和地区的人士参加，与会代表团逾 100 个，创历届之最。第八届高峰论坛有多个议程亮点，主要包括：政策对话环节、主论坛、"中东专场"、"金融专章"、"青年专章"、"专业服务专题讨论"、"投资项目推介环节"和"环球投资项目对接会"。第八届"一带一路"高峰论坛各方签署 21 份合作备忘录和协议，对接逾 280 个投资项目，中东及新兴市场相关项目对接会广受好评。2023 年 9 月 14 日，在第八届"一带一路"高峰论坛闭幕当天，与巴林、沙特阿拉伯及阿联酋签署的数份合作备忘录，展现了中国香港与中东的紧密联系，是本次论坛的最大亮点之一。[①]

——意义

中国香港"一带一路"高峰论坛是"一带一路"合作领域的重要功能平台。中国香港作为共建"一带一路"的参与者、贡献者及受益者，一直是国际企业在共建"一带一路"倡议下进行业务的前沿平台；结合中国香港联通内外及专业服务的优势，致力于促进"一带一路"的高质量长远发展，为全球企业创造更多机遇。中国香港特别行政区行政长官李家超表示：目前中国香港正在扩大与"一带一路"合作伙伴在贸易及投资、创新科技、基建等方面的合作，未来中国香港将继续发挥"背靠祖国、联通世界"的得天独厚优势，拥抱"一带一路"广阔前景，全力打造"一带一路"功能平台，将会向中亚、东欧和非洲等更多"一带一路"共建国家和地区推介中国香港，为推动共建"一带一路"贡献香港力量。[②]（本条执笔：王越）

45. "一带一路"国际合作高峰论坛秘书处

——背景

自 2013 年中国提出共建"一带一路"倡议以来，引起越来越多国家的热烈响应，"一带一路"建设逐渐从理念转化为行动，从愿景转变为现实，建设成果丰硕。共建"一带一路"正在成为中国参与全球开放合作、改善全球经济治理体系、促进全球共同发展繁荣、推动构建人类命运共同体的中国方案。几年来，通过相关机制建设，"一带一路"建设很好地适应了参与国在政治、经济、社会、文化等方面的差异，使各参与国在"一带一路"建设过程中受益匪浅。随着"一带一路"建设的深入推进，进一步加强"一带一路"宽领域多

---

① 汪灵犀：《香港参与共建"一带一路"大有可为》，《人民日报》（海外版）2023 年 9 月 21 日第 3 版。
② 汪灵犀：《香港参与共建"一带一路"大有可为》，《人民日报》（海外版）2023 年 9 月 21 日第 3 版。

层次的发展与合作机制建设，显得尤为迫切。基于此，2023年10月18日，习近平主席在第三届"一带一路"国际合作高峰论坛开幕式上庄严宣告："继续举办'一带一路'国际合作高峰论坛，并成立高峰论坛秘书处。"① 高峰论坛及其秘书处的成立标志着"一带一路"国际合作机制化取得重要进展。

——内容

"一带一路"国际合作高峰论坛秘书处是"一带一路"国际合作高峰论坛的下设机构，主要服务于中国与共建"一带一路"各国在能源、税收、金融、绿色发展、减灾、反腐败、智库、媒体、文化等领域的合作。从国际经验看，加强机制建设是重大合作倡议行稳致远的强大保障。一些关系全球治理变革和世界政治经济格局调整的重大合作倡议，在进展到一定阶段后，往往需要加强机制建设，推动组织机构实体化、政策磋商常态化、项目建设规范化，有效降低制度性交易成本、稳定各方预期，从而保证合作倡议持久深入推进。当前，"一带一路"建设取得丰硕的成果，同时也面临一些挑战和问题。解决这些难题需要加强机制建设，加大资金、人才等投入力度，与各方完善双边合作机制，开展第三方市场合作，形成多层次合作架构，为高质量共建"一带一路"提供坚实支撑。习近平主席在2017年出席第一届"一带一路"国际合作高峰论坛开幕式时就曾表示，"'一带一路'建设不是另起炉灶、推倒重来，而是实现战略对接、优势互补"②。因此，设立国际合作高峰论坛秘书处也是以共商共建共享原则推动"一带一路"机制化建设的必然选择。

——意义

共建"一带一路"从来不是中国一家的独奏，而是各方的大合唱。在真诚对话、平等交流、开放合作中，共建"一带一路"为国家间交往提供了新的范式，推动全球治理体系朝着更加公正合理的方向发展。"一带一路"国际合作高峰论坛秘书处是第三届"一带一路"国际合作高峰论坛取得的重要成果，是秉持真正的多边主义的体现。参与论坛的尼泊尔前总理贾拉·纳特·卡纳尔表示，"'一带一路'合作取得的成果，是共商共建共享原则在全球治理中的成功实践"。十年春华秋实，共建"一带一路"站在了历史正确一边，符合时代进步的逻辑，走的是人间正道。"一带一路"国际合作高峰论坛秘书处的成立，使得"一带一路"高质量国际合作站上新的历史起点。展望下一个金色十年，着眼更长远的未来，中国将同"一带一路"共建国家继续携手并肩，推动建设一个开放包容、互联互通、共同发展的世界，向着构建人类命运共同体的光明目标不断前行。（本条执笔：杨超）

---

① 习近平：《建设开放包容、互联互通、共同发展的世界》，《人民日报》2023年10月19日第2版。
② 习近平：《携手推进"一带一路"建设》，《人民日报》2017年5月15日第3版。

五　产业发展

46. 共建"一带一路"产业发展国际研讨会

——背景

正如习近平主席在首届"一带一路"国际合作高峰论坛开幕式主旨演讲中所述，产业是经济之本。我们要深入开展产业合作，推动各国产业发展规划相互兼容、相互促进。[1] 在第三届"一带一路"国际合作高峰论坛上，习近平主席又进一步宣布了中国支持高质量共建"一带一路"的八项行动[2]；国务院副总理何立峰在贸易畅通专题论坛上强调维护产业链供应链稳定畅通；北京市委书记在地方合作专题论坛上也提出深化产业合作，推动产业链供应链深度融合，共同打造互利共赢新亮点。[3] 作为第三届"一带一路"国际合作高峰论坛合作成果之一，共建"一带一路"产业发展国际研讨会是为了推动"一带一路"倡议下参与国家之间的产业合作与发展而设立的。

——内容

共建"一带一路"产业发展国际研讨会是一个多边的、开放的、高层次的国际会议。该研讨会旨在通过专题演讲、分组讨论、经验分享等形式，探讨共建国家在产业发展方面的合作机会和挑战，深化和扩大产业合作。具体来说，共建"一带一路"产业发展国际研讨会议题包括但不限于以下几个方面：

区域产业发展制度保障。哈佛大学教授迈克尔·波特认为，产业竞争优势取决于要素条件、需求条件、相关产业和辅助产业、企业战略结构和竞争方式四个基本因素，以及机遇和政府两个辅助因素。[4] "一带一路"国家（地区）

---

[1] 习近平：《携手推进"一带一路"建设》，《人民日报》2017年5月15日第3版。
[2] 习近平：《建设开放包容、互联互通、共同发展的世界》，《人民日报》2023年10月19日第2版。
[3] 谢希瑶、罗鑫：《第三届"一带一路"国际合作高峰论坛地方合作专题论坛在京举行》，《人民日报》2023年10月19日第3版。
[4] Porter M. E., "The Competitive Advantage of Nations", *Harvard Business Review*, Vol. 68, No. 2, 1990, pp. 73-93.

竞争优势决定因素的整合不仅需要基础设施互联互通和经济发展规划战略对接，共建国家还应积极营造商品、资金、技术、人员大流通及其产业合作所需要的制度环境，特别是要加强监管一致性，促进监管合作，将贸易投资便利化进一步升级为国际商务便利化，以及从边境政策开放进一步扩大到边境后政策协调。

合作及其发展能力援助。由于不同国家参与区域产业合作能力存在差异，"一带一路"产业发展国际研讨会将搭建专家、信息和技术交流平台，讨论新兴产业和未来产业合作和能力建设活动相关问题或建议，分享政策和程序方面最佳做法，帮助中小企业融入区域产业链，开发和维护公私伙伴关系，邀请国际捐助机构、私营部门实体、非政府组织或其他相关机构协助制定和实施联合发展活动。[1]

特定产业发展专题讨论。由于不同产业具有不同的技术和组织特征，特别是新兴产业和未来产业相关规则和运作模式尚不健全，"一带一路"产业发展国际研讨会在区域产业发展总体规划基础上，针对将不同类型产业或不同问题进行专业化探讨，邀请相关领域的专家学者和企业代表就产业发展的热点问题进行演讲和分享，或者邀请成功企业代表分享在产业发展方面的经验和做法，促进学习和借鉴。

项目对接及其平台建设。为了促进产业合作和投资，"一带一路"产业发展国际研讨会还将为参与国家的企业或机构提供项目对接和合作洽谈的平台，特别是产业链创新链融合发展所需要的原始性创新平台、关键共性技术平台、供应链创新联合体、产业链数字化平台等。[2]

在会议组织方面，作为第三届"一带一路"国际合作高峰论坛成果之一，共建"一带一路"产业发展国际研讨会的提出也只有半年之久，尚未出台共建"一带一路"产业发展国际研讨会的具体合作机制和运作程序，但从中国已经举办的类似会议来看，大多为共建国家相关产业的政府部门或协会主办，也可能会有相关企业参与。例如，在第三届"一带一路"国际合作高峰论坛期间，数字经济高级别论坛由国家发展和改革委员会、国家数据局主办，外交部、国家互联网信息办公室、新华社协办。绿色发展高级别论坛由生态环境部、国家发展改革委主办。

——意义

共建"一带一路"产业发展国际研讨会可以促进共建国家之间的产业合作

---

[1] 李国学：《制度型开放的理论逻辑与现实路径》，经济管理出版社2023年版。
[2] 蔡昉、[英]彼得·诺兰、王灵桂：《"一带一路"手册（2022）》，中国社会科学出版社2022年版。

与交流，推动资源的共享和优势互补，提升共建国家的产业发展能力和国际竞争力。

——进展

在第三届"一带一路"国际合作高峰论坛主旨演讲中，习近平主席提出中方将每年举办"全球数字贸易博览会"，继续举办"一带一路"绿色创新大会，建设光伏产业对话交流机制和绿色低碳专家网络。[1]（本条执笔：李国学）

47. "一带一路"农业合作发展论坛

——背景

农业是一个国家的基础性产业，是直接关系到国计民生的重要产业，农业发展更是国民经济发展的重中之重。自"一带一路"倡议提出以来，农业合作已经成为中国与"一带一路"共建国家开展经贸合作、科研往来、政策互通的重要领域之一。农业合作是民心所向，也是共建国家构建利益共同体和命运共同体的最佳结合点之一。2017年5月，中华人民共和国农业部、商务部、外交部及国家发展和改革委员会四部委联合发布《共同推进"一带一路"建设农业合作的愿景与行动》，其中提到："农业持续增长动力不足和农产品市场供求结构显著变化，已经成为世界各国需要共同面对的新问题、新挑战，尤其在'一带一路'沿线，许多国家实现粮食安全与营养、解决饥饿与贫困的形势仍十分紧迫，亟待通过开展农业合作，共同促进农业可持续发展。"[2] "当前，中国农业与世界农业高度关联，推进'一带一路'建设农业合作意义重大，既是中国扩大和深化对外开放的需要，也是世界农业持续健康发展的需要"[3]。

为积极构建海内外农业政策对接平台，更深层次拓展农业经贸合作，在"一带一路"倡议提出十年来，在农业农村部、新华社指导下，"一带一路"农业合作发展论坛于2023年9月21日在北京举行。论坛由中国经济信息社联合农业农村部国际合作司、新华社中国经济信息社、中国农业银行联合主办，地点位于北京国际饭店国际厅。

——内容

2023"一带一路"农业合作发展论坛以"扩大'一带一路'农业利益的汇合点"为主题，主要包含：领导致辞、启动仪式、成果发布、实践探索四个议程。在实践探索环节，与会嘉宾围绕"加强经贸合作，构建高效农业产业链

---

[1] 习近平：《建设开放包容、互联互通、共同发展的世界》，《人民日报》2023年10月19日第2版。
[2] 《共同推进"一带一路"建设农业合作的愿景与行动》，《农民日报》2017年5月12日第1版。
[3] 《共同推进"一带一路"建设农业合作的愿景与行动》，《农民日报》2017年5月12日第1版。

供应链体系""促进科技进步，提升'一带一路'农业可持续发展水平""增进民心相通，应对全球粮食安全挑战"三个主题展开交流。

中华人民共和国农业农村部副部长在论坛上致辞并指出，"一带一路"倡议提出十年来，农业农村部与各国伙伴携手同行，以搭平台、扩贸易、促投资、强能力、惠民生、增友谊为重点，务实开展一批批"小而美"合作项目，精心描绘农业合作"工笔画"。未来，要进一步夯实"一带一路"农业机制合作平台，加强愿景对接、政策对话、经验交流、技术分享、人文交流等，扩大共建"一带一路"农业经贸合作增量。[①]

新华社副总编辑任卫东、非洲联盟驻华代表处常驻代表拉赫曼塔拉·奥斯曼、中国农业银行行长付万军相继致辞。致辞中都肯定了过去十年间中外农业合作上的成功之处，并希望能借助"一带一路"平台促进农业发展上的更大进步。

本次论坛取得了丰硕的成果，主要包括以下几个方面：一是汇聚多方力量，凝聚多方共识。在论坛的实践探索环节，各国代表与企业代表围绕三大议题分析农业合作现状，分析农业发展经验，促进了农业技术及农业管理上的经验共享。二是上线了"一带一路"农业国际合作专题，设置七大专区，聚焦于共建"一带一路"框架下的国际农业合作最新进展，助力谱写共建"一带一路"农业合作新篇章。三是推出了"农银跨境智慧撮合"服务平台，基于全球客户资源优势和金融科技研发实力，为境内外供需双方智能匹配商机推荐和精准推送，提供项目发布、商品及服务信息和商机撮合等服务。中国农业银行国际金融部副总经理张哲在讲话中介绍道："农银跨境撮合通"将会为农产品跨越商海，提供更广阔的平台，为深化农业合作提供更强有力的支撑。

——意义

农业农村国际合作是中国对外开放和农业农村发展的重要组成部分，农业一直是"一带一路"合作的重点领域。"一带一路"农业合作发展论坛汇聚了"一带一路"共建国家的政府官员、智库学者、跨国企业及媒体代表共同总结十年来农业合作经验，探索农业合作可持续发展路径，着力推动扩大"一带一路"农业利益汇合点，群策群力，为提升"一带一路"共建国家间农业交流合作凝聚共识。本次论坛有利于加强共建"一带一路"国家与地区的多双边农业合作，稳步提升中国对外农业贸易水平，持续提升农产品产业链供应链融合水平，推动农业贸易与投资规模进一步增长。此外，本次论坛还成功推进了农业企业间互相借鉴成功经验和先进成果，搭建起开放共享的农业资源分享平台，拓宽国际商机渠道，夯实农业合作机制平台，扩大农业经贸合作增量，发

---

① 《2023"一带一路"农业合作发展论坛在京举行》，人民网，2023年9月21日，http://finance.people.com.cn/n1/2023/0921/c1004-40082672.html。

掘农业合作领域空间，深化粮农治理合作，推动落实全球发展倡议，促进"一带一路"成为粮食丰收之路、增收致富之路。（本条执笔：徐秀军、杨济语）

48. 中国国际矿业大会

——背景

中国国际矿业大会（China Mining）自 1999 年开始举办，举办地为天津，每年召开一次，已成功举办 25 届。中国国际矿业大会原名为中国矿业国际研讨会，2005 年改为现名。该会主题涵盖矿业全产业链，包括调查评价、勘探开采、技术装备、投资金融、法律咨询、贸易服务等。大会宗旨是致力于为矿业企业参与矿业国际产能合作，实现共赢发展提供更高质量的服务，打造更加高效的对话交流和合作交易平台，增进中国企业与海外合作伙伴在矿产勘查、开发、加工、技术装备、投融资和贸易服务等方面的交流与合作，共同促进国际矿业繁荣和高质量可持续发展，努力成为一个全球矿业命运共同体的交流合作平台、讲好中国矿业故事的舞台。[1] 目前，中国国际矿业大会已成为全球规模最大、最具影响力的矿业展会之一，与加拿大勘探与开发者协会（PDAC）、南非国际矿业大会（Mining Indaba）和澳大利亚挖掘者与交易商大会（Diggers and Dealers）并称为全球四大矿业盛会。[2]

中国国际矿业大会的主办方曾数易其主，现为中国矿业联合会。从 2012 年起，中国矿业联合会成为中国国际矿业大会的主办方之一，与原国土资源部、天津市人民政府共同主办。2018 年起，中国自然资源部、天津市人民政府不再主办中国国际矿业大会，由中国矿业联合会独家主办、天津矿博国际会展有限公司承办，天津市规划和自然资源局直属单位"中国国际矿业大会综合服务中心"承担业务指导职能。

——内容

中国国际矿业大会的主题日益拓展、内容不断丰富、形式趋于多元、成果持续增多。2013 年第十五届大会共举办了 3 个主题论坛、34 场分论坛和 10 场国外项目推介会，10 位矿业部长介绍了各自国家的矿产资源概况和对外合作意向。2015 年第十七届大会推出了主题论坛、国际矿业部长论坛、国际地质调查局长论坛、矿业发展高层论坛及 21 场分论坛和 13 场国家项目推介会、3

---

[1] 《2023 年（第二十五届）中国国际矿业大会宣传册》，2024 年 3 月 12 日，https://2021-kuangye-1302635788.cos.ap-beijing.myqcloud.com.

[2] 《中国国际矿业大会简介》，2024 年 3 月 12 日，https://kuangye-1302635788.cos.ap-beijing.myqcloud.com.

场科普知识讲座和 1 场培训活动。2016 年第十八届大会新设立了中国—非洲矿业投资合作伙伴论坛，重点加强了与共建"一带一路"国家特别是非洲国家的项目推介洽谈与合作对接。2017 年第十九届大会举办了主题论坛、国际矿业部长论坛、企业 CEO 论坛、"一带一路"矿业合作论坛、国际地质调查局长论坛及 33 场专题分论坛，加强了与非洲、南美洲等共建"一带一路"国家的项目推介洽谈与合作对接。2018 年第二十届大会举行了 1 场主题论坛、10 场高层论坛和 50 场专题论坛。大会期间共 420 家单位参展，其中国外机构 93 家。中国矿业联合会与中国五矿集团共同举办 70 余项勘查项目展示推介，涉及金、银、锂、钾、铜等矿种。2019 年第二十一届大会就国际矿业形势、"一带一路"矿业合作，举行了 1 场主题论坛、3 场高层论坛和 26 场专题论坛，设立了阿根廷、南非、澳大利亚、加拿大等国家投资推介专场。2021 年第二十三届大会以多边合作和后疫情时代的发展与繁荣为主题，设置了 1 场主题论坛、20 场专题论坛，内容涵盖开幕式、论坛、展览、"国家推介"和重要活动五个部分，均通过"中国国际矿业大会云平台"（以下简称"云平台"）同步线上直播。大会运用"云平台"实现了线下、线上同步展览，其中机械装备展览区域成为一大亮点，一系列开采、加工、钻探技术装备代表了矿用技术装备行业发展新方向和国际先进水平。

2023 年第二十五届中国国际矿业大会以"创新驱动，促进矿业高质量发展"为主题，举办了 20 多场论坛和推介会。大会期间，开展了五项特色活动：一是通过论坛、展览交流展示全球矿业在安全、绿色、创新、融合发展方面的理念与实践，由联合国教科文组织和中国自然资源部共同发布《数字"化学地球"与绿色发展的全球倡议》。二是邀请外国部长出席开幕式和部长论坛，邀请联合国规划署代表和世界矿业十强企业代表发言。三是聚焦矿业发展热点问题，设立矿产品供需形势、资本市场走势等专题，发挥全球矿业的"晴雨表""风向标"作用。四是通过"一带一路"矿业论坛、各类成果展示等方式，增进外界了解中国和中国矿业，发挥"讲好中国故事的平台""世界认识中国的窗口"作用。五是开展国家、项目、服务和产品推介活动，为各国、各企业提供推介平台，促进矿业国际合作。①

——影响

历经 20 多年发展，中国国际矿业大会的会议规模和影响力不断扩大。参会参展代表由 2004 年 10 个国家和地区的约 1000 人增至 2019 年 50 余个国家和地区的逾 8500 人。受新冠疫情影响，2020—2022 年三年间参会参展代表人数大幅下降，并采取线上和线下相结合的方式。2023 年，参会参展代表人数大幅反弹，大会吸引了来自 70 多个国家和地区的 400 多家参展商、10000 余名

---

① 《2023 年（第二十五）中国国际矿业大会邀请函》，2024 年 3 月 12 日，https://2021-kuangye-1302635788.cos.ap-beijing.myqcloud.com/2023-kuangye。

参会嘉宾及专业观众。①（本条执笔：王永中）

49. 中国—东盟矿业合作论坛

——背景

东盟地区矿产资源丰富，主要矿产包括锡、镍、铜、金、铝土、钛、石油、天然气、钾盐等。矿业对东盟国家社会和经济发展具有重要影响。数据显示，矿物燃料、矿物油及其蒸馏产品是文莱、印度尼西亚、老挝、缅甸和马来西亚等国最主要的出口产品，矿砂、矿渣及矿灰则是老挝、菲律宾和印度尼西亚的主要出口产品。②然而，与丰富的资源蕴藏量不相称的，是大部分东盟国家相对落后的矿产资源勘探水平。受此影响，东盟矿产行业发展较为迟缓。

中国与东盟多国山水相连，地质环境相似。双方在矿业领域具有很强的互补性，矿业合作具有良好基础和广阔前景。2010年1月，中国—东盟自由贸易区正式建成，为双方开展矿业合作提供了良好机遇。同年9月，首届中国—东盟矿业合作论坛在广西南宁开幕。作为中国—东盟博览会框架下的系列重要高层论坛之一，中国—东盟矿业合作论坛迄今已成功举办12届，有力地推动了双方在矿业投资、技术推广、节能减排、资源综合利用、绿色矿山建设等领域的务实合作，并发展成为中国与东盟国家每年定期举办的级别最高、规模最大的国际矿业盛会。

——成果

截至2024年2月，论坛已累计接待中外参会嘉宾12500人，参展企业3470家，完成推介洽谈项目1407个、签约项目172个，签约金额680亿元人民币。③在论坛的支撑和催化下，先后成立的中国—东盟地学合作中心和中国—东盟卫星遥感应用中心，为中国与东盟在地学、卫星遥感领域开展多方位深层次合作奠定了基础。由广西壮族自治区人民政府和中国自然资源部共同援建的柬埔寨国家地质实验室，则被誉为中柬两国在矿业资源勘查开发合作领域的标志性项目。

2018年11月14日，时任中华人民共和国国务院总理李克强在第21次中

---

① 《中国国际矿业大会简介》，2024年3月12日，https://kuangye-1302635788.cos.ap-beijing.myqcloud.com.

② 《2021中国—东盟数据手册》，中国—东盟中心，2023年4月21日，http://www.asean-china-center.org/resources/file/sc.pdf.

③ 罗汉军：《2024（第十三届）中国—东盟矿业合作论坛暨推介展示会将于5月下旬在南宁举办》，广西壮族自治区自然资源厅，2024年2月2日，https://dnr.gxzf.gov.cn/xwzx/zrzx/t17947052.shtml.

国—东盟领导人会议上提出"共建地学合作中心,助力绿色经济和可持续发展"倡议[1],获得了与会东盟各国的积极支持和响应。15日,中国、柬埔寨、印度尼西亚、老挝、马来西亚、缅甸、菲律宾、泰国和越南在第9届矿业合作论坛期间共同揭牌成立中国—东盟地学合作中心,标志着中国与东盟国家地学合作迈入新的里程。2022年11月,在第三届澜湄国家地学合作论坛上,中国地质调查局与柬埔寨、老挝等国参会代表共同发布了中国—东盟地学信息大数据平台1.0,旨在为基础地质调查、灾害监测预警、矿产资源开发、投资环境分析等提供智能化解决方案,展现了科技合作在支撑服务互联互通和推进"一带一路"建设中的重要作用。

2021年10月,李克强同志在第24次中国—东盟领导人会议上提出,愿同东盟国家一道"建立中国—东盟卫星遥感应用中心"。[2] 2022年11月,中国—东盟卫星遥感应用中心正式成立,这是中国与东盟国家深化卫星遥感应用合作、服务东盟经济社会环境可持续发展的重要举措。通过构建中国和东盟国家卫星遥感数据共享网络体系,加强卫星遥感应用领域的技术交流、能力建设、项目合作、互联互通,卫星遥感应用中心为建设中国—东盟全面战略伙伴关系增添了新动力,为构建中国—东盟命运共同体提供了新方式,并将有助于推动落实2030年可持续发展议程和全球发展倡议。

2015年9月,在第6届中国—东盟矿业合作论坛开幕式上,中柬两国签订柬埔寨国家地质实验室建设合作协议。2019年10月,实验室顺利建成并移交柬方。这是两国共建"一带一路"的重要成果,既是中国在柬埔寨援建的第一个地质实验室,也是柬埔寨历史上首个地质实验室。实验室移交后,双方签署《柬埔寨国家地质实验室运行初期的合作研究协议》,在协议框架内合作实施柬境内200平方千米勘查区矿产资源潜力调查项目,依托该项目完成了实验室大型设备安装调试、柬方技术人员实操培训和起步运行工作。2023年5月,在第12届矿业合作论坛柬埔寨国家矿业专场推介会上,柬方为主要参与实验室建设的16名中方人员颁发了柬埔寨国家"和平勋章"。

——意义及前景

中国—东盟矿业合作论坛作为中国与东盟国家互惠互利、合作共赢的重要平台,其意义主要体现在:一是通过合作开展矿产信息采集和资源勘探开发,为企业矿业投资提供方便实用的"工具书"和"路线图",助推东盟国家将资

---

[1] 李克强:《在第二十一次中国—东盟领导人会议上的讲话》,《人民日报》2018年11月15日第4版。
[2] 李克强:《在第二十四次中国—东盟领导人会议上的讲话》,《人民日报》2021年10月27日第3版。

源优势转化为经济增长优势，加快推进工业化进程。二是通过合作开展水文地质、环境地质调查，科学评价各类互联互通及民生项目所在区域地质情况，为铁路、电站等基础设施建设提供必要的地质资料支持。三是围绕人类社会发展共同面临的资源与环境问题开展国际交流与研究，服务地质灾害防治和绿色矿业发展，将"一带一路"建设成为繁荣之路、平安之路和绿色之路，推动中国—东盟命运共同体建设。

当前，新兴产业的兴起和新一代信息技术的广泛应用以及全球绿色转型的加速推进，使得清洁能源和战略性新兴矿产需求快速增长，全球围绕锂、钴、锰、稀土、镓、铝、铟、锗、钪、铂、钽等关键性矿产资源的竞争愈演愈烈。中国—东盟矿业合作论坛为中国和东盟国家提供了提升战略互信和对接发展规划的重要平台，使得矿业合作成为双方最为成功和最具活力的合作领域之一。2022年1月1日，区域全面经济伙伴关系协定（RCEP）正式生效，为中国与东盟国家的矿业合作带来了外商投资便利化、矿产品贸易自由化、区域矿业产业链深度融合的新机遇，将为实现更高水平经济融合和联动发展以及构建更为紧密的中国—东盟命运共同体提供更多强劲动能。（本条执笔：张倩雨）

50. "一带一路"和平利用核能合作主题研讨会

——背景

中国政府积极支持促进和平利用核能与核技术发展的多边与双边合作和交流。自1984年加入国际原子能机构以来，中国先后加入《核科学技术研究、发展和培训地区合作协定》、《核事故或辐射紧急情况援助公约》、《及早通报核事故公约》《核材料实物保护公约》及其修订案、《核安全公约》、《制止核恐怖主义行为国际公约》、《乏燃料管理安全和放射性废物管理安全联合公约》等国际公约。中国认真开展履约活动，与包括国际原子能机构在内的国际组织和地区国家在核能发展、核科学技术、核安全、核安保、核应急等方面开展了合作与交流。"一带一路"和平利用核能合作主题研讨会正是在中国与相关国家核能合作不断深化、核共识不断凝聚的大背景下所举办的一系列研讨会。

——内容

"一带一路"和平利用核能合作主题系列研讨会包括在福建福清举办的"中法核能技术创新研讨会"、在北京举办的"中法核电经验交流研讨会"、在广西南宁举办的"首届中国—东盟和平利用核技术论坛"，以及在哈尔滨举办的"核能科教合作国际研讨会"等。

2019年6月24日至25日，"第三届中法核能技术创新研讨会"在福清顺利召开。来自中法共13个单位、93名专家代表参会，围绕核电发展前景与战略、先进运行维修技术、数字核电、先进制造、严重事故、先进建造技术等方向开展了深入交流和讨论。研讨会上，中核集团和法国电力集团签署了谅解备忘录，中国核动力研究设计院和法国电力集团签署了关于蒸汽发生器管道流致振动模拟计算的协议，将中法核能技术创新领域的合作水平推上一个新的高度。本次研讨会是继2015年中核集团和法电集团共同成立"CNNC-EDF研发合作工作组"以来召开的第三届研讨会。中法核能技术创新研讨会旨在共同探讨在未来多类型能源共存格局下的核电定位、提升能源经济性所面临的技术难关和挑战，共同推动核能高质量发展。

2022年9月16日至18日，"首届中国—东盟和平利用核技术论坛"在广西南宁成功召开。来自中国和东盟国家的核能领域官员、专家和企业代表家参加了此次论坛，中国同位素与辐射行业协会发布了中国—东盟核技术应用国际合作示范项目。论坛以"核技术助力美好生活"为主题，探讨了广西壮族自治区核能与核技术产业的发展和落地、中国与"一带一路"共建国家的核能合作、中国—东盟地区核技术应用产业落地等议题。此次论坛加深了东盟国家对中国核技术应用、核技术产品和服务的了解，推动了东盟国家推动相互之间核能需求对接和务实合作，为中国—东盟全面战略合作伙伴关系增添新内涵发挥了重要作用。

2023年7月6日至7日，"核能科教合作国际研讨会"在哈尔滨胜利召开。来自巴基斯坦、尼日利亚、菲律宾等"一带一路"共建国家代表，中国国家原子能机构和国内13所高校、中国核工业集团有限公司、中国广核集团有限公司、国家电力投资集团公司代表共200余人参会。研讨会以"教育、变革、能源"（Education, Evolution and Energy）为主题，围绕留学生教育、能源模式变革、"双碳"目标下核能与多种能源共同发展等重要议题展开交流。研讨会推进了"一带一路"共建国家间核能技术与教育领域的国际合作，促进了核能技术的资源分享和共同发展。研讨会决定在中国政府原子能奖学金项目框架下资助更多核领域青年人才来华学习交流，分享中国核能发展最新成果，更好支持新兴核电国家人才与技术发展。

2023年11月9日至10日，"第三届中法核电经验交流研讨会"在北京胜利召开。来自中国核工业集团有限公司、中国广核集团有限公司、法国电力集团、苏州热工研究院有限公司、核工业标准化研究所等单位的40余位专家参会。研讨会以"深化合作，助力中法核电可持续发展"为主题，与会专家分享了核电标准化建设和先进建造领域的经验和成果，围绕中法核能合作的历史、中国核电发展的成就、中法核电互利合作平台打造、核能管理和技术的标准化工作、第三方核能国际市场开发等议题展开讨论，并就推动全球核能事业发展、深化中法全面战略伙伴关系达成共识。

——意义

在全球能源危机和环境恶化的严峻形势下，核能作为一种清洁、高效、优质的现代能源，在世界能源结构中占据着极为重要的位置。中国在核能利用领域已经形成了包括技术、设备、运行服务在内的产业发展优势。"一带一路"倡议提出以来，中国坚持安全绿色发展，积极与共建国家开展核能合作，为相关国家提供安全、清洁、高效的现代能源解决方案。中国参与的核能建设项目为巴基斯坦、阿根廷等国提供了稳定的能源供给、优化了合作国的能源结构、激发了合作国的经济活力、提高了合作国的就业水平，成为"一带一路"能源合作的新亮点。（本条执笔：秦升）

51. 中国—东盟和平利用核技术论坛

——背景

原子的发现和核能的开发利用是人类最伟大的科技成就之一。核科学技术广泛应用于工业、农业、医疗、环境和安全等领域，直接服务于联合国2030年可持续发展议程中的9个目标，在全球经济发展与社会进步中发挥着不可或缺的作用。但同时，核能发展也伴生着安全风险和挑战。人类要更好地利用核能、实现更大发展，必须应对好各种核安全挑战，维护好核安全。和平开发利用核能是世界各国的共同愿望，确保核安全是世界各国的共同责任。[1]

中国和东盟国家均面临能源需求增长和低碳转型的双重任务，核能则是实现绿色发展和现代能源转型的重要选择。中国和东盟人口合计接近21亿人，发展核技术应用产业潜力巨大。2022年11月，中华人民共和国外交部发布关于持续深化中国与东盟全方位战略合作的《中国—东盟全面战略伙伴关系行动计划（2022—2025）》，提出中国和东盟将开展和平利用核能与核技术政策对话与信息交流，开展核安全安保、核应急、核反恐和核技术教育等方面的人员培训和经验分享。[2]

——合作基础

2013年10月习近平总书记首次提出"携手建设中国—东盟命运共同体"倡议，中国一直以实际行动支持东盟各国和平利用核技术事业发展，相关成果

---

[1] 中华人民共和国国务院新闻办公室：《中国的核安全》，《人民日报》2019年9月4日第17版。
[2] 《关于加强中国—东盟共同的可持续发展联合声明》，《人民日报》2022年11月15日第3版。

包括与印度尼西亚合作设立高温气冷堆联合实验室，与泰国合作设计建造微型研究堆、托卡马克核聚变实验装置，与马来西亚合作建造商用辐照装置，向多个东盟国家的机场口岸安检和大型公众活动安保提供核技术解决方案，以及辐照加工、灭菌消毒、材料改性、工业探伤等核技术产品和服务。此外，中国国家原子能机构和教育部联合设立的"中国政府原子能奖学金"已为包括东盟国家在内的20余个发展中国家培养核专业硕士研究生、博士研究生近200名，还依托东盟地区论坛、澜湄合作等机制，通过培训研讨的方式为东盟培养核能与核技术人才近千人。[①]

——内容

2022年9月，在第19届中国—东盟博览会开展之际，首届中国—东盟和平利用核技术论坛在广西南宁成功召开。此次论坛以"核技术助力美好生活"为主题，对推动中国广西核能与核技术产业发展、助力"双碳"目标落地，加深东盟国家对中国核技术应用、核能技术产品和服务的了解，增进东盟国家推动相互之间需求对接和务实合作起到重要作用。会上，中国同位素与辐射行业协会发布中国—东盟核技术应用国际合作示范项目，中国农业科学院"利用诱变与生物技术培育作物绿色品种"项目、四川省原子能研究院"辐照诱变技术及其水稻新品种在越南的应用及示范"项目、原子高科"碘密封籽源产品及技术输出"项目、中广核达胜"泰国首个商用电子束辐照消毒灭菌"项目，以及同方威视的泰国违禁物品安检项目及菲律宾海关安检设备项目等位列其中。

2023年9月，在第20届中国—东盟博览会开幕前夕，第二届中国—东盟和平利用核技术论坛在广西南宁举办。此次论坛正值共建"一带一路"倡议提出十周年和中国—东盟博览会创办二十周年，为中国与东盟进一步凝聚合作共识，加强战略对接，构建更为紧密的中国—东盟命运共同体注入强劲"核力"。会上，中国国家原子能机构发布"核技术助力共建美好家园——中国方案"，向东盟各国宣介核医学诊疗、辐照加工、辐照诱变育种、公共安全保障等领域的中国方案，助力核技术更好服务区域经济发展。

——意义

第一，共谋繁荣发展。中国—东盟和平利用核技术论坛以核技术应用产业为抓手，以先进核技术与产品服务区域发展为方向，为中国和东盟国家开展核技术产业合作、助力民生和经济发展建立了桥梁和纽带，有助于培育中国—东盟经贸合作新的增长点，为中国—东盟自由贸易区高质量发展培育新动能。

第二，共谋绿色发展。中国—东盟和平利用核技术论坛为中国与东盟国家

---

① 中华人民共和国国务院新闻办公室：《共建"一带一路"：构建人类命运共同体的重大实践》，《人民日报》2023年10月11日第10版。

在核技术应用、清洁能源等领域的商贸往来与务实合作提供了高层次平台，有助于促进区域内清洁能源发展和绿色转型，为促进全球能源可持续发展和建设绿色、低碳的人类美好家园贡献智慧和力量。

总体而言，核技术合作将为中国和东盟共建和平、安宁、繁荣、美丽、友好家园，深化全面战略伙伴关系，构建更为紧密的中国—东盟命运共同体做出积极贡献。加强和平利用核技术国际合作，推动科技成果普惠共享，有望成为新时期中国—东盟全面战略伙伴关系走深走实的新动能。（本条执笔：张倩雨）

六　数字经济

52. "一带一路"数字经济国际合作倡议

——背景

数字经济是全球经济增长日益重要的驱动力,在加速经济发展、提高现有产业劳动生产率、培育新市场和产业新增长点、实现包容性增长和可持续增长中正发挥着重要作用。随着数字技术日益广泛应用,"一带一路"共建国家数字经济快速发展,加强彼此之间数字经济领域合作的诉求日益强烈。为拓展数字经济领域的合作,在2017年12月3日举行的第四届世界互联网大会上,中国、老挝、沙特阿拉伯、塞尔维亚、泰国、土耳其、阿联酋等国家相关部门共同发起《"一带一路"数字经济国际合作倡议》。[①]

——内容

《"一带一路"数字经济国际合作倡议》以自愿和不具约束力为原则,主要包括以下15个方面的内容。

一是扩大宽带接入,提高宽带质量。建设完善区域通信、互联网、卫星导航等重要信息基础设施,促进互联互通,探索以可负担的价格扩大高速互联网接入和连接的方式,促进宽带网络覆盖、提高服务能力和质量。

二是促进数字化转型。促进农业生产、运营、管理的数字化,以及农产品配送的网络化转型。鼓励数字技术与制造业融合,建设一个更加连接的、网络化、智能化的制造业。利用信息通信技术改善文化教育、健康医疗、环境保护、城市规划和其他公共服务。促进智慧物流、在线旅游、移动支付、数字创意和分享经济等服务业的持续发展。

三是促进电子商务合作。探索在跨境电子商务信用、通关和检验检疫、消费者保护等领域建立信息共享和互信互认机制的可行性,加强金融支付、仓储物流、技术服务、线下展示等方面的合作。加强消费者权益保护合作。

[①] 倪弋:《第四届世界互联网大会闭幕》,《人民日报》2017年12月6日第2版。

四是支持互联网创业创新。鼓励通过有利和透明的法律框架，推动基于互联网的研发和创新，支持基于互联网的创业。利用互联网促进产品、服务、流程、组织和商业模式的创新。

五是促进中小微企业发展。通过政策支持，促进中小微企业使用信息通信技术进行创新、提高竞争力、开辟新的市场销售渠道。推动以可负担的价格为中小微企业运营提供所需的数字基础设施。鼓励中小微企业为公共部门提供信息通信产品和服务，融入全球价值链。

六是加强数字化技能培训。提升公众数字化技能水平，确保从数字经济发展中获益。开展数字技能的在职培训，提升从业人员的数字技能。鼓励政府部门、大学和研究机构、企业积极开展培训项目，促进数字技能的普及和提升。

七是促进信息通信技术领域的投资。通过促进研发和创新（RDI）以及投资，包括数字经济跨境投资等方面的政策框架，改善商业环境。推动各类金融机构、多边开发机构等投资信息通信技术基础设施和应用，引导商业股权投资基金以及社会基金向数字经济领域投资，鼓励公私伙伴关系（PPP）等参与形式。鼓励组织信息通信技术企业和金融机构间的投资信息交流活动，鼓励在信息通信技术领域相互投资。

八是推动城市间的数字经济合作。推动有关城市开展对点合作，支持对点城市间建立战略合作关系，通过信息基础设施建设、推动信息共享、促进信息技术合作、推进互联网经贸服务和加强人文交流，带动国际交通物流提质增效。探索建设"数字丝绸之路"经济合作试验区。鼓励支持有关城市在各自城市分别建立"数字丝绸之路"经济合作试验区，推动双方在信息基础设施、智慧城市、电子商务、远程医疗、"互联网+"、物联网、人工智能等领域的深度合作。

九是提高数字包容性。采取多种政策措施和技术手段来缩小数字鸿沟，包括各国之间和各国之内的数字鸿沟，大力推进互联网普及。促进数字技术在学校教育及非正式教育中的使用，推动实现学校宽带接入并具备网络教学环境，越来越多的学生可以利用数字化工具和资源进行学习。加强各自的优秀网络游戏、动漫、影视、文学、音乐和知识资源等数字内容开发，促进各国文化交流、民心交融。

十是鼓励培育透明的数字经济政策。发展和保持公开、透明、包容的数字经济政策制定方式。鼓励发布相关的、可公开的政府数据，并认识到这些对于带动新技术、新产品、新服务的潜力。鼓励在线公开招标采购，支持企业创新数字产品生产和服务，同时保持需求由市场主导。

十一是推进国际标准化合作。倡导共同协作开发相关技术产品和服务的国际标准的制定和应用，这些国际标准应与包括世贸组织规则和原则在内的国际规则保持一致。

十二是增强信心和信任。增强在线交易的可用性、完整性、保密性和可靠性。鼓励发展安全的信息基础设施，以促进可信、稳定和可靠的互联网应用。加强在线交易方面的国际合作，共同打击网络犯罪和保护信息通信技术环境。通过确保尊重隐私和个人数据保护，树立用户信心，这是影响数字经济发展的关键因素。

十三是鼓励促进合作并尊重自主发展道路。鼓励沿线各国加强交流、增进相互了解，加强政策制定、监管领域的合作，减少、消除或防止不必要的监管要求的差异，以释放数字经济的活力，同时认识到所有国家应与其国际法律义务保持一致，并根据各自的发展情况、历史文化传统、国家法律体系和国家发展战略来规划发展道路。

十四是鼓励共建和平、安全、开放、合作、有序的网络空间。支持维护互联网全球属性的信息通信技术政策，允许互联网使用者依法自主选择获得在线信息、知识和服务。认识到必须充分尊重网络主权，维护网络安全，坚决打击网络恐怖主义和网络犯罪，保护个人隐私和信息安全，推动建立多边、民主、透明的国际互联网治理体系。

十五是鼓励建立多层次交流机制。促进政府、企业、科研机构、行业组织等各方沟通交流、分享观点，推动数字经济合作。加强数字经济方面的培训和研究合作。加强"一带一路"国家间交流政策制定和立法经验，分享最佳实践。开展数字技术能力建设，欢迎和鼓励联合国贸易和发展会议、联合国工业发展组织、经济合作与发展组织、国际电信联盟和其他国际组织，在推动"一带一路"数字经济国际合作中发挥重要作用。

——意义

《"一带一路"数字经济国际合作倡议》开启了"一带一路"数字经济合作的新篇章，是支持"一带一路"倡议的相关国家探讨共同利用数字机遇、应对挑战的重要成果之一，进一步拓展了共建国家数字经济领域的合作，为共建国家共同把握数字经济发展的新机遇、推动实现互联互通的"数字丝绸之路"提供了重要支撑。从长远来看，相关国家本着互联互通、创新发展、开放合作、和谐包容、互利共赢的原则深化数字经济领域合作，有助于加强政策沟通、设施联通、贸易畅通、资金融通和民心相通，推进构建开放、包容、创新、共赢的伙伴关系，打造互利共赢的"利益共同体"和共同发展繁荣的"命运共同体"。（本条执笔：徐秀军、王越）

53. "一带一路"数字经济国际合作北京倡议

——背景

2023年10月18日，第三届"一带一路"国际合作高峰论坛数字经济高级别论坛在京举办，来自全球近40个国家和地区的约500名各界代表出席论坛。论坛聚焦"发展数字经济，挖掘经济增长新动能"主题，与会嘉宾积极评价数字丝绸之路在推动各国数字经济发展方面所作的贡献，期待进一步深化数字经济国际合作，并取得更多成果。论坛期间，中国、阿根廷、柬埔寨、科摩罗、古巴、埃塞俄比亚、冈比亚、肯尼亚、老挝、马来西亚、缅甸、巴勒斯坦、圣多美和普林西比、泰国共同发起了《"一带一路"数字经济国际合作北京倡议》，达成加强数字互联互通、推动工业数字化转型等20项共识。[①]

——内容

《"一带一路"数字经济国际合作北京倡议》主要包括以下20条倡议。

一是加强数字互联互通，建设数字丝绸之路。建设完善通信、互联网、卫星导航、云数据中心等重要数字基础设施。加强数字能力建设，保障发展中国家和平利用互联网基础资源和技术的权利，弥合数字鸿沟，探索以可负担的价格，扩大高速互联网接入和连接，提升移动和宽带接入范围及质量，促进互联互通，提高数字服务的可及性、质量和安全性。发挥数字互联互通优势，通过高质量数字基础设施建设和投资，提升区域、次区域和边远地区互联互通水平。

二是促进在数字政府、数字经济和数字社会等方面的合作。推动制造业、农业、零售业、金融和银行业、教育、医疗、保健、旅游和专业服务等领域数字化转型实践的交流，分享数字化应用典型场景案例，探索开展数字化转型项目合作，助力实现更具包容性、赋能、可持续、有韧性和创新驱动的数字化转型，通过数字化推动高质量发展。

三是提升农业现代化水平。促进大数据、物联网、人工智能、无人机、机器人及自动化、卫星遥感等数字技术在农业领域的应用，提升农业生产、经营、管理、服务等各环节的数字化水平。积极推进智慧农业合作，加强节水、绿色和其他高效技术应用场景和先进经验交流。

四是推动工业数字化转型。深化数字技术与制造业融合发展，推动制造业数字化、网络化、智能化发展。鼓励企业开展研发设计、生产制造、经营管理、市场服务等全生命周期数字化转型。探索优势互补的合作模式，挖掘智能

---

① 张朋辉、徐杭燕：《发展数字经济 促进全球增长》，《人民日报》2023年10月19日第8版。

制造、产业互联网等领域合作潜力。

五是提升公共服务数字化水平。推动数字政府建设，提升服务能力，促进政务服务便利化。以人民为中心、立足民生需求，在远程教育、远程医疗、数字减贫、智慧城市、智慧社区、应急管理等领域联合开展合作示范项目，使数字技术及应用更好地惠及民生。

六是促进数字化转型和绿色转型协同发展。推动数字化与绿色化相互协同、相互促进，在数字化转型中同步实现绿色化，以绿色化带动数字化，在绿色化转型中充分发挥数字化赋能作用。利用数字技术，提高能源利用效率，促进绿色、低碳、可持续发展，促进人与自然和谐共生。

七是促进数字贸易、电子商务、数字支付发展与合作，推进跨境贸易便利化。鼓励数字贸易新业态新模式发展，加快贸易全链条数字化赋能，提升贸易数字化水平。探索在数字签名、跨境电商信用、通关和检验检疫、消费者保护等领域建立信息共享和互信互认机制的可行性，加强数字金融支付、仓储物流、技术服务、线下展示等方面的合作，鼓励航运贸易数字化创新，推动区块链、人工智能等新技术应用，促进跨境贸易便利化，提升企业利用电子商务拓展贸易新渠道的能力。加强消费者权益保护合作。

八是支持数字创新创业。鼓励通过有利和透明的法律框架，推动基于数字技术的研发创新和应用，打造有利的生态系统，支持大中小企业培育数字创新能力，利用人工智能、大数据、区块链、云计算、金融科技、5G等数字技术促进产品、服务、流程、组织和商业模式的创新。

九是促进中小微和初创企业发展。通过政策支持，促进中小微企业使用数字技术进行创新、提高竞争力、开辟新的市场销售渠道。推动以可负担的价格为中小微企业运营提供所需的数字基础设施。鼓励中小微和初创企业为公共部门提供数字产品和服务，支持中小微企业融入全球价值链。鼓励中小微企业利用数字技术和解决方案开展生产、经营活动和国际贸易合作，维护供应链稳定。

十是提升数字素养和技能。加强数字化技能培训，提升公众数字化技能水平，确保从数字经济发展中获益。开展数字技能在职培训，提升从业人员的数字技能。鼓励政府部门、大学和研究机构、企业积极开展培训项目，促进数字技能的普及和提升。加强数字素养与技能交流国际合作，推动经验做法交流互鉴，推动建立普惠共享、公平可及、互联互通的数字技能培训资源体系，促进数字素养与技能水平提升。

十一是促进数字技术领域的投资。通过促进研发和创新（RDI）以及投资等方面的政策框架，推动构建开放、公平、非歧视的数字营商环境。推动各类金融机构、多边开发机构等投资数字技术基础设施和应用，引导私营部门资本，包括商业股权投资基金以及社会基金向数字经济领域投资。鼓励数字企业和金融机构依据当地法律法规开展投资信息交流，鼓励在数字技术领域相互投资。

十二是探索城市间的数字经济合作。探索有关城市开展点对点合作的潜力，支持点对点城市间建立互惠互利城市伙伴关系，鼓励支持有关城市在各自城市分别建立"数字丝绸之路"经济合作试验区，推动双方在数字基础设施、智慧城市、电子商务、远程医疗、"下一代互联网"、物联网、区块链、云计算、人工智能等领域的深度合作。

十三是提高数字包容性。采取多种政策措施和技术手段来缩小数字鸿沟，大力推进互联网普及，使数字经济成果普惠于民。加强对弱势群体的支持和帮助，提高弱势群体的数字技能。推动数字减贫经验交流、分享与合作。促进数字技术在学校教育及非正式教育中的使用，推动实现学校宽带接入并具备网络教学环境，使越来越多的学生可以利用数字化工具和资源进行学习。

十四是鼓励培育透明的数字经济政策。发展和保持公开、透明、包容的数字经济政策制定方式。鼓励发布相关的、可公开的政府数据，并认识到这些对于带动新技术、新产品、新服务的潜力。鼓励在线公开招标采购，支持企业创新数字产品生产和服务，同时保持需求由市场主导。

十五是推进数字市场开放和国际标准化合作。加强平台经济治理交流和实践分享，推动数字市场基于对等和共赢原则实现互相开放。根据适用的国际开放标准、指南或建议制定与电子发票相关的基本措施，促进采用可互操作的电子发票系统、电子支付、电子签名，不断扩大电子系统的互通范围。倡导共同协作制定相关技术产品和服务的国际标准，并推动其应用，这些国际标准应与包括世贸组织规则在内的普遍接受的国际规则保持一致，包括但不限于国际标准化组织（ISO）、国际电工委员会（IEC）制定的标准。

十六是重视人工智能在全面提升人民生活品质方面的重要作用，鼓励大力发展人工智能、区块链、大数据、云计算等产业，推进以数字技术深入赋能传统行业。鼓励各国秉持"以人为本""智能向善"理念，加强人工智能发展的潜在风险研判和防范，维护人民利益和国家安全，确保人工智能安全、可靠、可控。重视发挥联合国主渠道作用，加强人工智能领域的国际交流合作，携手打造开放、公平、公正、非歧视的人工智能发展国际环境，推动健全多方参与、协同共治的人工智能治理机制，形成具有广泛共识的标准规范。

十七是增强信心和信任。增强在线交易的可用性、完整性、保密性和可靠性。鼓励发展安全的数字基础设施，以促进可信、稳定和可靠的互联网应用。

加强在线交易方面的国际合作，共同打击网络犯罪和保护数字技术环境。通过确保尊重个人隐私和个人数据，增强信心和信任，营造开放和安全的环境。

十八是鼓励合作并尊重自主发展道路。鼓励合作伙伴加强交流、增进相互了解，加强政策制定、监管领域的合作，减少、消除或防止不必要的监管要求的差异，以释放数字经济的活力，同时认识到所有国家应与其国际法律义务保持一致，并根据各自的发展情况、历史文化传统、国家法律体系和国家发展战略来规划发展道路。

十九是鼓励共建和平、安全、开放、合作、有序的网络空间，携手构建网络空间命运共同体。发挥联合国在网络空间国际治理中的主渠道作用，支持在联合国框架下制定各国普遍接受的网络空间国际规则。倡导团结而非分裂、合作而非对抗、包容而非排他，讨论制定全球可互操作的数字规则，防止网络空间碎片化。支持维护互联网全球属性的数字技术政策，允许互联网使用者依法自主选择获得在线信息、知识和服务。认识到必须充分尊重网络主权，维护网络安全，坚决打击网络恐怖主义、网络犯罪、网络攻击，保护个人隐私、信息安全和数据安全，坚决打击虚假新闻、电信及网络诈骗、个人数据泄露，推动建立多边、民主、透明的国际互联网治理体系，实现互联网基础资源公平分配、共同管理，推动国际合作与援助，积极维护全球信息技术产品和服务的供应链开放、安全、稳定，探讨制定全球可互操作的供应链安全共同规则和标准。

二十是鼓励建立多层次交流机制。促进政府、企业、科研机构、行业组织等各方沟通交流、分享观点，推动数字经济合作。加强数字经济培训和研究合作。加强"一带一路"合作伙伴间交流政策制定和立法经验，分享最佳实践。鼓励建立团结、平等、均衡、普惠的数字经济合作伙伴关系，挖掘数字经济合作潜力，平衡发展和安全，合力营造开放、公平、公正、非歧视的数字经济环境。欢迎和鼓励联合国贸易和发展会议、联合国工业发展组织、国际电信联盟和其他国际组织，在推动"一带一路"数字经济国际合作中发挥重要作用。

——意义

《"一带一路"数字经济国际合作北京倡议》从 20 个方面为未来深化数字经济国际合作方向提供了重要指引，其落实将进一步深化数字经济国际合作，推动构建开放、安全、可信的数字经济环境。古巴通信部部长迈拉·阿雷维奇表示：《"一带一路"数字经济国际合作北京倡议》旨在扩大合作，建立利益共同体，以更好地促进各国数字转型，促进贸易合作，缩小数字鸿沟。[①] 同时，该倡议的落实还有助于释放数字经济在落实联合国 2030 年可持续发展议程方

[①] 丁雅雯：《深化数字经济国际合作 共享数字发展红利——中外嘉宾共话数字经济合作前景》，中国"一带一路"网，2023 年 10 月 19 日，https://www.yidaiyilu.gov.cn/p/0GGP0 HPA.html。

面的巨大潜力。（本条执笔：徐秀军、王越）

54. 数字丝路北京宣言

——背景

自"一带一路"倡议提出以来，共建各方遵循共商共建共享原则，推动数字丝绸之路建设在数字基础设施、电子商务等领域取得了一系列务实合作成果，更多数字化、网络化的国际贸易新业态和新模式得以蓬勃发展。"数字丝路"国际科学计划由中国科学家倡议发起，于2016年正式启动。2023年是"数字丝路"国际科学计划实施阶段的关键年，也恰逢我国"一带一路"倡议提出十周年、联合国2030年可持续发展中期评估年。2023年9月4日，由"数字丝路"国际科学计划（DBAR）主办，可持续发展大数据国际研究中心和中国科学院空天信息创新研究院共同承办的第七届"数字丝路"国际会议在北京开幕，汇集来自芬兰、德国、英国、巴基斯坦等20余个国家约250名专家参会。会议主题为"数字技术助力'一带一路'可持续发展"，与会人员围绕"数字技术助力可持续发展"，通过13个不同主题的平行分会，讨论联合国可持续发展目标的具体落实措施及困难解决方法。本次会议旨在促进"一带一路"可持续发展目标的监测评估与示范，建立地球大数据的信息共享机制，推动跨学科领域的地球大数据应用研究，并为科学家和决策者提供国际化的学术交流平台，以推动可持续发展议程的实施。在第七届"数字丝路"国际会议闭幕式上，《数字丝路北京宣言》正式发布，提出将研建"一带一路"可持续发展卫星联盟，共商共建共享可持续发展卫星（虚拟）星座等一系列重要规划任务内容。

——内容

《数字丝路北京宣言》强调，数据缺失、发展不均衡等问题对可持续发展目标的实现造成制约，这种情况在"一带一路"区域尤为凸显。因此，需要强化科技创新在促进联合国2030年可持续发展议程（联合国2030议程）落实上的作用，共享科学、技术和知识，通力合作为"一带一路"可持续发展作出贡献。[①]《数字丝路北京宣言》提出了以下四大规划任务。

一是不断深化科技创新平台与能力建设。着力深化科技创新和变革催生新技术、新产品，围绕零饥饿、清洁饮水和卫生设施、清洁能源、可持续城市和社区、气候行动、水下生物和陆地生物等重点领域，打造并建设"一带一路"

[①] 李克强：《在第二十三次中国—东盟领导人会议上的讲话》，《人民日报》2020年11月12日第4版。

可持续发展数字技术科技创新合作平台。

二是持续加强数字基础设施建设与共享。携手共建"一带一路"合作国家相关机构，研建"一带一路"可持续发展卫星联盟，共商共建共享可持续发展卫星（虚拟）星座，开放卫星数据获取、处理技术及服务，推动科技创新成果共惠"一带一路"，为应对发展不平衡和缩减数字鸿沟提供数字基础设施支撑。

三是着力提升数据共享和互通互用能力。加强共建"一带一路"合作国家可持续发展目标监测评估数据合作与分享，共同研制并共享可持续发展目标监测数据及信息，交流和分享数字技术促进可持续发展的多方经验，提升可持续发展数据的互通互用能力，更科学推动共建"一带一路"合作国家落实联合国2030议程。

四是大力推广数字技术应用服务与示范。着力在共建"一带一路"合作国家推广大数据、人工智能、物联网、区块链、5G等数字技术促进区域可持续发展的应用服务以及科技成果转化力度，加强在"一带一路"合作国家的应用示范，为落实"一带一路"倡议和联合国2030议程提供区域样板。

——意义

"构建数字丝路北京宣言"被纳入第三届"一带一路"国际合作高峰论坛多边合作成果文件清单，是14项"非政府合作平台成果"之一。作为共建"一带一路"的重要组成部分，"数字丝路"在助力共建"一带一路"国家和地区数字基础设施建设、弥合全球数字鸿沟、搭建数字对话机制等方面取得了一系列成就，为中国构建更高水平开放型经济新体制提供了关键支撑。"数字丝路"符合世界发展潮流，搭建起国际合作的新框架，对于推动新型全球化、推动构建人类命运共同体具有深远的影响。（本条执笔：徐秀军、王越）

55. 金砖国家数字经济伙伴关系框架

——背景

2015年，金砖国家首次将数字经济发展问题纳入领导人会晤议程，首次举行通信部长会议，并决定成立金砖国家信息通信技术合作工作组。此后，金砖国家还成立了电子商务工作组，制定金砖国家电子商务合作框架，推动实施金砖国家电子商务合作倡议。2018年，在金砖国家领导人南非约翰内斯堡峰会上，习近平主席提出建设金砖国家新工业革命伙伴关系的重要倡议，金砖国家领导人决定启动金砖国家新工业革命伙伴关系，有力地促进了金砖国家在数字经济建设的知识与经验交流。2019年，金砖国家领导人会晤推动设立数字金砖工作组。2020年，金砖国家制定《金砖经济伙伴关系战略2025》，提出致力于拥抱数字化并鼓励深化在新工业革命伙伴关系框架下的合作，明确将数字经济合作列为金砖国家经济伙伴关系的三大支柱之一。2022年6月，金砖国家第十二次经贸部长会议正式发布《金砖国家数字经济伙伴关系框架》，并得到金砖国家领导人第十四次会晤的核可，由此开启了金砖国家数字经济合作新进程。①

——内容

考虑到一个面向未来、包容开放的金砖国家数字经济伙伴关系框架有助于创造更多发展机遇，金砖国家成员同意从以下六个方面推进数字经济伙伴关系。

一是贸易便利化，具体内容包括：第一，鼓励在遵守国内法律法规、考虑能力限制的前提下，利用数字手段促进贸易便利化，如，无纸化通关、电子交易单据、数字认证的互认、电子支付等。第二，鼓励在信息通信技术领域开展合作，以改善港口管理、物流、供应链和贸易便利化工作。考虑到在自愿基础上建立金砖国家示范电子口岸网络的目标，就管理电子口岸、国家单一窗口和港口社区系统交流经验和良好实践。

二是投资合作，具体内容包括：第一，营造良好的营商环境以促进金砖国家的数字经济投资。第二，与数字金砖任务组协调合作，鼓励投资数字基础设施，以加强互联互通和消除数字鸿沟。加强在数字基础设施投资促进战略和路线图方面的良好实践交流。第三，探索金砖国家以数字经济发展为重点开展经贸产业合作的可能性。第四，视情与金砖国家未来网络研究机构合作，就"数字工业化"领域合作开展信息交流。

三是消费者保护，具体内容包括：第一，通过推进落实《金砖国家电子商务消费者保护框架》，促进电子商务消费者保护。第二，加强电子商务纠纷解决有关对话，确保在各国法律法规框架内，为消费者和企业提供符合电子商务特点且具有成本和时间效益的选择。

四是中小微企业合作，具体内容包括：第一，深化金砖国家合作，通过营造有利政策环境和提升中小微企业数字能力，支持中小微企业更多参与数字经济。第二，通过举办政府官员、工商界、学术界和其他利益攸关方之间的相关活动，促进金砖国家中小微企业在数字经济领域的密切合作。第三，就利用数字工具的良好实践进行交流，包括支持企业家的数字平台，增加中小微企业获得资本和信贷渠道的技术，以及非金融支持措施，增加中小微企业参与有助于其适应数字经济的经济活动。

---

① 《全球发展高层对话会主席声明》，《人民日报》2022年6月25日第6版。

六　数字经济

五是能力建设和政策实践分享,具体内容包括:第一,鼓励成员同信息通信技术合作工作组、数字金砖任务组和金砖国家未来网络研究机构协调合作,开展数字经济能力建设,通过缩小数字基础设施、数字技术、数字服务和数字技能发展方面的差距,有效消除数字鸿沟。第二,支持对数字经济产生重大影响的事项达成共识和开展合作,包括但不限于有关反不正当竞争做法、知识产权保护等问题的国家监管和立法框架,以及包括人工智能等在内的新兴技术。第三,促进与数据相关的,涵盖隐私和安全等内容的政策、立法和监管框架方面的合作和信息交流,同时考虑国家生成的数据如何使国民经济受益。

六是实施,具体内容包括:第一,金砖国家将通过经贸联络组在本框架下开展活动。为对经贸联络组在数字经济领域的讨论与合作提供制度支持,电子商务工作组将升级为数字经济工作组。数字经济工作组将与数字金砖任务组协调联动,避免倡议重复,根据各自优势推动金砖国家数字经济发展。第二,金砖国家可在协商一致的基础上制订落实本框架的行动计划。金砖国家轮值主席国在制定相关合作倡议方面将发挥主导作用。第三,金砖国家欢迎联合国贸发会议、联合国工发组织、国际贸易中心和其他有关国际组织所提供的支持。在金砖国家协商的基础上,轮值主席国将就金砖国家数字经济合作工作寻求国际组织的政策和技术支持。

——意义

《金砖国家数字经济伙伴关系框架》是一份具有前瞻性、包容性和以行动为导向的重要成果文件,为未来合作提供了机制保障。正如商务部国际司陈超所指出的,作为金砖经贸领域第一份数字经济合作专门文件,框架纳入了数字认证、电子支付、电子交易单据、数据隐私和安全、网上争端解决等当前数字经济前沿领域,并同意就人工智能等新兴技术开展合作。针对金砖成员数字经济发展水平不同的现状,框架把弥合数字鸿沟作为重点之一,鼓励开展能力建设和政策实践分享,缩小数字基础设施、数字技术、数字服务和数字技能发展方面的差距。明确了数字经济的合作方向和重点领域,提出了提高港口数字化水平、鼓励数字基础设施投资、提升中小微企业能力等17条合作举措。金砖五国同意升级电子商务工作组为数字经济工作组,为推动落实数字经济合作作出重要的制度性安排。[1]（本条执笔:徐秀军、王越）

---

[1] 《金砖国家数字经济伙伴关系框架开启金砖国家数字经济合作新进程》,新华社,2022年6月27日,https://baijiahao.baidu.com/s?id=1736800313189648214&wfr=spider&for=pc。

56. 中国—东盟关于建立数字经济合作伙伴关系的倡议

——背景

"一带一路"倡议提出后，中国与东盟共同致力于推动数字丝绸之路建设，数字经济成为中国—东盟乃至亚太和全球合作的重要方向。2018年，第二十一次中国—东盟领导人会议通过《中国—东盟战略伙伴关系2030年愿景》，对数字经济发展与合作给予高度关注。新冠暴发后，数字经济对增强地区发展韧性和合作动力的重要性更加凸显。2020年11月12日，第二十三次中国—东盟（10+1）领导人会议以视频方式成功举行，会议发表了《中国—东盟关于建立数字经济合作伙伴关系的倡议》，双方同意抓住数字机遇，打造互信互利、包容、创新、共赢的数字经济合作伙伴关系，加强在数字技术防疫抗疫、数字基础设施、产业数字化转型、智慧城市、网络空间和网络安全等领域的合作。

——内容[①]

《中国—东盟关于建立数字经济合作伙伴关系的倡议》主要包括以下六个方面的内容。

一是深化数字技术在疫情防控中的应用。积极运用人工智能、3D打印等数字技术和数字解决方案抗击新冠病毒感染和其他传染病。推动共享疫情数字化防控政策、措施、实践、解决方案。提升公共部门、企业、学校数字化水平，鼓励中小微企业利用数字技术和解决方案开展生产、经营活动和国际贸易合作，维护地区供应链稳定。尽可能利用数字解决方案增进跨境旅行安全。推动建立中国—东盟安全旅行最佳实践信息共享平台，加强地区安全旅行合作，包括但不限于国际旅客新冠肺炎检测结果、国际旅行措施、地区应急准备和政策响应等。

二是加强数字基础设施合作。强化双方在通信、互联网、卫星导航等各领域合作，共同致力于推进4G网络普及，促进5G网络应用，探索以可负担价格扩大高速互联网接入和连接，包括对《东盟互联互通总体规划2025》框架下东盟数字枢纽的支持，发展数字经济，弥合数字鸿沟。

三是支持数字素养、创业创新和产业数字化转型。共同建设可协作的商业框架和生态体系，推动发展数字技术，支持数字工业企业、中小企业和初创企业培育数字创业能力，为数字转型提供解决方案，推动区域内数字贸易更加公

[①] 李克强：《在第二十三次中国—东盟领导人会议上的讲话》，《人民日报》2020年11月12日第4版。

平，特别是制造业、农业、零售业、教育、医疗、保健、旅游和专业服务等领域。推广远程办公手段并分享最佳实践，通过数字化手段协助企业克服新冠疫情挑战，恢复经营和产能，提高生产和供应链韧性，抓住数字经济新机遇。

四是推动智慧城市创新发展。共同推动智慧城市技术产业、重点应用领域、集成解决方案方面最佳实践和标准互认的交流，探索本地化的标准应用，提升智慧城市品质和可持续性。依托东盟现有行业平台以及东盟智慧城市网络和东盟可持续城市化战略等倡议，促进各利益相关方沟通交流合作，推动智慧城市项目实施。加强中国—东盟有关城市点对点合作，支持建立互惠互利城市伙伴关系，尤其是东盟智慧城市网络城市与中国城市。

五是深化网络空间合作。鼓励共建和平、安全、开放、合作有序的网络空间。双方可视情基于公开数据共同发布权威信息，反对网络谣言、虚假信息和歧视性言论，营造和维护团结抗疫等良好氛围。在考虑各国法律与社会实际基础上，充分尊重网络主权，保护个人隐私和信息通信技术安全，推动建立多边、民主、透明的全球网络空间命运共同体。

六是推进网络安全务实合作。共同加强数字基础设施安全保障，共建跨境网络安全事件响应信息共享体系，增进双方网络安全法律、政策理解。共同提升网络安全能力，在防止网络攻击、保障关键信息基础设施、提升双方地区能力建设合作，包括网络安全相关企业能力建设等方面。

——意义

中国始终视东盟为周边外交优先方向，坚定支持东盟共同体建设，坚定支持东盟加强在区域合作中的中心地位，坚定支持东盟在构建开放包容的地区架构中发挥更大作用。数字经济是中国—东盟新兴产业合作的重要领域。在双方庞大的市场和进一步深化合作下，中国和东盟的数字经济合作也已初见成效。《中国—东盟关于建立数字经济合作伙伴关系的倡议》顺应中国—东盟面向和平与繁荣的战略伙伴关系的发展，为中国和东盟国家数字经济合作开创了新局面。该倡议的落实有助于双方利用数字机遇促进相互发展与合作，共同打造互信、互利、包容、创新、共赢的数字经济合作伙伴关系。（本条执笔：徐秀军、王越）

57. 中阿数据安全合作倡议

——背景

近年来，中阿双方数字领域合作不断深化，取得丰硕成果。2017年，中国与埃及、沙特阿拉伯、阿联酋等国共同发起《"一带一路"数字经济国际合作倡议》。2020年7月，中阿合作论坛部长会决定加强双方在互联网和数字经济发展领域的合作与互鉴。新冠暴发后，中国电商积极与阿方分享平台建设、物流管理等方面技术和经验，为助力阿拉伯国家复工复产作出了积极贡献。2021年3月29日，中华人民共和国外交部与阿拉伯国家联盟秘书处共同主持召开中阿数据安全视频会议，双方及阿盟成员国负责网络和数字事务官员出席对话。阿方欢迎中方提出的《全球数据安全倡议》，支持秉持多边主义、兼顾安全发展、坚守公平正义的原则，共同应对数据安全风险挑战。双方签署并发表《中阿数据安全合作倡议》，阿拉伯国家成为全球范围内首个与中国共同发表数据安全倡议的地区。

——内容[①]

《中阿数据安全合作倡议》展现了中阿在数字安全合作方面的诸多共识，双方一致认为：信息技术革命日新月异，数字经济蓬勃发展，深刻改变着人类生产生活方式，对各国经济社会发展、全球治理体系、人类文明进程影响深远。作为数字技术的关键要素，全球数据爆发增长，海量集聚，成为实现创新发展、重塑人们生活的重要力量，事关各国安全与经济社会发展。在全球分工合作日益密切的背景下，确保信息技术产品和服务的供应安全对于提升用户信心、保护数据安全、促进数字经济发展至关重要。双方呼吁各国秉持发展和安全并重的原则，平衡处理技术进步、经济发展与保护国家安全和社会公共利益的关系。重申各国应致力于维护开放、公正、非歧视性的营商环境，推动实现互利共赢、共同发展，各国有责任和权利保护涉及本国国家安全、公共安全、经济安全和社会稳定的重要数据及个人信息安全。欢迎政府、国际组织、信息技术企业、技术社群、民间机构和公民个人等各主体秉持共商共建共享理念，齐心协力促进数据安全。强调各方应在相互尊重基础上，加强沟通交流，深化对话与合作，共同构建和平、安全、开放、合作、有序的网络空间命运共同体。

中阿双方提出以下倡议。

各国应以事实为依据全面客观看待数据安全问题，积极维护全球信息技术产品和服务的供应开放、安全、稳定。

各国反对利用信息技术破坏他国关键基础设施或窃取重要数据，以及利用其从事危害他国国家安全和社会公共利益的行为。

各国承诺采取措施防范、制止利用网络侵害个人信息的行为，反对滥用信息技术非法采集他国公民个人信息。

各国应要求企业严格遵守所在国法律。各国应尊重他国主权、司法管辖权和对数据的安全管理权，未经他国法律允许不得直接向企业或个人调取位于他国的数据。

[①] 《中国是中东国家长期可靠的战略伙伴》，《人民日报》2021年3月31日第4版。

各国如因打击犯罪等执法需要跨境调取数据，应通过司法协助渠道或其他相关多双边协议解决。国家间缔结跨境调取数据双边协议，不得侵犯第三国司法主权和数据安全。

信息技术产品和服务供应企业不得利用其产品和服务非法获取用户数据、控制或操纵用户系统和设备。

信息技术企业不得利用用户对产品依赖性谋取不正当利益，强迫用户升级系统或更新换代。产品供应方承诺及时向合作伙伴及用户告知产品的安全缺陷或漏洞，并提出补救措施。

双方呼吁各国支持并通过双边或地区协议等形式确认上述承诺，呼吁国际社会在普遍参与的基础上就此达成国际协议。欢迎全球信息技术企业支持本倡议。

——意义

在当前数字经济迅猛发展、数据和网络安全风险突出的背景下，《中阿数据安全合作倡议》推动双方数字领域战略互信和务实合作进入新阶段，对促进中阿数字合作和深化中阿关系具有重要意义。该倡议致力于打造开放、公正、非歧视的数字发展环境，反映了广大发展中国家的共同愿望，符合国际社会的共同利益。阿方认为，该倡议与联合国网络安全领域共识一脉相承，体现了国际社会维护网络和数据安全的共同呼声，有利于弥补国际规则漏洞。该倡议的签署是中阿战略伙伴关系的又一体现，也将为数字领域国际规则制定作出重要贡献。阿方愿与中方加强沟通协调，推进中阿关系不断向前迈进。[1] 该倡议体现了开放、包容的合作精神，必将带动国际社会更多成员加入这一合作进程中，形成全球数字治理合力，开启全球数字治理新篇章，为共同构建网络空间命运共同体作出更大贡献。[2]（本条执笔：徐秀军、王越）

58. "中国+中亚五国" 数据安全合作倡议

——背景

在中方提出《全球数据安全倡议》后，中亚各国积极响应和支持这一倡议。2022年1月25日，中国与中亚五国元首举行中国同中亚五国建交30周年视频峰会，并就加强双方数字安全合作达成重要共识。2022年6月8日，"中

---

[1] 《外交部副部长马朝旭出席中阿数据安全视频会议并宣布发表〈中阿数据安全合作倡议〉》，中华人民共和国外交部网站，2021年3月30日，https://www.mfa.gov.cn/wjbxw_new/202201/t20220113_10491738.shtml.

[2] 《开启全球数字治理新篇章》，《人民日报》2021年3月30日第3版。

国+中亚五国"外交部部长第三次会晤在努尔苏丹举行,中华人民共和国国务委员兼外交部部长王毅、哈萨克斯坦共和国副总理兼外交部部长特列乌别尔季、吉尔吉斯共和国外交部部长库鲁巴耶夫、塔吉克斯坦共和国交通部部长伊布罗希姆、土库曼斯坦副总理兼外交部部长梅列多夫、乌兹别克斯坦共和国代外交部部长诺罗夫出席。在友好、相互尊重与信任、富有建设性和相互理解的氛围中,与会各方就落实元首共识进行了全面研究,并通过《"中国+中亚五国"数据安全合作倡议》。

——内容①

中国与中亚五国一致认为:信息技术日新月异,数字经济蓬勃发展,深刻改变着人类生产生活方式,对各国经济社会发展、全球治理体系、人类文明进程影响重大。各方注意到,信息技术对实现可持续发展和推动疫后全面稳定复苏至关重要,并且上述技术和手段可能被用于破坏全球安全稳定,对国家基础设施完整性产生不良影响。作为数字技术的关键要素,全球数据爆发增长,海量集聚,成为实现创新发展、重塑人们生活的重要力量,事关各国安全与社会经济发展。确保信息技术产品和服务的供应链安全对于提升用户信心、保护数据安全、促进数字经济发展至关重要。

各方呼吁,各国应秉持发展和安全并重的原则,平衡处理技术进步、经济发展与保护国家安全和社会公共利益的关系。各方重申,各国应致力于维护开放、公正、非歧视性的营商环境,推动实现互利共赢、共同发展。与此同时,各国有责任和权利保护涉及本国国家安全、公共安全、经济安全和社会稳定的重要数据及个人信息安全。各方呼吁,在使用信息技术和维护数据安全过程中应充分尊重各国主权,同时保障人权和基本自由。考虑到信息通信技术的独特性,未来可探索中国同中亚国家在该领域开展更多形式的合作。各方承认联合国在该领域的主导地位,支持联合国大会于2019年12月27日关于"打击为犯罪目的使用通信技术"的第74/247号决议设立的全面国际公约特设委员会。各方欢迎政府、国际组织、信息技术企业、技术社群、民间机构和公民个人等各主体秉持共商共建共享理念,在平等、相互尊重和互利原则基础上,齐心协力促进数据安全。各方强调,应在相互尊重基础上,加强沟通交流,深化对话与合作,共同构建和平、安全、开放、合作、有序的网络空间命运共同体。

为达到上述目的,在遵守国内法和国际法基础上,各方建议各国及各主体就防范全球信息安全所面临的挑战和威胁,保障数据安全,开展协调行动与合作。采取措施在国家、地区和全球层面上防范、制止利用信息技术从事网络犯

---

① 《"中国+中亚五国"数据安全合作倡议》,中华人民共和国外交部网站,2022年6月8日,https://www.mfa.gov.cn/wjbzhd/202206/t20220609_10700811.shtml。

罪和恐怖活动的行为。增进在保障数据安全和使用信息技术领域的互信。继续开展合作，进一步发掘国家相关部门打击非法使用信息技术行为的潜力。应以事实为依据全面客观看待数据安全问题，积极维护全球信息技术产品和服务的供应链开放、安全、稳定。反对利用信息技术破坏他国关键信息基础设施或窃取重要数据，以及利用其从事危害他国国家安全和社会公共利益的行为。防范、制止利用网络侵害个人信息的行为，反对滥用信息技术从事针对他国的大规模监控、非法采集他国公民个人信息。呼吁企业遵守所在国法律，不得要求本国企业将境外产生、获取的数据在境内存储和处理。呼吁在其他国家从事信息通信技术活动的公司应根据所在国法律将收集和获取的数据存储到所在国的服务器。各国应尊重他国主权、司法管辖权和对数据的安全管理权，未经他国法律允许不得直接向企业或个人调取位于他国的数据。信息技术产品和服务国际供应企业应为在各国开展经营活动，研究制定统一行为道德规范的可能性。各国如因打击犯罪等执法需要跨境调取数据，应通过司法协助渠道或根据国家间协定解决。国家间缔结跨境调取数据协议，不得侵犯第三国司法主权和数据安全。信息技术产品和服务供应企业不得在产品和服务中设置后门，非法获取用户数据、控制或操纵用户系统和设备。信息技术企业不得利用用户对其产品依赖性牟取不正当利益。除出于维护用户财产安全和社会公共利益的需要外，不得强迫用户升级系统或更新换代。产品供应方承诺及时向合作伙伴及用户告知产品的安全缺陷或漏洞，并提出补救措施。各国应在打击利用信息通信技术危害国家政治、经济和社会安全领域深化合作。

各方呼吁各国及各主体通过双边、地区协议及国际协定等形式确认上述建议，支持《"中国+中亚五国"数据安全合作倡议》。

——意义

2023年5月，中国同中亚五国在陕西西安举行中国—中亚峰会并表示共同落实好《"中国+中亚五国"数据安全合作倡议》。该倡议的落实对应对新的国际信息安全挑战和推动构建和平、开放、安全、合作、有序的网络空间具有重要意义。在《"中国+中亚五国"数据安全合作倡议》框架下，中国与中亚五国在支持多边主义、兼顾安全发展、坚守公平正义的基础上开展数据安全合作，展现了双方为保障数据安全所作出的努力，为国际社会共同应对数据安全风险挑战并在联合国等国际组织框架内开展相关合作注入了新动能。（本条执笔：徐秀军、王越）

七　可持续发展

59. "一带一路"绿色创新大会

——背景

绿色是发展的底色，创新是发展的动力。绿色发展是当今世界潮流，代表了人民对美好生活的向往和人类社会文明进步的方向。绿色创新、气候治理从来不是一个民族、一个国家、一个地区单独就能完成的全球议题。习近平主席在 2020 年的气候雄心峰会上指出："在气候变化挑战面前，人类命运与共，单边主义没有出路。我们只有坚持多边主义，讲团结、促合作，才能互利共赢，福泽各国人民。"[①]

为加强国际社会气候合作，共同应对全球环境问题，由生态环境部、深圳市人民政府指导，生态环境部对外合作与交流中心、"一带一路"绿色发展国际联盟、深圳市生态环境局、深圳市龙岗区人民政府、中国环境科学学会主办的"一带一路"绿色创新大会自 2019 年起在广东省深圳市举行。截至 2023 年，"一带一路"绿色创新大会已成功举行了三届，取得了一系列显著成果。

——内容

2019 年 12 月 3 日，由生态环境部对外合作与交流中心、深圳市生态环境局、龙岗区人民政府主办的"一带一路"绿色创新大会暨国合会 2019 年圆桌会议在深圳开幕，会议主题为"共创繁荣绿色技术市场、共建可持续发展高地"。来自中国、东盟、南亚、非洲等国家及区域的 150 余名代表与会，共同探讨绿色环保相关经验，分享技术创新有关知识。深圳市委常委、常务副市长刘庆生出席并致辞，他表示："（本次会议）进行深入交流、开展务实合作，必将有力推动绿色'一带一路'建设。深圳将学习吸收大会成果，加强环境领域国际合作，努力推动全球绿色发展。"[②] 会议上发布了"一带一路"生态环

[①] 习近平：《继往开来，开启全球应对气候变化新征程》，《人民日报》2020 年 12 月 13 日第 2 版。
[②] 《推动实现高质量发展和高水平生态环境保护》，《深圳特区报》2019 年 12 月 4 日第 3 版。

保大数据服务平台 APP，同时举行了"一带一路"环境技术交流与转移中心合作项目系列签约活动，为全球绿色发展与技术创新搭建起宝贵交流平台，促进多方技术共享与合作。

"一带一路"绿色创新大会于 2021 年 12 月 17 日在深圳开幕，由生态环境部、深圳市人民政府指导，生态环境部对外合作与交流中心、"一带一路"绿色发展国际联盟、深圳市生态环境局、深圳市龙岗区人民政府、中国环境科学学会主办，"一带一路"环境技术交流与转移中心（深圳）承办，以"绿色复苏与低碳创新发展"为主题，采取线上线下相结合的方式进行。会上发布了绿色联盟《"一带一路"绿色发展展望》中期报告，以及《"一带一路"生态环保大数据报告（2021）》《"一带一路"环境政策法规标准蓝皮书》等报告，总结了过去一段时间内环保工作情况，系统梳理了共建国家生态环境状况，为世界各国进行生态保护工作给予经验指导，为拟开展对外投资和实施海外工程项目的机构提供决策支持。此外，会议期间还召开了深圳中心指导委员会第三次会议，并原则审议通过了"一带一路"环境技术交流与转移中心《"十四五"发展规划纲要（2021—2025 年）》。会议指出，面对世界百年未有之大变局，要以绿色低碳技术创新为动力，聚焦提供绿色解决方案，推动共建"一带一路"国家经济绿色复苏，建设更紧密的绿色发展伙伴关系，深化"一带一路"绿色发展国际合作，加快落实联合国 2030 年可持续发展议程，推动实现更加强劲、绿色、健康的全球发展。①

"一带一路"绿色创新大会（2023）于 2023 年 8 月 20 日至 21 日在深圳开幕，由生态环境部对外合作与交流中心、"一带一路"绿色发展国际联盟、深圳市生态环境局、中国环境科学学会主办，"一带一路"环境技术交流与转移中心（深圳）承办，以"高质量发展促进绿色'一带一路'建设"为主题，采取线上线下相结合的方式进行。会上发布了《"一带一路"环境政策法规标准蓝皮书》等成果，聚焦可再生能源领域寻找投资合作方向，综合考虑"一带一路"共建国家在政治、经济、文化等方面的情况以及可再生能源领域的合作前景，开展了典型案例的梳理与分析，为共建国家提供了实践经验与理论指导。会议上，生态环境部对外合作与交流中心、"一带一路"环境技术交流与转移中心（深圳）分别与参会相关单位签署合作协议，还举办了"一带一路"生态环保大数据服务平台年会、工商业生物多样性保护联盟年会、城市气候对话、ESG 可持续发展论坛等活动。

——意义

当前全球气候变化、环境污染、生物多样性丧失三大环境危机交织叠加，

---

① 《"一带一路"绿色创新大会在深举行》，《深圳特区报》2021 年 12 月 17 日第 4 版。

地缘冲突给生态环境治理进程带来多方面影响。面对气候变化等全球性的环境问题与严峻挑战，任何国家都难以独善其身。国际社会只有加强合作、共同应对，才能解决面临的问题。

"一带一路"绿色创新大会作为中国搭建起的一个供"一带一路"共建国家乃至世界各国的一个政策沟通、知识分享、技术交流、标准制定的多方合作交流平台，始终以绿色低碳技术创新为动力，提供绿色环保解决方案，为推动全球经济绿色复苏作出独特贡献。会议的成功举办，大大加强了"一带一路"绿色发展国际合作，深刻落实了联合国2030年可持续发展议程，为实现更加强劲、绿色、健康的全球发展凝聚中国力量。（本条执笔：徐秀军、杨济语）

60. "一带一路"绿色发展伙伴关系倡议

——背景

"一带一路"绿色发展伙伴关系倡议既是我国积极践行绿色发展新理念的要求，也是国际社会可持续发展的时代要求。自"一带一路"倡议提出以来，绿色"一带一路"建设进展顺利。在2017年首届"一带一路"国际合作高峰论坛上，习近平主席就提议建立"一带一路"绿色发展国际联盟，并为相关国家应对气候变化提供援助。2019年4月，包括中国在内的30个国家在北京共同成立"一带一路"能源合作伙伴关系，共同发布《"一带一路"能源合作伙伴关系合作原则与务实行动》，目标之一即是促进各国在清洁能源、能效领域的合作，以应对气候变化，实现人人能够享有负担得起、可靠和可持续的现代能源服务。2021年6月，29个国家在"一带一路"亚太区域国际合作高级别会议上共同发起《"一带一路"绿色发展伙伴关系倡议》，表达了国际社会对绿色发展理念的认同和支持。

——内容[1]

2021年6月23日阿富汗、孟加拉国、文莱、柬埔寨、智利、中国、哥伦比亚、斐济、印度尼西亚、哈萨克斯坦、吉尔吉斯斯坦、老挝、马来西亚、马尔代夫、蒙古国、缅甸、尼泊尔、巴基斯坦、菲律宾、沙特阿拉伯、新加坡、所罗门群岛、斯里兰卡、塔吉克斯坦、泰国、土库曼斯坦、阿联酋、乌兹别克斯坦和越南在"一带一路"亚太区域国际合作高级别会议期间，共同发起"一带一路"绿色发展伙伴关系倡议。其主要内容如下：

我们回顾联合国2030年可持续发展议程、《联合国气候变化框架公约》及其《巴黎协定》，强调人类只有一个地球，保护生态环境是各国的共同责任。

---

[1] 《"一带一路"绿色发展伙伴关系倡议》，《人民日报》2021年6月24日第3版。

各国需要齐心协力，共同促进绿色、低碳、可持续发展。

我们重申气候变化是当今最大挑战之一，所有国家特别是发展中国家都受到气候变化的不利影响。各国应根据公平、共同但有区别的责任和各自能力原则，结合各自国情采取气候行动以应对气候变化。

我们呼吁开展国际合作以实现绿色和可持续经济复苏，促进疫情后的低碳、有韧性和包容性经济增长。

我们注意到相关"一带一路"合作伙伴在自愿基础上建设绿色丝绸之路取得的进展，包括成立"一带一路"绿色发展国际联盟、发布《"一带一路"绿色投资原则》。

我们倡导"一带一路"合作伙伴聚焦以下合作：采取统筹兼顾的方式，从经济、社会和环境三个维度，继续努力实现2030年可持续发展目标；支持绿色低碳发展，包括落实气候变化《巴黎协定》和分享最佳实践；在尊重各国国情和法律及监管政策的基础上，就绿色发展加强政策沟通与协调，相互借鉴有益经验和良好实践；深化环境合作，加大生态和水资源保护力度，促进人与自然和谐共生，推进绿色和可持续发展；建设环境友好和抗风险的基础设施，包括加强项目的气候和环境风险评估，借鉴国际上公认的标准和最佳实践，鼓励相关企业承担社会责任，保护当地生态环境；推进清洁能源开发利用，加强可再生能源国际合作，确保发展中国家获得可负担、经济上可持续的能源；鼓励各国和国际金融机构开发有效的绿色金融工具，为环境友好型和低碳项目提供充足、可预测和可持续融资；在减缓和适应气候变化方面加强人力资源和机构能力建设。

我们欢迎更多伙伴加入本倡议。

——意义

绿色"一带一路"是"中国方案、全球治理"的重要实践，也已经成为落实全球发展倡议、全球安全倡议、全球文明倡议，构建人与自然生命共同体的重要载体。共建"一带一路"倡议提出十多年来，中国与共建"一带一路"国家、国际组织积极建立绿色低碳发展合作机制，携手推动绿色发展、共同应对气候变化。绿色发展理念不断深入人心，国际合作平台不断完善，务实合作的举措也在不断深化，"绿色正在成为共建'一带一路'倡议的鲜明底色"：至2023年8月，中国与150多个国家和30多个国际组织签署了200多份共建"一带一路"合作文件，共建绿色丝绸之路是其中的重要内容。中国与30多个国家及国际组织签署环保合作协议，与31个国家共同发起"一带一路"绿色发展伙伴关系倡议，与超过40个国家的150多个合作伙伴建立"一带一路"绿色发展国际联盟，与32个国家建立"一带一路"能源合作伙伴关系，广泛搭建了绿色交流与合作的平台。① 外交部部长王毅指出，"我们欢迎更多国家加入'一带一路'绿色发展伙伴关系倡议，深化绿色基建、绿色能源、绿色投资、绿色金融等合作。"②（本条执笔：王越）

61. "一带一路"绿色发展北京倡议

——背景

2023年10月，在第三届"一带一路"国际合作高峰论坛绿色发展高级别论坛上，《"一带一路"绿色发展北京倡议》正式发布，并纳入第三届高峰论坛主席声明和多边合作成果文件清单。《"一带一路"绿色发展北京倡议》是应对当前全球气候变化挑战增加、生态环境恶化的生态现实，以实现各国绿色可持续发展的诉求提升，以生态之美描绘美美与共图景、以合作之力共创人类美好家园的中国智慧和中国方案。《"一带一路"绿色发展北京倡议》肯定了10年来绿色"一带一路"取得的积极进展，为解决绿色"一带一路"建设中面临的投融资瓶颈问题，打造沟通合作平台并提供务实解决方案。

——内容③

《"一带一路"绿色发展北京倡议》由来自21个国家的政府与环境主管部门、国际组织、研究机构、金融机构及企业等30余个共同发起方发起。倡议主要包含以下九个方面内容。

一是践行共商共建共享原则，加强绿色低碳发展的政策沟通与战略对接，分享绿色发展理念与实践，支持各国实现2030年可持续发展目标，促进人与自然和谐共生，共建清洁美丽世界。

二是加强应对气候变化合作。加强减缓和适应气候变化领域的务实合作和对话交流，支持发展中国家获得充足、可预测、可持续的应对气候变化资金。

三是共同推进"昆蒙框架"全面落实，鼓励各方分享"昆蒙框架"落实方面的成功经验及挑战，进一步加强和支持发展中国家开展能力建设和合作，推动实现"昆蒙框架"设定的2030年前全球生物多样性保护目标。

四是加强生态环境保护合作，支持各国加强环境保护与污染治理，强化污

---

① 《绿色正在成为共建"一带一路"的鲜明底色》，中国国家发展和改革委员会网站，2023年10月20日，https://www.ndrc.gov.cn/wsdwhfz/202310/t20231020_1361378.html.

② 《王毅国务委员在2021年度"一带一路"国际合作高峰论坛咨询委员会会议上的致辞》，中华人民共和国外交部网站，2021年12月18日，https://www.mfa.gov.cn/web/ziliao_674904/zyjh_674906/202112/t20211218_10471342.shtml.

③ 《"一带一路"绿色发展北京倡议》，中华人民共和国外交部网站，2023年10月26日，https://www.mfa.gov.cn/zyxw/202310/P020231019680042380846.pdf.

染防治与碳减排的协同增效，推动各国环境保护理念、政策与技术的交流互鉴，促进经济社会发展与生态环境保护相协调。

五是加强绿色基础设施互联互通。鼓励建设环境友好和有气候韧性的基础设施，鼓励相关项目采用高环境标准和最佳实践，并加强企业的环境、社会和公司治理。

六是加强绿色能源领域合作。支持发展中国家能源绿色低碳发展，鼓励各国制定基于国家自主贡献的可再生能源发展目标，支持发展中国家获得可负担、可持续的清洁能源。

七是加强绿色交通领域合作。支持各方制定交通行业绿色低碳发展战略、计划与标准，鼓励各方加强新能源和清洁能源车船等节能低碳型交通工具的推广使用与标准互认。

八是加强绿色金融领域合作。鼓励各国和各金融机构加强绿色金融工具的开发和使用，鼓励金融机构落实《"一带一路"绿色投资原则》，深化各国气候投融资交流与合作，支持建立绿色发展投融资合作伙伴关系，推动绿色低碳项目投融资合作机制创新，促进各方加强面向应对气候变化和环境友好型项目的融资。

九是加强发挥合作平台作用。支持发挥"一带一路"绿色发展国际联盟、"一带一路"能源合作伙伴关系、"一带一路"可持续城市联盟等合作平台作用，深化"一带一路"绿色发展伙伴关系。

——意义

推动共建绿色丝绸之路是推动发展中国家绿色低碳发展、共建清洁美丽世界的重要举措。《"一带一路"绿色发展北京倡议》是"一带一路"绿色丝绸之路建设的阶段性成果，彰显了中国对加速能源结构绿色转型，推动生态环境质量持续提升，积极参与并引领全球环境治理，为共同构建人与自然生命共同体，推动全球可持续发展的中国贡献。乌兹别克斯坦总统，蒙古国总统，斯里兰卡总统，莫桑比克总理，巴布亚新几内亚总理，泰国总理，联合国秘书长，新开发银行行长，法国总统特别代表、前总理等积极评价 10 年来共建"一带一路"为实现绿色低碳发展和可持续经济增长、落实联合国 2030 年可持续发展议程等方面所作的贡献，并表示期待在绿色低碳领域和可持续发展方面开展更多务实合作，推动绿色丝绸之路建设取得更多成果。[①] 如蒙古国总统呼日勒苏赫表示，共建"一带一路"倡议与联合国 2030 年可持续发展议程高度契合，《"一带一路"绿色发展北京倡议》将为促进国家间合作、实现可持续发展目

---

① 叶昊鸣、倪元锦：《第三届"一带一路"国际合作高峰论坛绿色发展高级别论坛在京举办》，《人民日报》2023 年 10 月 19 日第 4 版。

标发挥重要作用。乌兹别克斯坦总统米尔济约耶夫表示，乌兹别克斯坦等中亚国家受到气候变化的影响，希望在绿色发展方面借鉴中国经验，期待中乌进一步加大合作，为人类的绿色未来奠定基础。[1]（本条执笔：王越）

62. "一带一路"绿色发展圆桌会

——背景

绿色发展是顺应自然、促进人与自然和谐共生的发展，是用最少资源环境代价取得最大经济社会效益的发展，是高质量、可持续的发展。党的二十大报告中明确地指出："大自然是人类赖以生存发展的基本条件"。[2] 推动绿色发展，促进人与自然和谐共生不仅是中国国家发展的目标，也是全体人类共同的目标。

为推动更多国家和地区融入"一带一路"建设、进一步加强共建国家和地区绿色交流合作，不断推动绿色发展成果共享共用，由中国生态环境部和新加坡永续发展与环境部联合主办，"一带一路"绿色发展国际联盟承办，能源基金会支持，"一带一路"绿色发展圆桌会于2021年和2023年在北京举办，围绕不同议题进行探讨，并取得了一系列成果。

——内容

"一带一路"绿色发展圆桌会暨"一带一路"绿色发展国际联盟2021年政策研究专题发布活动于2021年10月26日在北京举行，主题为"低碳与创新发展，迈向碳中和"。中国生态环境部部长黄润秋在开幕会上致辞。他表示："要继续携手中外合作伙伴，充分发挥绿色联盟平台作用，聚焦气候变化、产业升级和循环经济等重点领域，推动绿色发展成果共享共用，促进基础设施、能源、交通、金融等领域的绿色低碳合作，助力共建国家和地区疫后绿色复苏与全球可持续发展"。

本次会议上共发布《"一带一路"绿色城市发展案例报告》《"一带一路"项目绿色发展指南（二期）》《"一带一路"生物多样性保护案例报告》《"一带一路"海上互联互通绿色发展研究》《共建"一带一路"国家交通运输绿色发展路径研究》《共建"一带一路"国家汽车行业碳排放标准研究》六项研究成果，总结了"一带一路"倡议8年来共建各国在碳达标与碳中和的愿景下的一系列绿色发展举措，对保护生态系统、可持续消费与生产、碳排放管理等案

---

[1] 王海林、万宇：《共建绿色丝路 共享绿色未来》，《人民日报》2023年10月19日第8版。
[2] 习近平：《高举中国特色社会主义伟大旗帜 为全面建设社会主义现代化国家而团结奋斗——在中国共产党第二十次全国代表大会上的报告》，人民出版社2022年版，第49页。

例进行详细阐述，为人类世界未来的绿色发展提供了行动参考，为共建绿色"一带一路"贡献了宝贵经验。

"一带一路"绿色发展圆桌会暨"一带一路"绿色发展国际联盟会员大会于 2023 年 5 月 10 日在北京举行，会议共分为开幕式、"第一单元"与"发布和评论发言"三个环节。中国生态环境部部长黄润秋在开幕式上致辞。他表示："10 年前，习近平主席首次提出人类命运共同体的重要理念，此后进一步提出共建'一带一路'倡议、全球发展倡议、全球安全倡议、全球文明倡议……推动共建绿色'一带一路'，正是中国秉持人类命运共同体理念，支持发展中国家绿色低碳发展，推动共建清洁美丽世界的重要举措。"①"中方愿与各方携手，坚定不移支持联盟在新的历史阶段发挥更重要作用，为高质量推进共建'一带一路'，落实全球发展倡议，推动共建国家绿色发展转型做出更大贡献。"

本次会议上发布了《"一带一路"项目绿色发展指南（三期）》《"一带一路"倡议下东盟国家绿色低碳转型——潜力与机遇》《东南亚地区电力部门绿色低碳转型基础与路径识别研究》《"一带一路"绿色交通案例报告》《共建"一带一路"国家汽车产业绿色发展现状研究》《共建"一带一路"国家交通运输绿色发展路径研究（二期）》《"一带一路"重点城市气候合作机遇研究》共 7 份研究报告成果，并启动"绿色丝路行"（2023）活动，将有助于分享"一带一路"国家绿色低碳发展故事，提升"一带一路"国家绿色低碳发展能力，为"一带一路"共建国家绿色发展建设不断添砖加瓦。

——意义

共建绿色"一带一路"，既是"一带一路"高质量发展的重要内容，也是各国人民的共同期盼。共建绿色"一带一路"，就是加强生态文明理念和共建国家绿色发展战略之间的对接，打造一条低碳环保、生机盎然的丝绸之路。②"一带一路"绿色发展圆桌会的举办，成功地打造了一个政策对话沟通、环境知识分享、绿色技术交流的平台，有利于分享前沿绿色发展理念与政策、为"一带一路"共建国家搭建绿色环保沟通渠道，极大地促进了绿色技术、知识、人才多方面的合作交流，提升共建国家生态环境保护、气候行动与污染防治能力，推动着绿色基础设施建设、绿色投资与贸易的发展。

共建"一带一路"，坚持"一带一路"绿色发展国际共识，就是推动实现

---

① 《"一带一路"绿色发展圆桌会暨"一带一路"绿色发展国际联盟会员大会在京召开》，生态环境部网站，2023 年 5 月 10 日，https://www.mee.gov.cn/ywdt/hjywnews/202305/t20230510_1029638.shtml。

② 《"一带一路"绿色发展国际联盟 2020 年政策研究专题报告》，"一带一路"绿色发展国际联盟，2020 年 11 月 30 日，http://www.brigc.net/zcyj/yjkt/202011/P020201129755133725193.pdf。

世界经济强劲、可持续、平衡和包容增长，创造一个绿色、和平、繁荣的人类命运共同体。"一带一路"绿色发展圆桌会的召开，将为全球国家提供一个绿色政策沟通、环保知识共享、可持续技术交流的对话平台，为全球环境保护与治理做出进一步贡献。（本条执笔：徐秀军、杨济语）

63. 数字经济和绿色发展国际经贸合作框架倡议

——背景

在全球经济数字化和低碳化发展背景下，越来越多国家加快推进数字经济和绿色发展。在"一带一路"合作框架下，数字贸易和绿色发展合作日益成为高质量共建"一带一路"的增长点。为此，在2023年10月18日举行的第三届"一带一路"国际合作高峰论坛贸易畅通专题论坛期间，中国与阿富汗、阿根廷、白俄罗斯、文莱、柬埔寨、喀麦隆、中非、智利、库克群岛、科特迪瓦、埃塞俄比亚、匈牙利、伊朗、肯尼亚、吉尔吉斯斯坦、老挝、蒙古国、莫桑比克、缅甸、尼加拉瓜、尼日利亚、纽埃、巴基斯坦、巴布亚新几内亚、菲律宾、塞尔维亚、塞拉利昂、斯里兰卡、塔吉克斯坦、坦桑尼亚、泰国、土库曼斯坦、乌兹别克斯坦、赞比亚共同提出"数字经济和绿色发展国际经贸合作框架倡议"。并且，这一合作框架还得到联合国贸发会议、联合国工发组织、国际贸易中心等国际机构的积极支持。

——内容[①]

倡议参加方秉持自主自愿的原则，强调非约束性，确保相关合作不影响参加方的国际义务和各自国内法律法规。采取灵活务实的方式，支持参加方通过自主、双边、多方和集体行动等方式，就各自感兴趣的内容开展合作。支持多方共建的模式，鼓励参加方多维度调动资源，为本倡议的实施提供支持。坚持开放发展的理念，根据数字和绿色领域的最新发展及参加方的实际需求，不断更新合作内容，不断扩大参加方。数字经济和绿色发展国际经贸合作框架包括数字领域经贸合作、绿色发展合作、能力建设、落实与展望四个部分。

在数字领域经贸合作部分，设置了四个支柱。一是营造开放安全的环境，包括鼓励发展和培育开放、透明、包容的数字经济政策，鼓励各方减少、消除或防止不必要的贸易壁垒，积极维护全球信息技术产品和服务的供应链开放、安全、稳定等。二是提升贸易便利化水平，包括鼓励在遵守国内法律法规的前提下推进无纸贸易发展，鼓励发展高效、安全、可靠的跨境电子支付，支持就

[①] 《数字经济和绿色发展国际经贸合作框架倡议》，2023年10月18日，中华人民共和国外交部网站，http://images.mofcom.gov.cn/gjs/202310/20231018162845261.pdf。

有关数字身份政策和法规、技术实施和保障标准的最佳做法以及促进数字身份的使用等问题交流知识和专业技术,加强数字技术领域的合作,加强"单一窗口"互联互通合作等。三是弥合数字鸿沟,包括鼓励加强对数字基础设施的投资,支持包括中小微企业在内的各类企业积极参与传统基础设施数字化、网络化、智能化升级改造,鼓励包括中小微企业在内的各类企业参与经贸合作试验区建设,支持有能力的企业打造虚拟合作区和产业集群等。四是增强消费者信任,包括加强在线消费者权益保护合作,制定和完善法律和监管框架,加强电子商务和数字贸易用户个人信息保护等。

在绿色发展合作部分,设置了三个支柱。一是营造促进绿色发展的政策环境,包括加强绿色发展战略对接和政策沟通,支持参加方开展国际绿色低碳贸易规则、机制的交流和经验分享,鼓励地方政府部门、行业组织、金融机构和企业加强对接,鼓励各方加强交流对话,协调贸易投资政策措施,共同推动保护环境的多边解决方案和方法,支持绿色和可持续的贸易投资等。二是加强贸易合作促进绿色和可持续发展,包括开展绿色标准互认方面的对话合作,探索政策以鼓励低碳技术和生物技术的分享和贸易,加强创新贸易商业模式的交流合作,支持感兴趣的各方探讨合作建立低碳贸易示范点等。三是鼓励绿色技术和服务的交流与投资合作,包括鼓励开展包括清洁能源、新能源汽车产业、绿色金融和绿色基础设施建设等领域的投资合作,加强绿色发展领域的产业合作,加强节能环保、清洁能源、资源综合利用等领域技术、装备和服务合作,鼓励企业积极履行环保责任、加快绿色转型、加快数字化绿色化融合技术创新研发和应用以及加强与政府、媒体、民众和环保组织的沟通交流等。

在能力建设部分,包括四个方面的内容:一是加强在数字和绿色领域的经济技术合作和技能培训,促进技术的普及和技能的提升,并鼓励企业在相关领域开展自主培训。二是通过举办最佳实践优秀案例征集、国际交流等相关活动,加强政策、规则交流和经验分享,鼓励包括中小微企业在内的各类企业加强合作,促进新兴技术的应用和推广。三是促进研究机构间合作,加强科研成果分享交流,为开展数字经济和绿色发展领域的联合研究与国际合作提供智力支持和技术保障。四是鼓励各参加方间交流能力建设项目的信息和经验,并加强各项目间的交流与合作。探讨协调利用各方资源,为能力建设项目提供更多支持。

在落实与展望部分,倡议指出,参加方将继续完善相关合作内容并适时制订后续行动计划,提升对倡议落实的支撑能力,并探索通过建立开放式项目库等形式,以灵活方式开展合作。本倡议将邀请相关国际组织和利益攸关方为推进相关领域合作提供支持,欢迎地方政府、企业和科研机构积极参与本倡议下的合作，并促进各机制各倡议的协同增效、相互补充。

——意义

中方牵头起草了数字经济和绿色发展国际经贸合作框架，并邀请感兴趣的国家、地区和国际组织参加，有助于促进各方加强政策交流协调，共同应对数字鸿沟和绿色壁垒挑战，更好分享数字和绿色发展红利，同时打通机制和区域藩篱与堵点，形成合力寻求合作的最大公约数。多国适时提出数字经济和绿色发展国际经贸合作框架倡议，顺应了全球经济社会的数字和绿色转型的两大趋势，有助于进一步挖掘全球经济发展与合作的动力和潜能，推动经济、社会、环境实现可持续发展。倡议的开放性向世界展现了共建"一带一路"致力于共同做大合作蛋糕、共享发展机遇的理念和行动。（本条执笔：徐秀军）

64. "一带一路"蓝色合作倡议

——背景

过去10年，中国已与50多个共建"一带一路"国家和国际组织签署了各层级的海洋领域合作协议，建立蓝色伙伴关系，为开展务实合作奠定了坚实基础。10年来，共建"一带一路"国家加强海洋空间规划和经济规划合作，促进斯里兰卡科伦坡港、沙特阿拉伯海水淡化等一批重大项目落地落实，推动海洋合作不断向纵深迈进。下一步"一带一路"海洋合作项目还将向海洋经济合作、海洋生态保护、海洋科技合作等方面发力。

——内容[①]

2023年10月18日，《"一带一路"蓝色合作倡议》在第三届"一带一路"国际合作高峰论坛海洋合作专题论坛上发布。《"一带一路"蓝色合作倡议》呼吁各方采取一致行动，共同保护和可持续利用海洋，共商蓝色合作大计，共享蓝色发展成果，共建美丽蓝色家园。"一带一路"蓝色合作倡议主要包括以下10个方面的内容。

一是铸造可持续发展"蓝色引擎"。促进有韧性和包容性的蓝色经济发展，发挥蓝色经济在后疫情时代全球经济复苏与绿色增长中的作用。以清洁生产、绿色技术、循环经济为基础，促进海洋产业发展和转型升级。

二是推动海洋资源可持续利用。共同开展海洋资源调查与评估，支持海洋资源价值实现的多种途径。鼓励发展海洋可再生能源、海水淡化、可持续渔业等，使海洋资源可持续利用惠及全人类。

[①] 《"一带一路"蓝色合作倡议》，中华人民共和国外交部网站，2023年10月18日，https://www.mfa.gov.cn/zyxw/202310/P020231019680051619809.pdf.

三是编制和实施海洋空间规划。坚持陆海统筹和可持续发展，综合考虑生态系统的多样性、稳定性和持续性，提升基于生态系统的海洋综合管理的科学化水平，探索多元生态产品价值实现机制。

四是养护海洋生物多样性与韧性。加强对濒危海洋物种及重要栖息地的保护，建立海洋自然保护地合作网络，开展红树林、海草床、珊瑚礁等典型海洋生态系统监测和健康评价，提升海洋生态系统的质量和功能。

五是促进海洋健康与清洁。减少非必要一次性塑料制品的使用，促进海洋垃圾、微塑料治理，反对核污染水排海，联合开展海洋环境评价，发布海洋环境状况报告，提高海洋环境污染防治能力。

六是加强海洋领域应对气候变化。高度重视小岛屿发展中国家和滨海地区对海平面上升的关切，加强海洋缺氧、海洋酸化、海洋升温及热浪、极地冰雪融化、海气交换与全球碳循环、海洋碳汇机理和标准等研究合作，强化海洋领域应对气候变化的有效措施，提高缓解和适应能力。

七是深化海洋科学技术合作。积极参与联合国"海洋十年"行动，共建海洋科技合作平台，联合开展海洋观测、调查和研究项目，共建共享海洋观测监测网，促进海洋技术标准体系对接与技术转让，将研究成果转化为海洋可持续发展的解决方案和政策工具。

八是提供海洋公共服务。支持"一带一路"共建国家海洋基础能力建设。推动海底关键基础设施建设，提升海上互联互通水平，建立海洋防灾减灾合作机制，共建重点海域海洋灾害预警报系统，及时发布海洋灾害预警报产品，共同应对海洋面临的问题和挑战。

九是提升公民海洋素养。保护海洋传统文化，尊重滨海居民习俗，开展海洋教育与文化交流，促进海洋人才联合培养，打造区域和全球海洋教育工作网络，加强涉海智库、社会团体的交流与合作。

十是构建蓝色伙伴关系。尊重各国多样化的海洋发展理念，利用好各类双多边机制和平台，解决共同关心的海洋问题，向广大发展中国家和地区提供技术培训和能力建设，使蓝色发展成果更多地惠及人民。[①]

——意义

第三届"一带一路"国际合作高峰论坛海洋合作专题论坛以海洋合作为主题，充分体现了中国对于"一带一路"共建国家推进海洋合作的高度重视；也为深入推动与"一带一路"合作伙伴国家在发展可持续的蓝色经济、保护海洋生态系统、促进海洋科技创新等领域的合作，探讨更加务实的合作路径提供了

[①] 《〈"一带一路"蓝色合作倡议〉及蓝色合作成果清单发布》，中国政府网，2023年11月4日，https://www.gov.cn/lianbo/bumen/202311/content_6913613.htm。

重要平台。《"一带一路"蓝色合作倡议》作为海洋合作专题论坛的重要成果，高度契合联合国2030年可持续发展议程第十四个目标，即保护和可持续利用海洋和海洋资源以促进可持续发展。同时推动了蓝色经济发展及海上能力建设，也为推进经济全球化健康发展、破解全球发展难题和完善全球治理体系贡献了中国智慧。（本条执笔：徐晏卓）

65. 全球滨海论坛盐城共识

——背景

滨海区域连接陆海，是人类聚居的主要场所，拥有不可替代的空间资源、丰富的生物多样性和自然禀赋，也是各国经济社会发展最具活力的区域。滨海区域的治理和发展，直接影响全球经济社会发展和文明进步。20世纪90年代起，江苏省盐城市与世界自然基金会等国际组织广泛开展国际合作，积极加强盐城湿地保护。2017年12月，盐城举办首届以保护黄（渤）海湿地为主题的国际会议。此后，盐城持续扩大国际研讨会规模，广泛学习其他国家经验、听取国际专家建议。2023年9月25日，全球滨海论坛在江苏盐城举行，来自34个国家和地区的近千名代表参会，与会代表达成全球滨海论坛盐城共识，是"一带一路"政策沟通的标志性成果。

——内容

论坛与柬埔寨、新加坡、印度尼西亚等"一带一路"共建国家在内所有参会方达成一致，共同发布2023全球滨海论坛盐城共识，该共识旨在推动全球滨海地区可持续发展，强调了滨海地区的重要地位，呼吁各方加强合作，进一步探索和引领滨海生态保护和绿色低碳发展路径，共同绘就人与自然和谐共生的美丽滨海画卷。全球滨海论坛盐城共识鼓励各利益相关方共同努力，分享滨海绿色发展、促进人与自然和谐共生的先进理念及生动实践，建立跨区域交流合作机制，凝聚全球治理合力，推动生物多样性保护、保育、可持续管理和恢复。国际组织负责人和代表在发言中高度赞赏中国为保护滨海生态系统、改善生态环境、应对气候变化所发挥的领导力和取得的显著成效，高度评价中方举办全球滨海论坛的意义，认为论坛提供了一个多利益相关方参与的平台，将在促进滨海生态保护和可持续发展方面发挥重要作用，希望各方用好全球滨海论坛这个平台，交流探讨滨海生态系统保护修复、应对气候变化、滨海城市可持续发展等问题，共同研究切实可行的政策框架、解决方案和公共产品，在全球可持续发展中充分彰显滨海地区的独特性和重要性。

——意义

全球滨海论坛盐城共识是深入贯彻习近平生态文明思想的体现。经过30

余年的努力，在盐城滨海湿地观测记录的鸟类种类与数量不断攀升。为进一步提升国际迁飞候鸟和滨海湿地领域的专家对盐城保护管理实践的认知、寻找滨海湿地保护与发展的"最优解"，2023年10月18日，第三届"'一带一路'国际合作高峰论坛将2023全球滨海论坛盐城共识选入多边合作成果"。[①] 法国《费加罗报》刊文说，盐城不仅向世界展示了自身愿景，也在吸纳其他国家的想法。全球滨海论坛会议是中国发出的新的"绿色邀约"，旨在帮助人类构建生态共同体。英国《经济学人》刊发文章评价道："盐城生物多样性保护实现大跨越，鸟类多样性提升成为中国沿海城市湿地保护的最好例证。"（本条执笔：杨超）

66. "凝聚发展合力 共建美丽丝路"倡议

——背景

自2013年中国提出"一带一路"倡议以来，中国与"一带一路"共建国家完善了双多边合作机制，并通过行之有效的区域合作平台，积极发展经济合作关系，共同打造命运共同体。在此过程中，新疆与"一带一路"共建国家共同推动实施了一批生态项目，形成了重要的生态安全的示范工程与技术合作模式，积累了大量的交流与合作的经验，建立了稳定的科技合作关系，搭建了多个科研合作与资源共享平台。"一带一路"共建国家希望能够进一步推动与中国的科学技术交流，开展科研合作项目，深化彼此之间的科研合作，共同应对气候、粮食、能源、水资源、生物保护、环境治理等一系列科学问题。为了进一步推动"一带一路"共建国家之间的合作向更高层次、更高质量、更高水平发展，2023年9月18—19日，中国科学院新疆生态与地理研究所和新疆维吾尔自治区科学技术协会共同主办、"一带一路"国际科学组织联盟（ANSO）等十多家机构联合协办了"2023丝绸之路经济带生态环境可持续发展国际论坛"。本次论坛共有来自俄罗斯、伊朗、蒙古国、巴基斯坦等17个国家的300余位专家参加会议。此次论坛以"凝聚发展合力 共建美丽丝路"为主题，分享生物多样性保护、绿色农业与粮食安全、生态修复与治理等领域最新成果，探索建立更多合作机制、拓展合作新领域，携手丝路共建国家科学家共同应对亟待解决的科学问题，推进"一带一路"绿色发展。其间，8位专家在开幕式上作了特邀报告。论坛还同步举行6个分论坛，分别讨论干旱区生物多样性保护与可持续利用、绿色农业与粮食安全、水资源现状与可持续利用、土地退化与荒漠化防治、生态检测技术与应用、干旱区草业现状及可持续发展等领域的热点问题。本次会议在经过专家们的讨论后，通过了"凝聚发展合力 共建美

---

① 王俊岭：《携手并进，让共赢蛋糕更大更甜》，《人民日报》（海外版）2023年10月31日第6版。

丽丝路"倡议。

——内容

"凝聚发展合力 共建美丽丝路"倡议指出，建议"一带一路"共建国家每年举行一次高层论坛，而举办方为倡议提出各方，在自愿的基础上举办。鉴于论坛参与者主要由"一带一路"共建国家数百名专家学者组成，充分发挥"一带一路"共建国家的国立科研机构、高等院校等在区域科技合作中的引领作用，加大交流力度，确定共建国家间优先合作领域，实现更高质量的丝绸之路经济带科技合作。参加本次论坛的各方还将在中亚区域绿色发展科学行动计划框架下，优先开展气候变化下中亚区域水—粮食—能源—生态系统可持续发展对策研究、咸海生态修复与环境治理科学计划、跨境水资源现状研究与可持续利用、跨境生物资源保护与可持续利用、中亚区域绿色发展的技术试验示范和转化推广。

——意义

各国科研机构之间的科学技术合作是"一带一路"人文交流的重要组成内容，也是促进民心相通的重要方式。科学技术的成果与民生相关，能够成为国家沟通和民心相通的重要纽带。通过科学技术合作，"一带一路"共建国家可以增强对彼此的了解，提升相互信任，同时共同促进技术的进步，推动经济可持续发展。中国在气候变化、农业、生命科学、能源环境等领域上也具有一定优势，与"一带一路"共建国家加强科学技术合作，不仅有利于进一步挖掘科技创新潜力，还可以助力"一带一路"重大工程项目的顺利实施。科学技术的创新是"一带一路"建设的重要推动力量，可以为"一带一路"重大工程提升质量，提高项目的满意度。本次论坛提出的"凝聚发展合力 共建美丽丝路"倡议搭建了中国与中亚的国立科研机构负责人对话机制，有助于这些国立科研机构之间的科研合作与学术交流。此外，倡议中发起的中亚区域绿色发展科学行动计划也将推动中亚地区的生态治理与可持续发展，加强中国与中亚国家之间的技术标准的对接，同时有助于这些国家之间的数据、文献等科技资源共享，促进科技资源互联互通。（本条执笔：李天国）

67. 国际城市可持续发展高层论坛

——背景

城市是人类生产生活的重要场所，人类的未来无疑是城市。2021年，全球有56%的人口居住在城市中，预计2050年这一比例将上升到68%。[①] 城市的

---

① UN-Habitat, *World Cities Report 2022: Envisaging the Future of Cities*, Nairobi: UN-Habitat, 2022, p. 4.

可持续发展关乎人类的未来。为推动更多国家和地区融入"一带一路"建设、推进新型城镇化、加快城镇发展方式转变、提高城市可持续发展能力，由国家发展和改革委员会指导、联合国人类住区规划署（UN-Habitat，以下简称联合国人居署）及中国城市和小城镇改革发展中心（以下简称城市中心）联合主办、成都市人民政府承办的国际城市可持续发展高层论坛自2017年起在四川省成都市举行。截至2023年，国际城市可持续发展高层论坛已成功举办六届，取得了一系列成果。

——内容

第一届国际城市可持续发展高层论坛于2017年7月20—22日召开，主题为"'一带一路'与城市可持续发展"。本届论坛还举行了多场专题活动，涵盖"城市动力与金融创新""城市韧性与繁荣宜居""城市文化与特色发展""城市设施联通与空间区域发展""城市创新与共享经济""城市治理与智慧城市""特色小镇国际研讨""'一带一路'背景下的城市合作"等多个方面。论坛期间还举行了"国际可持续发展试点城市"及《成都宣言》发布活动。四川省成都市、浙江省嘉兴市南湖区、四川省阆中市、贵州省荔波县、吉林省长白山池北区入选中国城市和小城镇中心与联合国人居署等国际机构共建的五个中方试点城市。《成都宣言》倡议构建包容开放的城市发展环境、践行绿色低碳的城市理念、完善科学合理的城市规划、实现城市治理的共享与创新、构建世界城市可持续发展合作机制。

第二届国际城市可持续发展高层论坛暨首届国际城市可持续发展博览会于2018年8月1—3日召开，主题为"城市变革与发展"。第二届论坛与世界银行等国际机构共同发布了《国际可持续发展试点城市导则》《城市可持续发展框架》等文件，开展了创新驱动培育新经济新动能、低碳城市促进绿色发展、城市群建设助力协调发展、乡村振兴推进城乡融合、城市更新焕发城市活力、建设公园城市提升城市品质6个专题对话，并且举行了联合国人居署成都项目办公室合作备忘录签约仪式、"成都市龙泉山城市森林公园碳中和基地"启动仪式、"城市让儿童更幸福"儿童画展颁奖仪式。在博览会上，国际国内企业集中展示了宜居城市、城市规划、公共服务、清洁能源等方面的先进案例和前沿技术。

第三届国际城市可持续发展高层论坛于2019年7月15—17日召开，主题为"与世界对话，谋绿色发展"。本届论坛围绕城市群与区域协调、乡村振兴与城乡融合、公园城市与宜居宜业、儿童友好与未来城市、绿色发展与设施联通、韧性城市与城市转型6个主题展开对话。本届论坛还发布了多家机构的可持续研究成果，具体包括：第一，联合国人居署和城市中心联合发布成都可持续发展导则。第二，联合国人居署和城市中心联合发布第二期国际可持续发展试点城市，北京市朝阳区双井街道、成都蒲江县明月村入选。第三，城市中心和城市联盟联合发布《次级城市体系之互联互通》。论坛期间还举办了"一带一路"可持续城市联盟圆桌会议，来自联合国人居署、世界卫生组织、能源基金会等发起机构的代表，"一带一路"沿线城市和机构代表参会，分享了城市和机构推进城市可持续发展的实践经验，并对城市联盟工作提出了建议。

第四届国际城市可持续发展高层论坛及"一带一路"可持续城市联盟相关活动于2020年11月16—17日举行，采用"成都主会场+线上云会场"方式，以"推动高质量可持续发展，建设开放共享的未来之城"为主题。本届论坛围绕"创新与智能，培育城市发展新动能""协调与合作，强化城市综合承载力""绿色与健康，增强城市发展坚韧性""共享与参与，提升城市居民获得感"4个主题展开对话。联合国人居署和城市中心联合发布了第三批国际可持续发展试点城市，贵州省遵义市入选，发布了《未来城市顾问展望2020：中国城市科技》报告。论坛期间还举行了公园城市与可持续发展推介会，分享了成都市推进城市可持续发展的最新理念和实践经验。举行了"一带一路"可持续城市联盟圆桌会，会议主题为"开放与联通，构建国内国际双循环新发展格局"。

第五届国际城市可持续发展高层论坛及"一带一路"可持续城市联盟圆桌会议于2021年10月26日举行。本届论坛主会场设在成都，并在维也纳、首尔、利物浦设有3个分会场，主题为"公园城市迈向碳中和"，围绕"推动绿色制造实现低碳转型""倡导绿色生活提升城市品质""实施城市更新助推绿色发展"3个主题设立了3场平行分论坛。本届论坛发布了《"一带一路"城市互联互通指数报告》《绿色城镇化共识》《成都未来科技城可持续规划导则》3项文件成果。论坛期间举行的"一带一路"可持续城市联盟圆桌会议以"'双碳'目标下城市绿色低碳转型发展新路径"为主题，为参会代表进行经验分享与交流探讨提供了平台。

第六届国际城市可持续发展高层论坛于2023年4月26日举行，主题为"绿色低碳引领城市转型发展"，采用"线上+线下"形式，在四川天府新区设置主会场，在成都市龙泉驿区、都江堰市分别设置分会场，围绕"绿色低碳的城市产业结构""绿色低碳的城市空间结构""绿色低碳的城市交通结构""绿色低碳的城市能源结构"4个主题设立4个平行分论坛。本届论坛发布了《公园城市示范区建设发展报告（2022年）》《未来城市顾问展望2023》《低碳城市发展模式案例研究》《公园城市指数2022》等研究报告及成果。论坛期间还举办了第三届公园城市论坛，主题为"践行新发展理念的城市实践"。

——意义

城市作为人类重要的聚居、生产和各类资源的集聚地，其发展与人类的发展始终紧密相连。推动城市的可持续发展，就是推动人类的可持续发展。正如《成都宣言》中所指出的那样，建设可持续发展的城市将是确保今后实现全球永续城市发展、提升全世界人民生活质量的重要因素。全球城市之间的基础设施联通、城市可持续发展经验交流和合作，也将为中国政府提出的"一带一路"国际合作提供最好的样板和范例。[①]

国际城市可持续发展高层论坛聚焦城市可持续发展，为全球城市规划者与建设者们搭建起了一个城市高质量可持续发展交流平台，促进了政企间、国家间的多方务实合作，夯实了国际城市的合作基础。历届论坛的举办为城市间团结合作实现可持续发展贡献智慧，切实推进了各方务实合作，描绘了绿色宜居的未来城市图景，为城市生态建设和绿色发展不断贡献力量，为促进和实现城市可持续发展、有效实施新城市议程并最终实现2030可持续发展议程而持续努力。（本条执笔：徐秀军、杨济语）

68. "一带一路"应对气候变化南南合作计划

——背景与意义

应对气候变化是一项长期而艰巨的任务，实现2030年可持续发展议程和气候变化《巴黎协定》等相关框架，需要所有利益攸关方在所有层面和所有国家的参与，发挥其多样化和独特的优势。气候变化南南合作是当前落实《巴黎协定》、推进全球应对气候变化合作进程的一个重要领域。南方人口，包括最不发达国家、内陆发展中国家和小岛屿发展中国家的人口，受气候变化影响最严重，因此扩大南南合作和三方合作，作为南北合作的补充，对有效的气候行动至关重要，可以帮助发展中国家相互学习，加快增长，缩小收入差距，建设包容、有韧性的社会。

加强南南合作一直是中国国际合作的重要内容。作为世界上最大的发展中国家，中国一直秉持人类命运共同体理念，积极主动为全球环境治理搭建新平台，是应对气候变化南南合作的积极倡导者。2015年9月26日，习近平主席在纽约联合国总部出席并主持由中国和联合国共同举办的南南合作圆桌会上指出，南南合作是发展中国家联合自强的伟大创举，是平等互信、互利共赢、团

[①] 《国际城市可持续发展高层论坛发布〈成都宣言〉》，成都市发展和改革委员会网站，2017年7月21日，https://cddrc.chengdu.gov.cn/cdfgw/c114903/2017-07-21/content_2ba49188357e4e9d93a73a969c5193f8.shtml。

结互助的合作，将开辟出一条崭新的发展繁荣之路。随后发布的圆桌会新闻公报进一步要求各国重视发展绿色经济，加强环境保护，打造南南合作的高质量旗舰项目，包括通过"一带一路"等倡议，用好亚洲基础设施投资银行、金砖国家新开发银行等融资平台，激发合作潜力，展示合作活力，实现联动发展。包括联合国南南合作办公室在内的 20 多个联合国机构正在与中国合作，以确保"一带一路"倡议的可持续性和"绿色化"。

——内容

2019 年第二届"一带一路"国际合作高峰论坛上，习近平主席宣布实施"一带一路"应对气候变化南南合作计划，深化农业、卫生、减灾、水资源等领域合作。论坛期间，"一带一路"绿色发展国际联盟正式成立，旨在充分发挥合作伙伴各自专业优势，积极推动绿色发展投融资合作，探索开展绿色投融资与绿色项目评价工作，完善项目的 ESG 评价和管理，建立绿色项目清单，为解决绿色"一带一路"建设中面临的投融资瓶颈打造沟通合作平台并提供务实解决方案。

2022 年国家发展和改革委员会等部门发布的《关于推进共建"一带一路"绿色发展的意见》强调要继续实施"一带一路"应对气候变化南南合作计划，包括推进低碳示范区建设和减缓、适应气候变化项目实施。提供绿色低碳和节能环保等应对气候变化相关物资援助。帮助共建"一带一路"国家提升应对气候变化能力等。

加强与广大发展中国家的能源技术设施的合作也是南南合作计划的重要内容。能源技术设施的建设有锁定效应，一旦建成，运行的周期长达几十年，所以很难再改变。中国与发展中国家国情和发展阶段相当，很多成熟的适应技术，适合在发展中国家推广。气候投融资合作也是南南气候合作的重要方面。《"一带一路"绿色投资原则》鼓励金融机构加强气候投融资标准等政策体系方面的交流合作，鼓励非金融企业在项目合作中加强环境风险管理，提高气候和环境信息披露、交换水平，开展绿色低碳供应链管理。中国还特别关注发展中国家的能力赤字，积极推动建立"一带一路"生态环保大数据服务平台，并通过实施绿色丝路使者计划和气候变化南南合作培训，提升区域国家生态环保能力。

——进展

应对气候变化南南合作开展十多年来，援助范围逐步扩大，援助内容逐步丰富。根据国务院 2021 年 1 月发布《新时代的中国国际发展合作》显示[①]，2011 年以来，中国累计安排约 12 亿元用于开展应对气候变化南南合作，与 35

---

① 中华人民共和国国务院新闻办公室：《新时代的中国国际发展合作》，人民出版社 2021 年版。

个国家签署 40 份合作文件，通过建设低碳示范区，援助气象卫星、光伏发电系统和照明设备、新能源汽车、环境监测设备、清洁炉灶等应对气候变化相关物资，帮助有关国家提高应对气候变化能力，同时为近 120 个发展中国家培训了约 2000 名应对气候变化领域的官员和技术人员。

中国与东盟国家共同开展中国—东盟红树林研究、低碳学校（社区）建设等相关工作。2022 年 4 月，中国与太平洋岛国共同成立中国—太平洋岛国应对气候变化合作中心，并举办了中国—太平洋岛国应对气候变化对话交流会。

中国与非洲也在南南合作和"一带一路"框架下，深化了应对气候变化的合作。2021 年 11 月，在中非合作论坛第八届部长级会议上，中国与非洲国家共同发布《中非应对气候变化合作宣言》，启动中非应对气候变化 3 年行动计划专项，特别强调要拓宽合作领域，在清洁能源、利用航空航天技术应对气候变化、农业、森林、海洋、低碳基础设施建设、气象监测预报预警、环境监测、防灾减灾、适应气候变化等领域开展务实合作项目。目前中非双方正在加快已签约应对气候变化南南合作和三方合作项目的实施、推进正在磋商项目的合作文件签署，推动相关援助物资设备的生产、运输和交付，推动相关低碳、低温室气体示范区建设。（本条执笔：田慧芳）

69. 气候变化南南合作谅解备忘录

——背景

作为负责任的发展中大国，中国一直以来积极开展应对气候变化南南合作，为相关发展中国家应对气候变化提供力所能及的支持。

2012 年 6 月，温家宝同志在联合国可持续发展大会上宣布，中国将出资 2 亿元人民币，开展为期 3 年的气候变化南南合作，帮助非洲国家、最不发达国家和小岛屿国家等应对气候变化。2015 年 9 月，习近平主席访美期间发表的中美元首气候变化联合声明，宣布中国出资 200 亿元人民币建立中国气候变化南南合作基金，支持其他发展中国家应对气候变化。2015 年 12 月，习近平主席出席巴黎气候变化大会时宣布实施应对气候变化南南合作"十百千"倡议，即在发展中国家开展 10 个低碳示范区、100 个减缓和适应气候变化项目及 1000 个应对气候变化培训名额，帮助其他发展中国家提高应对气候变化能力，并在会上重申关于建立 200 亿中国气候变化南南合作基金的倡议。2019 年 4 月，习近平在第二届"一带一路"国际合作高峰论坛上倡议同有关国家一道实施"一带一路"应对气候变化南南合作计划，加强国际合作，共同应对气候变化。

作为负责任的发展中大国，中国通过南南合作的方式，为其他发展中国家推动能源转型、提高气候韧性、推动绿色低碳发展提供切实的帮助。截至2023年底，中国已与41个发展中国家签署50份气候变化南南合作谅解备忘录，累计支持发展中国家超过12亿元人民币，合作建设4个低碳示范区，开展75个减缓和适应气候变化项目，举办52期能力建设培训班。

——内容

2012年以来，中国采取了多种多样的合作方式，如共建低碳示范区，援助气象卫星、光伏发电系统和照明设备、新能源汽车、环境监测设备、清洁炉灶等应对气候变化相关物资，开展能力建设培训等，在力所能及的范围内为相关发展中国家应对气候变化提供支持，帮助其提高应对气候变化能力。

中国与老挝、柬埔寨和塞舌尔等国通过援助低碳物资、联合编制低碳示范区规划以及开展能力建设等形式，以"物资+智力"相结合方式，促进当地绿色、低碳和可持续发展。

物资援助项目兼顾气候变化减缓和适应领域，遴选绿色低碳产品，帮助发展中国家应对气候变化。经统计，在清洁能源领域援助离网储能系统和光伏并网系统20套、清洁炉灶1万台、太阳能LED路灯2.5万套、户用光伏电源系统5.7万套。在低碳交通领域援助电动公交车、新能源客车、卡车、小汽车、电动摩托车、电动自行车等各类新能源车辆265辆。在节能产品领域援助节能空调3.2万台、节能灯具300万个；在灾害预警领域援助遥感卫星1个、气象机动站3个。在环境监测领域援助空气质量自动监测站10座、便携式环境监测设备35台。

应对气候变化能力建设合作方面，中国围绕绿色低碳发展、低碳产业与技术、气候投融资、适应气候变化、气象灾害监测与预防等主题，精心策划能力建设培训班，培训了120个发展中国家约2400名应对气候变化领域的官员和技术人员，通过课堂学习、参观考察、互动交流等方式帮助学员全面系统了解中国应对气候变化的政策与行动，帮助相关国家提高应对气候变化能力。

——进展

为落实习近平提出的南南合作"十百千"倡议和"一带一路"应对气候变化南南合作计划，2019年中国和柬埔寨签署了《中华人民共和国生态环境部与柬埔寨王国环境部关于合作建设低碳示范区的谅解备忘录》，中国向柬方援助了包括2800套太阳能路灯、200套太阳能校园光伏系统、200辆电动摩托车、10套空气质量自动监测站、10套便携式工业烟气监测、噪声监测、震动监测仪器在内的应对气候变化相关设备和物资，还与柬埔寨共同编制了低碳示范区建设方案的方式，以提升柬埔寨应对气候变化能力。2021年7月5日，中国和巴基斯坦签署《应对气候变化物资援助的谅解备忘录》，承诺向巴方援助

3000套家用太阳能电源系统和援建瓜达尔港海水淡化。老挝赛色塔低碳示范区是中国在发展中国家开展的应对气候变化的南南合作项目"10个低碳示范区"项目之一。2020年7月，中国和老挝签署合作备忘录，中方分批向开发区捐助了新能源客车、新能源卡车等物资，并共同编制低碳示范区规划方案。

2021年12月，中国生态环境部还与联合国世界粮食计划署签署关于在应对气候变化南南合作领域开展合作的谅解备忘录，双方一致同意将在与气候变化紧密相关的农业低碳减排、生态扶贫、新能源利用、绿色节粮减损、防灾减灾等领域开展面向其他发展中国家的应对气候变化南南合作。

2023年9月，为落实《中非应对气候变化合作宣言》，中方在首届非洲气候峰会上宣布实施"非洲光带"项目，将通过合作建设气候友好的"光伏+"项目、推动气候及光伏发展交流对话、开展光伏战略规划和配套政策研究及实施能力建设项目等方式，解决至少约5万户非洲地区无电贫困家庭用电照明问题，助力非洲国家应对气候变化和绿色低碳发展。

2023年10月16日，中国生态环境部和巴布亚新几内亚签署关于合作建设应对气候变化南南合作低碳示范区的谅解备忘录。未来中国将通过援助巴新方1.5MW+0.5MW光储一体项目、200套太阳能路灯、1套雨水净化设备并共同编制低碳示范区建设方案等方式共同建设塔里低碳示范区，帮助巴新提高应对气候变化能力。这一合作是落实中国提出的应对气候变化南南合作"十百千"倡议和"一带一路"应对气候变化南南合作计划的具体举措。

2023年12月，在联合国气候迪拜大会（COP28）中国角举办的第十一届应对气候变化南南合作高级别论坛上，中国与乍得签署了首份应对气候变化南南合作"非洲光带"项目文件，并与博茨瓦纳、基里巴斯、老挝等国环境部高级官员签署多份应对气候变化南南合作项目交付证书。随后中国生态环境部还与圣多美和普林西比在迪拜就合作开展气候变化南南合作"非洲光带"项目签署谅解备忘录，是"非洲光带"项目第二个合作项目。根据合作谅解备忘录，中国将向圣多美和普林西比赠送3100套户用太阳能光伏发电系统，并共同探讨开展应对气候变化相关主题研讨会和联合研究项目，提升应对气候变化能力。（本条执笔：田慧芳）

70. "一带一路"生态环保大数据服务平台年会

——背景

"一带一路"是经济繁荣之路，也是绿色发展之路。共建"一带一路"实践中，中国始终秉持绿色发展理念，为共建各方绿色发展创造新机遇。2016年9月

28日，以推动"生态文明与绿色发展"为宗旨的"一带一路"生态环保大数据服务平台网站在北京正式启动并对外发布。平台网站旨在借助"互联网+"、大数据、卫星遥感等信息技术，整理中国和共建国家的生态环境状况以及环境保护政策、法规、标准、技术和产业发展等相关信息，分享生态文明与绿色发展的理念与实践，搭建政策对话与交流平台、决策支持平台、科学研究平台和能力建设平台，为共建国家开展生态环保合作提供信息支撑，服务绿色"一带一路"建设。[①]

2017年，中华人民共和国生态环境部为首届"一带一路"国际合作高峰论坛提供"设立生态环保大数据服务平台"的成果建议。在2019年举行的第二届"一带一路"国际合作高峰论坛绿色之路分论坛上，由生态环境部和中外合作伙伴共同发起的"一带一路"生态环保大数据服务平台正式启动。平台致力于打造政策对话和沟通平台、环境知识和信息平台、绿色技术交流与转让平台，进一步凝聚国际共识，推动绿色发展理念融入"一带一路"建设，促进"一带一路"共建国家落实联合国2030年可持续发展议程。[②]

——进展

2019年6月10日，"一带一路"生态环保大数据服务平台暨环保技术国际智汇平台第四届年会在北京举办。本次年会旨在落实第二届"一带一路"国际合作高峰论坛绿色成果，推进大数据平台建设及环保技术国际合作，分享中国在绿色"一带一路"建设、应对气候变化、全球海洋治理、生物多样性保护等领域经验，推动实现联合国2030年可持续发展目标。年会举办了绿色"一带一路"技术合作与经验分享、国际绿色技术交流对接会等专题活动。[③]

2020年12月8日，"一带一路"生态环保大数据服务平台暨环保技术国际智汇平台第五届年会在深圳举办。本次年会旨在落实第二届"一带一路"国际合作高峰论坛成果，推进大数据服务平台建设及环保技术、信息、知识共享和产业国际合作，分享绿色"一带一路"建设进展以及中国在生态文明建设和污染防治中的经验，探讨"一带一路"环保技术创新和合作的有效路径。年会宣布成立"一带一路"生态环保大数据服务平台专家委员会。[④]

2021年12月17日，"一带一路"生态环保大数据服务平台2021年会暨

---

① 刘晓星：《"一带一路"生态环保大数据服务平台网站启动赵英民出席启动活动》，《中国环境报》2016年第10期。

② 孙奕：《"一带一路"绿色发展国际联盟在京成立 打造绿色发展合作沟通平台》，中国政府网，2019年4月25日，https://www.gov.cn/xinwen/2019-04/25/content_5386323.htm.

③ 生态环境部：《"一带一路"生态环保大数据服务平台暨环保技术国际智汇平台第四届年会在北京举办》，《资源节约与环保》2019年第9期。

④ 生态环境部对外合作与交流中心技术交流部：《"一带一路"生态环保大数据服务平台暨环保技术国际智汇平台第五届年会在深圳成功召开》，生态环境部对外合作与交流中心网站，2020年12月9日，http://www.fecomee.org.cn/gjjsjl/202012/t20201218_813790.html.

水资源与水环境综合管理技术推广会在深圳举办。本次年会旨在总结和分享大数据平台建设成果,更好地服务绿色丝绸之路建设和污染防治攻坚战,促进绿色投资并深化与各国在生态环境保护、减污降碳协同增效、绿色技术等方面的交流与合作。年会发布了《2021年"一带一路"减污降碳协同增效典型案例》。[①]

2022年11月16日,"一带一路"生态环保大数据服务平台2022年年会以线上线下相结合的方式举办。本次年会以"迈向双碳目标的绿色丝绸之路建设"为主题,围绕绿色丝绸之路建设、应对气候变化南南合作、园区绿色低碳与可持续发展实践、可再生能源投资等议题进行交流与研讨。年会发布了《"一带一路"生态环保大数据报告(2022)》。[②]

2023年8月21日,"一带一路"生态环保大数据服务平台2023年年会以线上线下相结合方式在深圳举行。本次年会以"大数据赋能绿色丝绸之路"为主题,围绕绿色丝绸之路建设、气候治理、大数据与生物多样性治理等议题进行交流与研讨。与会代表就大数据在减污降碳协同治理、可再生能源开发、固体废物管理中的作用进行了专题发言。[③]

——意义

绿色丝绸之路顺应绿色、低碳、可持续发展方向,为"一带一路"共建国家提供了绿色发展经验,与此同时,当前大数据的发展为生态环境保护带来了新的机遇。以信息化带动绿色低碳发展,有助于促进绿色丝绸之路重点领域合作,务实推进共建"一带一路"绿色发展走深走实。

"一带一路"生态环保大数据服务平台启动建设以来,构建了面向境外项目的生态环境大数据决策支持管理系统,并与中国广东、广西等地方政府合作建设了大数据服务分平台。这一平台在推动"一带一路"绿色合作方面取得积极进展,成为推动环境信息共享、技术共享、经验共享的重要合作平台,是推动绿色"一带一路"建设的重要载体。来自中外生态环境管理部门、行业协会、科研院所、工业园区、企业,以及智库、国际组织等机构代表积极参加了大数据平台历次年会。年会机制在服务绿色丝绸之路建设、交流中外可持续发展经验、分享大数据平台建设进展及成果等方面发挥了重要作用。(本条执笔:朱锐)

---

① 生态环境部对外合作与交流中心技术交流部:《"一带一路"生态环保大数据服务平台2021年会暨水资源与水环境综合管理技术推广会在深圳成功召开》,生态环境部对外合作与交流中心网站,2021年12月20日,http://www.fecomee.org.cn/gjjsjl/202112/t20211222_964971.html。

② 生态环境部对外合作与交流中心技术交流部:《"一带一路"生态环保大数据服务平台2022年年会成功举办》,生态环境部对外合作与交流中心网站,2022年11月18日,http://www.fecomee.org.cn/gjjsjl/202211/t20221118_1005304.html。

③ 生态环境部对外合作与交流中心技术交流部:《"一带一路"生态环保大数据服务平台2023年年会成功举办》,生态环境部对外合作与交流中心网站,2023年8月24日,http://www.fecomee.org.cn/gjjsjl/202308/t20230824_1039282.html。

八　设施联通

71. 中欧班列国际合作论坛

——背景

中欧班列是共建"一带一路"的标志性品牌。2023年9月15日，在共建"一带一路"倡议提出十周年之际，中欧班列国际合作论坛在新亚欧大陆桥的东方起点——江苏省连云港市成功举办。习近平主席在贺信中指出：中欧班列开行以来，保持安全稳定畅通运行，开创了亚欧国际运输新格局，搭建了沿线经贸合作新平台，有力地保障了国际产业链供应链稳定，为世界经济发展注入新动力。中国将继续同各方一道，秉承和平合作、开放包容、互学互鉴、互利共赢的丝路精神，坚持共商共建共享原则，推动中欧班列朝着更高质量、更好效益、更加安全方向发展，为促进全球经济发展、增进各国人民福祉、推动构建人类命运共同体作出新的更大贡献。[1]

——内容[2]

中欧班列国际合作论坛以"深化互联互通 促进合作共赢"为主题，聚焦推进高水平对外开放、优化区域开放布局，由国家发展和改革委员会、交通运输部、海关总署、国家铁路集团和江苏、内蒙古、黑龙江、河南、重庆、四川、陕西、新疆等省区市人民政府共同主办。

论坛包括开幕式、主论坛和分论坛等环节，为期一天。开幕式上中共中央政治局常委、国务院副总理丁薛祥出席开幕式，宣读习近平主席贺信并致辞。哈萨克斯坦第一副总理斯克利亚尔在开幕式上宣读哈萨克斯坦总统托卡耶夫的书面致辞并致辞。[3] 江苏省委书记信长星、国家发展和改革委员会副主任丛亮、

---

[1] 《习近平向中欧班列国际合作论坛致贺信》，《人民日报》2023年9月16日第1版。
[2] 《中欧班列国际合作论坛在江苏连云港成功举办 29个国家和地区500余名代表出席》，中国发展网，2023年9月16日，http://m.chinadevelopment.com.cn/checklist.php?s=index/detail/id/1858993。
[3] 许可、朱程：《中欧班列国际合作论坛开幕》，《人民日报》2023年9月16日第3版。

交通运输部副部长李扬、海关总署副署长孙玉宁、国铁集团董事长刘振芳，以及蒙古国交通运输发展部副部长哈勒塔尔、乌兹别克斯坦驻华大使法尔霍德·阿尔济耶夫先后致辞。主论坛上，国内外与会嘉宾围绕推动中欧班列高质量发展、促进地区开放型经济发展进行深入交流。9月15日下午举办"班列+海运""班列+经贸"两场分论坛，着力拓展贸易投资、人文交流、数字经济、陆海联通等领域务实合作。

论坛通过"线上+线下""展览+宣传片"形式，展示国家及中欧班列开行城市取得的工作成效。共有来自29个国家和地区的500余名代表出席论坛，其中外方嘉宾150余人，包括哈萨克斯坦、乌兹别克斯坦、保加利亚等中欧班列共建国家政府官员、驻华使节、企业、商协会、国际组织代表。中方嘉宾350余人，包括相关部委、主办省（区、市）人民政府负责同志以及知名研究机构、智库专家学者、企业代表。

论坛形成48项合作成果，其中，国家层面6项，包括上线中欧班列门户网站、发布中欧班列全程时刻表、推行中欧班列多式联运电子提单、实施中欧班列重点铁路口岸及后方通道扩能改造项目、中欧班列牵引扩编增吨、深化中欧班列国际铁路合作机制建设等。地方和企业层面42项，主要为地方、企业与中欧班列共建国家达成的务实合作成果。论坛期间，中欧班列门户网站正式上线。该网站的投入使用，将为共建国家民众了解中欧班列提供重要窗口，为国内外企业使用中欧班列提供服务保障。

——意义

中欧班列以快速、稳定、可靠的优势，为中欧庞大的货物贸易保驾护航，成为国际物流中陆路运输的重要方式，也为高质量共建"一带一路"提供有力支撑。中欧班列运输服务网络基本覆盖亚欧大陆全境，有效扩大了中国与沿线各国经贸往来，加速了要素资源跨国流动，日益成为惠及各国人民的"幸福之路"、造福世界的"繁荣之路"。

中欧班列国际合作论坛是重要的国家主场外交活动，也是共建"一带一路"十周年系列重要活动之一，有利于进一步巩固稳定提升中欧班列良好发展态势，强化共建国家和地区产业链、供应链连接畅通，凝聚合作发展共识，深化全方位务实合作，助推共建"一带一路"高质量发展。"深化互联互通 促进合作共赢"的主题，贯彻落实了习近平主席关于共建"一带一路"和中欧班列高质量发展的重要指示精神，全面深化了与相关国家的友好交流与务实合作，得到国际社会积极响应参与。2023年10月，习近平主席在第三届"一带一路"国际合作高峰论坛的主旨演讲中，宣布"加快推进中欧班列高质量发展""办好中欧班列国际合作论坛"是构建"一带一路"立体互联互通网络的重要举措。习近平主席指出，未来，中方将加快推进中欧班列高质量发展，参与跨里海国际运输走廊建设，办好中欧班列国际合作论坛，会同各方搭建以铁路、公路直达运输为支撑的亚欧大陆物流新通道。积极推进"丝路海运"港航贸一体化发展，加快陆海新通道、空中丝绸之路建设。[①]（本条执笔：王越）

72. 全球可持续交通高峰论坛

——背景

交通是经济的脉络和文明的纽带，可持续交通是可持续发展的重要内容。交通推动着人员和货物在地区间的自由流动，支持人民生计、促进百姓就业，从而有助于消除贫穷、粮食安全和减少城乡、地区甚至国家间的不平等情况。交通运输支持着各个国家间陆海空、全方位、多级别、3D立体的互联互通。2021年10月，联合国在北京举办的第二届全球可持续交通大会成果文件《北京宣言》中指出，"实现可持续的交通运输意味着在充分实现效益的同时，避免或减轻流动性的相关成本。加快向可持续交通的转型将是创建人类命运共同体的核心……它对于实现人类、地球和繁荣的世界共同目标也至关重要"。[②]《北京宣言》重申了可持续交通的重要性，描绘了全球可持续交通发展的未来愿景，提出了加强交通合作的行动倡议，呼吁所有利益攸关方共同采取行动，加快向可持续交通转型。为此，中国交通运输部定于2023年9月25日至26日在北京举办"全球可持续交通高峰论坛"，同步举办第十五届国际交通技术与设备展览会。论坛由中国交通运输部主办、中国国际可持续交通创新和知识中心具体承办。会议地址位于中国国家会议中心。

——内容

"全球可持续交通高峰论坛"聚焦可持续交通合作，以"可持续交通：携手合作助力全球发展"为主题，并设有四个主要议题和一个部长圆桌会议议题，分别是："互联互通：促进数字时代互联互通""共同发展：不让任何一国、任何一人掉队""创新驱动：人享其行、物畅其流，拥抱全球智慧交通美好未来""生态优先：加快全球交通绿色低碳转型""全球治理：构建全球可持续交通合作伙伴关系"。会议的主要活动包括开幕式、全体会议、主题会议、部长圆桌会议及闭幕式等，会议期间还同时举行了数十场边会。

习近平主席向全球可持续交通高峰论坛致贺信并指出，建设安全、便捷、

[①] 习近平：《建设开放包容、互联互通、共同发展的世界》，《人民日报》2023年10月19日第2版。
[②] "Beijing Statement of the Second United Nations Global Sustainable Transport Conference", October 16, 2021, https://www.un.org/sites/un2.un.org/files/2021/10/gstc2_beijing_statement_16_oct_2021.pdf.

高效、绿色、经济、包容、韧性的可持续交通体系，是支撑服务经济社会高质量发展、实现"人享其行、物畅其流"美好愿景的重要举措。中国正在加快建设交通强国，将继续坚持与世界相交、与时代相通，致力于推动全球交通合作，以自身发展为世界提供新机遇。中国愿同世界各国一道，秉持共商共建共享理念，让可持续交通发展成果更好造福世界各国人民，为落实全球发展倡议、实现联合国2030年可持续发展目标、推动构建人类命运共同体作出积极贡献。[1]

本次论坛取得了丰硕成果，并主要包括以下四个方面：一是凝聚了全球可持续交通发展共识。在部长圆桌会议上，中方提出了《北京倡议》，并得到了25个国家和国际组织的支持。二是发布了《2022年中国可持续交通发展报告》。该报告全面介绍了中国可持续交通发展理念、成绩和最新实践，为全球同行提供了有益借鉴。三是倡议成立了全球可持续交通创新联盟。全球有42家知名企业、金融机构、高校等成为创始会员单位，共同将全球可持续交通创新联盟打造成一个创新融合、知识分享、政策、凝聚共识和传播理念的平台。四是签署多项合作文件。交通运输部和联合国经社部、其他多个国家就道路运输、海运协定、科技合作等交通相关内容签署多份合作文件。

在论坛举办期间，同步举办了第十五届国际交通技术与设备展览会，以"交通天下、创新引领"为主题，重点展示国内外在交通运输基础设施智能升级、新型交通设备研发、智慧化交通运营服务等方面的新技术、新突破、新成就，为宣传和推广可持续交通技术、设备、标准、经验搭建一个全新的平台。

——意义

实现可持续发展是全人类共同的追求，交通运输对于推动全球经济增长、促进可持续发展十分重要。全球可持续交通高峰论坛汇聚了全球各界交通人士，共同商讨可持续交通发展大计，加强了全球可持续交通的交流，更好地推动了全球可持续交通之间的共识。在多方力量的凝聚下，秉持着人类命运共同体理念，全球可持续交通高峰论坛为推进落实全球发展倡议、推动落实联合国2030年可持续发展议程、推动构建人类命运共同体贡献力量。同时，本次论坛加强了国际交通界交流合作，进一步推进了可持续交通发展，有助于加强区域间和地区间互联互通和联合行动，加强国际发展合作，顺应新技术、新业态的发展趋势，搭建起全球交通界共商共建的交流对话平台，凝聚多方共识，传播绿色理念，更好地促进全球可持续交通合作。（本条执笔：徐秀军、杨济语）

---

[1] 《习近平向全球可持续交通高峰论坛致贺信》，《人民日报》2023年9月26日第1版。

73. 全球互联互通网络

　　构建全球互联互通网络是"一带一路"倡议的重要内容。2023年10月，习近平主席出席第三届"一带一路"国际合作高峰论坛开幕式并发表主旨演讲指出，10年来，中方致力于构建以经济走廊为引领，以大通道和信息高速公路为骨架，以铁路、公路、机场、港口、管网为依托，涵盖陆、海、天、网的全球互联互通网络，有效促进了各国商品、资金、技术、人员的大流通，推动绵亘千年的古丝绸之路在新时代焕发新活力。

　　——背景

　　经济全球化为世界经济发展提供了强大动力，但由少数国家主导的经济全球化，并没有实现普遍普惠的发展，而是造成富者愈富、贫者愈贫，发达国家和发展中国家以及发达国家内部的贫富差距越来越大。很多发展中国家在经济全球化中获利甚微甚至丧失自主发展能力，难以进入现代化的轨道。个别国家大搞单边主义、保护主义、霸权主义，经济全球化进程遭遇逆流，世界经济面临衰退风险。全球经济增长动能不足、全球经济治理体系不完善、全球经济发展失衡等问题，迫切需要解决。世界经济发展由少数国家主导、经济规则由少数国家掌控、发展成果被少数国家独享的局面，必须得到改变。构建全球互联互通网络既是为了中国的发展，也是为了世界的发展。

　　——目标与进展

　　全球互联互通网络是以"六廊六路多国多港"为基本架构，加快推进多层次、复合型基础设施网络建设，基本形成"陆海天网"四位一体的互联互通格局。2023年10月，习近平主席在第三届"一带一路"国际合作高峰论坛开幕式主旨演讲时宣布，中国支持高质量共建"一带一路"的八项行动，其中第一项行动是构建"一带一路"立体互联互通网络。中方将加快推进中欧班列高质量发展，参与跨里海国际运输走廊建设，办好中欧班列国际合作论坛，会同各方搭建以铁路、公路直达运输为支撑的亚欧大陆物流新通道。积极推进"丝路海运"港航贸一体化发展，加快陆海新通道、空中丝绸之路建设。①

　　"一带一路"倡议提出10年来，互联互通网络建设已取得显著的成效：

　　经济走廊和国际通道建设卓有成效。共建国家共同推进国际骨干通道建设，打造连接亚洲各次区域以及亚欧非之间的基础设施网络。中巴经济走廊

---

① 中华人民共和国国务院新闻办公室：《共建"一带一路"：构建人类命运共同体的重大实践》，《人民日报》2023年10月11日第10版。

方向，重点项目稳步推进。新亚欧大陆桥经济走廊方向，匈塞铁路塞尔维亚贝尔格莱德—诺维萨德段于2022年3月开通运营，双西公路全线贯通。黑山南北高速公路顺利建成并投入运营。中国—中南半岛经济走廊方向，中老铁路全线建成通车且运营成效良好，黄金运输通道作用日益彰显。中印尼共建的雅万高铁开通运行。中泰铁路一期签署线上工程合同，土建工程已开工11个标段。中蒙俄经济走廊方向、中国—中亚—西亚经济走廊方向、孟中印缅经济走廊方向等的基础设施网络建设均取得积极进展。

海上互联互通水平不断提升。共建国家港口航运合作不断深化，货物运输效率大幅提升。希腊比雷埃夫斯港年货物吞吐量增至500万标箱以上。巴基斯坦瓜达尔港正朝着物流枢纽和产业基地的目标稳步迈进。缅甸皎漂深水港项目正在开展地勘、环社评等前期工作。斯里兰卡汉班托塔港散杂货年吞吐量增至120.5万吨。意大利瓦多集装箱码头开港运营。尼日利亚莱基深水港项目建成并投入运营。"丝路海运"网络持续拓展，截至2023年6月底，"丝路海运"航线已通达全球43个国家的117个港口，300多家国内外知名航运公司、港口企业、智库等加入"丝路海运"联盟。"海上丝绸之路海洋环境预报保障系统"持续业务化运行，范围覆盖共建国家100多个城市。

"空中丝绸之路"建设成效显著。共建国家间航空航线网络加快拓展，空中联通水平稳步提升。截至2023年11月，中国已与104个共建国家签署双边航空运输协定，与57个共建国家实现空中直航，跨境运输便利化水平不断提高。中国企业积极参与巴基斯坦、尼泊尔、多哥等共建国家民航基础设施领域合作，助力当地民航事业发展。中国民航"一带一路"合作平台于2020年8月正式成立。新冠疫情期间，以河南郑州—卢森堡为代表的"空中丝绸之路"不停飞、不断航，运送大量抗疫物资，在中欧间发挥了"空中生命线"的作用，为维护国际产业链供应链稳定作出了积极贡献。

国际多式联运大通道持续拓展。中欧班列、中欧陆海快线、西部陆海新通道、连云港—霍尔果斯新亚欧陆海联运等国际多式联运稳步发展。中欧班列通达欧洲25个国家的200多个城市，86条时速120千米的运行线路穿越亚欧腹地主要区域，物流配送网络覆盖欧亚大陆；截至2023年6月底，中欧班列累计开行7.4万列，运输近700万标箱，货物品类达5万多种，涉及汽车整车、机械设备、电子产品等53大门类，合计货值超3000亿美元。中欧陆海快线从无到有，成为继传统海运航线、陆上中欧班列之外中欧间的第三条贸易通道，2022年全通道运输总箱量超过18万标箱，火车开行2600余列。西部陆海新通道铁海联运班列覆盖中国中西部18个省（区、市），货物流向通达100多个国家的300多个港口。①

——意义

共建"一带一路"源自中国，成果和机遇属于世界。10年来，中方致力于构建以经济走廊为引领，以大通道和信息高速公路为骨架，以铁路、公路、机场、港口、管网为依托，涵盖陆、海、天、网的全球互联互通网络，有效促进了各国商品、资金、技术、人员的大流通，推动绵亘千年的古丝绸之路在新时代焕发新活力。共建"一带一路"坚持共商共建共享，跨越不同文明、文化、社会制度、发展阶段差异，开辟了各国交往的新路径，搭建起国际合作的新框架，汇集了人类共同发展的最大公约数。中方愿同各方深化"一带一路"合作伙伴关系，推动共建"一带一路"进入高质量发展的新阶段，为实现世界各国的现代化作出不懈努力。（本条执笔：郎平）

74. 深化互联互通合作北京倡议

——背景

共建"一带一路"的关键在于互联互通。基础设施"硬联通"是共建"一带一路"的重要方向。10多年来，"六廊六路多国多港"的互联互通架构基本形成，中老铁路、雅万高铁、匈塞铁路等一批标志性项目成功建设和运营，基础设施"硬联通"扎实推进。规则标准等"软联通"是共建"一带一路"的重要支撑。同时，规则、规制、管理、标准等领域合作稳步扩大，"软联通"亮点纷呈。随着信息、资金、技术、人才等要素流动更加畅通，共建国家经贸合作质效不断提升。2023年10月18日，在第三届"一带一路"国际合作高峰论坛互联互通高级别论坛上，国内外嘉宾围绕"深化互联互通，建设开放型世界经济"这一主题，深入交换意见，达成许多共识。论坛期间，中国同26个国家共同发起《深化互联互通合作北京倡议》，从交通、能源、信息、水利基础设施"硬联通"和规则标准、营商环境"软联通"6个方面，明确了发展方向和建设重点，进一步提升共建国家基础设施互联互通水平。

——内容②

《深化互联互通合作北京倡议》指出，为不断提升共建"一带一路"国家基础设施互联互通水平，建设更加开放、包容、普惠、平衡、共赢的世界经济，在自愿和无约束的基础上，中国与共建"一带一路"国家共同提出以下六

---

① 中华人民共和国国务院新闻办公室：《共建"一带一路"：构建人类命运共同体的重大实践》，《人民日报》2023年10月11日第10版。

② 《习近平向中欧班列国际合作论坛致贺信》，《人民日报》2023年9月16日第1版。

个方面的倡议。

一是推动交通设施便捷畅通。共同推动公路、铁路、海运和航空运输网络建设，推进线路、场站、港口等设施现代化改造和维护。提升铁路联运班列、道路运输、海运、民航、跨境寄递等国际运输服务水平。深化国际运输便利化和大通关协作，加强国际物流供应链保通保畅合作，提升国际运输大通道韧性。共同推进"空中丝绸之路"建设高质量发展。

二是促进能源稳定可持续发展。携手推进能源资源开发和基础设施建设，提升能源可及性。促进能源资源贸易合作，提高能源供应稳定性，增强运输通道保障能力，巩固拓展跨境油气管道合作。加强清洁能源开发利用和智能电网、储能设施建设，推广绿色低碳的能源生产消费模式。

三是提高水利民生保障能力。共同开展水旱灾害防御、城镇供水与污水处理、水土流失治理、农业节水灌溉、河湖生态保护治理等领域项目合作，提升水安全保障能力。推动水资源合理利用和保护，提升水资源节约集约利用能力和水平。推动共建水利技术研发平台，共享治水管水技术与理念，实施水利联合科研计划与项目。

四是推进信息设施有效联通。共同推进国际陆缆、海缆等通信网络建设，持续优化网络架构，提高国际通信互联互通水平。稳步推进4G、5G网络普及和应用，提升移动通信网络可及性。推动新一代信息技术在传统基础设施领域赋能增效。推动建设绿色数据中心。

五是提升规则标准等"软联通"水平。开展基础设施规则、规制、标准等方面国际合作，建立健全双多边互联互通政策协商和对话机制，推动形成国际上普遍认可的规则、标准和最佳实践。加强重点共识领域政府间合作，促进国际技术交流和人才培养。

六是优化国际营商环境。共同维护以规则为基础的透明、非歧视、开放和包容的多边贸易体制，推动构建公正、合理、透明的国际经贸投资规则体系，提升贸易投资自由化、便利化水平。创新投融资机制，运用绿色贷款、绿色债券等新型金融工具支持基础设施建设。加强反腐败合作，提升公共和私营部门廉洁度。

——意义

"一带一路"的互联互通建设获得国内外高度评价[①]：老挝国家主席通伦说："十年来，共建'一带一路'倡议在推动合作发展方面发挥了关键作用，改善了多边机制的运行，促进了地区和国际层面的有效协作。当前，国际局势错综复杂，要通过加强互联互通，建设开放型世界经济，推动世界各国走上和

---

① 许可、朱程：《中欧班列国际合作论坛开幕》，《人民日报》2023年9月16日第3版。

谐可持续的发展道路。"埃塞俄比亚总理阿比说："未来，共建'一带一路'倡议将会继续推动非洲的一体化建设，加快经济多元化发展，推动贸易和数字经济发展，助力实现能源安全和绿色发展。"国家发展和改革委员会副主任李春临指出，中方愿与各方凝聚更多共识，健全一批高水平互联互通国际合作机制，实施一批高质量互联互通重大民生工程，开展一批国际规则标准的协同创新实践，探索一批务实高效的联动融合发展模式。（本条执笔：徐秀军、王越）

75. 亚欧大陆物流新通道

——背景

新亚欧大陆桥是"一带一路""六大经济走廊"之一，全长 10900 千米，沿途主要国家为中国、哈萨克斯坦、俄罗斯、白俄罗斯、波兰、德国、荷兰等。1992 年 12 月 1 日，从中国连云港出发的首个国际班列，标志着新亚欧大陆桥跨境运输正式开启。开通 30 年来，尤其是 2013 年"一带一路"倡议提出后，这一通道日益完善、不断壮大，已成为连接亚欧大陆的重要经济大通道，助力畅通亚欧经贸循环。

——内容

在"一带一路"框架下，新亚欧大陆桥国际物流通道建设的形式更为多样，内涵更加丰富。它不仅包括铁路、公路、港口、航运等一系列陆上、水上、空中的交通物流，以及石油管道、宽带信息传输线等跨境联通，还包括贸易和投资等多领域的综合发展。

2023 年召开的第三届"一带一路"国际合作高峰论坛上，中国提出将与各方一起搭建以铁路、公路直达运输为支撑的亚欧大陆物流新通道，致力于建成连接亚洲和欧洲的综合运输网络。这一新通道将公路和铁路作为主要运输工具，以提高货物运输的效率和便捷性为核心，进一步促进跨国贸易和物流的合作。

亚欧大陆物流新通道的建设包括了硬通道和软通道两方面。从硬通道方面看，亚欧大陆物流新通道将继续保持中俄东线天然气管道、中俄原油管道、中国—中亚天然气管道、中缅管道等项目稳定运营，大力发展海铁联运和国际班列，实现常态化、规模化运行，致力于构建开放型综合交通运输体系。《共建"一带一路"未来十年发展展望》中指出，中国将加强与共建国家发展战略对接，建设好匈塞铁路等在建项目，运营好亚吉铁路、蒙内铁路等项目，做好中吉乌铁路前期研究，促进投资、建设、运营一体化。从软通道方面看，亚欧大陆物流新通道将结合市场需求，促进规则标准的对接，通过上海合作组织、中国与中东欧国家合作等多边平台，与共建国家建立多层次政策沟通交流机制，推进探索海运、公路、空中多式联运等新业态，推动海关、物流、安全检疫等多个领域规则联通。

——意义

亚欧大陆物流新通道将整个亚欧大陆连接起来，为建立和加强各国互联互通伙伴关系、畅通亚欧大市场发挥着重要的作用。这一通道正在成为亚欧大陆开放的新轴线，促成具有强大经济吸引力的经济网络。第一，从太平洋地区的东亚到大西洋地区的西欧，以及中间相对不太发达的地区，各地区和国家间存在较强的差异性，满足生产分工的前提条件。亚欧大陆新物流通道的建设有利于发挥各个地区的优势，实现经济互补，为全球经济增长和贸易扩大提供动力，为不同国家和地区提供更多的发展机会。第二，欧亚新通道的构建极大地提高了货物运输效率，有效地促进了各国商品、资金、技术、人员的大流通，为地区和全球产业链、供应链的稳定畅通，提供了有力支撑。第三，亚欧大陆通道建设还为"一带一路"共建国家的物流、交通运输以及相关企业提供了拓展业务、开拓市场、创新服务等巨大的机遇。

"一带一路"倡议极大地推动了亚欧大陆物流新通道的建设，经过多年的发展，该通道的建设取得了丰硕成果，促进了亚欧共建国家间的经济贸易交流。亚欧公路、铁路运输网络更加多元化，中欧班列已初步形成了"联通欧洲、覆盖中亚、衔接日韩、连接东盟"的国际多式联运服务网络。截至2023年9月，中欧班列共建起了82条运输线路，通达欧亚大陆40个国家217个城市，累计开行超过7.8万列，运送货物超过740万标箱，运输货物品类已由开通初期的手机、电脑等电子产品逐渐扩大到服装鞋帽、汽车及配件、粮食、葡萄酒、咖啡豆、木材等53大门类、5万多个品种，逐步"连点成线""织线成网"，运输服务网络覆盖了欧洲全境。"中欧班列+跨境电商""中欧班列+国际邮件"等业态的创新发展，带动了中国大型综合物流企业的参与，助力中国企业进一步完善和发展海外物流网络布局。（本条执笔：张琳）

76. 跨里海国际运输走廊

——意义

跨里海国际运输走廊，又称"中间走廊"（Trans-caspian International Transport Route，TITR），是一个连接亚欧大陆的跨国交通走廊建设项目，旨在建立一条连接亚欧大陆两端、高效的运输系统。跨里海国际运输走廊起于中国，过境哈萨克斯坦、阿塞拜疆、格鲁吉亚并通往土耳其、乌克兰、保加利亚、罗马尼亚等黑海沿岸国家，是连接世界上两大重要经济体——中国与欧洲的关键通道。该走廊全长约6500千米，铁路运输全程用时12—14天。

——内容

作为连接里海沿岸国家的国际交通项目，跨里海国际运输走廊的建设最初是由欧洲于1993年提出的，命名为"高加索—亚洲运输走廊计划"（TRACECA）。该计划涉及欧盟以及东欧、中亚、高加索地区的12个成员国，目的是加强黑海盆地、南高加索、中亚地区各国之间的经济、贸易和运输联系。为了进一步挖掘跨里海国际运输走廊的运输潜能，2014年2月跨里海国际运输走廊协调委员会在哈萨克斯坦成立，哈萨克斯坦、阿塞拜疆、格鲁吉亚、土耳其和中国的铁路、港口管理机关及海上货运公司都积极参与了该委员会的建设工作。2016年协调委员会进一步升级为跨里海国际运输走廊国际协会，这一地区性国际交通运输机构的总部设在哈萨克斯坦城市阿斯塔纳。2017年，跨巴库（阿塞拜疆首都）—第比利斯（格鲁吉亚首都）—卡尔斯（土耳其东北部城市）国际铁路（简称为BTK铁路）竣工通车，这条铁路把阿塞拜疆、格鲁吉亚、土耳其三国的铁路连接在一起，标志着跨里海国际运输走廊的关键基础设施与欧洲铁路网连接在了一起。2018年1月，从新疆乌鲁木齐发出的中欧班列首次通过BTK铁路，为新丝绸之路高加索地区带来新机遇，是各国共建"一带一路"的又一里程碑。

2023年5月发布的《中国—中亚峰会西安宣言》提出，要加快推进中国—中亚交通走廊建设，其中也包括跨里海运输线路。2023年10月举行的第三届"一带一路"国际合作高峰论坛上，中国提出了支持高质量共建"一带一路"的八项行动，其中一项就是积极参与跨里海国际运输走廊建设，同各方一起搭建铁路、公路运输共同支撑的亚欧大陆物流新通道。2023年11月5日，中欧班列（西安—巴库）跨里海国际运输走廊班列从西安国际港站出发。这趟班列的开行正是中国积极参与共建跨里海国际运输走廊的具体实践。

——意义

"一带一路"倡议对跨里海贸易运输走廊的发展具有重要意义。跨里海国际运输走廊的建设有利于进一步拉动国际贸易的增长，提高运输能力。整合链接的铁路网能够提供跨境集装箱运输与物流服务，综合提高运输、物流和贸易各环节的竞争力，简化的行政手续、一体化的信息服务系统，均为沿线各国创造新的合作机遇。常设机构的设立和常态化的管理机制，有利于显著地降低沿线各国的关税和非关税壁垒，协调海关政策，降低成本，提高通关效率。中国的积极加入，发挥了经贸合作的基础和先导作用。

跨里海贸易运输走廊是推进"一带一路"贸易畅通的重要内容，是实现贸易和投资便利化、不断改善营商环境、拓展经贸合作领域的重要途径。跨里海国际运输走廊为中国和欧洲各国提供了新的运输路线选择，为企业开辟了新的贸易市场，也使得中亚和高加索国家能够更直接地融入全球供应链、产业链和价值链。从实施效果看，哈萨克斯坦工业和基础设施发展部的数据显示，2022年跨里海国际运输走廊货运量达150万吨，比2021年增长了2.5倍。2023年1月至6月，跨里海国际运输走廊货物运输量超过132万吨，同比增幅达77.2%。据欧洲复兴开发银行预测，到2040年，该走廊的年运输量将达到13万标箱。同时，跨里海国际运输走廊能够在很大程度上节省企业的物流和仓储成本，优化企业价值链。以中国为例，相对于传统的海运路线，中国通过跨里海国际运输走廊将货物运送至欧洲阿姆斯特丹、汉堡等地，运输时间从45天左右缩短至20天左右。（本条执笔：张琳）

77. "丝路海运"海航贸一体化

——背景

"丝路海运"是中国首个以航运为主题的、向"一带一路"提供高质量海运服务的综合物流服务平台，致力于构建"服务标准化、运行便捷化、管理智能化"的物流体系。2018年12月，首条以"丝路海运"命名的集装箱航线开行，标志着该项目正式启动。截至2024年12月，"丝路海运"联盟成员达到了317家，命名航线共计116条，构建起连通43个国家131个港口的航线网络，累计开行超1.2万航次，完成集装箱吞吐量超1450万标箱，散杂货吞吐量超660万吨。此外，"丝路海运"的信息化发展也已取得显著的成效。2021年，"丝路海运"信息化平台正式启动。此平台整合了现有的关检—港口—航运—贸易信息资源，拓展国内外智慧物流合作伙伴，促进海关"三互"、商品溯源和全程物流可视化，极大地推进物流和信息流的深度融合，显著地提高了数字经贸合作水平。五年来，"丝路海运"通过"一批航线、一套标准、一个联盟、一个论坛、一个平台、一组政策"六个维度，培养了航运新业态，开拓了对外开放的新格局。

——内容

2023年第三届"一带一路"国际合作高峰论坛提出中国支持高质量共建"一带一路"行动，推动构建"一带一路"立体互联互通网络。行动方案中明确中国将"积极推进'丝路海运'港航贸一体化发展，加快陆海新通道、空中丝绸之路建设"。"丝路海运"海航贸一体化是指进一步构建港口、铁路、公路、航空等多式联运一体化的物流体系，在空间布局、基础设施等多个方面加强衔接，同时加强推进港口、航商、物流、贸易、金融等企业的数据共享、信息互通，利用大数据联通订舱、仓储、通关、运输等各个物流链节点，实现港口、航运和贸易的一体化互联互通。

发展"丝路海运"海航贸一体化，进一步打造服务标准化、运行便捷化、管理智能化的升级新体系，主要内容包括：第一，综合运力和服务的提高。要进一步有效整合内河、铁路、公路、航空等多种运输方式，加快形成江海直达、江海联运、"公铁水"有机衔接的物流体系，提升多式联运效能，降低物流总成本，延伸联运物流服务链条。与"中欧班列""西部陆海新通道"等物流品牌无缝对接、联动发展，积极拓展与境外重要航商、港口的业务合作，提高服务水平。第二，加大产业融合，集聚资源要素，强化产业链协同。要实现"丝路海运"提质增效，就要畅通运力、航线、枢纽、通道、金融等现代化供应链体系，实现供应链和产业链上下游之间、不同产业横向之间的深度融合。要加大基础设施建设投入，创新互联互通机制。第三，科技创新，实现产业数字化、智能化升级。要以智能航运重塑产业链、供应链和价值链，加速实现信息及时共享和供需动态匹配。如今，"丝路海运"国际航运综合服务平台已经实现了物流全程可视化，进出口托运人可全程观测和掌握拖车路径、码头作业、船舶轨迹等集装箱海运的动态信息，为厂商生产、仓储、订舱、结算等各项业务的运作提供了便利。以中远海运发起建立的全球航运商业网络（GSBN）平台为例，数字技术实现了航运集装箱、大宗散货、原油等电子提单的签发，促进了贸易、物流、金融不同部门之间的相互融合。实现了货物信息对供给货主、港口、银行、保险和监管方的及时共享，减少了信息不对称，提高了整个行业的信用能级。

——意义

"丝路海运"海航贸一体化建设，将进一步扩展航线，创新贸易模式，深化与国际港口的合作，覆盖更广泛的海丝航线，满足市场对多元运输方案的需求。这种多式联运和综合物流服务相融合的物流服务体系，有助于形成中国陆海内外联动、东西双向互济的全方位对外开放新格局，促进高质量建设"一带一路"目标的实现。（本条执笔：张琳）

78．"陆海天网"

——背景

共建"一带一路"，关键是互联互通。[①] 具体来说，共建各方将"一带一

[①] 习近平：《齐心开创共建"一带一路"美好未来——在第二届"一带一路"国际合作高峰论坛开幕式上的主旨演讲》，人民出版社 2019 年版，第 4 页。

路"的互联互通理解为三位一体的硬联通、软联通和心联通。① 其中，中国政府又将硬联通细分为陆、海、天、网的四位一体，并同各方一道积极构建以基础设施为依托的"一带一路"互联互通网络。

回顾共建"一带一路"的发展历程，中国政府对于"一带一路"硬联通的认识经历一个不断系统化的发展过程。具体来说，中国政府对此的理解认知主要包括三个视角："五通"之一的设施联通（道路联通）、"陆海天网"四位一体的联通、基础设施硬联通。

第一，"五通"之一的设施联通（道路联通）。2013 年 9 月 7 日，习近平主席在哈萨克斯坦纳扎尔巴耶夫大学的演讲中，发起共同建设"丝绸之路经济带"的合作倡议，并提出可从加强政策沟通、道路联通、贸易畅通、货币流通和民心相通入手，逐步形成区域大合作。② 2014 年 11 月 8 日，习近平主席在"加强互联互通伙伴关系"东道主伙伴对话会上的讲话中强调，我们要建设的互联互通……应该是政策沟通、设施联通、贸易畅通、资金融通、民心相通五大领域齐头并进。③

第二，"陆海天网"四位一体的联通。2017 年 5 月 14 日，习近平主席在"一带一路"国际合作高峰论坛开幕式上的演讲中提出，设施联通是合作发展的基础。我们要着力推动陆上、海上、天上、网上四位一体的联通。④ 2019 年 4 月 27 日，习近平主席在第二届"一带一路"国际合作高峰论坛圆桌峰会的闭幕词中表示，我们将继续推进陆上、海上、空中、网上互联互通。⑤

第三，基础设施硬联通。2021 年 4 月 20 日，习近平主席在博鳌亚洲论坛 2021 年年会开幕式上的视频主旨演讲就建设更紧密的互联互通伙伴关系表示，中方将同各方携手，加强基础设施硬联通以及规则标准软联通。⑥ 2021 年 11 月 19 日，习近平总书记在第三次"一带一路"建设座谈会上提出，我们把基础设施"硬联通"作为重要方向，把规则标准"软联通"作为重要支撑，把同共建国家人民"心联通"作为重要基础，推动共建"一带一路"高质量发展。⑦

如上所述，在推动和引领"一带一路"建设的过程中，中国政府将基础设施作为"一带一路"互联互通的重要依托，并逐渐确立起"陆海天网"四位

---

① 《第三届"一带一路"国际合作高峰论坛主席声明》，《人民日报》2023 年 10 月 19 日第 3 版。
② 习近平：《弘扬人民友谊 共创美好未来》，《人民日报》2013 年 9 月 8 日第 3 版。
③ 习近平：《联通引领发展 伙伴聚焦合作》，《人民日报》2014 年 11 月 9 日第 2 版。
④ 习近平：《携手推进"一带一路"建设》，《人民日报》2017 年 5 月 15 日第 3 版。
⑤ 习近平：《第二届"一带一路"国际合作高峰论坛重要讲话》，外文出版社 2020 年版，第 32 页。
⑥ 习近平：《同舟共济克时艰，命运与共创未来》，《人民日报》2021 年 4 月 21 日第 2 版。
⑦ 《习近平谈治国理政》第四卷，外文出版社 2022 年版，第 495 页。

一体的"一带一路"硬联通整体布局。

——建设进展

基础设施是互联互通的基石。为此，共建"一带一路"以"六廊六路多国多港"为基本架构，加快推进多层次、复合型基础设施网络建设，基本形成"陆海天网"四位一体的互联互通格局。

第一，陆上联通。在陆上方向，共建"一带一路"积极推进交通、能源等基础设施建设。其中，中马友谊大桥、克罗地亚佩列沙茨大桥、拉合尔轨道交通橙线、中吉乌公路、蒙内铁路、中老铁路、雅万高速铁路、萨希瓦尔燃煤电站、巴基斯坦尼鲁姆·杰鲁姆水电站、巴基斯坦默蒂亚里—拉合尔直流输电项目、巴西美丽山水电站、中俄东线天然气管道等一大批标志性项目顺利竣工。与此同时，以中欧班列为代表的国际运输通道建设取得积极进展，进一步拉紧了欧亚大陆各国之间的联系纽带。

第二，海上联通。在海上方向，共建"一带一路"积极推进港口、航运合作。其中，瓜达尔港等港口建设取得重大进展，比雷埃夫斯港、汉班托塔港年货物吞吐量持续攀升，"丝路海运"网络不断扩展，航线已通达全球43个国家的117个港口（截至2023年6月）。[①] 与此同时，中欧陆海快线、西部陆海新通道、新亚欧陆海联运通道等多式联运蓬勃发展，陆海一体的复合联通不断发挥新的效益。

第三，天上联通。在天上方向，共建"一带一路"积极推进民航基础设施建设和航线网络拓展。其中，博克拉国际机场、暹粒吴哥国际机场、内图博士国际机场等标志性项目顺利投运，以郑州—卢森堡航线为代表的空中丝绸之路搭建起中欧互联互通的空中桥梁。

第四，网上联通。在网络方向，共建"一带一路"积极推进信息基础设施建设，提升网络互联互通水平。其中，中巴跨境光缆项目、亚非欧1号洲际海底光缆项目、"海星通"全球网等重大项目顺利建成，中国—东盟信息港建设稳步推进，中国援非"万村通"项目有口皆碑。

——意义

硬联通是"一带一路"互联互通的重要基础。回顾共建"一带一路"的发展历程，以基础设施建设为主要内容的"一带一路"硬联通取得了显著的经济效益、民生效益和一体效益。第一，"一带一路"硬联通建设直接带动了东道国的经济增长，并通过改善基础设施条件的方式进一步激活了当地经济潜能和发展潜力。第二，"一带一路"硬联通项目具有民生外溢效益，能够改善当

[①] 中华人民共和国国务院新闻办公室：《共建"一带一路"：构建人类命运共同体的重大实践》，人民出版社2023年版，第25页。

八　设施联通

地民众在交通、能源、通信等方面的民生水平。第三,"一带一路"硬联通为相关地区的对外联系提供了物质前提,使其得以跨越地理的障碍和摆脱闭塞的束缚,更为便捷地接触和融入外部世界。(本条执笔:刘乐)

79. "丝路海运"

——背景

"丝路海运"是中国首个以航运为主题的"一带一路"国际综合物流服务品牌和平台,连接中国港口与"21世纪海上丝绸之路"共建国家和地区港口,并通过组建联盟的方式培育跨行业国际航运物流生态圈。"丝路海运"品牌和平台成立于2018年12月,旨在打造服务标准化、运行便捷化、管理智能化的国际贸易和航运服务新平台,通过"丝路海运"建设,实现以航运促进贸易,以贸易推动投资、金融、文化等往来,构筑中国与"21世纪海上丝绸之路"共建国家的命运共同体。

"丝路海运"是有特定服务标准的高质量海运服务,以厦门东南国际航运中心为依托,发挥福建省"21世纪海上丝绸之路"核心区的港口、区位、人文优势,以互联互通建设为先导,是深化港航合作、拓展海上通道和促进经贸繁荣的重大举措。

——内容

"丝路海运"聚焦"21世纪海上丝绸之路"共建国家港口和航运企业的合作交流,通过织密集装箱航运网以及搭建国际航运服务新平台,带动沿海、辐射内陆、拓展台港澳、连通"21世纪海上丝绸之路",为"一带一路"贸易与合作交流打造新引擎、拓展新动能、培育新业态。"思路海运"品牌与平台建设包括:第一,每年举办"丝路海运"国际合作论坛。第二,建设"丝路海运"信息化平台。第三,打造"丝路海运"国际航运综合服务平台。第四,建设"丝路海运"电商快线。

"丝路海运"国际合作论坛。"丝路海运"国际合作论坛由福建省人民政府等单位主办,旨在立足"21世纪海上丝绸之路"核心区建设,推动互联互通、港航合作、文化交流和经贸繁荣,服务"21世纪海上丝绸之路"和双循环重要枢纽建设。从2018年到2023年,"丝路海运"国际合作论坛已经成功举办五届。论坛聚焦提升港航服务品质、促进航贸要素聚集、培育跨行业国际航运物流生态圈,从港航合作、通道建设、营商环境、经贸投资等方面探索"丝路海运"建设经验、成效和前景。论坛还具有发布"丝路海运"建设成果、吸纳"丝路海运"联盟新成员、发布《"丝路海运"蓝皮书》等多个重要功能。"丝路海运"国际合作论坛已经成为港口、航运、物流企业共商港航合作、共建丝路通道、凝聚发展共识的重要制度设计。

"丝路海运"信息化平台。2021年9月8日，"丝路海运"信息化平台正式启动。平台通过整合现有的关检—港口—航运—贸易信息资源，拓展国内外智慧物流合作伙伴，打通"丝路海运"航线所经港口"信息孤岛"，促进海关"三互"、商品溯源和全程物流可视化，推进物流和信息流的深度融合。"丝路海运"信息化平台有机整合国际贸易单一窗口、港口智慧物流平台、订舱平台等港航贸信息资源，以"丝路海运"航线为载体，为"丝路海运"联盟成员提供开放性、公共性的服务，促进航运要素优化配置，提升港航物流效率。平台服务包括：第一，为进出口商提供订舱服务及运价指数参考。第二，为航商的航线布局、船型选择、运力投放提供参考。第三，为港口物流的资源投入、转运效率提供检测评价服务。第四，为政府、口岸部门、科研机构等提供决策参考和研究依据。

"丝路海运"国际航运综合服务平台。2022年11月10日，"丝路海运"国际航运综合服务平台（一期）正式上线，初步实现关检、港口、航运、贸易信息资源有机整合，可实现商品溯源和全程物流可视化追踪、订舱服务、命名航线监测、智慧港口管理等功能，能够为进出口企业、港航物流运营商提供多元化的综合信息服务，提升港航物流整体效率。利用区块链、大数据、云计算等新技术，促进各级用户在物流运输各个环节的信息顺畅衔接，推动海运承运商、码头运营商等主体间的高效协同，完善联盟各港口成员对命名航线各项效率的评价机制，为高质量码头服务树立新标杆。"丝路海运"国际航运综合服务平台正在积极探索"丝路海运+"产业生态圈，在法律、金融、气象等跨界领域延伸"丝路海运"信息化服务，提供海事仲裁、航运保险、航运气象等相关服务，为传统港航物流业转型升级注入新动能。

"丝路海运"电商快线。2022年6月18日，"丝路海运"电商快线正式启动，首条"丝路海运"厦门—马尼拉电商快线开通。"丝路海运"电商快线针对电商货物种类多、批量小、时效强的特点，开通了跨境电商海运快捷通道，实现了综合保税区内便捷出入、快速通关和无缝中转，并依托海运码头的区位优势实现快速装船起运。"丝路海运"电商快线严格落实《"丝路海运"电商快线服务承诺》，确保物资运输高效顺畅，为港口企业与电商企业牵线搭桥，是中国沿海港口打造集航运、港口、物流资源一体化海运快捷通道、推动跨境电商产业发展的创新举措。

——意义

"丝路海运"以全力打造港航贸共商共建共享合作平台、搭建强有力的供应链体系为己任，为稳定全球供应链不断构建新引擎、拓展新动能、培育新业态。"丝路海运"作为全球贸易物流供应链的热点和增长点，在完善联运基础设施、提升物流效率、创新航运服务等领域影响力不断扩大，已经成为陆海内外联动、东西双向互济、服务"一带一路"共建国家和地区的物流新通道。

（本条执笔：秦升）

80. "丝路海运"国际合作论坛

——背景

"丝路海运"是中国首个以航运为主题的"一带一路"国际综合物流服务品牌和平台，是一个服务标准化、运行便捷化、管理智能化的国际贸易和航运服务新平台，成立于2018年12月。目前，"丝路海运"联盟成员单位已达317家，覆盖产业链上的港口、航运、物流、港航服务、生产、贸易和批发零售等所有环节。"丝路海运"命名航线总数达116条，通达全球43个国家的131座港口。自2018年底启动运作至2023年8月底，以"丝路海运"命名的集装箱航线累计开行约1.2万艘次，完成集装箱吞吐量1400多万标箱。

"丝路海运"国际合作论坛由福建省人民政府、中国航海学会主办，厦门市人民政府、福建省发展和改革委员会、福建省交通运输厅等多家单位承办，举办地为厦门，至2023年已成功举办五届，共邀请政府主管部门官员、大型港航物流企业高管、国际组织和研究机构专家等百余位重要嘉宾发表演讲，吸引了3000多位国内外航运、物流、贸易、金融、科技等领域的代表参会。"丝路海运"国际合作论坛在基础设施硬联通、规则标准软联通、人文交流心相通等方面取得了一系列务实的成果，成为高质量共建"一带一路"倡议的重要国际港航交流合作平台，也是港口、航运、贸易等各界伙伴开放对话、共商对策、共谋发展的重要平台。

——内容

2019年首届丝路海运国际合作论坛以"共商港航合作、共建丝路通道、共享经贸繁荣"为主题，旨在聚焦互联互通，汇聚才智力量，提升服务水平，着力打造陆海内外联动、东西双向互济的国际贸易往来新通道、国际合作服务新平台，推动共建"一带一路"高质量发展。论坛期间，中国经济信息社和交通运输部水运科学研究院联合发布了《"丝路海运"建设蓝皮书2019》。[①]

2020年第二届丝路海运论坛以"丝路海运：高质量发展之路"为主题，

[①] 林冰冰、林坚：《首届丝路海运国际合作论坛亮相2019厦洽会》，中国经济网，2019年9月10日，https://rmh.pdnews.cn/Pc/ArtInfoApi/article?id=7392980。

吸引了海丝沿线港口、知名航运公司、学术机构等各界嘉宾参加。论坛期间，发布了6条"丝路海运"快捷航线、《2020"丝路海运"蓝皮书》及"丝路海运"服务标准体系研究的最新成果，波兰格但斯克港务局、汉班托塔国际港口集团等8家单位正式成为"丝路海运"联盟成员。

2021年第三届丝路海运论坛以"丝路海运——新阶段、新机遇、新使命"为主题，围绕"共商港航合作、共建丝路通道、共享经贸繁荣"愿景，设置了主旨演讲、"丝路海运"快捷航线发布、"丝路海运"联盟新成员授牌、"丝路海运"服务标准体系研究成果、《2021"丝路海运"蓝皮书》发布和"丝路海运"信息化平台上线仪式等多个环节。

2022年第四届丝路海运论坛以"服务新格局，畅通双循环"为主题，就服务中国国内统一大市场、国际物流与跨境电商融合发展、港航大数据建设及应用、港航金融创新服务等议题开展深入交流。论坛期间，发布了《"丝路海运"建设蓝皮书（2021—2022）》和第十批"丝路海运"命名航线，举行"丝路海运"联盟新成员授牌仪式。

2023年第五届丝路海运论坛以"共商港航合作、共建丝路通道、共享经贸繁荣"为主题，来自国内外航运、物流、贸易、金融、科技等领域的代表通过线上和线下方式参会，合计超过1000人次，共商共建共享"丝路海运"高质量发展。该届论坛包括主论坛、专题论坛、"丝路海运"协调会议等系列活动。专题论坛围绕"港航金融""智能集装箱产业发展""港航数字化转型""投资促进经贸发展"等业内关心的议题，共同探讨港航行业的发展趋势及挑战，以促进产业跨界融合与交流，推动行业高质量发展。论坛期间，发布了《2023"丝路海运"蓝皮书》、第十二批"丝路海运"命名航线以及"丝路海运"气象导航服务，举行福建和江西两省深化口岸区域合作签约仪式、东南多式联运服务平台启动仪式以及"丝路海运"联盟新成员授牌仪式。[1]（本条执笔：王永中）

81. 海丝港口国际合作论坛

——背景

海丝港口国际合作论坛（Maritime Silk Road Port International Cooperation Forum，MPF，以下简称海丝港口论坛）是中国航海日活动的重要组成部分和重大特色活动之一，自2015年开始举办，现已举办七届（2022年因疫情因素暂

---

[1] 赵觉珵、陶明阳：《"丝路海运"迎新成员，助力全球产业链稳定》，《环球时报》2023年9月8日第11版。

停举办),举办地为宁波,由浙江省海港投资运营集团公司和宁波舟山港集团有限公司承办。目前,海丝港口国际合作论坛已成为对接"一带一路"国际合作高峰论坛的港航专业性论坛,并发展成为"一带一路"和全球港航合作战略的对接平台、港航合作要素的组合平台、港航合作事项的会商平台、港航合作项目的洽谈平台、港航合作机制的推进平台。

——内容

海丝港口国际合作论坛旨在打造"一带一路"框架下港航合作交流平台,推动建设全球港航命运共同体。海丝港口论坛坚持"平等、合作、互利、共赢"的宗旨,遵循共商共建共享的原则。其中,"平等"指论坛的成员,不论所属国家和地区及港口经营规模大小,应相互尊重,互学互鉴。论坛的组织和运作由论坛成员共同参与。论坛的议题设置充分尊重与会成员的选择,反映成员的关注,体现成员的意愿。"合作"指论坛为与会成员搭建涵盖业务、投资、技术、人才、信息、口岸、文化等多方面的供需对接和合作平台。"互利"指论坛促进与会成员交流了解,共商共建,优势互补,互惠互利。"共赢"指论坛促进与会成员达成共赢的合作共识和效果。

第一届海丝港口论坛于 2015 年举办,主题为"机遇与挑战下的海上丝路港口合作",来自 30 个国家和地区、90 家单位的 320 位嘉宾参会。论坛通过了《海丝港口国际合作论坛实施办法》,达成"海丝港口国际合作论坛宁波共识"。宁波舟山港分别与釜山港湾公社、马来西亚联邦巴生港务局签署了"友好关系港""推动共同行动计划"协议。

第二届海丝港口论坛于 2016 年举办,主题为"创新引领,合作发展",来自 34 个国家和地区、98 家单位的 358 位嘉宾参会。论坛达成了"海丝港口国际合作论坛创新合作共识"。宁波舟山港与汉堡港务局、威廉港集装箱码头签署了合作备忘录,与韩国丽水光阳港湾公社签署了缔结姐妹港的协议。

第三届海丝港口论坛于 2017 年举办,主题为"市场新变化,港口新发展",来自 35 个国家和地区、161 家单位的 472 位嘉宾参会。浙江海港、宁波舟山港签署加入 LNG 加注港口联盟和国际港口靠泊优化协会。宁波舟山港联合康斯坦察港、里耶卡港、科佩尔港、格但斯克港成功举办第一次专题合作会议。

第四届海丝港口论坛于 2018 年举办,主题为"平台共建、发展共商、合作共赢",来自 41 个国家和地区、212 家单位的 480 位嘉宾参会。论坛通过并发布了《海丝港口合作宁波倡议》。宁波航交所发布了"宁波港口指数"。招商局港口、河北港口、振华重工和港口圈共同签署成立"中国港口创新发展投资基金"。浙江海港与迪拜环球港务共同签署《"一带一路"合作项目意向书》。宁波舟山港分别与斯洛文尼亚科佩尔港、巴塞罗那港签署谅解备忘录、合作备忘录；浙江海港与美国杭州商会签署战略合作协议。

第五届海丝港口论坛于2019年举办，主题为"容·通——丝路传承伙伴精神"，来自44个国家和地区、204家单位的388位嘉宾参会。论坛通过并发布了《海丝港口绿色发展愿景》。上海国际航运研究中心发布《全球港口发展报告》。亚太港口服务组织（APSN）发布《亚太绿色港口实践精选》。浙江海港分别与小米科技有限责任公司、普洛斯投资（上海）有限公司签约。宁波舟山港、宁波港国际物流、宁波港铁路分别与中远海运集装箱运输有限公司、京东方科技集团股份有限公司、长荣国际船务（深圳）有限责任公司宁波分公司签约。新加坡海事及港务局与中国交通运输部水运科学院签约。

第六届海丝港口论坛于2021年举办，主题为"共应时变、共克时艰、共商时策"，来自26个国家和地区的210家单位、300位嘉宾参会，线上观众达25万人。论坛通过并发布了《海丝港口国际合作论坛历届成果回顾与新格局下的展望》《关于修订海丝港口国际合作论坛章程的决议》和《全球港航共应时变共克时艰共商时策之宁波宣言》。新华社中国经济信息社发布《全球港口美誉度报告（2021）》；上海国际航运研究中心发布《全球港口发展报告》。宁波航运交易所发布《数话海丝》。新加坡海事及港务管理局与大连海事大学签署人才交流谅解备忘录。宁波航运交易所与韩国海洋振兴公社签署合作谅解备忘录。

第七届海丝港口论坛于2023年举办，来自40多个国家和地区的400余位港航界嘉宾参会。论坛发布《共时代·共丝路·共强港——海丝港口国际合作愿景与行动》。港口圈发布《全球自动化码头建设报告》。上海国际航运研究中心发布《全球港口发展报告》。中国经济信息社和交通运输部水运科学研究院共同发布《世界一流港口综合评价报告（2023）》。在合作缔约环节，浙江海港、宁波舟山港、威廉港集装箱码头、厦门建发将合作加快开发建设海外物流园项目。浙江海港、宁波舟山港与日本铃与签署协议，将共同致力于推动越南、泰国、马来西亚等东南亚国家物流产业发展。[①]

——影响

自2015年首次举办以来，海丝港口论坛的嘉宾级别越来越高、代表性越来越大，越来越多的海上丝绸之路共建国家的代表参会，论坛影响力和辐射力持续增强，已吸引亚洲、欧洲、非洲、北美洲、南美洲、大洋洲六大洲50余个国家和地区400多家单位、超过3000人次的嘉宾参会，涉及50%以上的

---

① 陈俊杰等：《打造全球港航命运共同体 谱写一流强港建设新篇章》，《中国水运报》2023年7月19日第4版。

"一带一路"共建国家，60%的全球十大码头运营商，65%的全球二十大货代公司，90%的全球二十大班轮公司，95%的全球四十大集装箱港口，100%的全球二十大国际性航运中心。[1]（本条执笔：王永中）

82. 空中丝绸之路

——背景

在"一带一路"倡议持续推进、内涵不断丰富的背景下，2017年6月14日，习近平主席在会见卢森堡首相贝泰尔时，首次提出支持建设郑州—卢森堡"空中丝绸之路"。它丰富了"一带一路"建设构想，也给中国航空产业发展指出新的方向。2021年3月，十三届全国人大四次会议审议通过的《中华人民共和国国民经济和社会发展第十四个五年规划和2035年远景目标纲要》明确提出建设"空中丝绸之路"[2]。推进"空中丝绸之路"建设作为共建"一带一路"的重要内容，是民航参与共建"一带一路"的核心任务。进入新发展阶段，高水平建设"空中丝绸之路"成为加快构建新发展格局、推进高质量共建"一带一路"的重要抓手，将不断增强我国民航运输的国际通达性、服务高效性、网络可靠性和产业协同性。

为推动高质量"一带一路"建设，"空中丝绸之路"国际合作峰会（ASRIF）组委会成立，首届峰会于2019年5月在中国国际服务贸易交易会正式亮相。在峰会上，峰会组委会联合多家国际组织、国内外航空公司、机场等单位，共同发起成立了空中丝绸之路国际合作联盟（ASRICA），"空中丝绸之路"框架下的国际合作正式迈上了新台阶。目前，"空中丝绸之路"国际合作峰会作为服贸会民航及"一带一路"倡议合作领域重点论坛，已成功举办五届，成为服贸会机制性品牌论坛。它已促成包括成立空中丝绸之路国际合作联盟（ASRICA）、中国与白俄罗斯、赞比亚临空经济区合作签约、连续五年发布《中国临空经济发展指数》和《中国航空物流枢纽发展指数》、空中丝路国际合作多个项目签约等众多成果。

——内容

2023年的中国国际服务贸易交易会第五届"空中丝绸之路"国际合作峰会以"高质量建设空中丝绸之路、高能级服务中国式现代化"为主题，邀请来

---

[1] 陈俊杰等：《打造全球港航命运共同体 谱写一流强港建设新篇章》，《中国水运报》2023年7月19日第4版。

[2] 《中华人民共和国国民经济和社会发展第十四个五年规划和2035年远景目标纲要》，人民出版社2021年版，第126页。

自国家部委、国际组织、驻华使节、两院院士、机场和航司、临空经济区、口岸物流企业、科研院所以及投融资机构300多位代表参与，为"空中丝绸之路"建设建言献策。在峰会期间，与会各方围绕航空业复苏、国际合作、绿色和数字设置相应专题，深入研究"空中丝路"发展、高质量建设空中丝路试验区、航空碳减排与智慧民航建设、低空经济与城市空中交通等行业热点问题。

一是推进合作联盟高质量扩容。发布的《"空中丝绸之路"优秀服务示范案例2023》展示了近年来"空中丝绸之路"建设成果和发展趋势，突出新服务、新模式、新业态的示范和引领作用。"空中丝绸之路"国际合作联盟（ASRICA）继续扩容，同时举办新成员授牌仪式。有十余家国内外知名机构加入，联盟成员达50余家。

二是理论著作与行业指数报告相继亮相。发布的《空中丝绸之路研究》是国内首部专注于"空中丝路"建设发展的专著。发布的《中国临空经济发展指数2023》和《中国航空物流枢纽发展指数2023》分别从临空经济发展和航空物流枢纽建设的角度，对我国30多个大城市的航空经济发展水平进行综合评估，并通过更为细化具体指标的对比分析，来帮助各大城市了解目前发展水平以及未来发展需要补齐的短板，以助力各大城市在全球航空业的发展中提升竞争力。

三是北京首都机场临空经济示范区再次组团登场。首都机场临空经济区继2022年首次组团参加"空中丝绸之路"国际合作峰会后，2023年再次携强大阵容参加第五届"空中丝绸之路国际"合作峰会，其主要围绕《依托首都机场临空经济示范区，高质量建设空中丝路的源点》等热点进行研讨，并开展多项议题的讨论和深度对话。此外，峰会还有"航空碳资产管理"培训计划首次发布、重庆市政府组团首次亮相、进一步打造国际化合作平台等丰富内容。

——成效

共建"空中丝绸之路"是中国民航推进共建"一带一路"的重要抓手，是中国同共建"一带一路"国家加强民航务实合作的重要成果。自提出以来，已取得诸多明显成效。

一是"空中丝绸之路"的规则制度持续完善。加强政策对接和标准联通，积极参与多边国际民航治理，加快"软联通"实现新突破。中国民航局、国家发展和改革委员会在2022年5月联合印发了《"十四五"时期推进"空中丝绸之路"建设高质量发展实施方案》，阐明了"十四五"时期推进"空中丝绸之路"建设的指导思想、基本原则、主要目标和重点任务，是"十四五"时期推进"空中丝绸之路"建设的指导性文件。2023年10月，在第三届"一带一路"国际合作高峰论坛互联互通高级别论坛召开前期,中国民用航空局与哈萨克斯坦交通运输部、塔吉克斯坦民航局分别签署《中国民用航空局和哈萨克斯坦共和国交通运输部关于共建"空中丝绸之路"的谅解备忘录》《中国民用航空局和塔吉克斯坦共和国民用航空局关于共建"空中丝绸之路"的谅解备忘录》。谅解备忘录的成功签署标志着中哈、中塔就进一步深化共建"空中丝绸之路"达成了广泛共识,各方将共同推进航空运输政策协同、航空运输开放发展、民航基础设施领域合作和民航安全、绿色、智慧等技术领域合作,以便利人员往来和货物运输,促进人文、经贸和社会领域合作,为共建"一带一路"贡献民航力量。

二是"空中丝绸之路"的"朋友圈"不断扩大。加强航线网络互联互通,拓展民航运输航线网络,推动"硬联通"迈上新台阶。截至 2024 年 3 月,我国国际定期客货运航班已通航 64 个国家,其中,共建"一带一路"国家 48 个,占比 75%。通往新加坡、澳大利亚、英国和意大利等 22 个国家的航班量已超过疫情前水平,新增科威特、卢森堡、坦桑尼亚、塞尔维亚、巴布亚新几内亚 5 个通航国家。在中美航班方面,自 3 月 31 日起,中美双方航空公司每周共可运营 100 班定期客运航班。新冠疫情期间,以河南郑州—卢森堡为代表的"空中丝绸之路"不停飞、不断航,运送大量抗疫物资,在中欧间发挥了"空中生命线"的作用。截至 2023 年 10 月,我国已与 104 个"一带一路"共建国家签署双边航空运输协定,与 57 个共建国家实现空中直航,跨境运输便利化水平不断提高,为维护全球产业链供应链稳定作出积极贡献,有效促进了全球互联互通。

三是"空中丝绸之路"合作共识广泛凝聚。目前,已先后举办亚太地区民航部长级会议、中欧航空安全年会、中国与中亚地区国家民航合作会议等重要国际会议,与共建国家民航主管部门的对话协作不断深化,适航合作取得突破。此外,经首届"空中丝绸之路"国际合作峰会组委会倡议,在多个航空领域有代表性的企事业单位和社会团体组织的积极响应下,"空中丝绸之路"国际合作联盟正式启动,为全面推动实现"空中丝绸之路"建设目标,提供航空经济国际合作"一站式"解决方案。由空中丝路联盟主办,以"深化'空中丝路'高水平合作,助推'一带一路'高质量发展"为主题的第三届空中丝路国际航空合作论坛于 2023 年 11 月 9 日在四川成都举办,旨在推进各项合作走深走实,助力"一带一路"国际合作开创新局面。可以说,"空中丝绸之路"的品牌影响力持续提升,国际感召力、塑造力不断增强。(本条执笔:贾中正)

83. 郑州—卢森堡"空中丝绸之路"国际合作论坛

——背景

2014年6月15日,卢森堡货航首班飞机试飞郑州,以郑州为亚太物流枢纽、以卢森堡为欧美物流中心,覆盖全球的航空货运网络的"双枢纽"战略从此诞生。2017年6月14日,习近平主席在会见卢森堡首相贝泰尔时指出,中方支持建设郑州—卢森堡"空中丝绸之路"。[①] 2022年11月16日,习近平主席在同卢森堡大公亨利就中卢建交50周年互致贺电中指出,"郑州—卢森堡'空中丝路'搭建了中欧互联互通的空中桥梁"。[②] 以高层互动为指引,郑州—卢森堡"空中丝绸之路"国际合作论坛于2022年11月在郑州市首次举办,主题是"做大做强中卢货运航线'空中丝路'"。郑州—卢森堡"空中丝绸之路"国际合作论坛不仅发布一系列重磅规划、报告,为"十四五"期间"空中丝绸之路"发展擘画路线图。同时,还有31项支撑"空中丝绸之路"发展的大项目、好项目、新项目签约落地。

——内容

郑州—卢森堡"空中丝绸之路"国际合作论坛由国家发展和改革委员会、中国民用航空、卢森堡交通部、河南省人民政府联合主办,中华人民共和国外交部为支持单位。郑州—卢森堡"空中丝绸之路"国际合作论坛采用线下和线上相结合的形式举办,共有500余名嘉宾线上线下出席。其间还举办了三场平行分论坛。一是由河南航投牵头承办的航空货运工商领袖峰会,探讨进一步深化豫卢经贸合作。二是由河南机场集团牵头承办的国际航空货运枢纽论坛,邀请国内外政府官员、货运航空公司代表、专家学者共同展望"空中丝绸之路"建设和航空货运发展前景,推动航空货运枢纽建设合作走深走实。三是由郑州航空港实验区管委会牵头承办的航空经济发展论坛,聚焦航空都市建设和航空经济发展展开深入探讨,助力郑州航空大都市建设,推动河南航空经济发展。

与会嘉宾的讨论主要集中在7个方面:一是深化郑州—卢森堡"双枢纽"战略合作,建设郑州现代化国际化世界级综合交通枢纽。二是推进与卢森堡等欧洲国家合作,构建以航空物流为基础、航空偏好型高端制造业为支撑的航空经济产业体系。三是加快郑州新国际陆港以及航空港高铁物流中心建设,争取自由贸易试验区或自由贸易港资格,推动郑州航空港区产业多样化发展。四是

[①] 杨晔:《习近平会见卢森堡首相贝泰尔》,《人民日报》2017年6月15日第1版。
[②] 《习近平同卢森堡大公亨利就中卢建交50周年互致贺电》,《人民日报》2022年11月17日第1版。

深化民航领域国际合作，推动民航业的数字化、智能化和智慧化转型。五是争取国家支持河南与境外合作，建设世界电子贸易平台（eWTP）和海外枢纽仓。六是加快推进通关便利化，积极推进与共建"一带一路"国家在通关标准领域对接合作。七是建设绿色"空中丝绸之路"，深化豫卢在绿色金融领域的合作。[1]

——意义

作为全国唯一以"空中丝绸之路"为主题的国家级论坛，郑州—卢森堡"空中丝绸之路"国际合作论坛意义重大、影响深远，为郑州—卢森堡"空中丝绸之路"建设和中卢务实合作开启了新征程、注入了新内涵。一是促进政策沟通。郑州—卢森堡"空中丝绸之路"国际合作论坛为中卢提供经常性交往和接触，为豫卢合作举旗定向、掌舵领航，对两地增进互信、深化务实合作都具有至关重要的引领作用。二是完善合作机制。通过定期开展交流与磋商，加强沟通、协作，增进两地政府、部门、商协会、企业间的伙伴关系，协调推进航空货运、经贸往来、文化交流等领域合作，使豫卢务实合作进入常态化、长效化、制度化、便捷化轨道。三是加强产业对接。郑州—卢森堡"空中丝绸之路"国际合作论坛积极促进中卢、中欧双方在物流、金融、电子信息、新能源、生物医药、跨境电商等领域的产业对接与合作，更好利用中国和欧洲两个市场、两种资源。论坛将充分发挥郑州—卢森堡"空中丝绸之路"的综合优势和品牌、平台效应，推动实现更紧密的互联互通。（本条执笔：沈陈）

84. 中国民航"一带一路"合作平台

——背景

为适应我国新时代全方位对外开放格局，统筹与"一带一路"国家民航合作，中国民航局决定将我国与东盟、中东欧、非洲、中亚等地区的区域民航合作机制和平台整合，于2020年8月正式成立中国民航"一带一路"合作平台。该平台整合了民航业内相关政府部门、企业、科研单位的政策、资金、技术、市场、智力等各方面资源，共享"一带一路"国家民航发展信息，协调汇聚优势，形成政产研联动，推动相关合作项目的有序开展和深化对外合作交流。

中国民航局设立平台指导委员会，委员会主任由民航局主管领导担任。指导委员会适时召开会议，审议重大事项。民航局国际合作服务中心受民航局委托承担平台运营实施（秘书处）工作，并与各成员单位开展业务对接。秘书处

---

[1] 《郑州—卢森堡"空中丝绸之路"国际合作论坛成果新闻发布会》，2022年11月19日，河南省人民政府门户网站，https://www.henan.gov.cn/2022/11-19/2642328.html。

将通过民航局国际合作服务中心官方微信公众号及时发布相关合作动态、政策研究、市场情况等信息。

中国民航"一带一路"合作平台的主要职责包括：一是开展咨询研究。持续开展民航推进"一带一路"建设国际合作、重大问题、政策法规等方面研究，跟踪分析研判"一带一路"国家和地区民航市场现状及发展趋势，及时发布研究成果。二是促进政产研联动。吸纳相关企业、研究机构，搭建中外企业与政府、企业与企业及研究机构间信息交换平台。梳理"一带一路"民航合作情况及民航产品清单，深入了解合作需求与实际困难，推动建立"一带一路"民航合作产业联盟。三是组织涉外活动。组织开展涉外会议、会展和相关教育培训，加强与"一带一路"国家在航空运输政策、航空安全管理与技术、基础设施项目建设、运营环境便利化等方面的交流与合作，取长补短，推广中国民航成熟领先的产品服务和管理经验，促进中国民航行业标准和管理经验在"一带一路"国家落地和运用。

——进展

中国民航"一带一路"合作平台自搭建以来，已成功举办两次重要会议。中国民航局于2021年6月召开中国民航"一带一路"合作平台指导委员会第一次会议，主要是学习贯彻习近平新时代中国特色社会主义思想，充分研判疫情防控常态化阶段和后疫情时代民航"一带一路"建设的新形势、新挑战，对"十四五"时期民航"一带一路"建设工作进行研讨。"十三五"以来，中国民航坚决落实国家重大战略部署，积极推动民航领域共建"一带一路"，在民航开放、合作交流、基础设施建设、抗疫合作等方面取得显著成效。会议认为，应充分认识建设中国民航"一带一路"合作平台是贯彻落实习近平总书记关于"一带一路"建设重要论述的具体行动，是主动适应新形势新挑战、服务构建新发展格局的战略选择，是推动建设多领域民航强国的重要任务。要努力建设繁荣、健康、安全、创新、绿色、廉洁的"空中丝绸之路"，推动"空中丝绸之路"高质量发展。

为推动"一带一路"建设行稳致远，应完善相关机制体系。一要持续加强党的领导，不断增强政治判断力、政治领悟力、政治执行力，坚持从国家战略和外交大局出发，积极推进民航"一带一路"建设。二要优化工作协同机制，树立目标导向、问题导向、成果导向，强化责任担当，加强协调配合，提升平台指导委员会整体效能。三要强化规划引领作用，对接民航发展规划，突出国家重要战略方向，编制好"一带一路"建设方案。四要加强风险防控，不断增强风险意识、底线意识，稳妥推进各项合作项目。五要完善保障支持机制，做好资金保障和人才培养工作。六要健全宣传引导机制，讲好中国民航和民航

"一带一路"故事。

中国民航局于2023年8月召开中国民航"一带一路"合作平台指导委员会第二次会议，主要是深入贯彻落实中共中央、国务院决策部署，系统总结10年来中国民航参与"一带一路"建设成效，研究部署下一步重点工作。10年来，民航主动融入共建"一带一路"，坚持规划引导先行、枢纽建设带动，推动航线布局优化、加强自主创新驱动，民航"一带一路"建设取得丰硕成果，"空中丝绸之路"建设取得积极进展。

深入学习贯彻习近平总书记关于"一带一路"建设重要论述精神，加强组织领导、深化平台建设、突出合作实效，为高质量共建"一带一路"发挥更大作用。会议认为，应增强使命感责任感，充分认识"一带一路"建设的重大意义，增强战略定力，加强统筹协调，进一步促进标准联通、人心相通，推动民航"一带一路"建设高质量发展。要积极担当作为，强化政治引领，完善组织领导机制，加强平台办公室建设，发挥平台品牌效应，强化风险防范，加大人才培养力度，推动民航"一带一路"合作平台做深做实。要狠抓工作落实，围绕服务国家战略，聚焦"空中丝绸之路"建设，加强资源统筹协调，优化管理体制机制，落实落细各项举措，确保重点任务取得扎实成效。此外，会议还审议通过《中国民航"一带一路"合作平台章程》。

——成效

一是开展专题研究，搭建合作信息平台。针对参与"一带一路"共建的国家民航业，进行区域国别专题研究。截至2023年7月，中国民航"一带一路"合作平台办公室已完成47个"一带一路"共建国家民航业发展情况研究报告，研究范围覆盖东南亚、南亚、中亚、中东欧、非洲、大洋洲和中东等参与"一带一路"共建的国家或区域。出版发行《民航业国别发展分析报告》。开展"一带一路"共建国家民航业概览梳理工作，共完成对151个国家民航业概览梳理，初步搭建起民航"一带一路"合作信息平台。

二是集思广益，成功举办首次专题会议。2023年7月，民航局国际合作服务中心通过线上与线下相结合的方式举办了推动中国民航"一带一路"合作平台走深走实专题座谈会，17家平台成员单位的54位代表受邀参会。这次会议是近年来平台办公室首次召集平台成员单位代表举行的专题会议，既是对民航业参与支持"一带一路"建设10年工作的总结，也是对"空中丝绸之路"建设未来工作的展望，具有十分重要的意义。参会各成员单位代表围绕自身开展"一带一路"工作情况，对平台下一步工作建设和平台章程提出了建设性意见。这将有利于推动中国民航"一带一路"合作平台在服务与共建国家"硬联通"工作中更好地发挥桥梁作用，在推动与共建国家"软联通"工作中更好地发挥

支撑作用，在推动与共建国家"心联通"工作中更好地发挥引领作用。（本条执笔：贾中正）

85. 澳门国际基础设施投资与建设高峰论坛

——背景

国际基础设施投资与建设高峰论坛于 2010 年经中国商务部批准创办，由中国对外承包工程商会和澳门贸易投资促进局联合主办，目前已经连续成功举办 14 届。该论坛由中国商务部、外交部、发展改革委、国资委、国务院港澳事务办公室、澳门特别行政区政府、中央人民政府驻澳门特别行政区联络办公室指导，聚焦"一带一路"基建合作热点趋势和前沿话题，为各国政府部门、金融机构、工程承包、勘察设计、咨询服务、工程机械等相关专业机构搭建国际专业平台。论坛每年根据国际经济社会发展需要，设计不同主题，并形成相应成果。经过十多年的发展，该论坛已经发展成为全球工程业界规模最大、影响力最强的专业性盛会，并于 2023 年纳入国务院新闻办公室发布的《共建"一带一路"：构建人类命运共同体的重大实践》白皮书，凸显了论坛在助力共建"一带一路"设施联通方面发挥的重要作用。

——内容

2023 年 6 月，第 14 届国际基础设施投资与建设高峰论坛的主题是绿色引领、数智驱动、金融赋能、合作共赢，会后形成了《"一带一路"共建国家基础设施发展指数报告（2023）》《葡语国家基础设施发展指数暨澳门特区共建"一带一路"成果报告（2023）》《第 14 届国际基建论坛年度报告》等。

论坛研讨议题主要涉及交通运输、水利电力、石油化工、电子通信、矿山冶金、高速铁路、工业建设、装备制造、智慧城市等基础设施建设的各个专业领域，探讨产融结合、多边金融合作、公私合营、海外并购、股权投资、银团贷款、投资便利化与权益保护等融资创新议题，经营战略、商业模式、人才培养、风险管控、本土发展、社会责任、全球化运营等管理运营议题，以及区域合作、市场机遇等其他相关内容。

作为国际知名的行业年度论坛，14 年来，每年吸引超过 70 个国家、超过 50 名部长级嘉宾、700 多个知名企业、3000 多名行业精英参会，涉及投融资、设计咨询、承包工程、运营管理、工程机械、建筑材料、金融保险、法律咨询等各个行业，共同探索实现业务增长的最佳途径。[①] 目前，已达成合作项目超

---

① 《第 14 届国际基础设施投资与建设高峰论坛在澳门开幕》，新华网，2023 年 6 月 2 日，http://www.news.cn/2023-06/01/c_1129663575.htm。

过180项。依托澳门国际基础设施投资与建设高峰论坛，多国行业商协会缔约《国际基础设施合作共同行动计划》，成立了国际承包商协会联合组织，目前已有20多个国际商协会签署加入。

在《国际基础设施合作共同行动计划》框架下，论坛自首届以来，每年在会期内举办一次国际商协会会长圆桌会，邀请20余家国际商协会会长或代表出席，对各国基础设施领域的现状和发展需求开展深入交流，加强了相互间交流合作。

——意义

澳门国际基础设施投资与建设高峰论坛具有多重意义，给参与国家和地区的经济发展和国际合作带来深远影响，也对促进全球合作与交流、推动可持续发展具有长远影响。

一是推动区域经济发展。澳门的地理位置使其成为中国与其他亚洲国家，特别是葡语国家的重要桥梁。一方面，有助于澳门在国际事务中发挥更大的作用，加强了其作为全球重要会议和商务交流平台的地位，另一方面，有效促进了中国与葡语国家之间的经济与文化交流合作。该论坛聚焦于基础设施投资和建设交流合作，有利于加强经济走廊的建设，从而推动区域内的经济发展。

二是促进"一带一路"倡议的基础设施建设合作实施。该论坛作为"一带一路"倡议下的一个重要活动，为参与国家提供了重要的合作交流平台，促进了基础设施建设的合作项目达成，有助于深化"一带一路"倡议下的基础设施网络建设，增强亚洲、欧洲与非洲的陆上和海上连接。

三是增强国际合作与交流，创造新的项目合作机会。论坛汇聚了来自全球多个国家和地区的政府代表、企业家、行业精英和专家，为他们提供了交流思想、分享经验、探讨趋势、寻求合作机遇的机会，提供了展示项目、探索投资机会和拓展商业合作的平台，对于企业而言，这是寻找新市场、吸引投资和建立合作伙伴关系的绝佳机会。

四是促进地区经济可持续发展。论坛通过讨论如何利用新技术和创新方法来改进基础设施项目，并推广绿色建筑实践案例、探索增强能源效率以及提升项目的绿色措施和社会责任等，从而实现可持续发展目标，这有助于推动基础设施建设和经济发展的可持续性。（本条执笔：庞加欣）

86. "气候智慧型互联互通基础设施融资创新和良好实践"研讨会

——背景

互联互通的基础设施项目可实现跨界社区和经济的联系，这对于增加投资，促进流动性和贸易，减少不平等现象和改善人们的生活福祉至关重要。2017年全球基础设施中心（GIH）发布的《全球基础设施展望》报告预计，到2040年全球所需的基础设施投资为97万亿美元，届时投资缺口将高达15万亿美元——相当于总需求的16%。要缩小全球基础建设支出差距，GIH认为每年用于基础设施的投资需要由多年GDP的3%增至3.5%。

数字和绿色转型是全球经济社会转型的两大趋势，这对建立智慧、低碳、韧性的气候智慧型基础设施提出了更高的要求。根据IPCC最新报告，全球变暖带来的气候风险在频率、强度、范围和持续时间方面正在发生变化，与其他问题叠加可构成巨大的生态、社会、经济风险，并产生连锁反应。因此，全球亟须在基础设施，尤其是生命线基础设施（如电力、水和卫生设施、交通和电信）提高气候适应性。

发展中国家在弥合数字鸿沟和应对气候变化等方面不同程度地面临资金、技术等不足的问题。特别是自疫情暴发以来，各国经济发展放缓，部分基础设施建设计划停滞，很多基础设施项目面临建设周期延长、人员物资供应受阻等问题。很多发展中国家经济甚至出现严重衰退，各国用于基础设施投资建设的资金严重不足，国家主权偿付能力持续下降，对外偿付风险加大。还有很多国家遭遇极端天气的袭击，如洪灾、蝗灾等。发展中地区日益上升的风险是阻碍投资准入的主要因素，特别是私人资本投资风险显著上升，使得发展中地区基础设施领域建设获得资金支持的难度加大。这必须加强跨区域、跨机制合作，抓住数字、绿色等新兴领域发展新机遇，为优质基础设施吸引更多资金支持。

——议题

2023年10月，中国财政部联合多边开发融资合作中心、亚洲基础设施投资银行和世界资源研究所共同举办了"气候智慧型互联互通基础设施融资创新和良好实践研讨会"，邀请发展中国家和金融机构代表围绕应对气候变化基础设施融资与实践进行交流，以促进交流与合作。主要讨论内容涉及以下内容。

一是气候智慧型互联互通项目投资的政策、实践和研究成果交流，包括政府如何为绿色智能城市建设提供金融支持；如何创造有利的政策环境，动员市场力量，引导私人资本；如何推动金融创新；如何促进金融向落后地区倾斜，向弱势群体倾斜等；如何引导国际资本流向发展中国家；如何促进未来城市的国际融合和金融合作等。在当前极端天气频发的情况下，各国还需要加强城市基础设施防灾减灾经验交流，特别是降雨、飓风/台风、冰雹等灾害天气下对基础设施建设提出的新要求进行协作，尤其地理位置相近、受灾类型相似的国家之间更需要加强经验交流与政策合作。

二是投资互联互通基础设施如何衔接数字和气候议程。数字化转型和气候治理应当是高质量基础设施建设高度相互依存的两个方面，一方面要将数字技术广泛应用于绿色交通、建筑节能、防灾减灾、韧性基础设施建设等多个方面，另一方面数字经济的发展有利于促进包容发展和普惠发展，并解决网络连接和访问、费用可负担性、数字技能培训等包容问题。对此还需要建立国际知识与信息中心，加强经验交流和数字技术的共享、反对准入壁垒等。因气候风险的不确定性，如何挑选项目，如何将气候韧性理念纳入基础设施建设或基础设施改造，以及如何给投资者足够的信心等存在挑战。全球适应委员会的研究结果显示，2020年到2030年，在气候韧性的五个关键领域投资1.8万亿美元可以产生7.1万亿美元的净效益，效益成本比从2∶1提升到10∶1。但在实际情况中，此类基础设施的投资十分困难。此外基础设施建设也没有统一模板，必须根据项目国实际情况选择包容性方案，不能采用机械、标准化的方案、技术和要求去改造和建设基础设施。

三是如何拓展投融资新渠道。不管什么样的基础设施都需要有资本进入才可能变为现实，这需要鼓励灵活的金融创新，特别是充分发挥发展融资和混合融资的作用。推进"一带一路"建设工作领导小组发布的《坚定不移推进共建"一带一路"高质量发展走深走实的愿景与行动——共建"一带一路"未来十年发展展望》中关于资金融通的建议，具有重要参考价值。报告鼓励通过多双边合作平台，鼓励亚洲基础设施投资银行等多边开发机构与共建国家开展联合融资。鼓励规范实施股权投资、政府和社会资本合作（PPP）项目融资等方式，充分发挥公共资金的带动作用，动员长期资本及私人部门资本参与。鼓励发挥多边开发融资合作中心作用，支持高质量项目储备和能力建设。支持共建国家政府和信用等级较高的企业以及金融机构在中国境内发行人民币债券。鼓励符合条件的中国境内金融机构和企业在境外发行人民币债券和外币债券，在共建国家使用所筹资金等。（本条执笔：田慧芳）

九　贸易畅通

87. "一带一路"贸易畅通合作倡议

　　共建"一带一路"的一项重要内容就是"全方位多领域互联互通",贸易畅通旨在解决贸易投资自由化、便利化问题,大幅度消除贸易投资壁垒,挖掘贸易和投资合作潜力。2017年5月"一带一路"国际合作高峰论坛高级别会议发布了《推进"一带一路"贸易畅通合作倡议》。倡议参与各方认识到,在当前全球经济增长动力不足的背景下,需推动更具活力、更加包容、更可持续的经济全球化,促进贸易投资自由化和便利化,抵制保护主义,推进"一带一路"贸易畅通合作,实现合作共赢。① 截至2023年8月,80多个国家和国际组织参与中国发起的《推进"一带一路"贸易畅通合作倡议》,有效提升了通关效率。

　　倡议的主要内容包括:一是促进贸易增长。倡议强调要进一步深化贸易投资自由化与便利化,发展新业态,促进服务贸易合作,进一步扩大贸易规模。支持以世贸组织为基石的多边贸易体制。二是振兴相互投资。倡议提出要消除贸易投资壁垒,共同完善公正、合理、透明的国际贸易投资规则体系。强调要探索创新投资合作模式,共建经贸产业合作区,开展国际产能合作,加强对投资者合法权益的保护,不断完善营商环境。三是促进包容可持续发展。倡议重申要共同推动落实联合国2030年可持续发展议程,深化贸易投资合作,加强国际合作和能力建设。倡议的主要内容还充分体现了中国在"一带一路"建设中的担当。中国承诺将继续扩大市场开放,实施积极的进口政策。2018年举办的中国国际进口博览会,是全球首个国家级进口博览会,为世界各国带来了更多的市场机会,拉动了全球贸易增长。中国还承诺愿为共建国家和地区提供1万个来华研修和培训名额,帮助有关国家加强贸易投资人才培养。

---

① 《推进"一带一路"贸易畅通合作倡议》,2017年5月4日,中国商务部国际关系司,http://gjs.mofcom.gov.cn/article/wj/alr/201705/20170502575830.shtml.

九 贸易畅通

10年来，"一带一路"在贸易畅通方面取得了积极进展。从贸易规模来看，2013年至2022年，中国与"一带一路"共建国家间贸易快速增长，贸易总额达到了19.1万亿美元，年均增长6.4%，这一增速不仅高于同期中国外贸整体增速，也高于同期全球贸易增速。特别是2017年"一带一路"贸易畅通合作倡议发布以来，中国与"一带一路"共建国家贸易规模指数稳步上行，2022年达到161.3。中国已成为"一带一路"共建国家中114个国家的前三大贸易伙伴，是68个国家的最大贸易伙伴。同时，中国也是74个国家的最大进口来源地和35个国家的最大出口市场。从贸易结构看，中国与共建国家的进出口产品更加多元，贸易结构不断优化，贸易结构指数呈现持续提升、逐年向好态势。根据中国海关总署发布的中国与共建"一带一路"国家贸易结构指数，2021年达到119.3，2022年出现小幅下降，为118.9，为历年最高的两个数值。[①] 这表明中国与共建国家产业结构更加契合、产业联系更加紧密、贸易合作基础稳固，进出口产品、经营主体、品牌等结构不断优化，如新能源汽车、机床和家用电器等产品的出口增长尤其显著。同时，"一带一路"国家的农产品也更多地进入中国市场。同期，贸易互利指数和贸易促进指数呈现相似的趋势。2021年贸易互利指数达到172，2022年出现小幅下降，为164，但仍为历年次高值。中国与"一带一路"共建国家的产业链价值链等合作不断深化，贸易互利程度整体显著上升。中国与共建国家贸易促进指数整体呈上升态势，2022年达到217.3。中国与"一带一路"共建国家贸易创新和便利化政策深化实施，贸易促进的效应逐步凸显。从投资规模来看，中国与"一带一路"共建国家双向投资累计超过3800亿美元，其中中国对外直接投资超过2400亿美元。在共建国家承包工程新签合同额、完成营业额累计分别超过1.2万亿美元、8000亿美元。

"一带一路"贸易畅通合作倡议发布以来，合作机制不断完善，合作渠道更加多元，国际合作不断深化。贸易畅通为建立更加均衡、平等和可持续的国际贸易体系作出了重要贡献。（本条执笔：张琳）

88. "一带一路"国家会计准则合作论坛

——背景

随着"一带一路"倡议持续推进，共建国家间经贸往来日益频繁。作为国际通用商业语言，会计是现代社会经济活动开展的重要基础，也是推动"一带

[①] 《中国与共建"一带一路"国家贸易指数分析报告（2022）》，中华人民共和国海关总署，2023年10月13日，http://gdfs.customs.gov.cn/customs/302249/zfxxgk/2799825/302274/myzs75/3840284/3840301/3842417/index.html。

一路"国际经贸往来和资本流动的重要保障。但是，会计准则差异也影响和制约着"一带一路"区域经济合作。本着共商共建共享的原则，在第二届"一带一路"国际合作高峰论坛资金融通分论坛期间，中国财政部与新西兰、俄罗斯、巴基斯坦、沙特阿拉伯、蒙古国、越南、老挝、尼泊尔和叙利亚9个国家的会计准则制定机构共同发起《"一带一路"国家关于加强会计准则合作的倡议》（以下简称《倡议》），鼓励各方积极探索建立会计准则合作的常态化交流机制，支持以首届"一带一路"高峰论坛倡议设立的"一带一路"财经发展研究中心为依托，开展"一带一路"国家会计准则合作论坛，促进会计准则趋同和监管一致性。[①]

——内容

"一带一路"国家会计准则合作论坛是一个多边、开放、高层次的会计标准互认和会计领域合作的平台，其目标是探索推动"一带一路"国家会计准则国际趋同的最佳路径和建立全球统一的高质量会计准则，为国际经贸往来和资本流动创造良好的会计环境。具体来说，"一带一路"国家会计准则合作论坛的主要职能和运行机制如下。

在主要职能方面，论坛主要通过技术交流、政策宣传、人员培训、经验分享和合作研究等措施推动会计准则建设和能力提升。在国家会计准则建设方面，论坛加强会计准则方面的技术研讨、观点交流、立场协调。在会计能力提升方面，论坛加强共建国家会计技术培训、信息交流和经验分享。此外，为了服务国际经贸往来和资本流动，论坛邀请"一带一路"相关国家宣传本国会计准则、相关会计法规实施及其监管等情况，还就各国在会计准则方面遇到的问题组织相关技术的合作研究。

在合作机制方面，论坛每年为全体《倡议》参与方举办一次信息交流会议，也鼓励《倡议》参与方按需开展双边或多边信息交流和能力建设等工作。会议由《倡议》参与方申请承办，在没有参与方提出申请的情况下，中国财政部负责承办，承办方应提供会议场地、相关设施及会议服务的相关费用，参与方代表出席论坛的差旅费、食宿费等自行承担。会议结束后应形成会议公报，经参加合作论坛代表同意后发布。

在运作程序方面，论坛设立联络办公室，负责《倡议》参与方之间的联络沟通，起草、组织实施并提请全体《倡议》参与方审议工作计划，协助论坛承办方筹办会议，起草技术性议题及其论坛建设相关的研究方案，筹建和维护

[①] 中华人民共和国财政部：《"一带一路"国家关于加强会计准则合作的倡议》，中国"一带一路"网，2019年4月25日，http://www.mof.gov.cn/zhengwuxinxi/caizhengxinwen/201904/P020190425517895911606.pdf。

《倡议》相关网站。合作论坛对参会者持开放立场，会议主席由合作论坛承办方的会计准则制定机构负责人或其指定人员担任，其职责在每次合作论坛会议结束后自行终止。[①]

——意义

"一带一路"国家会计准则合作论坛搭建了共建国家会计准则建设和能力提升的平台，有利于提高企业财务信息透明度，减少信息不对称和误解，增进企业之间信任，推动共建国家会计准则趋同，降低国际投资和贸易的交易成本，提升各国在国际会计标准制定中的话语权。

——进展

自 2019 年至今，"一带一路"国家会计准则合作论坛已经成功举办了五届。除了 2022 年第四届论坛在巴基斯坦举行以外，第一届、第二届、第三届、第五届论坛均由中国财政部主办，厦门国家会计学院、"一带一路"财经发展研究中心承办。论坛议题紧扣国际经济合作需要和论坛自身建设展开，第一届论坛议题是会计准则体系建设经验、未来计划和主要挑战，并对合作论坛工作机制进行了深入交流；第二届论坛议题是新冠疫情影响下的会计问题、企业会计准则实施经验和论坛网站建设；第三届论坛议题是会计准则建设与实施情况、企业会计面临的具体问题及挑战，以及"一带一路"的准则相通、资本流通和能源互通；第四届论坛议题是可持续报告准则、碳排放权交易机制、以财务报告为目的的评估；第五届论坛议题是会计准则实施、重要性判断、ESG 风险对传统财务报表的影响、可持续准则建设和信息披露等。（本条执笔：李国学）

89. "一带一路"税收征管合作论坛

——背景

第一，"一带一路"倡议提出后，高水平对外开放已经成为进一步发展，尤其是高质量发展的一个必要条件。实现此目的需要一个好的营商环境，而税收体系尤其是税收征管与跨国税收，就是一个关键的组成部分和内容。所以，为了高质量开放，完善税收征管体系尤其是跨国税收征管合作并将其长期化、制度化，就有了必要性。

第二，中国的发展吸引了许多国家的企业和个人"走进来"与中国做生意，同时中国对国外企业，尤其是掌握先进技术和管理经验以及市场的企业实行"引进来"，帮助中国自身进一步高质量发展。为实现此目标，中国需要创造

[①] 中华人民共和国财政部：《关于深化"一带一路"国家会计准则合作论坛机制建设的安排》，2019 年 12 月 31 日，https://kjs.mof.gov.cn/guojidongtai/201912/t20191231_3453092.htm.

更规范、更包容、更可预期的投资经营环境，维护企业正当权益，进一步释放市场主体活力。这些与税收征管体系直接相关，因为税收体系的完善与否，直接决定了中国高质量"引进来"和高质量发展能否实现、实现进程受到多少阻碍。

第三，中国企业"走出去"也需要税收征管的规范化和排除风险，尤其是进行跨国经营时。基于此，有必要为"走出去"企业提供更为及时、精准和个性化的税收维权保障，帮助企业降低境外税收风险，积极化解涉税争端。通过不断提升国际税收服务质效，助力中国迈向全球营商环境第一线。

——内容

"一带一路"税收征管合作论坛是首次由中国税务部门主导发起并主办的高级别国际税收会议。第一届论坛在浙江乌镇召开，以"共建一带一路：加强税收合作，改善营商环境"为主题，并宣告"一带一路"税收征管合作机制正式成立。合作机制成立的目的是本着合作共赢、包容互鉴的精神，通过国际税收合作和经验分享，建立一个共商共建共享的国际税收征管协作机制。其围绕推动依法治税、提高税收确定性、促进涉税争议解决、改善纳税服务、提高税收征管能力等方面开展合作，构建增长友好型税收环境，为跨境贸易和投资消除税收障碍，促进可持续和包容性增长，符合共建国家的根本利益。[①] 论坛2019年开办，至今已办四届。

第一，跨国税收合作机制的建立与多边磋商。在第一届会议上，"一带一路"税收征管合作机制理事会主席、中国国家税务总局局长王军在主旨演讲中强调：这一机制是共商共建共享原则的重要体现，是现代多边税收合作机制和国际税收体系的有益补充，是建立各国各地区共同遵循的税收规则与指引、持续高效推进经贸畅通的桥梁，有利于促进经贸畅通、消除税收壁垒、优化生产要素跨境配置，有利于共同提升税收治理能力，有利于促进实现联合国2030年可持续发展目标。[②]

第二，"一带一路"税收征管促进联盟成立和发展。2019年，"一带一路"税收征管能力促进联盟成立。至2023年联盟发展已走上正轨。联盟紧扣"税收征管能力提升"核心主题，结合国际税收发展前沿，契合税收服务共建"一带一路"高质量发展目标，从制度、管理、服务、合作四个维度，形成一套业务界定清晰、梯度层次分明的课程体系。[③]

---

① 陈艺毛、安然、刘野：《"一带一路"税收征管合作机制背景下税收营商环境优化路径研究》，《国际商务财会》2022年第1期。
② 《第一届"一带一路"税收征管合作论坛发布乌镇合作声明和两年计划》，中国"一带一路"网，2019年4月22日，https://www.yidaiyilu.gov.cn/p/86725.html。
③ 《第三届"一带一路"税收征管合作论坛达成六方面成果》，中国"一带一路"网，2022年9月22日，https://www.yidaiyilu.gov.cn/p/278768.html。

第三，人员专家和培训机构网络的建立、交流与发展。一是建立税收专家团队，帮助组织的专业水平得到提高。"一带一路"税收征管能力促进联盟积极组建专家师资团队，目前已邀请来自 13 个国家（地区）的 26 位专家加盟。26 位专家擅长的专业覆盖税制建设、税收征管及信息化、纳税服务、税收争议解决等多个领域。① 二是建设培训机构网络，帮助当地国家和参与国税收体系专业知识的提高与学习。《乌镇声明》中指出，"机制参与各方将致力于开展合作、分享经验，以建立透明、高效、稳定、可预期的税收合作机制，构建增长友好型税收环境。"②

第四，参与方就税收经验的交流。哈萨克斯坦共和国财政部国家收入委员会主席达尼亚尔·耶伦加利耶维奇·扎纳利诺夫表示，希望通过"一带一路"税收征管合作论坛这一平台，深化各国税收领域互学互鉴，交流最佳做法，提高各国税收征管现代化水平，带动各国经济高质量发展。③

第五，相关税收技术的发展和应用的推广。在第二届"一带一路"税收征管合作论坛上，围绕此次论坛主题，王军向与会代表分享了中国税务部门在信息化能力建设方面的探索与实践：一是充分发挥技术支撑作用，为构建优化高效统一的税收征管体系奠定了坚实的信息化基础。二是充分发挥数据赋能作用，为提升税收服务国家经济、服务社会管理的能力和水平提供了有力支撑。三是充分发挥业务引领作用，推动实现办税缴费方式的革命性转变、税费服务的智能化转变和税收监管的精准化转变，同时建立了全国统一的税费知识标签体系，精准筛选符合享受税费优惠条件的纳税人缴费人，及时准确推送相关政策。④

——意义

"一带一路"税收征管合作论坛助力共建"一带一路"，是全球税收治理的新尝试，为数字化赋能税收体系、全球税务交流机制的运作和发展等提供了宝贵的经验和平台。跨国税务合作在国际合作中的重要性在提升。荷兰国际财政文献局执委会成员、税收服务部主管维克托·范·科默认为，国际税收合作机制将不同国家的税务部门聚集在一起，提供沟通和合作的平台，这非常重要，特别是对弱小国家。⑤（本条执笔：薛力、张靖昆）

---

① 《第三届"一带一路"税收征管合作论坛达成六方面成果》，中国"一带一路"网，2022 年 9 月 22 日，https://www.yidaiyilu.gov.cn/p/278768.html.

② 《第一届"一带一路"税收征管合作论坛发布乌镇合作声明和两年计划》，中国"一带一路"网，2019 年 4 月 22 日，https://www.yidaiyilu.gov.cn/p/86725.html.

③ 《第三届"一带一路"税收征管合作论坛达成六方面成果》，中国"一带一路"网，2022 年 9 月 22 日，https://www.yidaiyilu.gov.cn/p/278768.html.

④ 《第二届"一带一路"税收征管合作论坛召开》，中国"一带一路"网，2021 年 9 月 9 日，https://www.yidaiyilu.gov.cn/p/186636.html.

⑤ 《第四届"一带一路"税收征管合作论坛在第比利斯闭幕发布六项重要成果》，中国"一带一路"网，2023 年 9 月 15 日，https://www.yidaiyilu.gov.cn/p/09F0K4BV.html.

90. "单一窗口"合作机制

——内容

"单一窗口"是"一带一路"促进贸易畅通的重要合作机制。加强机制建设是"一带一路"高质量发展的必然要求。从国际经验看，推动组织机构实体化、政策磋商常态化、项目建设规范化，可以有效地降低交易成本、稳定各方预期，从而有助于合作倡议的持久深入推进。2023年"一带一路"国际合作高峰论坛专题论坛上，共建"一带一路"国家支持进一步提升贸易和投资自由化便利化水平，开展通关便利化和执法领域合作，特别是推进"经认证的经营者"国际互认、国际贸易"单一窗口"、国际贸易单据数字化、推进航运贸易数字化、跨境电商监管创新等合作。

——内容

国际贸易"单一窗口"是指出口企业通过电子口岸平台一点接入，一次性提交满足口岸管理和国际贸易相关部门要求的标准化单证和电子信息，相关部门通过电子口岸平台共享数据信息、实施职能管理，将处理状态（结果）统一通过"单一窗口"反馈给申报人，实现"一个窗口、一个平台、一次申报、一次办结"。对政府部门来说，"单一窗口"实现了口岸各部门间的信息共享和业务协同，如进出口环节38种监管证件全部通过"单一窗口"实现联网核查、无纸通关。此外，"单一窗口"还可以利用数据聚集优势，与金融保险机构合作，创新建立"外贸+金融"模式，解决中小微外贸企业融资难、融资贵的问题。通过"单一窗口"合作机制，可以提高贸易供应链各参与方系统间的互操作性，优化通关业务流程，提高申报效率，缩短通关时间，降低企业成本，促进贸易便利化。

推进中国与"一带一路"共建国家"单一窗口"合作，是推动跨境贸易相关单证交换共享的重要机制。2019年，中国海关总署发起设立"一带一路"海关信息交换和共享平台，与智利、巴基斯坦、新加坡、格鲁吉亚等国家共建原产地电子联网，共享项目信息数据。2019年11月，"中国—新加坡原产地电子信息交换系统"正式运行，该系统实时传输《中国新加坡自贸协定》原产地证书电子数据、《中国—东盟全面经济合作框架协议》项下新加坡签发的原产地证书和流动证明电子数据，以及经新加坡中转的未再加工证明电子数据。2020年10月"中国—印度尼西亚原产地电子信息交换系统"正式运行，与印度尼西亚实时传输《中国—东盟全面经济合作框架协议》项下原产地证书和流动证明电子数据。2020年底，《欧亚经济联盟与中国国际运输货物和交通工具信息交换协定》正式生效。通过支持跨境联网合作，开展与"一带一路"共建国家和地区之间的信息互换与服务共享,最终推动实现国际"单一窗口"互联互通。

——意义

目前,"单一窗口"功能已经由口岸通关执法环节向前置和后续环节拓展,覆盖了国际贸易链条各主要环节,"单一窗口"合作机制成为中国全面参与塑造国际经济治理新格局的重要贸易基础设施。2021年,中国海关总署和新加坡关税局签署了合作备忘录,应用"去中心化区块链模型"建立"单一窗口"互联互通联盟链,这是中国与共建伙伴国签署的第一个单一窗口合作机制。①双方海关推进通关物流全程状态信息共享(T&T)项目实施,整合通关物流状态信息并将数据写入区块链,率先在新加坡港和中国广西钦州港、上海洋山港试点,增强中新双边贸易可视化。这一合作为两国进出口贸易商提供了集装箱申报通关全程及实时状态信息,提升了集装箱运输的可视性和透明度。截至2023年10月,中国已与新加坡、巴基斯坦、蒙古国、伊朗等共建国家建立了"单一窗口"合作机制、签署了海关检验检疫合作文件,有效提升了口岸通关效率。此外,中国还与部分共建国家的海关开展了对接合作。(本条执笔:张琳)

91. "经认证的经营者"(AEO)互认

——背景

正如世界海关组织(WCO)所述,合法有序的国际贸易是经济繁荣的重要推动力量,但全球贸易体系也容易被恐怖分子利用,严重损害全球经济和国家社会福祉。WCO认识到国际贸易供应链的复杂性,将安全措施应用和实施建立在风险分析基础之上,制定了《贸易安全与便利标准框架》(以下简称"SAFE"框架)。为了消除或减少验证和授权工作的冗余或重复努力,SAFE框架呼吁海关行政部门加强合作,提出了经认证的经营者(AEO)互认。②

"一带一路"国家的贸易投资合作也面临着政治、宗教和民族冲突风险,国际贸易供应链安全和贸易便利化也是"一带一路"建设的重点内容。为了加强供应链安全与便利化合作,在《推动共建丝绸之路经济带和21世纪海上丝绸之路的愿景与行动》中,习近平总书记提出推进跨境监管程序协调,推动检

---

① 中华人民共和国海关总署:《中华人民共和国海关总署和新加坡关税局关于"单一窗口"互联互通联盟链及通关物流全程状态信息共享功能上线的联合声明》,2022年11月1日,http://gdfs.customs.gov.cn/customs/xwfb34/302425/4659420/index.html.

② World Customs Organization, SAFE Framework of Standards 2021, https://www.wcoomd.org/-/media/wco/public/global/pdf/topics/facilitation/instruments-and-tools/tools/safe-package/safe-framework-of-standards.pdf?la=en.

验检疫证书国际互联网核查，开展"经认证的经营者"（AEO）互认。① 在第二届"一带一路"国际合作高峰论坛开幕式上的主旨演讲中，习近平总书记再次呼吁加快推广"经认证的经营者"国际互认合作。②

——内容

根据 SAFE 框架的定义，AEO 是在国际货物运输中承担任何职能并已获得国家海关行政部门批准，符合世界海关组织或等同的供应链安全标准的企业。经认证的经营者可能包括制造商、进口商、出口商、经纪人、承运人、货物整合商、中间商、港口、机场、码头经营者、综合运营商、仓储商、分销商和货运代理。相互承认是一个广泛的概念，其中一个海关行政部门采取的行动或决定，或者已经得到另一个海关行政部门适当的授权，将被另一个海关行政部门承认和接受。AEO 互认是指国家（或地区）之间通过签署互认协议或达成互认安排，确认对方的 AEO 认证标准和程序与自己的相当或等效，并同意相互接受对方的 AEO 认证。

根据 SAFE 框架要求，企业向本国海关管理部门申请 AEO 授权前，需要建立一个自我评价程序来管理和监测业绩，还应在其管理层中任命相关人员负责 AEO 计划相关的供应链安全措施，以及与海关当局就 AEO 审批制度和标准维护进行沟通。AEO 申请人必须在授权海关当局规定时限内履行 SAFE 框架安全标准和最佳实践情况，海关当局（或指定第三方验证人）对 AEO 申请人履行情况进行评估和验证，中华人民共和国海关总署在确认符合 AEO 条件和要求后，给予授权。③ 此后，海关和 AEO 之间将进行定期沟通和联合审查，以保持合规水平。此后，AEO 授权将一直有效，直到 AEO 因严重未能遵守授权的条款和条件而被暂停、撤销或撤回。

---

① 国家发展和改革委员会、外交部、商务部：《推动共建丝绸之路经济带和 21 世纪海上丝绸之路的愿景与行动》，《人民日报》2015 年 3 月 29 日第 4 版。

② 习近平：《齐心开创共建"一带一路"美好未来》，《人民日报》2019 年 4 月 27 日第 3 版。

③ 在附件四中，SAFE 框架详细介绍了 AEO 申请条件及其对海关和企业要求。对于 AEO 资格申请者，海关将会考虑其遵守海关要求的合规记录，及时、准确、完整、可核查的进出口记录，以及财务可行性。在促进政策执行方面，海关和 AEO 应当建立机制，对相关人员进行安全政策教育和培训，使他们能够识别对这些政策偏离的情况，了解应对安全失误必须采取的行动，做好危机管理和恢复程序，预先规划和制定灾难或恐怖事件等特殊情况下的运作程序，还可以通过贸易伙伴自愿增加安全措施的承诺，以加强国际贸易供应链安全和减少灾难或恐怖事件的影响。除了历史记录合规要求和机制建设以外，AEO 认证还对信息、人员、货物和运输等方面的安全做出更加详细的规定。在信息安全方面，作为保护敏感信息综合战略整体的一部分，海关和 AEO 应当开发或加强保护委托信息免遭滥用和未经授权更改的手段。在货物安全方面，海关和 AEO 应当制定和/或加强措施，以确保货物的完整性和进入控制处于适当的最高水平，并建立有助于货物安全的例行程序。在运输安全方面，海关和监管机构应共同努力建立有效的监管机制，以确保运输工具能够得到有效的保护和维护。在建筑物安全方面，海关应制定和实施有意义的海关特定安全增强协议，以确保建筑物安全以及对内部和外部周边的监测和控制。在人员安全方面，海关和 AEO 应根据其权限和能力，在法律允许的范围内筛选潜在雇员的背景。此外，他们应禁止未经许可进入设施、运输工具、装载码头和货物区域，这些可能合理地影响他们负责的供应链区域的安全。AEO 和海关应规划和实施监控、测量、分析和改进程序，以评估与 SAFE 框架指南的一致性、确保安全管理体系的完整性和充分性，以及识别安全管理体系潜在改进领域等。

SAFE 框架下 AEO 申请条件、对海关和企业要求以及验证和授权程序的统一，为双边、次区域、区域以及全球层面上 AEO 资格互认体系建设奠定了基础。世界海关组织还发布了《海关 AEO 验证指南》和《互认协议策略指南》两份重要文件，为在全球范围内以更有效地实施 AEO 互认安排/协议提供详细的指导，定期评估会议可以为推进 AEO 资格、控制结果和数字证书的相互承认提供一个平台。

基于相互信任和互惠互利原则，国家（地区）之间 AEO 互认主要内容包括互认标准、互认协议、信息共享和监督与评估等方面内容，即各参与国家（地区）签署协议制定一致的 AEO 认证标准、要求和程序，正式承认和信任缔约国的 AEO 资格，分享 AEO 认证信息，并对互认的 AEO 进行监督和评估，以确保其符合认证标准和要求。

区域海关联盟 AEO 计划和多边互认安排/协议（MRA）是全球 AEO 资格互认的主要形式。前者是指在单一海关立法或共同海关立法地区内，一个成员国的海关行政部门授权的 AEO 资格将被该海关联盟内其他成员国的海关行政部门承认，AEO 企业可以在整个地区范围内受益。多边互认安排/协议是区域内或合作成员国之间就 AEO 计划达成一致并相互承认缔约方授权的 AEO。目前，"一带一路"国家 AEO 互认属于多边互认安排/协议这种类型。

——意义

截至目前，中国已经与 35 个"一带一路"共建国家签署了 AEO 互认协议。[①] 通过资格互认，经认证的经营者可以获得多重收益。AEO 所获得的切实利益主要体现在一般收益和间接收益这两个方面。一般收益主要有加快货物放行、缩短运输时间和降低储存成本、入境或通关后的便利化措施、贸易中断或威胁程度上升时的特别措施、参与新的贸易便利化方案、多边互认安排/协议下的利益，以及有价值信息访问等。间接收益主要体现在与海关的伙伴关系、政府间信息交流及其管理改进、海关为企业举办的制度和能力建设活动、企业声誉和最佳实践推广，以及安保和安全标准改进等带来的企业管理水平提升、供应链合作促进、交易成本下降和资源获取机会增加等。[②]

就"一带一路"共建国家而言，AEO 互认在确保该地区国际贸易供应链安全和贸易便利化的同时，也有助于共建国家打破贸易壁垒，共建开放、包容、互利共赢的营商环境，促进沿线区域经济一体化和经济繁荣。（本条执笔：李国学）

---

① 《海关总署与乌兹别克斯坦海关签署 AEO 互认安排》，2023 年 5 月 22 日，中华人民共和国海关总署，http://haikou.customs.gov.cn/customs/302249/hgzssldzj/cjhy44/5042817/index.html.

② World Customs Organization, SAFE Framework of Standards 2021, https://www.wcoomd.org/-/media/wco/public/global/pdf/topics/facilitation/instruments-and-tools/tools/safe-package/safe-framework-of-standards.pdf?la=en.

92. "一带一路"海关食品安全合作倡议

——背景

"一带一路"倡议提出以来，中国与"一带一路"共建国家的贸易往来日益紧密，其中，食品贸易是经贸往来的重要组成部分。除了对公共卫生具有重要意义，食品安全还与贸易和经济增长有着内在联系。现阶段，食品贸易已成为中国与"一带一路"共建国家贸易中的新热点，迫切需要凝聚共识、团结协作、共谋发展。

中国海关近年来一直积极与"一带一路"共建国家开展食品安全领域监管合作，努力为世界食品安全治理提供中国方案。2023年10月18日，第三届"一带一路"国际合作高峰论坛发布多边合作成果文件清单，"一带一路"海关食品安全合作倡议被纳入成果清单。[①]

——进展

2023年9月15日，"一带一路"海关食品安全合作研讨会在南宁举行。本次研讨会以"保障食品安全，促进贸易发展"为主题，围绕落实"一带一路"倡议精神，加强"一带一路"共建国家食品安全领域合作等内容进行深入交流研讨，旨在推动"一带一路"共建国家进出口食品安全治理理念共认同、国际规则共完善、全程监管共落实、问题风险共处置，打造"一带一路"共建国家食品安全国际合作共治新平台。来自20余个"一带一路"共建国家的食品安全主管部门、国际组织、地方政府等100余位代表参会。

本次研讨会上，中外与会代表围绕"深化进出口食品安全监管合作，促进贸易健康发展""强化源头管控，推动食品安全共治共享""加强经验分享和沟通，推动构建食品安全国际规则标准体系"三个主题开展研讨，分享了保障食品安全、促进贸易发展等方面的经验做法，并针对深化海关检验检疫国际合作、探索各方协同治理等内容提出了建设性的意见和建议。

会议发布了"一带一路"海关食品安全合作倡议并签署了合作机制章程。倡议提出，各方深化务实合作和规则协调，分享各方成功治疗经验，交流先进监管技术手段。强化在国际事务中的政策沟通、协调和磋商，分享对拟议中的国际规则，标准的观点看法，共同推动制定科学、合理的国际规则标准。[②]

——意义

共建"一带一路"倡议提出以来，中国与共建国家互联互通水平大幅提

[①] 《第三届"一带一路"国际合作高峰论坛主席声明》，《人民日报》2023年10月18日第3版。
[②] 黄耀滕：《"一带一路"海关食品安全合作研讨会在南宁举行》，新华网，2023年9月15日，http://www.gx.xinhuanet.com/20230916/01749c5cb31f4b22af81a671e7051daf/c.html.

升，对外贸易、跨境物流也更加便捷，国内国际合作更高效，推动了产业合作水平不断提升，产业合作领域也不断拓宽，贸易往来更加频繁。在食品贸易领域，"一带一路"倡议促进了贸易种类的丰富和贸易量的增长。"一带一路"海关食品安全合作倡议提出以来，得到了多个国家相关部门的积极响应，20多个"一带一路"共建国家的海关部门、食品安全主管部门、地方政府及国际组织代表共100余人参加了"一带一路"海关食品安全合作研讨会，对中国致力于打造"一带一路"食品安全国际合作共治新格局表示认可，这为今后各国深化食品安全领域合作坚定了信心。各方共同研讨食品安全监管经验、面临的挑战以及未来的合作方向，将为"一带一路"食品安全合作进程增添新的内容和活力，成为打造食品安全国际合作共治新格局的重要里程碑。

与"一带一路"共建国家在共同提高食品安全治理水平上取得积极成果，为"一带一路"海关食品安全合作倡议落地创造可能。近年来，中外食品安全领域合作的方式和平台不断拓展丰富。中国已与171个国家和地区建立海关检验检疫合作关系，签署了农产品食品准入类国际合作文件近400份。食品安全制度体系、标准规则不断完善，在华境外食品生产企业累计注册已达8万家。中国食品贸易便利化水平不断提升，2022年中国对"一带一路"共建国家进出口食品贸易额达到7863.1亿元人民币，较2013年增长135.3%。

中国海关成功举办了"一带一路"海关食品安全合作研讨会，推动"一带一路"海关食品安全机制性合作。下一阶段，中国海关将与各国食品安全主管部门加强共商共建，凝聚合作共识，携手构建共建"一带一路"国家食品安全治理新型合作关系，升级发展与共建国家的多双边合作机制，大力推动贸易安全便利、检验检疫等领域合作，推动高质量共建"一带一路"行稳致远。[①]

（本条执笔：朱锐）

93. 海关检验检疫合作文件

海关检验检疫合作是"一带一路"促进贸易便利化的重要内容。一方面，检验检疫在收费、检测项目、检验周期、法检目录等各个环节的规定，直接关系着国际贸易的通关模式、通关效率和跨境贸易成本。营造一个高效、便捷和安全的海关环境能够扩大双边、多边的贸易流量。另一方面，随着贸易投资合作的深化，进出口货物和人员出入境日益增加，疫病传出传入的风险不断增加，客观上加大了出入境检验检疫的难度。因此，在保证安全的基础上，如何

[①] 邹多为、黄耀滕：《中国已与171个国家和地区建立海关检验检疫合作关系》，《人民日报》2023年9月16日第2版。

对海关检验检疫通关程序进行协调和简化是重要的国际贸易治理问题。2023年"一带一路"国际合作高峰论坛专题论坛上,"一带一路"合作伙伴支持进一步提升贸易和投资自由化便利化水平,并承诺在农食产品检验检疫领域开展合作。

从实践来看,早在2014年,当时的中华人民共和国国家质量监督检验检疫总局印发了《关于促进中欧国际货运班列扩量增效检验检疫工作方案》,要求在保障安全的基础上,加快检疫准入许可,支持中欧国际货运班列沿线那些符合要求的口岸申报为进境肉类、粮食、水果、汽车整车、木材等国家指定口岸,支持沿线对外贸易发展,提高贸易便利化水平,助力建成中欧国际货运班列枢纽。此外,中国加快了检验检疫通关一体化建设,实现"进口直通、出口直放",并在口岸开辟了哈萨克斯坦、吉尔吉斯斯坦、塔吉克斯坦农产品快速通关"绿色通道"。

从国际合作来看,2015年起中国在尊重相关方主权和关切的基础上,开始推动与"一带一路"相关国家在标准、计量和认证认可体系方面的合作。中国发布了《标准联通"一带一路"行动计划(2015—2017年)》,全面深化与共建国家和地区在标准化方面的双多边务实合作和互联互通,积极推进标准互认,特别以东盟、中亚、海湾等沿线重点国家和地区为方向,以中蒙俄等国际经济走廊为重点,深化标准化互利合作,推进标准互认。在动植物检验检疫和提升双边经济贸易水平等方面,组织翻译急需的中国国家、行业标准外文版。[①]提升标准国际化水平,积极推进标准互认,为"一带一路"海关检验检疫合作提供了基础性支撑。2015年中国认监委发布了《共同推动认证认可服务"一带一路"建设的愿景与行动》,倡导建立涵盖认证认可各领域的信息交流机制,提升技术性贸易措施透明度,实现共建国家资源共享。中国愿与有关各方共同建立认证认可信息共享及快速通报平台,相互通报证书、机构、人员和执法监管信息。[②]《愿景与行动》充分体现了中国在"一带一路"建设中的大国担当,中国愿与共建国家共同努力,推动认证认可和检验检疫"一个标准、一张证书、区域通行"。

加强与"一带一路"共建国家在检验检疫方面的双多边合作,具体内容包括:当时的中华人民共和国国家质量监督检验检疫总局积极参与并推进跨境监管程序协调,推动检验检疫证书国际互联网核查,共同提高技术性贸易措施透

[①] 《我国发布〈标准联通"一带一路"行动计划(2015—2017)〉》,中国政府网,2015年10月22日,https://www.gov.cn/xinwen/2015-10/22/content_2952067.htm。

[②] 国家发展改革委、外交部、商务部:《推动共建丝绸之路经济带和21世纪海上丝绸之路的愿景与行动》,《人民日报》2015年3月29日第4版。

九　贸易畅通

明度。2015年,"一带一路"检验检疫高层研讨会声明中指出:与会各方均认识到建立有效的动植物安全检疫合作机制,对防范动植物疫病疫情跨境传播和便利贸易,维护"一带一路"共建国家和组织间经贸合作健康稳定发展的重要性。深入探讨了在世界动物卫生组织、国际植物保护公约等协议框架下建立动植物检验检疫合作机制,促进"一带一路"国家动植物安全检疫合作。截至2023年9月,中国已与171个国家和地区建立海关检验检疫合作关系,签署农产品食品准入类国际合作文件近400份。中国与"一带一路"共建国家在海关检验检疫合作方面取得了积极成果。

中国与中东欧国家海关检验检疫合作是成功的典范。自2021年首届中国—中东欧国家质检合作对话会胜利召开,至今这一海关检验检疫合作对话会已经成功举办了六届。中国海关积极推动了与中东欧国家海关开展"智慧海关、智能边境、智享联通"的通关便利化合作,加快中东欧农食产品输华准入进程,促进国际供应链稳定通畅,推动疫情后全球经贸的复苏和发展。中国对中东欧国家打造了"中东欧商品输华绿色通道"以提高贸易便利化水平,具体措施包括:加快进口食品生产企业注册/备案,推进优质农食产品检疫准入,支持优异动植物种质资源引进,优化进口商品检验监管要求和模式,设立进口鲜活易腐农食产品查验快速通道,提升"中国—中东欧国家海关信息中心"建设水平,上线"中东欧商品进口通关一件事"智慧应用等。2023年,中国分别与匈牙利农业部、斯洛文尼亚农林食品部签署了双边议定书。截至2023年9月,中国已与中东欧国家签署海关检验检疫合作文件95份,涉及15个国家,已批准14国的132种食品、41种活动物和农产品输华。中国—中东欧国家合作9年来,自中东欧国家进口农产品年均增长率达9.7%。(本条执笔:张琳)

94. 监管合作谅解备忘录

资金融通是共建"一带一路"的重要支撑。"一带一路"共建国家金融发展水平差异较大,一些地区还受到地缘政治、恐怖主义、政治安全等因素的影响。针对沿线地区存在的潜在金融风险,中国不断深化与共建国家开展金融监管合作,逐步构建"一带一路"金融监管机制。2015年,中国三部委联合发布的《推动共建"一带一路"的愿景与行动》中首次明确提出:加强金融监管合作,推动签署双边监管合作谅解备忘录,逐步在区域内建立高效监管协调机制,完善风险应对和危机处置制度安排,构建区域性金融风险预警系统,形成应对跨境风险和危机处置的交流合作机制。2023年发布的《共建"一带一路":构建人类命运共同体的重大实践》白皮书指出:中国银保监会(现国家金融监督管理总局)、证监会与境外多个国家的监管机构签署监管合作谅解备忘录,促进资金高效配置,强化风险管控,为各类金融机构及投资主体创造良好投资条件。[①] 经过10年的发展,"一带一路"金融合作机制不断完善,金融监管合作和交流持续推进并不断加强。

国际金融监管通常包括日常合作和危机应急措施,其中日常合作主要分为三个发展阶段,第一阶段是合作双方以及多方签订谅解备忘录。第二个阶段是各合作方将通过协商,制定各谈判方共同遵守的统一监管标准。第三个阶段是各成员国对金融市场实现统一的监管。而危机应急措施则是在非常规状态下采取的监管措施,如遭遇大规模金融波动,甚至国际金融危机。中国与"一带一路"共建国家开展的金融监管合作多为日常合作,主要内容包括:加快推动与沿线尚未正式建立监管合作机制的国家签署双边监管合作谅解备忘录,加强日常跨境监管沟通协调,协助解决中资银行业金融机构在共建国家开展业务中遇到的政策障碍,以及适时开展与"一带一路"共建国家监管当局和金融机构的交流和培训,以进一步增加相互了解和互信。

从国际合作的角度看,涉及银行、证券和保险等多个部门的"一带一路"金融监管合作体系的框架正在逐步构建中。中国银监会积极拓展和深化与"一带一路"共建国家的跨境银行业监管合作,扩大信息共享范围。截至2015年6月,中国银监会与27个"一带一路"国家的金融监管当局签署了双边监管合作谅解备忘录(MOU)或合作换文,包括:中亚7国中的5个国家、东南亚11国中的7个国家、南亚8国中的2个国家、中东欧16国的4个国家、独联体其他6国中的2个国家以及西亚北非16国中的7个国家。此外,中国人民银行已与42个境外反洗钱机构签署合作谅解备忘录,中国证监会也分别与哈萨克斯坦国家银行、阿塞拜疆国家证券委员会签署《证券期货监管合作谅解备忘录》。截至2015年6月,中国证监会已同58个国家和地区的证券期货监管机构签署了62个监管合作谅解备忘录。同时,金融监管总局与多个共建国家建立了不同层级的双多边对话机制,例如,中日韩三方监管高层会谈、中新银行业保险业监管磋商等机制,通过双多边合作加强宏观风险动态监测,提升跨境监管水平。从国内角度看,2019年1月中国银保监会发布了《关于加强中资商业银行境外机构合规管理长效机制建设的指导意见》,要求境外设有经营性机构的政策性银行和境外设有保险类分支机构的中资保险机构参照执行。中国开始推进金融监管合作从初步阶段的签署合作备忘录向长效机制的转变。

"一带一路"金融监管合作,旨在推进加强信息交流,共同消除各种不合

[①] 中华人民共和国国务院新闻办公室:《共建"一带一路":构建人类命运共同体的重大实践》,《人民日报》2023年10月11日第10版。

理的准入壁垒和限制，提供开放、公平、有序的监管环境，从而更好地推进金融机构和金融服务网络化布局。从国别合作的角度看，中国与中亚和中东欧国家的合作进展尤为突出。在中亚地区，中国多次主持相关多边会议，推动反洗钱与反恐融资合作，加强监管资金结算清算、国际借贷、现钞供应等具体问题，提升区域金融风险预警能力。中国—中东欧国家领导人会晤上发布的《中国—中东欧国家合作索非亚纲要》明确指出：各方支持中国和中东欧国家有关银行和金融机构之间加强合作，推动贸易规模进一步扩大，基础设施、能源等领域合作进一步深化；欢迎中国与更多中东欧国家签署双边金融监管合作谅解备忘录，加强金融监管合作。

截至 2020 年末，中国已与 84 个国家和地区的金融监管当局签署了 122 份监管合作谅解备忘录或监管合作协议，共涉及 37 个"一带一路"共建国家，推动建立区域内监管协调机制，促进资金高效配置，强化风险管控，为各类金融机构及投资主体创造良好投资条件。[①]（本条执笔：张琳）

95. 跨境电商标准框架

——背景

跨境电商的发展催生了新的贸易模式，引领了新的消费趋势，创造了新的就业机会，并为全球经济发展提供了新的机遇和动力。跨境电商的增长颠覆了企业和消费者的市场营销、销售和购买商品的模式，为运输、支付和交付方式提供了更加广泛的选项，为中小微企业融入全球经济创造了历史性机遇。同时，跨境电商，特别是 B2C 和 C2C 的交易方式，对政府和商业界提出许多新的挑战。而相关领域全球标准和指引的缺失，使跨境电商成为很多风险的来源。在此背景下，中方积极会同各方推动建立跨境电商领域的国际标准。2017 年 10 月，中国海关接任澳大利亚海关成为世界海关组织跨境电商工作组的主席，并受世界海关组织的委托，会同其他成员牵头草拟了《跨境电商标准框架》。这一框架除了包括跨境电商现状、趋势和特点分析外，还将梳理各种渠道进出境的跨境电商通关流程，规定电商企业、平台企业及物流企业各方角色和跨境电商管理的核心原则。2018 年 2 月，以"创新、包容、审慎、协同，推动跨境电商可持续发展"为主题的首届世界海关跨境电商大会在北京召开，并讨论由中国海关参与制定的首个指导性文件《跨境电商标准框架》，在广泛征求各方意见的基础上形成世界海关组织跨境电商监管基本原则。

---

① 中华人民共和国国务院新闻办公室：《共建"一带一路"：构建人类命运共同体的重大实践》，《人民日报》2023 年 10 月 11 日第 10 版。

——内容①

《跨境电商标准框架》包括四个方面的内容：一是概述。二是目标、原则和立法。三是实施战略、监督、益处和能力建设。四是跨境电商的管理：关键原则和标准。

该框架将跨境电商的特征概括为：在线下单、在线销售、在线沟通以及网上支付（如果可行）。跨境交易和交付。有实际物品。实际物品被交付运往消费者或购买者（商业目的或非商业目的均可）。并指出，这个跨境框架制定的标准主要适用于 B2C 和 C2C 交易，同时鼓励各世界海关组织成员把这个框架的原则和标准也应用于 B2B 交易。

该框架为跨境电商确立的目标包括四个方面：一是在跨境电商供应链领域建立全球标准以提升确定性、可预见性、透明性、安全可靠性和高效性。二是创立一个和跨境电商相关的、协调统一的风险评估、货物清关、税款征收和边境合作的方案。三是建立一个标准化的架构，以实现跨境电商相对人和海关及其他政府部门之间电子数据预交换，从而实现促进合法贸易便利化，为各种利益相关方提供公平的竞争环境的目标。四是在跨境电商领域，进一步强化海关、其他政府部门和各利益相关方的合作。该框架提出了跨境电商的八项原则：一是电子数据的预处理和风险管理。二是便利化和程序简化。三是安全和可靠。四是税款征收。五是评估和分析。六是合作关系。七是公众关注、推广和能力建设。八是立法架构。

该框架指出，法律框架应当建立在有效管理、公平、透明的原则上，同时应满足新的正在出现要求，包括平衡那些在跨境电商模式中关系人的不同的利益诉求。法律和法规框架，尤其应当揭示，如何通过规定在多种商业模式间的电子数据的提前处置，来提升便利、安全可靠和对实际货物的监控。如何定义在跨境电商模式中有经济利益关系人的法律地位、相应的角色和责任。如何顾及好电商和电商平台、中介和消费者的利益，以及如何以公平和非歧视的方式，促进跨境电商的安全和可靠。在为跨境电商创立和修改立法框架时，政府尤其应当利用现行的世界海关组织条约、方法工具、所有相关的世界海关组织协定，特别是《贸易便利化协定》（TFA）和其他国际协定、标准和工具。

该框架指出，海关当局在和其他相关部门和利益相关方紧密合作的基础上，应当以适当的和灵活的方法实施这个框架。一个国家层面的实施战略应当包含有关持续性的回顾检查和跟踪进程的规定条款，还应包含制定多种关键业

---

① World Customs Organization, Framework of Standards on Cross-Border E-Commerce, June 2022, https://www.wcoomd.org/-/media/wco/public/globa l/pdf/topics/facilitation/activities-and-programmes/ecommerce/wco-framework-of-standards-on-crossborder-ecommerce_en.pdf? db=web.

绩指标（KPI）以评估实施程序的有效性。海关当局应当定期知会世界海关组织关于为实施框架而已采取的评估措施和制定的流程。各个海关当局应当共同合作，并利用相关的世界海关组织工具和方法，通过和世界海关组织和其他国际组织共同参与来建设和提高它们与跨境电商有关的高效的风险管理和海关程序的能力。

该框架确立了跨境电商的标准：在电子数据的预处理和风险管理方面，包括建立电子数据预处理的法律框架、使用国际标准进行电子数据预处理、便利化的风险管理以及控制、使用非侵入式查验技术和数字分析法四项标准。在便利化和程序简化方面，包括简化的清关手续和扩展 AEO 理念至跨境电商领域两项标准。在公平和高效的税款征收方面，包括税款征收模式和最低起征点两项标准。在安全和保障方面，包括阻止欺诈和非法贸易、跨部门间的合作和信息共享两项标准。在合作关系方面，包括公共和私人的合作关系、国际合作两项标准。在公众关注、推广和能力建设方面，包括公众的关注和推广标准。在评估和分析方面，包括评估机制标准。在变革性的技术使用方面，包括探索技术的发展和创新标准。

——意义

《跨境电商标准框架》是世界海关跨境电商监管与服务的首个指导性文件，标志着我国在世界海关跨境电商国际规则制定方面发挥引领作用，也为跨境电商可持续发展贡献"中国智慧"。针对跨境电商监管链条的关键环节，该框架为各国应对跨境电商快速增长带来的挑战和更好利用跨境电商发展创造的机遇提供了重要指引。（本条执笔：徐秀军、王越）

96. "丝路电商"合作先行区

——背景

2022 年 11 月 4 日，习近平主席在第五届进博会开幕式致辞中提出，"创建'丝路电商'合作先行区"，"推进高质量共建'一带一路'"。[①] 2023 年 10 月 18 日，习近平主席在第三届"一带一路"国际合作高峰论坛开幕式主旨演讲中宣布了中国支持高质量共建"一带一路"的八项行动，并提出中方将创建"丝路电商"合作先行区。[②] 2023 年 10 月 17 日，《国务院关于在上海市创建"丝路电商"合作先行区方案的批复》正式发布，标志着上海市正式启动创建"丝路电商"合作先行区。

[①] 习近平：《共创开放繁荣的美好未来》，《人民日报》2022 年 11 月 5 日第 2 版。
[②] 习近平：《建设开放包容、互联互通、共同发展的世界》，《人民日报》2023 年 10 月 19 日第 2 版。

——内容

根据国务院批复的《关于在上海市创建"丝路电商"合作先行区的方案》（以下简称《方案》），创建"丝路电商"合作先行区的总体目标如下：到2025年，形成一批具有示范引领作用的制度型开放成果，集聚一批有国际竞争力的电子商务经营主体，打造一批各具特色的区域载体，建成一批促进"丝路电商"伙伴国（以下简称伙伴国）共同发展的公共服务平台，电子商务交易和国际合作交流更加活跃，综合服务功能显著增强，为发展"丝路电商"提供成果支撑和实践经验。

创建"丝路电商"合作先行区的主要任务包括三个方面：一是扩大电子商务领域开放，具体包括拓展国际数据服务、实施高标准贸易便利化措施、推动电子单证国际标准应用、探索数字身份和电子认证跨境互操作、扩大跨境电商进口、促进跨境电商出口创新发展和推动"丝路电商"跨境人民币结算。二是营造先行先试环境，具体包括打造中心功能区、打造辐射引领区、建立跨境电商全球集散分拨中心、培育壮大"丝路电商"企业、完善"丝路电商"基础设施和打造国际人才集聚地。三是大力推进国际和区域交流合作，具体包括开展"丝路电商"智库交流、开展"丝路电商"数字技术应用推广、促进"丝路电商"研修交流、畅通伙伴国电子商务交流合作、推动"丝路电商"区域合作和构建"丝路电商"国际服务体系。

在保障措施上，商务部、上海市建立先行区工作推进机制，会同有关部门落实工作责任，精心组织实施，研究解决先行区建设的重大问题，及时做好方案评估，总结创新经验和成果，加强风险防范，重大事项及时向国务院报告。

根据《国务院关于在上海市创建"丝路电商"合作先行区方案的批复》，"丝路电商"合作先行区建设要坚持以习近平新时代中国特色社会主义思想为指导，全面贯彻落实党的二十大精神，立足新发展阶段，完整、准确、全面贯彻新发展理念，加快构建新发展格局，统筹发展和安全，发挥上海在改革开放中的突破攻坚作用，鼓励先行先试，对接国际高标准经贸规则，探索体制机制创新，扩大电子商务领域对外开放，打造数字经济国际合作新高地，在服务共建"一带一路"高质量发展中发挥重要作用。其中还指出了上海市人民政府和商务部的职责任务：上海市人民政府要切实加强组织领导，按照《方案》明确的目标定位和重点任务，健全机制、明确分工、落实责任，加强风险防范化解，扎实有效推进"丝路电商"合作先行区创建工作。商务部要会同有关部门按照职责分工，加强对"丝路电商"合作先行区创建工作的统筹协调和督促指导，注重总结经验，切实维护国家安全。重大事项及时向国务院报告。

——意义

"丝路电商"国际合作是中国落实共建"一带一路"重大倡议的一项重要

具体举措,并已成为多双边经贸合作新平台和高质量共建"一带一路"的新亮点。作为中国支持高质量共建"一带一路"八项行动之一的"支持建设开放型世界经济"的重要举措,"丝路电商"合作先行区将为"数字丝路"的健康发展提供制度保障和有效助力,为"丝路电商"合作积累更多发展经验和有益借鉴,并为数字经济国际合作打造新的对外开放平台。目前,"丝路电商"合作先行区先行先试任务顺利启动实施,一些工作取得的初步成效正逐步向长三角等地区复制推广。随着各项任务和措施的落实,"丝路电商"合作先行区将形成更多具有示范引领作用的制度型开放成果、集聚一批有国际竞争力的电子商务经营主体、打造一批各具特色的区域载体、建成一批促进伙伴国共同发展的公共服务平台,从而为推进高质量共建"一带一路"提供重要支撑。(本条执笔:徐秀军、王越)

十 资金融通

97. "一带一路"专项贷款

——背景

2017年5月14日，习近平主席在"一带一路"国际合作高峰论坛上发表主旨演讲，宣布中国国家开发银行、中国进出口银行将分别提供2500亿元和1300亿元等值人民币专项贷款，用于支持"一带一路"基础设施建设、产能、金融合作。[①] 在第二届"一带一路"国际合作高峰论坛上，中国宣布，中国国家开发银行和中国进出口银行将继续设立"一带一路"专项贷款。2021年9月，中国宣布，将在上海合作组织框架内启动实施二期专项贷款，用于共建"一带一路"合作，重点支持现代化互联互通、基础设施建设、绿色低碳可持续发展等项目。

——内容

为贯彻中国宣布的重大举措，2017年，中国国家开发银行设立2500亿元等值人民币专项贷款，支持"一带一路"建设。专项贷款包括3个子专项，即1000亿元等值人民币"一带一路"基础设施专项贷款，1000亿元等值人民币"一带一路"产能合作专项贷款和500亿元人民币的"一带一路"金融合作专项贷款。中国国家开发银行在推进"一带一路"专项贷款过程中，全面落实《负责任融资共同原则》和《"一带一路"绿色投资原则》，专门制定了专项贷款评审制度，将绿色标准、气候环境等纳入境外投融资评估决策，强化项目自身现金流和风险管理，努力为共建"一带一路"提供长期、可持续、风险可控的金融服务。截至2023年9月，中国国家开发银行"一带一路"专项贷款已累计实现合同签约5333亿元等值人民币，累计发放贷款4915亿元等值人民币。在专项贷款支持下，一批基础设施、产能合作、金融合作、生态环保、社会民生等领域的项目取得重要进展。在基础设施领域，支持了印度尼西亚雅万

[①] 习近平：《携手推进"一带一路"建设——在"一带一路"国际合作高峰论坛开幕式上的演讲》，人民出版社2017年版，第8页。

高铁建设，该项目是中国高铁全系统、全要素、全生产链走出国门的"第一单"，也是"一带一路"倡议的标志性工程。支持了柬埔寨金边至西哈努克港高速公路建设，支持了斯里兰卡科伦坡南港码头建设，还支持了"一带一路"共建国家若干个新建电站，帮助当地将资源优势转化为动能优势。在国际产能合作领域，中国国家开发银行支持了哈萨克斯坦奇姆肯特炼油厂升级改造、文莱恒逸原油石化项目、中国—印尼综合产业园区青山园区建设等项目，进一步完善了当地产业链条，提升了当地工业化发展水平，并创造了大量的就业岗位。[1] 在促进民心相通方面，中国国家开发银行积极推进人文交流，包括开展交流培训，加强经验交流和能力建设合作。面向"一带一路"相关国家举办了上百次交流活动，资助和奖励了多批次"一带一路"共建国家留学生来中国交流和学习。

中国进出口银行坚守职能定位，打造以信贷为主导，投资、贸金、结算、咨询等并重的一体化服务体系，引领金融机构服务共建"一带一路"。截至2022年末，中国进出口银行"一带一路"贷款余额达2.2万亿元，为"一带一路"建设作出了积极贡献。在专项贷款支持下，一批基础设施、经贸往来、生态环保等领域项目取得重要进展。一是聚焦互联互通，补齐发展短板。中国进出口银行将互联互通作为优先支持领域，重点打造中老铁路、希腊比雷埃夫斯港、尼泊尔博卡拉国际机场等标志性项目。二是密切经贸往来，夯实发展基础。发挥支持外贸的传统优势，聚焦进出口环节，服务外贸主体，推动产业链、供应链发展。三是深化产业协同，完善供应链条。支持了泰国10万吨钢帘线生产厂、马来西亚光伏太阳能生产线等一批生产项目，以及泰中罗勇工业园等多个境外园区。四是突出绿色合作，推动转型升级。中国进出口银行创建了以绿色信贷为主体，绿色投资、绿色债券、绿色咨询为补充的多元化金融产品体系。实行环境和社会风险全流程管理，采用与国际接轨的标准，开展负责任融资支持。[2]

——意义

"一带一路"专项贷款的实施，推动了当地经济社会的发展，也推动了中国的进一步发展，从而实现了中国与共建国家互利共赢、共同发展。一是改善了当地的基础设施条件。雅万高铁开通后，改善了当地交通条件，便利了沿线民众出行，并带动商业开发和旅游产业发展。二是提升了当地的产业发展水平。中国企业为共建国家带去了紧缺的资金、技术、经验，助力当地弥补发展短板，补链、强链、延链和突破产业发展瓶颈，更好融入全球供应链、产业链、价值链。三是推动了当地发展方式的转变。专项贷款聚焦绿色低碳项目，

---

[1] 《首届高峰论坛成果清单涉国开行25项成果已全部落实》，中国"一带一路"网，2019年4月23日，https://www.yidaiyilu.gov.cn/p/87017.html。

[2] 吴富林：《为高质量共建"一带一路"贡献金融力量》，《中国金融》2023年第15期。

支持绿色生产和绿色技术带动新型投资和消费需求。四是改善了当地的民生和就业。专项贷款支持了一批"小而美"项目，包括加纳职业教育培训升级、塞内加尔乡村打井供水、巴布亚新几内亚新恩加省医院等。这些项目接地气、见效快，增进了民众福祉。① 五是推动了中国企业"走出去"。专项贷款投资的项目，多由中国企业来承建或共建，这带动了中国工程施工、装备制造、施工材料和资本"走出去"，从而增强了"走出去"企业的实力和竞争力，也为中国的经济发展作出了贡献。（本条执笔：吴国鼎）

98. 中国—欧亚经济合作基金

——背景

随着中国同欧亚国家关系快速发展，古老的丝绸之路日益焕发出新的生机活力，发展同中亚各国的友好合作关系是中国外交优先方向。上海合作组织成立以来，成员国结成紧密的命运共同体和利益共同体，各方有必要加快实施交通、能源、通信、农业等优势领域合作项目，以解决项目融资难题和应对国际金融风险。② 2013年11月，李克强总理在上海合作组织塔什干总理会议期间，提出"中方愿设立面向本组织成员国、观察员国、对话伙伴国等欧亚国家的中国—欧亚经济合作基金"的倡议。③ 在此背景下，中国—欧亚经济合作基金于2014年9月在上海合作组织杜尚别元首峰会期间宣布成立。习近平主席在该次会议上发表重要讲话，称全力推动上海合作组织朝着机制更加完善、合作更加全面、协调更加顺畅、对外更加开放的方向发展，为本地区人民造福。④

——内容

中国—欧亚经济合作基金是深入推进"一带一路"建设构想的重要股权投资平台之一，旨在推动丝绸之路经济带建设，提升中国与欧亚地区国家经济合作水平，支持中国企业"走出去"，促进区域内产业资本与金融资本的密切合作。中国进出口银行与中国银行为欧亚基金的主要发起单位，首期批复规模为10亿美元，总规模为50亿美元。其主要投资行业包括能源资源及其加工、农业开发、物流、基础设施建设、信息技术、制造业等，旨在支持欧亚地区优先

---

① 《中国进出口银行发布支持共建"一带一路"十周年报告》，中国进出口银行官网，2023年9月19日，http://www.eximbank.gov.cn/info/news/202309/t20230919_52769.html.
② 《习近平接受土、俄、哈、乌、吉五国媒体联合采访》，《人民日报》2013年9月4日第2版。
③ 李克强：《在上海合作组织成员国总理第十二次会议上的讲话》，《人民日报》2013年11月29日第2版。
④ 习近平：《凝心聚力 精诚协作 推动上海合作组织再上新台阶》，《人民日报》2014年9月13日第3版。

发展产业。基金采取有限合伙制，由有限合伙人出资，普通合伙人负责基金运营和日常管理业务，欧亚发展（北京）投资顾问有限公司则受托为基金日常投资和运营管理提供顾问服务。

中国—欧亚经济合作基金注重实践共同发展理念，以共商共建共享为原则，致力于对接欧亚地区各国发展需要，积极履行企业社会责任，打造地区内开发性股权投资机构。基金坚持专业性和商业可持续原则，保障基金资金安全的同时追求合理收益，秉持价值投资理念，与被投企业共同实现价值增长。此外，基金积极探索投资模式创新，根据国别地区特点，综合利用国际、国内的多元化政策、金融和经贸工具，为被投企业提供全方位金融支持，协助企业改善公司治理，延展跨境产业链和合作网络。基金还加强对外同业企业合作，积极建立与国际金融机构和本地区投资机构的联系，共同推进合作项目实施。欧亚基金的设立有助于推动区域经济一体化，构筑统一经贸、投资、物流空间，加强能源政策协调和供需合作，促进跨国油气管道安保合作，提高粮食综合生产能力，推动环保信息共享平台建设。

——意义

欧亚地区作为丝绸之路经济带的重要组成部分，拥有丰富的资源和潜在的经济合作机会。第一，中国—欧亚经济合作基金的设立为中国与欧亚地区国家之间的经济合作提供了重要的资金支持和平台，有助于加强与中国之间的经济联系，共同推动"一带一路"倡议的实现。第二，该基金的设立有助于促进欧亚地区经济一体化进程。欧亚地区国家之间存在着各种历史、文化和政治差异，但同时也有着共同的经济利益和发展目标。通过中国—欧亚经济合作基金的运作，可以促进这些国家之间的经济合作，打破地区壁垒，推动资源共享和互利共赢。第三，中国—欧亚经济合作基金的设立还有助于推动上海合作组织（SCO）的发展和壮大。作为上合组织成员国主导的经济合作机制，该基金将成为上合组织国家在经济领域的重要合作平台，为地区和平与稳定作出更大贡献。（本条执笔：黄宇韬）

99. 中国—中东欧投资合作基金

——背景

中东欧国家整体区位优势明显、营商和投资环境良好、与中国经济互补性较高、国民素质较好，部分国家已加入欧盟，其余部分国家则以加入欧盟为对外政策的主要目标。

进入 21 世纪以来，随着中国与中东欧国家经贸往来的不断加深，双方在互联互通和产能合作方面逐步取得丰硕成果。随着中国与中东欧国家合作机制以及"一带一路"倡议的先后落地,中国与中东欧国家间的合作进一步加深,越来越多的优质项目也进入合作视野。为了满足中国—中东欧合作日益增长的资金需求,同时也为了满足部分中东欧欧盟国家的融资政策合规性,中国—中东欧投资合作基金(以下简称中东欧基金)应运而生,以市场化运营的方式,积极为中国与中东欧国家合作提供持续的金融支持。

2012年4月,在波兰华沙举行的中国与中东欧国家领导人会晤上,时任国务院总理温家宝宣布《中国关于促进与中东欧国家友好合作的十二项举措》,提出"发起设立'中国—中东欧投资合作基金',首期募集基金目标为5亿美元"[1]。2013年11月,时任国务院总理李克强在出席第二次中国—中东欧国家领导人会晤时,宣布中东欧基金首期正式启动成立。[2]

——内容与进展

秉承"政府支持、商业运作、市场导向"的原则,中东欧基金被打造为中国首个非主权类区域合作基金。基金规模预期将达100亿欧元,计划撬动项目信贷资金500亿欧元,目标市场为中东欧国家,并适当延伸至欧洲及符合中国—中东欧国家利益的其他地区,重点关注基础设施建设、高新技术制造、大众消费等行业的投资合作机会。[3]

自2013年启动至今,中东欧基金已完成基金一期与基金二期的组建与运营。2016年11月,中国工商银行牵头成立了中国—中东欧金融控股有限公司,并设立中东欧基金(基金一期)[4],此举得到波兰、匈牙利和捷克等中东欧国家的积极响应,匈牙利进出口银行认购中国—中东欧基金1亿欧元。基金一期累计在欧投资5.33亿欧元,带动一大批中国企业进入欧洲市场。2022年11月,在基金一期成功实践的基础上,基金二期在卢森堡成立,基金二期规模为6亿欧元,专注投资中东欧市场,明确聚焦清洁能源和环境、社会和公司治理(ESG)投资赛道。

中东欧基金与亚投行、丝路基金等的最大不同在于其是一个市场主导的非主权类基金。该基金一期和二期由世福资本管理有限公司(世福资本)管理,世福资本由中国工商银行牵头发起,中国工商银行、中国人寿、复星集团、金鹰集团共同出资设立,是一家注册于香港的市场化私募股权投资管理公司。

中东欧基金投资的重点目标领域为大众消费业、基础设施建设、先进制造

---

[1] 《中国关于促进与中东欧国家友好合作的十二项举措》,《人民日报》2012年4月27日第2版。
[2] 《中国—中东欧国家合作布加勒斯特纲要》,《人民日报》2013年11月28日第6版。
[3] 李克强:《在中国—中东欧国家领导人会晤时的讲话》,《人民日报》2013年11月27日第3版。
[4] 《中国—中东欧国家合作助力"一带一路"建设》,《人民日报》2018年2月23日第7版。

业。基金以股权投资为主，辅以夹层债务、股权挂钩等其他投资方式。在投资过程中，基金以收购控股权为主要目的，但也会灵活考虑出售方的需要（比如战略性少数股权投资）。基金对单一项目的投资规模原则上不超过8000万欧元。

至今，基金已对中东欧主要国家的潜在标的进行了充分筛选，成功在波兰、希腊、罗马尼亚等中东欧国家运作了多个新能源、生物科技和大众消费等项目，部分项目已完成交割。其中较具代表性的项目包括波兰51.5兆瓦太阳能项目、亚特兰蒂斯光伏电站项目等。

波兰51.5兆瓦太阳能项目。2019年12月，中东欧基金与波兰本土开发商就波兰各地53个、装机总容量约为51.5兆瓦的太阳能项目签订全资收购协议。2020年4月，该项目陆续开工，成为新冠疫情暴发以来波兰首批开工建设的太阳能项目。2021年2月起，该项目陆续竣工并网发电，在疫情防控期间为波兰创造300多个就业岗位。该项目每年约可减少近5万吨二氧化碳排放，受到了广泛好评。波兰气候部时任部长米哈乌·库尔蒂卡说："到2040年，波兰一半的发电装机要实现二氧化碳净零排放。我们非常希望中国企业能参与到波兰的清洁能源产业发展中，共同寻找互利共赢的机会。"[①] 2022年11月6日，在第五届中国国际进口博览会上，世福资本向中国中原对外工程有限公司出售该项目，后者将负责该电站未来在波兰的商业运营和维护，继续推进中东欧区域新能源领域的合作。

波兰亚特兰蒂斯光伏电站项目。该项目由中东欧基金二期独立投资，总装机容量88.5兆瓦，投资规模约为5800万欧元，2023年实际年发电量合计达90000兆瓦时。该项目商业运营情况平顺，维护状态良好，有效缓解了波兰的减排压力。2024年3月，该项目在波兰地区顺利完成投资交割。

——意义

中东欧基金的成功运营拓宽了中国与中东欧国家产能合作的空间，引导实现了双方优势资源的互利互补，在中国—中东欧经贸合作及"一带一路"建设中发挥了积极作用。

对中东欧国家而言，中东欧基金丰富了这些国家的融资渠道，提升了地区潜在项目的曝光度，推动项目与国际资金充分接触，增加对商业资本的吸引力。同时，中东欧基金聚焦清洁能源和ESG赛道，丰富了绿色金融实践，进一步助力该地区的清洁能源与绿色产业发展。

对中国而言，中东欧基金能够有效引导中欧产能合作，有效吸引和带动中国产能和工程等企业"走出去"，深耕中东欧国家市场，扩展合作伙伴关系网

---

① 于洋：《加强绿色合作，助力共同发展》，《人民日报》2022年1月10日第3版。

络，提升企业国际化水平和竞争力，助力全球可持续发展进程。此外，中东欧基金的市场化运作模式有助于降低中资企业在对外投资中的非商业色彩，降低项目合作的敏感性。（本条执笔：田旭）

100. 中国—东盟投资合作基金

——背景

在中国与东盟经贸合作快速发展和东盟基础设施建设需求不断上升的背景下，2009年4月，时任国务院总理温家宝在博鳌亚洲论坛上宣布，中国决定设立总规模达100亿美元的"中国—东盟投资合作基金"（CAF，以下简称东盟基金），支持区域基础设施建设。[①] 在中国—东盟自由贸易区全面建成后，双方基础设施互联互通建设需求加大，东盟基金加快了筹备进度。2010年3月，东盟基金主发起方中国进出口银行及境内外金融机构和企业作为初始投资人共同签署东盟基金有限合伙协议等一系列投资文件，标志着东盟基金及基金管理机构正式成立并投入运营。[②]

——内容

东盟基金是由中国进出口银行主发起并经中华人民共和国国务院批准在境外注册的私募股权基金，为中国与东盟国家企业间的经济合作提供融资支持。东盟基金的使命是，通过投资于东盟地区的基础行业，透过中国与东盟各国间的经济合作和发展，提升所投公司的价值，为东盟基金投资人争取最优的回报。东盟基金运用国际化和专业化的管理理念操作和运营，实现以下三个方面的结合：商业成功和社会经济可持续发展相结合、政府的战略引导与市场化运作相结合以及中国元素、东盟元素及东盟基金相结合。因此，东盟基金的目标地域为东盟成员国，同时还为东盟与其他区域之间的跨境项目提供资金支持。

东盟基金主要遵循以下原则：一是注重资产增值的投资模式，一般选择股权或类股权的投资形式。二是追求资产增值潜力。三是建立平衡的多元化资产组合，既包括新建项目，也包括成熟项目，既可以是项目层面的投资，也可以是公司层面的投资。四是通过资产培育、管理和财务技巧提升资产价值。五是掌握退出时机最大化项目收益。因此，东盟基金的可投资范围既包括筹建和在建的绿地项目，也包括处于运营培育期、增长期或成熟期的棕地项目。东盟基金的投资规模为单笔投资额通常为5000万美元至1.5亿美元，坚持与其他战

[①] 温家宝：《增强信心 深化合作 实现共赢》，《人民日报》2009年4月19日第1版。
[②] 中国—东盟中心：《中国—东盟基金正式成立并投入运营》，2010年4月1日，http://www.asean-china-center.org/2010-04/01/c_13362473.htm。

略投资者实现共同投资但尽量保持少数股东地位，不谋求企业控股权，持股比例小于50%，不参与项目管理。

在投资领域选择上，东盟基金积极投资于基础设施，能源和自然资源行业。此类行业的资产密集型项目可以提供长期稳定的现金流，且往往不受经济周期的影响。具体的投资领域包括：交通运输、电力、可再生能源、公用事业、电信基础设施、管道及储运、公益设施、矿产及采矿、石油和天然气、林木等。

——进展和意义

东盟基金成立以来，一批项目相继落地，为中国金融和产业资源与东盟经济社会发展搭建了桥梁，促进了东盟基础设施互联互通以及中国产业的硬件和软件与东盟成员国之间的对接，实现了商业成功和最佳社会效应的双重目标。从实际运行情况看，东盟基金一期于2015年结束投资期，在东盟8个国家投资了10个项目，涵盖港口、航运、通信、矿产、能源、建材、医疗服务等多个领域，包括支持菲律宾两家头部航运公司兼并重组，投资柬埔寨通信基础设施项目，投资支持青山钢铁在印度尼西亚的镍铁冶炼产业园一期项目等。在这10个项目中，东盟基金已经退出了5个完成项目，退出项目的综合年化收益率达到20%以上。

2022年11月，时任国务院总理李克强在第二十五次中国—东盟领导人会议上发表讲话时宣布，中国—东盟投资合作基金二期正式设立运营，支持东盟地区基础设施、清洁能源、信息通信等领域发展。[1] 基金于2023年实现首次封闭并投入全面运营，启动规模10亿美元，现已建立起较丰富的项目储备库及投放梯队，正推动投资支持东盟10国有关清洁能源、基础设施等领域重大项目实施。[2] 东盟基金二期吸纳了新的投资机构出资。例如，中国葛洲坝集团海外投资有限公司出资1.5亿美元，中国交通建设股份有限公司下属子公司中国路桥工程有限责任公司出资1亿美元，其中作为普通合伙人出资约100美元，剩余出资用于认购基金有限合伙人份额。

东盟基金利用自身强大的投资实力，丰富的行业经验，以及对东盟地区和目标投资领域的深刻理解，积极推动中国与东盟地区经贸和基础设施合作，在推动中国产品和服务进一步深耕东盟市场的同时，提升了东盟国家内部和国家之间的基础设施水平，推动了区域一体化走实走深，为稳步发展中国—东盟战

---

[1] 李克强：《在第二十五次中国—东盟领导人会议上的讲话》，《人民日报》2022年11月12日第3版。
[2] 中国进出口银行：《中国—东盟投资合作基金二期》，2024年4月1日，http://www.eximbank.gov.cn/aboutExim/organization/ckfjj/whkgjj/zgdmtzhzjjeq/。

略伙伴关系，在东盟地区高质量共建"一带一路"，携手建设更为紧密的中国—东盟命运共同体奠定了更为坚实的器物和制度基础。（本条执笔：徐秀军、田旭）

101. 中日韩—东盟银联体

——背景

东盟与中日韩（10+3）合作源于20世纪90年代。1995年，东盟峰会提议举行东盟与中日韩领导人会晤。1997年，首次东盟与中日韩领导人非正式会议在吉隆坡举行，正式启动了东盟与中日韩合作进程。随着时间的推移，东盟与中日韩合作机制在多个领域取得显著成果，包括政治和安全合作、经济和金融合作、社会文化合作、互联互通合作等。2022年，东盟与中日韩启动《东盟与中日韩（10+3）合作工作计划（2023—2027）》，为进一步深化东盟与中日韩合作提供了指引。

中国—东盟银联体建立以来，在支持地区互联互通基础设施建设、服务地区发展方面发挥了积极作用，为此，在东盟与中日韩合作不断深入的背景下，中日韩与东盟各方携手推动成立中日韩—东盟银联体恰逢其时。中日韩—东盟银联体成为深入推动东盟与中日韩经济和金融合作的又一重要机制，同时其也与中国—东盟银联体一起为推动地区金融融合、促进东亚经济共同体建设发挥重要作用。

——内容

2019年11月，在第二十二次东盟与中日韩领导人会议期间，中国—东盟银行联合体理事会第九次会议在泰国曼谷举行，并背靠背举行了东盟与中日韩银联体成立仪式。中日韩—东盟银联体成员行均为中日韩和东盟各国具有较高影响力的重要金融机构，包括中国国家开发银行、日本国际协力银行、韩国产业银行、文莱伊斯兰银行、柬埔寨加华银行、印度尼西亚曼迪利银行、老挝开发银行、马来西亚联昌国际银行、缅甸外贸银行、菲律宾BDO银行、新加坡星展银行、泰国开泰银行、越南投资发展银行等。在成立大会上，各成员行共同签署了《中日韩—东盟银行联合体合作谅解备忘录》。

中日韩—东盟银联体机制的成立旨在深化东盟与中日韩三国之间的金融合作，以"平等、互利、尊重、信任"为原则，致力于建立长期、高效、务实的金融合作平台与机制，促进区域经济一体化，支持区域内重大重点项目以及在第三方市场的合作项目。自成立以来，中日韩—东盟银联体在机制建设、业务合作、交流培训等领域开展了多项卓有成效的合作，为促进区域经济发展注入了活力。①

在实际运作中，中日韩—东盟银联体通过提供融资支持、促进金融创新、加强金融监管合作等方式，支持区域内的基础设施建设、贸易和投资流动，以及可持续发展项目。此外，银联体还关注数字化转型和绿色金融，以适应全球经济的新趋势。在新冠疫情期间，中日韩—东盟银联体也发挥了重要作用，通过发表联合声明和提供资金支持，帮助成员国应对疫情带来的经济挑战，推动区域经济的可持续和韧性复苏。银联体的活动和合作不仅加强了区域内的经济联系，也为全球金融稳定和区域经济一体化作出了积极贡献。未来中日韩—东盟银联体将进一步深化合作，探索更广阔的合作空间，关注基础设施互联互通建设，以及跨境支付电子化等领域合作需求，促进东亚区域一体化进程。

——意义

中日韩—东盟银联体为地区繁荣发展注入了强劲动力，已成为中国、日本、韩国和东盟国家之间重要的多边金融合作机制。中日韩—东盟银联体成立以来，为推动地区金融融合、促进东亚经济共同体建设作出了积极贡献，标志着区域金融合作进入一个新的阶段。2023年8月，中国—东盟银联体理事会第13次会议暨中日韩—东盟银联体（10+3银联体）理事会第4次会议在印度尼西亚召开，中日韩—东盟银联体成员行共同签署了《中日韩—东盟银联体支持东盟与中日韩合作的联合声明》，中日韩—东盟银联体将为推动东盟与中日韩合作、促进东亚经济共同体建设发挥重要作用。（本条执笔：熊爱宗）

102. 中国—东盟银联体

——背景

东盟是中国周边外交的优先方向和共建"一带一路"的重点地区。2013年，习近平主席访问东南亚国家，倡议携手建设更为紧密的中国—东盟命运共同体，共同建设21世纪"海上丝绸之路"。此后，中国与东盟成员国陆续签订了共建"一带一路"合作文件。2021年11月，习近平主席和东盟国家领导人共同出席中国—东盟建立对话关系30周年纪念峰会，宣布建立中国东盟全面战略伙伴关系，中国与东盟的关系进入全新阶段。

中国—东盟银联体是为进一步促进中国与东盟外交和经贸关系发展于2010年成立的。随着共建"一带一路"倡议与东盟国家发展战略积极对接，中国—

---

① 国家开发银行：《推动更好发挥中国—东盟银联体、中日韩—东盟银联体平台纽带作用》，中国"一带一路"网，2023年9月1日，https://www.yidaiyilu.gov.cn/p/0TIVRG2R.html。

东盟银联体为高质量共建"一带一路"提供金融支持。

——内容

2010年10月，在第十三次中国—东盟（10+1）领导人会议期间，中国国家开发银行与来自东盟国家的10家银行签署《中国—东盟银行联合体合作协议》，中国—东盟银联体正式成立。中国—东盟银联体由中国国家开发银行发起，中国与东盟各国具有影响力的银行共同组建。除中国国家开发银行外，成员行包括文莱伊斯兰银行、柬埔寨加华银行、印度尼西亚曼迪利银行、老挝开发银行、马来西亚联昌国际银行、缅甸外贸银行、菲律宾BDO银行、新加坡星展银行、泰国开泰银行、越南投资发展银行等金融机构。

中国—东盟银联体的宗旨是服务中国与东盟的金融发展，促进相互贸易与投资，为中国与东盟成员国政府支持的基础设施等项目提供融资及相关金融服务，实现中国与东盟的社会和经济发展。按平等、互赢原则与各成员行建立长期合作关系，向中国与东盟各成员国间的重点合作领域提供更为广泛的金融服务。增强中国与东盟间区域经济发展的内生动力，积极应对经济全球化带来的机遇和挑战。[①]

中国—东盟银联体的主要合作机制包括中国—东盟银行联合体理事会、中国—东盟银联体高官会等。2012年5月，中国—东盟银联体理事会第2次会议召开，各成员行签署了《中国—东盟银行联合体合作协议的补充协议》，就加强务实合作进行了深入交流，探讨为东盟各国基础设施、电力、农业、中小企业、能源资源等领域重点项目提供融资支持以及在本币结算、资金交易等领域开展合作的可行性，为后续进一步深化合作奠定了基础。2013年10月，中国—东盟银行联合体理事会第3次会议在北京举行，各方签署《关于在中国—东盟银联体框架下建立经验共享和交流培训机制的倡议》，并举办了"金融监管及银行风险防控研讨会""中国—东盟互联互通研讨会"等活动。

2018年，中国—东盟银行联合体理事会第8次会议召开，成员行共同签署了《金融支持中国—东盟命运共同体建设的联合声明》，并决定接受菲律宾开发银行、马来西亚开发银行、老挝外贸银行、缅甸经济银行为首批银联体观察员行。2019年，中国—东盟银行联合体理事会第9次会议召开，成员行共同签署了《中国—东盟银联体关于支持中国—东盟各方发展规划与倡议的联合声明》，并决定接受越南大众银行为观察员行。各成员行表示，将进一步发挥银联体多边平台优势，以金融合作为基础，深化在产能合作、基础设施建设、金融科技创新、绿色金融等多领域的合作交流，促进东盟各国经济发展和民生改善。

---

① 《中国—东盟银联体》，中华人民共和国商务部中国自由贸易区服务网，2011年8月22日，http://fta.mofcom.gov.cn/article/ftazixun/201108/7614_1.html.

疫情防控期间，中国—东盟银联体积极支持各国抗击疫情。2020年11月，中国—东盟银联体理事会第10次会议暨中日韩—东盟银联体（10+3银联体）理事会第1次会议以视频方式召开。有关方共同签署了《关于抗击新冠肺炎疫情10+1银联体联合声明》和《关于抗击新冠肺炎疫情10+3银联体联合声明》两份文件。各成员行表示，将切实加强金融合作，融资支持受疫情影响较大的困难行业企业和各类应急需求，加快推进数字经济建设，加强经验分享和信息共享，携手抗击疫情。

2023年8月，中国—东盟银联体理事会第13次会议暨中日韩—东盟银联体（10+3银联体）理事会第4次会议在印度尼西亚召开。各成员行共同签署了《中国—东盟银联体支持中国—东盟全面战略伙伴关系的联合声明》，这体现了双方在金融合作方面的共识和承诺，为进一步深化和加强中国东盟全面战略伙伴关系提供金融支持。

——意义

中国—东盟银联体在机制建设、业务合作、交流培训等领域开展了多项合作，包括项目融资、出口信贷、银行授信等多种业务合作，并举办金融能力建设交流培训等活动。中国国家开发银行作为银联体的牵头方，发挥了重要作用。至2023年6月，国家开发银行已与相关成员行开展了206亿元人民币授信合作，发起设立150亿美元中国东盟共同发展专项贷款，为区域内经贸合作、中小企业和民生各领域发展提供有效金融支持。[①] 中国—东盟银联体成立以来，始终秉持平等、互利、共赢的合作理念，已成为中国与东盟国家之间重要的多边金融合作机制。中国—东盟银联体的活动和合作不仅加强了中国与东盟国家之间的经济联系，也为区域经济一体化和全球金融稳定作出了贡献。

（本条执笔：熊爱宗）

103. 中国—阿拉伯国家银行联合体

——背景

中国与阿拉伯国家合作不断深入。2004年，中国同阿盟建立中国—阿拉伯国家合作论坛，以进一步发展中阿在各领域的友好合作关系。2010年，双方建立全面合作、共同发展的中阿战略合作关系。2018年，双方建立全面合作、共同发展、面向未来的中阿战略伙伴关系。2022年12月，首届中国—阿拉伯国家峰会成功举行，双方一致同意全力构建面向新时代的中阿命运共同体，把

---

① 国家开发银行：《深化多双边金融合作凝聚服务共建"一带一路"金融合力》，中国"一带一路"网，2023年10月17日，https://www.yidaiyilu.gov.cn/p/0CIA97SA.html。

中阿合作推到一个全新高度。至2023年中国已同14个阿拉伯国家建立全面战略伙伴关系或战略伙伴关系。

共建"一带一路"是中阿合作的重要内容。2014年，习近平主席在中阿合作论坛第六届部长级会议上提出中阿共建"一带一路"，得到阿拉伯国家热烈响应。2018年，在中阿合作论坛第八届部长级会议上，中阿双方签署《中阿合作共建"一带一路"行动宣言》，这是中国与区域组织和地区国家集体签署的第一份共建"一带一路"合作文件。至2023年，所有阿拉伯国家均已同中国签署"一带一路"合作文件。

资金融通是中阿共建"一带一路"的重要内容。中国同多个阿拉伯国家就加强金融合作推出多项举措，为促进中阿经济、贸易与投资合作，实现中阿共同发展提供了新支撑。2018年7月，习近平主席提出中阿合作要牢牢抓住互联互通这个"龙头"，积极推动油气合作、低碳能源合作"双轮"转动，努力实现金融合作、高新技术合作"两翼"齐飞。为此，中国支持建立产能合作金融平台，围绕工业园建设拓展多元化投融资渠道，推进园区服务、企业成长、金融支持三位一体发展。为推动金融同业交流合作，中国提议成立"中国—阿拉伯国家银行联合体"。

——内容

2018年7月，中国—阿拉伯国家银行联合体（简称中阿银联体）成立仪式暨首届理事会会议在北京举行，各成员行共同签署了《关于中国—阿拉伯国家银行联合体成立宣言》。中阿银联体是中国与阿拉伯国家之间首个多边金融合作机制，由中国国家开发银行牵头成立，创始成员行还包括埃及国民银行、黎巴嫩法兰萨银行、摩洛哥外贸银行、阿联酋阿布扎比第一银行等具有区域代表性和影响力的阿拉伯国家银行。

中阿银联体旨在促进中国国家开发银行与阿拉伯国家银行在各经济领域的合作，特别是在能源、基础设施、电力、通信和工业园区等能够使所有成员银行获益的领域。在首届理事会会议上，中国国家开发银行表示愿意在银联体框架下，不断深化和各成员行的联系交流，共享客户资源，共同挖掘合作潜力，持续为银联体发展开辟新的合作空间。为进一步加大对中阿合作的支持力度，中国国家开发银行除了提供首期30亿美元中阿金融合作专项贷款以外，还表示将提供100亿美元重建与产业振兴贷款。[①]

2023年12月，中阿银联体第二届理事会会议在埃及开罗召开。本届理事会由埃及国民银行担任轮值主席行，各成员行负责人出席会议，来自阿联酋、

[①] 《中国—阿拉伯国家银行联合体正式成立将配备30亿美元专项贷款》，中国"一带一路"网，2018年7月12日，https://www.yidaiyilu.gov.cn/p/59974.html。

卡塔尔、科威特等阿拉伯国家金融机构代表参会。会议围绕进一步密切银联体框架下合作、支持和服务中阿经济社会发展进行了深入研讨，并发布《支持新时代中阿战略伙伴关系的联合声明》。参会各成员行一致认为，阿拉伯各国经济发展转型愿景与中国共建"一带一路"倡议将迎来更多历史性交汇，各方共同期待在银联体机制下携手同心，紧抓机遇，更好发挥金融合作在服务中阿各领域务实合作中的重要作用。[①]

——意义

发起设立中阿银联体，目的是在中阿合作论坛框架下，加强"一带一路"倡议与阿拉伯国家发展愿景有效对接，建立长期稳定、互利共赢的金融合作关系，为促进中阿全方位、多领域务实合作提供重要支撑。中阿银联体以"平等相待、相互尊重、互利公平、共同发展"为原则，以"自主经营、独立决策、风险自担"为前提，通过开放式、俱乐部式的运作模式，密切联系交流、分享客户资源、孵化合作机遇，为中阿各国重大项目提供融资支持及金融服务，助推中阿集体合作迈进全面提质升级的新时代。[②] 在中阿银联体等机制的推动下，中阿金融合作实现一系列新突破，为双方务实合作提供了有力支撑。（本条执笔：熊爱宗）

104. 中非产能合作基金

——背景

2015年12月4日，习近平主席出席中非论坛约翰内斯堡峰会开幕式时，全面阐述了开启中非合作共赢、共同发展的新时代的"十大合作计划"，并指出为确保"十大合作计划"的顺利推进，中方提供600亿美元资金支持，其中包括设立首批资金100亿美元的"中非产能合作基金"。[③] 中非产能合作基金于2016年1月起步运行。首期资金100亿美元中，梧桐树投资平台公司出资80亿美元，中国进出口银行出资20亿美元，后续可根据投资业务进展追加投资，也可吸纳其他投资者参与。中非产能合作基金秉承"合作共赢，共同发展"的理念，坚持市场化、专业化和国际化运作，促进非洲"三网一化"建设和中非产能合作，覆盖制造业、高新技术、农业、能源、矿产、基础设施和金融合作等各个领域，促进中国与非洲共同发展、共享繁荣。2019年，国家

---

① 《中国—阿拉伯国家银行联合体召开第二届理事会会议》，中阿合作论坛，2023年12月8日，http://www.chinaarabcf.org/zagx/wshz/202312/t20231208_11197029.htm.
② 《中国—阿拉伯国家银行联合体正式成立将配备30亿美元专项贷款》，中国"一带一路"网，2018年7月12日，https://www.yidaiyilu.gov.cn/p/59974.html.
③ 习近平：《开启中非合作共赢、共同发展的新时代》，《人民日报》2015年12月5日第2版。

外汇管理局中央外汇业务中心（以下简称外汇中心）旗下的两只对外投资基金——中非产能合作基金和中拉产能合作投资基金合并管理。

——内容

中非产能合作基金尊重国际经济金融规则，秉承商业化运作、互利共赢的理念，通过与境内外企业和金融机构合作，采取以股权和可转债、优先股等类股权投资为主，辅以贷款、企业债、股东借款、子基金等多种投融资方式。中非产能合作基金具有完全的经营决策权，全体人员不超过30人，管理链条短，决策迅速。接触一个项目以后，从开始谈到决定投资，一般的流程是在3—5个月之间。其效率非常高，在中国的金融机构或者说开发性金融机构之中确实是不多见的。中非产能合作基金采用双币种（美元和人民币）运作，特别是依托国家外汇储备下属的梧桐树投资平台公司，外汇资金投资便利。一旦跟合作伙伴签了合作协议，美元资金可以迅速到位。

中非产能合作基金的定位是服务"三网一化"，"三网"是指航空、铁路、公路，"一化"是指工业化。具体而言，中非产能合作基金的经营方向主要有三：一是产能合作，即制造业和工业产能的转移。二是金融合作，如设立或收购金融机构，开展互联网金融和移动支付等。三是技术合作，力求在不会给非洲带来质量过剩和技术过剩的前提下，把一些适合非洲的产品引入非洲。在成立之初，中非产能合作基金投资项目以能源、矿产和电站居多，这主要是因为当时能源和矿产出现了行业周期的低谷，是一个非常好的收购时期。随着全球通胀和矿产能源价格上升，中非产能合作基金开始配合中国企业，选准特定行业或产品深耕非洲，如卡车、轮胎、化肥等，打造出具有影响力的当地化品牌。这也有利于中非产能合作基金优化投融资结构，实现中长期财务可持续，推动中非产能合作取得更大的成效。

——意义

通过投资促贸易、扩外需，中非产能合作基金不断探索创新的投资开发模式，充分发挥非洲的资源禀赋优势，提升当地农业深加工能力，打造集群基地，构建全产业链配套体系，改善基础设施等硬件条件，破解产能合作和装备"走出去"的瓶颈。特别是在制造业和产能合作领域，不仅有助于非洲国家加快工业化进程，还能促进当地就业，提高技术水平，增强非洲国家的自主发展能力致力于将"中国制造"转变为"中非联合制造"。

中非产能基金还对中国企业在非投资经营中的实际问题提出了创新的解决思路：一是设立"资金池"以解决中国企业汇出非洲货币收入的困难。二是设立"打包型平台"以解决金融机构服务中小型企业时面临的效费比过低的问题。三是金融机构支持龙头企业沿产业链的纵向整合及向劣质竞争者的横向整合，以提质增效和消灭过剩产能。四是利用基金自身的国际市场信息灵通、产融结合紧密的优势，引入国内产业投入非洲的优质项目。在"三网一化"和产能合作项目的推动下，中非基金将进一步发挥其在对非投资团队、专业经验和平台优势方面的作用，通过加大产融结合力度，共同打造中非全面合作升级版。（本条执笔：沈陈）

105. 中非金融合作银行联合体

——背景

近年来，中非合作不断深化。在2018年中非合作论坛北京峰会上，中国与53个非洲国家协商一致通过《关于构建更加紧密的中非命运共同体的北京宣言》，决定构建更加紧密的中非命运共同体。2021年11月，习近平主席在中非合作论坛第八届部长级会议开幕式的主旨演讲中提出，携手构建新时代中非命运共同体，为进一步深化中非关系和中非合作提供了新的指引。[①] 高质量共建"一带一路"是新时代中非合作的重要内容。截至2023年6月，已有52个非洲国家和非盟委员会与中国签署共建"一带一路"合作文件，非洲成为参与"一带一路"倡议最重要的大陆之一。

中非金融合作日益紧密。2006年，中国设立中非发展基金，以进一步鼓励和支持中国企业到非洲投资，促进非洲经济发展。2015年，习近平主席在中非合作论坛约翰内斯堡峰会上宣布将中非发展基金总规模提升为100亿美元。[②] 2018年，习近平主席在中非合作论坛北京峰会上宣布推动中国企业未来3年（2018—2021年）对非洲投资不少于100亿美元，并设立50亿美元自非洲进口贸易融资专项资金。[③] 2021年11月，习近平主席在中非合作论坛第八届部长级会议开幕式上发表主旨演讲指出，中国未来3年将推动企业对非洲投资总额不少于100亿美元，设立"中非民间投资促进平台"……向非洲金融机构提供100亿美元授信额度。[④] 中非金融合作银行联合体（简称中非银联体）是落实2018年中非合作论坛北京峰会的重要成果，被纳入《中非合作论坛—北京行动计划（2019—2021年）》，是推动中非基础设施互联互通、高质量共建"一带一路"的重要金融合作机制。

---

① 习近平：《同舟共济，继往开来，携手构建新时代中非命运共同体》，《人民日报》2021年11月30日第2版。
② 习近平：《开启中非合作共赢、共同发展的新时代》，《人民日报》2015年12月5日第2版。
③ 习近平：《携手共命运 同心促发展》，《人民日报》2018年9月4日第2版。
④ 习近平：《同舟共济，继往开来，携手构建新时代中非命运共同体》，《人民日报》2021年11月30日第2版。

——内容

2018年9月，中非开发性金融论坛暨中非金融合作银行联合体成立大会在北京召开。中国国家开发银行等17家成员行在会上签署《中非金融合作银联体成立协议》，标志着中非银联体正式成立，这是中国与非洲之间首个多边金融合作机制。

中非银联体由中国国家开发银行牵头成立。非方创始成员银行包括南非联合银行、摩洛哥阿提扎利瓦法银行、莫桑比克商业投资银行、埃及银行、中部非洲国家开发银行、埃塞俄比亚开发银行、泛非经济银行、肯尼亚公平银行、尼日利亚第一银行、刚果（金）罗基银行、毛里求斯国家银行、南非标准银行、东南非贸易与发展银行、乌干达开发银行、非洲联合银行、西非开发银行等多家具有区域代表性和影响力的非洲金融机构。

中非银联体的主要目标是通过金融合作，进一步推动中非双方在经贸往来、产能合作、基础设施建设以及人文交流与培训等各领域的务实合作。此外，中非银联体还致力于加强信息共享，创新合作方式，拓展与各方合作的深度广度，助力非洲经济社会的可持续发展。

自成立以来，中非银联体取得积极成果。作为牵头单位，中国国家开发银行通过与15家具有区域代表性和影响力的非洲金融机构建立合作伙伴关系，截至2023年10月，在银联体机制项下累计对非方成员行发放贷款14亿美元。2023年10月，国家开发银行完成对南非标准银行2亿美元授信项目全额发放，至此两家银行已开展6次授信合作，通过向银联体成员行提供授信额度，支持其为非洲经济社会发展提供更多融资安排，对促进当地就业、改善民生和经济社会发展起到了积极作用。

未来，中非银联体将进一步发挥好金融纽带作用，通过加强各成员行务实合作，共同推进中非基础设施互联互通、国际产能合作以及人文交流等各领域的合作，为服务"一带一路"建设、助力构建新时代中非命运共同体提供全方位金融服务。

——意义

中非银联体是金融界落实中非合作论坛北京峰会重要成果，在更高质量更高水平上实现合作共赢、共同发展的具体行动，符合中非双方共同利益，得到了非洲金融同业的积极响应。中非银联体的成立和运作，不仅加强了中非之间的金融合作，也为双方在更广泛的经济领域内的合作提供了坚实的金融支持和平台，有助于实现中非合作共赢、共同发展的目标。（本条执笔：熊爱宗）

106. 中拉合作基金

——背景

2014年，中拉关系正处于历史最好时期，站在了新的历史起点上，深化全面互利合作面临更好机遇、具备更好基础、拥有更好条件。中拉经济互补性强，发展战略相互契合，加强合作具备天然优势。在此背景下，中方倡议双方共同构建"1+3+6"合作新框架，推动中拉务实合作在快车道上全面深入发展。①"1"是"一个规划"，即以实现包容性增长和可持续发展为目标，制订《中国与拉美和加勒比国家合作规划（2015—2019）》，实现各自发展战略对接。"3"是"三大引擎"，即以贸易、投资、金融合作为动力，推动中拉务实合作全面发展。"6"是"六大领域"，即以能源资源、基础设施建设、农业、制造业、科技创新、信息技术为合作重点，推进中拉产业对接，推动中拉互利合作深入发展。为推进合作新框架，习近平主席在2014年7月出席中国—拉美和加勒比国家领导人会晤时宣布全面启动中拉合作基金并承诺出资50亿美元。②

——内容

中拉合作基金由中国进出口银行和国家外汇管理局共同发起，于2016年1月正式投入运营，是中拉双方共同打造的专注于加勒比及拉美地区的私募股权投资基金。基金的主要任务是贯彻中国"一带一路"倡议，通过提供资金和智力支持，积极协助、引导中国企业"走出去"，促进中拉两国在投资、经贸合作等领域的深度合作。中国与拉共体论坛首届部长级会议于2015年1月在北京举行，双方共同制订了《中国与拉美和加勒比国家合作规划（2015—2019）》，其中明确提出充分利用中拉合作基金等金融资源，支持中拉重点合作项目，促进双方经济、社会和环境的可持续发展。基金投资领域包括能源资源、基础设施、现代农业、制造业、科技创新、信息技术等，并适当向其他领域延伸。

产品服务方面，基金通过股权、债权等方式投资于加勒比及拉美地区的各个领域，支持中拉各国间的合作项目，服务中拉全面合作伙伴关系。该基金不仅对中国企业"走出去"提供支持，也为拉美国家的经济发展提供了重要的资金和智力支持。合作方式方面，基金支持实施中拉产能合作"3×3"模式，即

---

① 杜尚泽、侯露露：《习近平出席中国—拉美和加勒比国家领导人会晤并发表主旨讲话》，《人民日报》2014年7月19日第1版。
② 习近平：《努力构建携手共进的命运共同体》，《人民日报》2014年7月19日第2版。

中国企业和拉美企业开展三种方式的合作，包括中国企业在拉美设立生产基地、中拉企业合作第三方市场，以及拉美企业在中国设立生产基地，以促进产能合作和双方经济发展。[①] 除了资金支持外，基金还提供智力支持，包括技术、管理、市场等方面的支持，帮助加勒比及拉美地区的企业提升竞争力，促进合作项目的顺利实施。通过该基金的运作，有望促进中拉双方在经济、贸易、投资、基础设施建设等领域的更深层次合作，推动"一带一路"倡议在拉美地区的实施，加强双方在国际事务中的协调与合作。

——意义

中拉合作基金的设立有助于加强中拉之间的经济合作。通过提供资金和智力支持，推动经济发展和贸易往来，增进两国间的相互了解和合作，助力实现"10年内中拉双方贸易规模达到5000亿美元、中国在拉美地区直接投资存量达到2500亿美元的目标。"[②] 该基金的设立是中国"一带一路"倡议在拉美地区的具体实践之一。通过支持中拉产能合作、投资基础设施建设等方式，促进"一带一路"倡议在拉美地区的深入推进，推动地区互联互通和合作共赢。中拉合作基金的设立也有助于促进加勒比及拉美地区的经济发展，通过投资于能源、基础设施、农业等关键领域，提升地区基础设施水平，改善民生条件，促进经济增长和就业创造。此外，作为南南合作的一部分，中拉合作基金的设立有助于加强发展中国家之间的合作与交流。通过分享发展经验、共同推动项目实施，促进南南合作机制的健康发展，为发展中国家的共同发展作出积极贡献。（本条执笔：黄宇韬）

107. 中拉开发性金融合作机制

——背景

金融合作是"一带一路"在拉美最活跃的合作内容。中国同拉美国家开展了形式多样的金融合作，在筹集拉美地区基建融资、优化地区间资源配置、发展双边货币金融关系等方面起到了积极的作用。其中开发性金融作出了重要贡献。

为了进一步发挥开发性金融的作用，也为了落实中拉论坛第二届部长级会议成果，2019年4月22日，中拉开发性金融合作机制成立大会暨首届理事会会议在北京召开，各成员行共同签署了中拉开发性金融合作机制合作协议。这是中国与拉美之间首个多边金融合作机制。该合作机制由中国国家开发银行牵

---

① 中拉合作基金官网，http://clacfund.com.cn/.
② 习近平：《共同谱写中拉全面合作伙伴关系新篇章》，《人民日报》2015年1月9日第2版。

头成立，拉方创始成员行包括拉美对外贸易银行、阿根廷投资与外贸银行、厄瓜多尔国家开发银行、墨西哥外贸银行、秘鲁金融开发公司、巴拿马国民银行、哥伦比亚国家发展金融公司7家具有区域代表性和影响力的拉美开发性金融机构。2023年11月8日，在中国—拉美开发性金融合作机制第二届理事会会议上，又有巴西银行、巴西开发银行、智利智定银行、哥伦比亚区域发展银行、哥斯达黎加国家银行、墨西哥阿兹台克银行6家银行加入该机制。

中拉开发性金融合作机制旨在进一步密切机制各成员之间的联系，发挥各自优势，深化成员之间的协同配合。该机制具有长期性和战略性特点，以提升中拉双边关系和促进拉美经济与社会发展为首要目标，是克服中长期资金缺乏的有效方式，符合可持续发展原则，能够在"一带一路"框架下，为拉美地区可持续发展提供合规、稳定、绿色的金融服务，从而促进更高水平的中拉合作。

——内容

开发性金融在中拉整体合作中具有重要作用。拉美国家在能源资源开发、基础设施建设、产业发展等领域都面临着中长期资金的短缺，而对这些项目的投资，很多是无法通过市场途径实现的。开发性金融合作为此提供了有效的解决路径。2014年7月，习近平主席在中拉领导人会晤中倡议共建"1+3+6"合作新框架。[①] 2015年5月，李克强总理在中巴工商峰会提出中拉产能合作"3×3"新模式：建设物流、电力、信息三大通道；实现企业、社会、政府三者良性互动的合作方式；拓展基金、信贷、保险三条融资渠道。[②] 中拉开发性金融合作机制的宗旨和使命与"1+3+6""3×3"模式及"一带一路"倡议确立的互联互通目标高度契合，是落实合作总体模式的重要步骤和保障。

中拉开发性金融合作机制旨在以下领域加强合作：一是积极参与中拉多双边合作机制建设和规划合作，深化政策沟通；二是共同支持中拉基础设施重大合作项目，促进设施联通；三是推动中拉经贸往来，助力贸易畅通；四是推进人民币和拉美地区货币融资合作，引导资金融通；五是履行社会责任，支持改善民生和人文交流，推动民心相通。

中拉开发性金融合作机制自成立以来，机制各成员加强协同，密切配合，创新融资举措、拓展合作模式、深化务实合作，积极为中国和拉美经贸投资合作发展提供金融支持，助力增进各国人民福祉。该合作机制支持中拉在全球发展倡议八大重点领域，也就是在减贫、粮食安全、抗疫和疫苗、发展筹资、气候变化和绿色发展、工业化、数字经济、互联互通八大领域开展务实合作，为

---

① 习近平：《努力构建携手共进的命运共同体》，《人民日报》2014年7月19日第2版。
② 李克强：《推动中巴合作升级 引领中拉共同发展》，《人民日报》2015年5月21日第3版。

中拉合作高质量发展贡献开发性金融力量，更好地服务于中拉命运共同体建设。

——意义

中拉合作历史悠久、基础牢固。在共建"一带一路"框架下，中拉进一步深化合作的前景广阔。中拉开发性金融合作机制的成立，必将推动中拉金融合作实现新的发展，进一步深化中拉各领域合作，促进中拉共同繁荣。

中拉开发性金融合作机制弥补了共建"一带一路"投资资金不足、融资方式单一、产融结合不充分等长期存在的难题，为"一带一路"提供了重要资金支撑，也为共建国家经济发展、中国企业"走出去"作出了重要贡献。[1] 2023年11月，中国国家开发银行实现与巴西开发银行5亿美元综合授信项目全额发放。项目资金将用于服务扩大中巴经贸往来，支持基础设施、气候变化和绿色发展、数字经济等领域发展。[2] 该项目的成功落地，将为中巴各领域务实合作提供新的金融支撑，也将为助力金砖国家进一步深化国际合作。

中拉开发性金融合作机制能有效缓解拉美国家对西方资金的依赖，降低西方资金退出导致的金融风险。中国是拉美国家尤其是那些无法进入全球资本市场的拉美国家不断增长的资金需求的重要提供者。中拉金融合作也有利于在更广的范围内促进全球金融合作，为全球发展注入动力。

中拉开发性金融合作机制能有效反击一些西方国家对中拉合作的污名化。近年来，一些国家抹黑中国拉美政策，散布"债务陷阱说""资源掠夺说"等多种谬论，意图挑拨离间中拉合作。该合作机制的成立以及顺利运行表明中拉合作符合双方利益和需求，必将具有更加光明的前景。（本条执笔：吴国鼎）

108. 中拉产能合作投资基金

——背景

"一带一路"是新时代中国对外开放的新创举，为中资机构对外投资提供了新机遇。拉美是21世纪海上丝绸之路的自然延伸，习近平主席指出，"中方把拉美看作'一带一路'建设不可或缺的重要参与方"[3]。目前已有20多个拉美国家加入"一带一路"倡议。

拉美地区自然资源和农业资源禀赋优越，市场潜力巨大。中国与拉美发展

---

[1] 《资金融通构成强支撑"一带一路"金融合作开新局》，《证券时报》2023年10月19日第1版。
[2] 《中国国开行实现与巴西开发银行5亿美元综合授信项目全额发放》，中国新闻网，2023年11月15日，https://baijiahao.baidu.com/s?id=1782620727739986857&wfr=spider&for=pc。
[3] 《习近平同巴拿马总统巴雷拉举行会谈》，《人民日报》2017年11月18日第1版。

十　资金融通

阶段相近，在产业、技术等领域具有高度互补性。随着中拉关系不断升级和经贸往来增强，产能合作已成为中拉经贸合作的重要领域。2014年7月，习近平主席访问拉美，宣布建立中拉全面合作伙伴关系。[①] 2015年5月，时任国务院总理李克强在中巴工商界峰会上宣布设立中拉产能合作专项基金。[②]

——内容

2015年5月，李克强总理在中巴工商界峰会的致辞中提出，以国际产能合作为突破口，推动中拉合作转型升级……中方愿与拉方探讨中拉产能合作"3×3"新模式……中方将设立中拉产能合作专项基金，提供300亿美元融资，支持中拉在产能和装备制造领域的项目合作[③]。

2015年6月，中拉产能合作投资基金（以下简称中拉产能基金）正式成立。中拉产能基金是由外汇储备、国开行共同出资，依照《中华人民共和国公司法》设立的中长期开发投资基金，首期规模100亿美元。[④] 2019年，国家外汇管理局旗下的梧桐树投资平台设立全资子公司丝元投资有限公司（以下简称丝元投资），对中拉产能基金和中非产能基金实施集中统一管理。目前，中拉产能基金已对巴西、秘鲁、阿根廷、厄瓜多尔、哥伦比亚等拉美国家的项目进行了投资。

在运营模式上，中拉产能基金"秉承商业化运作、互利共赢、开放包容的理念，尊重国际经济金融规则，通过股权、债权等多种方式，投资于拉美地区制造业、高新技术、农业、能源矿产、基础设施和金融合作等领域，实现基金中长期财务可持续"。[⑤] 由于拉美经济结构较为单一，较为依赖大宗商品，且汇率波动较大，经济增长面临的不确定性较高，中拉产能基金在投资决策上注重国际合作和投后管理，主张在全方位理解国际产能合作中的中国利益的基础上进行投资决策。[⑥]

在业务领域上，中拉产能基金支持中国产业优势与拉美国家需求相结合。2016年出台的《中国对拉美和加勒比政策文件》明确提出，"支持中国企业赴拉美和加勒比国家投资兴业，推动中国的优质产能和优势装备对接拉美和加勒

[①] 习近平：《努力构建携手共进的命运共同体》，《人民日报》2014年7月19日第2版。
[②] 李克强：《推动中巴合作升级 引领中拉共同发展》，《人民日报》2015年5月21日第3版。
[③] 《李克强与巴西总统罗塞夫共同出席中巴工商界峰会并致辞》，《人民日报》2015年5月21日第1版。
[④] 中国人民银行：《中拉产能合作投资基金起步运行》，2015年9月1日，http://www.pbc.gov.cn/goutongjiaoliu/113456/113469/2944756/index.html。
[⑤] 中国人民银行：《中拉产能合作投资基金起步运行》，2015年9月1日，http://www.pbc.gov.cn/goutongjiaoliu/113456/113469/2944756/index.html。
[⑥] 刘佳华：《积极稳步推进中拉产能合作长期战略》，《中国外汇》2017年第8期。

比国家的需求，帮助有需要的拉美和加勒比国家提高自主发展能力"。① 中拉产能基金围绕"物流、电力、信息三大通道建设，聚焦于制造业、高新技术、基础设施、能源矿产、农业、金融合作和清洁能源等领域"。② 未来，中拉产能基金将加大对数字基金、绿色金融等具有较大发展潜力领域的投资。

在项目进展上，中拉产能基金首期 100 亿美元已投入运营。首笔股权投资支持三峡集团参与巴西水电站项目的经营。③ 三峡集团凭借自身全球领先的发电技术，大力保障了当地工业和居民用电，不但惠及当地民生，还推动了巴西清洁能源发展。④

——意义

中拉投资基金聚焦产能合作，通过融资优势拓宽了中国与拉美国家的合作空间，为拉美国家参与"一带一路"建设以及中国企业"走出去"提供了坚实的支持。

对拉美国家而言，中拉投资基金不仅推动区域经济发展，还助力拉美清洁能源转型。通过撬动第三方资金，基金支持中资企业在拉美地区开发农业和矿产资源，并协助当地企业与国际大宗商品贸易商开展合作，推动当地就业和经济发展，提升了民众的获得感。同时，基金参与收购的水电、风电和光伏项目，不仅引入先进的清洁能源技术，还投入资金用于项目周边的环境改善，带动了巴西等拉美国家低碳和清洁能源转型。

对中国而言，中拉投资基金能够有效引导中拉产能合作，吸引有实力的中资企业进入拉美市场。通过第三方合作，进一步扩展基金的国际合作关系网络，发展潜在合作伙伴。此外，在投资的部分大宗商品项目上，基金探索了人民币结算模式，培育了海外人民币需求，助力了人民币国际化进程。（本条执笔：田旭）

109. "一带一路"银行间常态化合作机制

——背景

随着共建"一带一路"的深入推进，对金融服务的需求日益旺盛。由于一些重大项目投资金额大、建设周期长，涉及多方甚至多国主体，因此新兴市场国家的单一商业银行难以完全独自承担。而"一带一路"共建国家商业银行之

---

① 《中国对拉美和加勒比政策文件》，《人民日报》2016 年 11 月 25 日第 10 版。
② 韩红梅：《丝元投资初创回顾：以产能合作促互利共赢》，《中国外汇》2021 年第 13 期。
③ 《舵稳当奋楫 风劲好扬帆》，《光明日报》2019 年 7 月 19 日第 1 版。
④ 韩红梅：《丝元投资初创回顾：以产能合作促互利共赢》，《中国外汇》2021 年第 13 期。

间缺乏一个共商共建共享的平台，这使得共建国家商业银行之间加强合作迫在眉睫。中国的大型国有商业银行，有责任也有能力践行国家战略，整合各方资源，为共建"一带一路"提供优质金融服务。

2017年5月，在首届"一带一路"国际合作高峰论坛召开期间，在中国人民银行的指导下，中国工商银行主办了"一带一路"银行家圆桌会，倡导建立了"一带一路"银行间常态化合作机制（以下简称BRBR机制）。本次圆桌会上，"一带一路"共建国家的30余家商业银行以及国际金融组织共同签署了《"一带一路"银行家圆桌会北京联合声明》，决定以"机制共建、利益共享、责任共担、合作共赢"为基础，深入推进银行间常态化务实合作。① BRBR机制被纳入"一带一路"国际合作高峰论坛官方成果清单，成为清单中唯一的商业银行成果。该机制致力于推动各成员在项目融资、绿色金融、金融科技、普惠金融、风险管理、资本市场、人员培训等方面开展合作，从而优化共建"一带一路"的金融供给结构，增强沿线金融服务能力，实现互利共赢。

BRBR机制下设金融科技、绿色金融、投融资三个平行工作组。机制成员及观察员由最初28个国家和地区的45家机构发展到2023年末的71个国家和地区的164家机构，涵盖政策性银行、商业银行、证券公司、保险机构、金融基础设施等多元主体。BRBR机制现已成为高质量共建"一带一路"的重要金融合作平台。

——内容

BRBR机制致力于实现多重目标，包括搭建共建国家和金融机构合作新平台、促进金融与产业的共同繁荣、推进本币结算和人民币国际化、帮助参与各国掌握金融自主权、确立新兴市场国家在全球金融领域的影响力等。BRBR机制成立以来，在多方面取得了较大进展。

在投融资方面，BRBR机制充分发挥多边金融治理、互惠合作平台优势，推动一大批重点项目的顺利进行。例如，安哥拉卢阿西姆水电站修复增容项目等为当地带来清洁能源。莫桑比克浮式液化天然气项目帮助该国大幅增加了天然气生产量。在资本市场方面，BRBR机制积极发挥债务资本市场的资源配置作用。中国工商银行携手BRBR机制成员已成功发行7笔BRBR绿色债券，募集资金超140亿美元，其中参与承销的机构60%以上为BRBR成员。在理论研究及标准规则方面，BRBR机制发布了《"一带一路"绿色金融（投资）指数研究报告》《转型金融信息披露研究报告》等多份研究成果，为共建"一带一

---

① 《"一带一路"银行家圆桌会在京成功举行》，人民网，2017年5月15日，http://money.people.com.cn/n1/2017/0515/c42877-29276884.html.？from=timeline&isappinstalled=0。

路"投资决策提供了重要参考指标和实践经验。还发起了《BRBR机制支持"一带一路"绿色投资原则（GIP）》《加强BRBR绿色债券合作》《加强信用风险管理合作》三个倡议，旨在进一步推动金融机构在绿色金融、债务资本市场、风险管控等领域的互利合作。①

除了上述方面外，BRBR机制还举办了多期能力建设及专题研修活动，以加强成员能力建设，凝聚成员共识。其中包括举办了"一带一路"金融合作与中国金融市场开放论坛、绿色金融国际研讨会、绿色金融系列研修班、金融科技论坛等一系列培训班和论坛。中国工商银行还搭建了银行间跨境信用融资信息交流平台，供成员银行互相推荐项目以及交流信息，从而推动了共建国家金融机构之间的业务互动、信息交流和资金配置，提高了成员的业务能力和风险管理水平。中国工商银行还重点打造了全球资产交易平台。该平台通过搭建全球资产交易数据库、建立全球资产交易体系，并通过完善平台交易规则等，不断创新跨境融资产品，提升成员的经营水平以及盈利能力。

——意义

BRBR机制进一步增进了各方对共商共建共享理念的认可，加深了对在"政府指导、商业运作"原则下发挥金融作用、支持区域经济发展的共识，提升了推动"开放、包容、互利、共赢"合作的意愿。具体来说，BRBR机制强化了成员之间的合作，提升了综合实力与金融服务能力。通过BRBR机制，机制成员可以发挥各自优势，形成合力，共同满足大规模投融资的需求。BRBR机制提高了单个银行的抗风险能力，使得各银行能够更好地开展业务。BRBR机制也促进了传统金融机构转型，推动地区经济发展再平衡。渣打集团董事会主席韦浩思（Jose Vinals）认为，合作对于"一带一路"倡议非常重要。BRBR机制可以促进来自不同国家的各方相互协作，以无缝衔接的方式设计并执行一个项目。欧洲复兴开发银行秘书长恩佐·库阿托奇奥奇（Enzo Quattrociocche）也认为，BRBR机制将私营银行、国有机构和多边机构召集在一起。另外，BRBR机制也给各方对未来的发展路径达成共识提供了机会，讨论各方应该如何最大限度地发挥各自在资金、专业性和市场洞察方面的优势。② 这都充分说明，BRBR机制有助于打造包容、和谐、稳定的金融环境，能够高效地服务共建"一带一路"。（本条执笔：吴国鼎）

---

① 王骁波等：《资金融通为共建"一带一路"提供强大动力》，《人民日报》2023年10月15日第6版。

② 《"一带一路"银行间常态化合作机制成员已达85家》，新华社新媒体，2019年4月25日，https://baijiahao.baidu.com/s?id=1631781295193963221&wfr=spider&for=pc。

110. 金融支持共建"一带一路"高质量发展研讨会

——背景

国际金融机构是促进发展中国家减贫与发展的重要力量，中国促进国际金融机构制定有益于共建"一带一路"国家发展的业务政策，并积极支持国际金融机构为发展中国家项目提供资金支持，促进其落实联合国2030年可持续发展议程，推进绿色、韧性和包容发展。过去10年来，协调国际金融机构参与高质量共建"一带一路"，促进资金融通的有关工作已取得务实进展。

面向新的十年，中国将继续推动世界银行（以下简称世行）、亚洲开发银行（以下简称亚行）、亚洲基础设施投资银行（以下简称亚投行）、新开发银行（以下简称新开行）等国际金融机构加大对共建"一带一路"国家的资源投入，以推动多边开发融资合作中心（以下简称MCDF）有效运作，支持共建"一带一路"国家可持续发展。在此背景下，中国国家进出口银行（以下简称进出口银行）在共建"一带一路"十周年和第三届"一带一路"国际合作高峰论坛召开之际举办的重要活动，于2023年10月25日在京举办金融支持共建"一带一路"高质量发展研讨会。此次研讨会作为多边合作成果被纳入第三届高峰论坛成果清单。

——内容

会上，进出口银行董事长吴富林表示，第三届"一带一路"国际合作高峰论坛成功举办，为下一阶段共建"一带一路"明确了新方向，开辟了新愿景，注入了新动力。进出口银行将服务共建"一带一路"高质量发展作为义不容辞的责任与使命，进一步发挥资金融通的重要支撑作用，已成为支持"一带一路"建设行稳致远的重要金融力量。进出口银行张文才副行长表示，十年来，进出口银行紧密围绕共建"一带一路"融资需求，持续加大金融支持力度，"一带一路"投融资规模、覆盖国别、项目数量均位居同业前茅，贷款项目累计拉动投资超过4000亿美元，带动贸易超过2万亿美元，以看得见、摸得着的合作成果助力共建国家经济发展和民生改善。

会上，联合国驻华协调员常启德、埃及驻华大使阿西姆·哈奈菲、亚投行副行长陆书泽、国际货币基金组织驻华首席代表史蒂文·艾伦·巴奈特、亚行驻中国代表处首席代表萨法尔·帕尔韦兹等外方嘉宾，以及中国国家发展和改革委员会国际合作中心主任袁锋、中国人民银行金融研究所副所长雷曜、国务院发展研究中心国际合作局局长蒋希蘅、中能建国际建设集团有限公司总经理乔旭斌等中方代表，围绕共建"一带一路"成效、投融资实践、金融合作、绿色发展、数字转型、减贫合作等议题开展了深入研讨。

——意义

此次研讨会的成功举办,充分彰显了共建"一带一路"在促进全球均衡发展、加速落实联合国2030年可持续发展议程方面的积极作用,凝聚了中国与世界其他多边金融机构携手合作、共促发展的国际共识。[①] 一是促进亚投行、新开行、世行、亚行等国际金融机构加大对共建"一带一路"国家的资源投入,发挥多边机构、机制的平台优势,协调和调动国际资源促进共建"一带一路"国家高质量发展。二是更好发挥世行、亚行、国际农发基金(IFAD)中国基金作用,支持共建"一带一路"国家开展项目准备、能力建设和知识分享活动。三是支持MCDF有效运作,协调和促进国际金融机构为共建"一带一路"国家基础设施项目提供支持,提升基础设施"硬联通"和规则标准"软联通"水平,助力高质量共建"一带一路"。(本条执笔:黄宇韬)

111. 绿色金融支持"一带一路"能源转型倡议

——背景

过去十年,能源合作一直是"一带一路"倡议的重要基石之一。中国与联合国环境规划署签署《关于建设绿色"一带一路"的谅解备忘录(2017—2022)》,与32个国家建立"一带一路"能源合作伙伴关系,与31个国家共同发起"一带一路"绿色发展伙伴关系倡议。中国企业在海外投资建设的能源项目中,一方面大力推广清洁能源技术,如太阳能、风能、水电等,帮助这些国家提高可再生能源在其能源消费结构中的占比;另一方面通过双边和多边渠道,为共建国家提供资金、技术和人才支持,帮助他们实现能源转型。越来越多的银行顺应国际绿色低碳发展趋势,参与到共建"一带一路"的绿色发展中,通过提供资金支持、促进绿色金融规则制定、推动绿色金融创新等搭建起"一带一路"绿色金融合作的桥梁。

"一带一路"国家多为中低收入和低收入国家,东道国在政治、监管、市场、技术等方面仍存在不同程度的投资风险,能源转型挑战艰巨。"一带一路"的规模无与伦比,如何推动更多金融机构和投资者参与到"一带一路"建设中来,并将这些努力引向可再生能源是一项艰巨的任务。

2023年中国进出口银行、国家开发银行等11家金融机构联合发布《绿色金融支持"一带一路"能源转型倡议》,呼吁加强国际合作,切实发挥绿色金

---

① 《进出口银行成功举办金融支持共建"一带一路"高质量发展研讨会》,中国进出口银行,2023年10月26日,http://www.eximbank.gov.cn/info/news/202310/t20231026_53506.html.

融"源头活水"作用，持续加大对共建"一带一路"国家能源绿色低碳转型领域的支持。

——进展

过去十年，金融机构在"一带一路"能源转型中发挥了重要作用，尤其是在绿色金融标准的国际融合、转型金融、绿色供应链等方面。

第一，面向"一带一路"共建国家不断创新绿色金融产品和服务。表现为三方面：一是通过贷款、股权、债权等多元化渠道，加强对"一带一路"绿色项目的支持，包括风电、光伏、太阳能等项目。从2000年到2021年，中国为海外能源项目提供了2350亿美元的开发融资，超过了所有多边开发银行同期提供的开发融资的总和，广泛覆盖核电、水电、风能和太阳能等清洁能源领域。电力和清洁能源领域的合作成为中国与东南亚、南亚等国家的合作重点和方向，在南亚、东南亚以股权投资形式参与大量风电和光伏项目，已经形成以海外工程采购建设、海外开放生产、海外并购、海外研发为主要内容的国际合作新模式。亚洲基础设施投资银行、中非基金、丝路基金也是重要的参与机构。自2016年初成立以来，亚投行已经资助了24个基础设施项目，其中包括7个清洁能源项目，总价值10亿美元。丝路基金自2014年底成立以来，积极推进与境内外金融机构多种形式的合作，截至2022年底，累计签约项目近70个，承诺投资金额共计约210亿美元。

第二，积极推动绿色融资工具的创新。根据银保监会数据，到2019年底，国内11家银行已经在29个"一带一路"共建国家设立了分支机构共计79家，包括19家子行、47家分行和13家代表处。3大政策性银行和5大国有商业银行是海外投融资的主力。中国工商银行在2019年牵头欧洲复兴开发银行等"一带一路"银行间常态化合作机制成员，共同发布了"一带一路"绿色金融指数，帮助各类投资人量化分析"一带一路"投资中的绿色投资机会和环境挑战，引导资金流向绿色领域。2023年5月23日，中国建设银行境外发行"生物多样性"和"一带一路"双主题绿色债券。2023年9月11日，中国银行发行全球首批共建"一带一路"主题绿色债券，募集资金近150亿美元等值，覆盖阿联酋、沙特阿拉伯、葡萄牙、奥地利、保加利亚、波兰等多个"一带一路"共建国家的合格绿色项目。

第三，开展第三方市场合作融资。除了独立开展项目外，国开行与全球等几十家区域、次区域金融机构及合作国金融机构建立合作关系，并先后发起设立了上海合作组织银行联合体、中国—东盟银行联合体、金砖国家银行合作机制、中国—阿拉伯国家银行联合体、中非金融合作银联体、中拉开发性金融合作机制等多个金融合作机制，创新推动了"一带一路"项目建设的融资合作。

——展望

绿色金融是能源转型的加速器，不仅能助力能源结构从碳密集型能源向可再生能源和绿色能源转型，还能为大规模建设基础设施提供所需资金支持，更能引导市场资源流向更加节能环保的技术，促进能源基础设施建设绿色化。未来充分金融机构将在"一带一路"能源合作中继续发挥主体作用，深入推进"一带一路"建设高质量发展至关重要，这需要金融机构做好以下工作。

一是因地施策，加大对能源转型的金融支持力度，包括灵活设计符合项目建设需要的融资方案，通过信贷、投资、担保、结算、租赁、贸易金融并举的一揽子金融服务推动项目落地，并发挥良好示范作用。

二是加强能源转型金融产品和服务创新，满足多样性和多维度的融资需求，包括积极开展绿色信贷、绿色债券、绿色资产支持证券、排放权融资、绿色投资基金等金融产品研发创新，为绿色金融项目提供更多增量资金。还要丰富绿色金融项目评级、信息中介等服务机构，加强信息数据共享与披露。

三是加强国际金融合作，促进融资主体的多元化和合作机制的多元化，更好调动金融资源服务"一带一路"能源转型，包括加强与国际多边开发性金融机构、区域开发银行、各国开发银行、国际商业银行、私人和机构投资者包括国际私募股权投资机构、国际企业和东道国企业、各种平台、公共机构的合作等。促进融资主体的多元化和合作机制的多元化，更好调动金融资源服务"一带一路"能源转型。

四是广泛开展"一带一路"绿色金融能力建设合作，包括高度重视金融机构的风险管理能力建设，构建全生命周期的ESG风险管理体系。加强与发展中国家和多边开发机构的投融资合作与知识经验分享，为项目提供长期、稳定、充足的资金来源，切实解决合作国在资金、技术、能力建设方面的关切。同时遵循"一带一路"绿色投资原则，推动负责任银行建设。（本条执笔：田慧芳）

112. "一带一路"主题基金

——背景

共建"一带一路"给中国资本市场带来了积极作用。一方面，共建"一带一路"赋予中国经济发展的新动能，为中国上市公司提供了更广阔的发展空间。共建"一带一路"既契合共建国家实现工业化的诉求，又能带动中国产业结构优化升级。一些劳动密集型产业和资金密集型产业，能够通过转移产能而获得进一步发展；一些技术密集型产业，则能够通过进入共建国家经营而实现进一步国际化。在共建"一带一路"过程中成长起来的行业龙头公司，构成了中国资本市场的中坚力量。① 这使得中国资本市场更具吸引力，推动了投资者对于资本市场的投资。另一方面，共建"一带一路"促进了外资投资于中国资本市场，增强了中国资本市场的活力。共建"一带一路"扩大了中国同共建国家的经贸往来，而这些共建国家大多对中国是贸易顺差，导致人民币净流入这些国家。这促进了共建国家使用人民币投资中国的资本市场。

"一带一路"倡议在推进初期，共建项目主要分布于铁路、公路等交通运输类项目，后期逐步向制造业、能源等其他领域拓展。因此项目的主题性很强，涉及的上市公司数量也比较多。对个人投资者来说，和直接投资单只股票相比，通过投资于主题基金来分享"一带一路"倡议的红利更加稳妥。② 从2015 年起，一些基金公司开始围绕"一带一路"进行布局。这些基金公司投入力量调研相关公司、分析投资机会，同时也相继发行一系列"一带一路"主题基金。数据显示，至 2024 年 3 月初，"一带一路"主题基金共计 25 只。所属的基金公司包括鹏华、安信、易方达、富国、博时、汇添富、大成等。这 25 只基金中被动型基金有 12 只，主要是跟踪中证国企"一带一路"指数，13 只为主动型基金。这些基金产品合计规模超 70 亿元人民币，大部分产品获得了正的投资收益。

——内容

从"一带一路"主题基金的业绩来看，有的基金成立以来的回报率高达130%，而有的基金则亏损 50%以上。之所以不同基金之间的业绩差异较大，一方面，"一带一路"涵盖的投资领域很广，各个主题基金配置的具体方向、重仓的领域有所不同，而且基金的建仓时间也不一致，这就会导致基金业绩分化较大。另一方面，主动型基金和被动型基金的不同投资风格也导致基金业绩出现差异。主动型基金投资组合的构建和调整，是基金经理或者团队经过研究基于自己的判断而进行的，所做出的决策更多地受到基金经理或者团队主观因素的影响。而被动型基金主要是基于"一带一路"指数等进行投资，基金的业绩通常与其所追踪的指数比较接近。③

从基金的投资前景来看，"一带一路"主题基金存在重要投资机遇。在全球经济增速放缓的背景下，"一带一路"共建国家由于发展程度普遍较低，仍然具有较大的发展潜力。这使得这些国家对中国的产品、资金以及技术等具有强劲的需求。中国的上市公司参与"一带一路"，积极发展同共建国家的经贸

---

① 杜豆：《拉美各界高度赞誉中拉"一带一路"金融合作》，中国社会科学网，2023 年 12 月 7 日，https://www.cssn.cn/gjgc/mhgj/202312/t20231207_5702028.shtml.
② 杜豆：《拉美各界高度赞誉中拉"一带一路"金融合作》，中国社会科学网，2023 年 12 月 7 日，https://www.cssn.cn/gjgc/mhgj/202312/t20231207_5702028.shtml.
③ 杜豆：《拉美各界高度赞誉中拉"一带一路"金融合作》，中国社会科学网，2023 年 12 月 7 日，https://www.cssn.cn/gjgc/mhgj/202312/t20231207_5702028.shtml.

关系，就能获得长期的发展机会，从而具有长期的投资价值。

从投资的具体方向和领域来看，基建、出口以及能源投资等方向具有更大的投资潜力。在基建方向，随着国内市场逐步饱和，铁路、公路等传统基建领域的投资增速有所放缓，而"一带一路"沿线地区多为发展中国家，对基建投资有较大的需求。同时，共建国家的生产成本相对较低，且中国企业的技术先进、资金实力雄厚，具有较强的竞争力，这就给中国的建筑企业带来了较好的发展机遇。在出口方向，"一带一路"共建国家对中国的产品尤其是机械设备、电力设备、电子产品、新能源汽车等具有较多的需求，中国企业积极开拓共建国家市场，向这些国家出口了更多的产品，从而获得了更好的经营效益。在能源方向，"一带一路"共建国家，尤其是中东地区以及俄罗斯等国家油气资源丰富，这正好满足了中国经济和社会发展对于能源的需求。因此，中国与共建国家的能源合作具有较高的发展前景。

从投资者购买何种类型的基金来看，主被动型基金各有优劣。投资者无论是购买主动型还是被动型基金，都应该基于自己对于投资收益的追求以及风险的承受能力，综合考虑各类基金的价值追求、投资风格、风险偏好以及基金经理的个人特征，然后购买适合自己的基金。一般来说，如果投资者的风险承受能力较强，希望取得较高的投资收益，就可以考虑购买主动型基金；如果投资者的风险承受能力较差，希望取得比较稳健的投资收益，就可以考虑购买被动型基金。

——意义

"一带一路"主题基金的推出，是活跃资本市场、推动资本市场健康发展的重要举措，也是资本市场服务实体经济、服务于共建"一带一路"的重要手段。一方面，有助于引导投资者分享"一带一路"发展的红利。投资者看好"一带一路"的前景，希望参与其中并获得投资收益，购买"一带一路"主题基金则可以实现这一愿望。主题基金有了较好的业绩，投资者自然也获得了投资收益。主题基金的发展也带动了投资者对资本市场的兴趣，吸引更多的资金进入资本市场。主题基金的专业化运营也相应促进了资本市场的健康发展。另一方面，主题基金有助于引导资本进行更好的配置。投资者通过基金的业绩表现，逐渐加深对相关公司的了解，从而对公司进行更多的投资。这就能使上市公司获得更高的估值，有利于公司的后续融资和进一步发展。（本条执笔：吴国鼎）

113. "一带一路"主题指数

——背景

"一带一路"倡议提出以来，随着多双边政策协定和具体合作项目的落地，

"一带一路"共建国家要素流动和资源配置更加高效、国际及区域市场融合不断深化，为各国共同打造开放、包容、均衡、普惠的国际经济合作新架构提供了强劲支撑。由于"一带一路"共建国家发展情况各异，跨国基建参与者与国际投资者在商业决策中往往需要考虑诸多挑战和不确定因素，深入研究国际基础设施发展趋势、跨国贸易增长情况与相关产业整体表现的必要性逐渐凸显。

在此背景下，中国对外承包工程商会携手大公国际信用评级集团有限公司共同开展了"'一带一路'国家基础设施发展指数"研究，并于2017年6月在第八届澳门"国际基础设施投资与建设高峰论坛"上首次发布。中证指数有限公司于2017年9月编制中证"一带一路"主题指数，以反映"一带一路"主题上市公司证券的整体表现。海关总署组织编制了中国与共建"'一带一路'国家贸易指数"，并于2023年10月发布。其中，"'一带一路'国家基础设施发展指数"与"'一带一路'国家贸易指数"被收录进第三届"一带一路"国际合作高峰论坛多边合作成果文件清单。

——内容

"'一带一路'国家基础设施发展指数"是国际基础设施投资与建设领域的第一个综合发展指数，被誉为"一带一路"基础设施合作的"晴雨表"。在首期指数研究基础上，研究团队继续立足于影响一国基础设施发展的三大因素，从环境、潜力、趋势的维度评判未来2—3年基础设施发展前景。研究团队从基础设施发展环境、发展潜力、发展趋势三个维度构建指数分析模型，以2008年分析模型各项指标的平均值为基准，测算形成了71个国家2008—2022年的年度指数矩阵，提供了包括发展总指数、国家指数、行业指数等在内的系列指数成果。

"中证'一带一路'主题指数"选取基础建设、交通运输、高端装备、电力通信、资源开发等五大产业中最具主题代表性的沪市证券作为指数样本。[①]基础建设包括建筑与工程、建筑材料。交通运输包括海港与服务、公路与铁路、海运、铁路。高端装备包括工业机械，建筑、农用机械、重型卡车、电子设备制造。电力通信包括电气部件与设备、重型电气设备、通信设备。资源开发包括综合性石油与天然气企业、石油与天然气设备与服务、石油与天然气的勘探与生产、多种金属与采矿。该指数在每个产业中，综合考虑上市公司过去一年日均总市值、现有海外业务占比、新签"一带一路"地区订单、主营业务所在地域四个维度的指标选取最具主题代表性的证券。

中国与共建"一带一路"国家贸易指数从贸易规模、贸易结构、贸易互利和贸易促进4个维度，全面、系统地展示10年来中国与共建国家外贸发展取得的成就。

---

① 《资金融通构成强支撑"一带一路"金融合作开新局》，《证券时报》2023年10月19日。

中国与共建国家贸易规模指标显著提升，进出口规模由2013年的10.11万亿元攀升到2022年的18.95万亿元，累计增长87.4%。中国与共建国家产业结构更加契合、产业联系更加紧密、贸易合作基础稳固。中国与共建国家贸易互利程度总体呈快速提升态势，反映出中国与共建国家间开放合作、互惠共享程度不断加深。中国与共建国家贸易促进指标整体呈明显上升态势，中国对外承包工程出口中，近九成面向共建国家，港口、铁路、桥梁、海外产业园等一系列共建项目陆续落地。

——意义

"一带一路"倡议的提出促进了中国与共建国家之间的经济合作与发展，推动共同繁荣。"一带一路"主题指数的推出为国内外跨国基建参与者提供了更加翔实可靠的分析预测，为投资者更好应对潜在风险和挑战提供了参考和指导，进而吸引更多的投资者和资金参与到"一带一路"倡议的建设中来。"一带一路"主题指数也有助于促进"一带一路"相关产业的发展，提升中国与共建国家之间的经济合作水平，该指数为促进中国与共建国家之间的经济合作提供了重要的参考和指导。通过分析现有发展水平，《基础设施发展指数报告》也提出具有建设性的发展建议，包括加强国际合作，改善"一带一路"共建国家基础设施的发展环境。加快融资创新，推动构建多元开放的国际基础设施金融服务体系。优化风险与合规管控，构筑国际基础设施合作的坚实根基。重视科技创新，促进"一带一路"国家新型基础设施建设的发展。（本条执笔：黄宇韬）

十一 民心相通

114. 良渚论坛

——背景

"良渚"意即"美丽的水中之洲",是浙江省杭州市余杭区的一方地名,地处天目山东麓河网纵横的平原地带。20世纪30年代以来,几代中国考古人经过80多年的耕耘,良渚遗迹的面貌得以比较完整地呈现。2019年7月6日,联合国教科文组织第43届世界遗产委员会会议通过决议,将"良渚古城遗址"正式列入《世界遗产名录》。良渚古城遗址被公认为东亚地区最早迈入早期国家形态的区域文明载体,存续时间为距今5300年到4300年之间。这个遗址的发现,填补了长江流域的大河文明空白,证明了中华文明史确实有五千多年,将中国乃至东亚的文明进程提早了一千多年。正如良渚古城遗址的申遗文本所言,"良渚古城遗址可填补《世界遗产名录》东亚地区新石器时代城市考古遗址的空缺,为中华五千年文明史提供独特的见证,具有世界突出的普遍价值"。良渚古城遗址及其承载的良渚文明在中华五千年文明史和世界文明史中均具有重要地位。

2023年10月18日,习近平主席在第三届"一带一路"国际合作高峰论坛开幕式上发表主旨演讲,宣布了中国支持高质量共建"一带一路"的八项行动,其中第六项"支持民间交往",就包括举办"良渚论坛",在已经成立丝绸之路国际剧院、艺术节、博物馆、美术馆、图书馆联盟的基础上,成立丝绸之路旅游城市联盟。[①] 在5000多年中华文明的源头地良渚举办的这个论坛,在深化共建国家的文明对话上,将发挥独特的作用。

2023年12月3日,习近平主席在致首届"良渚论坛"贺信中强调,"相互尊重、和衷共济、和合共生是人类文明发展的正确道路。希望各方充分利用

[①] 习近平:《建设开放包容、互联互通、共同发展的世界》,《人民日报》2023年10月19日第2版。

'良渚论坛'平台，深化同共建'一带一路'国家的文明对话，践行全球文明倡议、加强文明交流借鉴，弘扬平等、互鉴、对话、包容的文明观，推动不同文明和谐共处、相互成就，促进各国人民出入相友、相知相亲。"[1]"良渚论坛"将会被打造成为"一带一路"国际合作和民间交往的桥梁、展示中华文明的窗口以及世界文明交流互鉴的平台。

——内容

首届"良渚论坛"由文化和旅游部、浙江省人民政府共同主办，于2023年12月3日在浙江省杭州市余杭区开幕。来自中外300余名嘉宾出席论坛，共同谱写文明交流互鉴的美丽篇章。首届"良渚论坛"主题为"践行全球文明倡议，推动文明交流互鉴"，同期举办了"新时代青年汉学家眼中的中外文明交流互鉴分论坛""艺术家眼中的中外文明交流互鉴分论坛"和"艺汇丝路"访华采风作品展等活动。青年汉学家和艺术家在畅聊和采风创作等活动中增进理解、建立友谊，来自丝绸之路六大联盟的各位代表在对话和热烈讨论中深化认识、塑造共识。

会议期间，签署了《中华人民共和国文化和旅游部与阿拉伯国家联盟秘书处关于践行全球文明倡议的联合声明》。丝绸之路国际剧院联盟、国际博物馆联盟、国际艺术节联盟、国际图书馆联盟、国际美术馆联盟、旅游城市联盟的代表围绕推进"一带一路"民心相通与不同文明交流互鉴作了主旨发言。

2013年11月下旬，在为期一周的"艺汇丝路"访华采风活动中，来自83个国家的84名艺术家从"良渚古城"出发，探访西湖、大运河、三江两岸以及绍兴、湖州等地，领略中国历史、文化、艺术的多样性和丰富性，感受新时代中国城市发展的无限魅力。"艺汇丝路——访华采风作品展"于12月3日在良渚梦栖小镇开幕，通过"文明探源""绿水青山""人文胜境"3个板块，展示各位艺术家现场采风和集中创作的150余幅作品。这些成果融合多样文化而呈现出来的效果，深刻诠释了"各美其美，美美与共""和羹之美，在于合异""一花独放不是春，百花齐放春满园"的美好内涵。

——意义

举办"良渚论坛"，是中国深化同共建"一带一路"国家文明对话、民心相通的重要举措。"良渚论坛"为跨学科、跨地区、跨文化对话的盛大交流搭建宏大平台，连接深邃通道，更多交流、沟通和互鉴由此开启，不断加深。正如丝绸之路开启了东西方文化交流的文明之路，"良渚论坛"也彰显了"和平合作、开放包容、互学互鉴、互利共赢"的丝路精神。作为促进国家、地区和国际合作的重要机制，"良渚论坛"邀请世界各国的"文明使者"齐聚一堂，

---

[1] 《习近平向首届"良渚论坛"致贺信》，《人民日报》2023年12月4日第1版。

用实际行动书写中国提出的共建人类命运共同体、践行全球文明倡议、推动文明交流对话、促进各国民心相通、倡导不同文明和谐共处等诸多重要理念和主张。在文化激荡、思想碰撞之间，中华文明与各国文明展现出美美与共、和谐共生的美好画面。

首届"良渚论坛"的成功举办获得中外嘉宾和社会各界人士的高度赞扬。波兰华沙大学汉学系助教孔孝文表示"我相信在文化和学术研究领域的紧密合作和交流，一定可以让世界文明百花园更加多姿多彩"①。欧亚太平洋学术协会副主席、奥地利维也纳大学孔子学院办公室主任雷佩克认为，今天丝路文化比以往任何时候都更加紧密地联系着人民、国家和文化。在此框架内，文化和人与人之间的交流得到了促进，并变得更加重要。尼日利亚阿布贾大学政治国际关系学系主任谢里夫表示，每个个体都可以为文化互联、互通、互鉴作出贡献。"在地球村中，我们都是人类命运共同体的一员。希望我们可以真正做到'和而不同'，共同创造更加和谐的世界，促进全球共同发展。"② 可见，国内外均广泛肯定"良渚论坛"的积极意义，因此，有望在"一带一路"框架下建立定期沟通协调机制，继续加强人员交流。（本条执笔：薛力、张少文）

115. 人文交流项目

——背景

人文交流项目自 2013 年习近平主席在哈萨克斯坦提出"一带一路"倡议之初就成为该倡议的重要组成部分。2014 年，外交部部长王毅在十二届全国人大二次会议记者会上表示人文交流项目是"一带一路"倡议的两大主线之一。③ 2016 年，文化部发布《文化部"一带一路"文化发展行动计划（2016—2020 年）》④，并成立了丝绸之路中国政府奖学金，与共建国家互办文化年、旅游年、艺术节，实施了"丝绸之路影视桥工程"和"丝路书香工程"。截至 2016 年底中国已同和"一带一路"相关的 64 个国家签订了政府间文化交流合作协定，截至 2017 年底，已同 157 个国家签署了文化合作协定，累计签署文化交流执行计划近 800 个。同时，与"一带一路"相关国家建立了各种区域性对话机制，包括上海合作组织成员国文化部长会晤、中国—中东欧

---

① 《相互尊重、和衷共济、和合共生》，《人民日报》2023 年 12 月 4 日第 3 版。
② 李中文、刘军国、窦皓：《谱写文明交流互鉴的新篇章》，《人民日报》2023 年 12 月 5 日第 6 版。
③ 王毅：《"一带一路"为亚洲振兴插上两支翅膀》，新华网，2014 年 3 月 8 日，http://npc.people.com.cn/n/2014/0308/c376899-24573560.html。
④ 《文化部关于印发〈文化部"一带一路"文化发展行动计划（2016—2020 年）〉的通知》（文外发〔2016〕40 号），2016 年 12 月 29 日。

国家文化部长合作论坛、中阿文化部长论坛等。2019年，在第二届"一带一路"国际合作高峰论坛民心相通分论坛上，中国民间组织国际交流促进会等中外民间组织共同发起"丝路一家亲"行动。2021年，文化部发布《"十四五""一带一路"文化和旅游发展行动计划》。2023年，习近平主席在第三届"一带一路"国际合作高峰论坛开幕式上的主旨演讲中宣布了高质量共建"一带一路"的八项行动，把支持民间交往、深化同共建"一带一路"国家的文明对话作为其中的重要内容。①

——内容

中国在第三届"一带一路"国际合作高峰论坛——民心相通专题论坛上，发布了《"丝路心相通"共同倡议》，实施"一带一路"青年精英计划、设立"一带一路"民心相通公益基金、实施"丝路心相通"行动。同年，中国发布《共建"一带一路"：构建人类命运共同体的重大实践》白皮书，强调积极建立多层次人文合作机制，打造了一批优质品牌项目和活动，包括丝绸之路（敦煌）国际文化博览会、"一带一路"·长城国际民间文化艺术节、丝绸之路国际艺术节、海上丝绸之路国际艺术节、"一带一路"青年故事会、"万里茶道"文化旅游博览会等，以及"丝路一家亲""健康爱心包""鲁班工坊""幸福泉""光明行""爱心包裹""薪火同行国际助学计划""中医药风采行""孔子课堂"等优质品牌和标志性工程。②

具体而言，"孔子课堂"由教育部下属中国国际中文教育基金会管理，截至2023年底，全球160个国家（地区），284家中方合作机构和1306家外方合作机构，共同建设了498所孔子学院和773所孔子课堂。

"丝路一家亲"项目自2019年启动后，推动中外民间组织建立近600对合作伙伴关系，开展300余个民生合作项目，涵盖扶贫救灾、人道救援、环境保护、妇女交流合作等20多个领域，疫情防控期间，协调社会组织向近20个国家提供援助。③

2021年，中国民间组织国际交流促进会和中国和平发展基金会共同发起的"健康爱心包"项目是指新冠疫情暴发以后，中国向120多个共建国家提供抗疫援助，向34个国家派出38批抗疫专家组，同31个国家发起"一带一路"疫苗合作伙伴关系倡议，向共建国家提供20余亿剂疫苗，与20余个国家开展

---

① 习近平：《建设开放包容、互联互通、共同发展的世界》，《人民日报》2023年10月19日第2版。
② 中华人民共和国国务院新闻办公室：《共建"一带一路"：构建人类命运共同体的重大实践》，《人民日报》2023年10月11日第10版。
③ 《中促会发起"丝路一家亲"民间抗疫共同行动》，中国"一带一路"网，2020年4月28日，https://www.yidaiyilu.gov.cn/p/124322.html。

疫苗生产合作。[1]

"鲁班工坊"是 2016 年天津以"大国工匠"形象为依托，在亚非欧 25 国设立的职业技术培训课程[2]，围绕智能科技、新能源新材料、先进制造、铁路运营、汽车工业、中医中药等 70 多个重点领域，为相关国家培养了数以万计的技术技能人才。

"中柬丝路之友·幸福泉"农村水井项目是中国和平发展基金会援助柬埔寨的民生公益项目，为茶胶省巴提县、伯雷楚萨县两县 18 乡建成 200 口水井。

"光明行"是 2016 年中国发起的"一带一路·国际光明行"慈善项目，向 58 个国家派出中国医疗队，赴 30 多个国家开展"光明行"，免费治疗白内障患者近万名。[3]

"爱心包裹"是提高"一带一路"共建发展中国家有需求的小学生的学习生活条件的民心工程，目前包括尼泊尔、埃塞俄比亚、缅甸、布隆迪等 14 个受益国。[4]

"薪火同行国际助学计划"于 2020 年启动，向发展中国家困难儿童提供助学金及生活学习物资，合作国包括缅甸、尼泊尔、斯里兰卡、肯尼亚和埃塞俄比亚等。[5]

"中医药风采行"是中医药管理局支持下，由世界针联组织的"一带一路"中医药针灸风采行系列活动，该项目已走进 35 个国家和地区。[6]

——意义

一是强化顶层设计，"一带一路"人文交流项目是增进国家间相互理解和信任的重要纽带，是推动人类文明进步和世界和平发展的重要动力。该项目成功打造了一大批特色活动、优质品牌和标志性工程，已经成为各方共同推进民心相通的重要载体。二是推动社会参与，在各类人文交流项目中，中国地方和民间社会发挥了重要作用，围绕"一带一路"各项举措，积极谋划民间配套活动，推动本领域国际民间社会达成共识，共同落实习近平主席提出的重大倡

---

[1] 《惠民生 利天下——"一带一路"中的人民至上理念》，新华社，2023 年 10 月 13 日，https://www.gov.cn/yaowen/liebiao/202310/content_6909041.htm.

[2] 《"鲁班工坊"：中国职教走向世界》，新华社，2018 年 5 月 11 日，http://www.moe.gov.cn/jyb_xwfb/moe_2082/zl_2018n/2018_zl34/201805/t20180522_336778.html.

[3] 中华人民共和国国务院新闻办公室：《共建"一带一路"：构建人类命运共同体的重大实践》，《人民日报》2023 年 10 月 11 日第 10 版。

[4] 《第三届"一带一路"国际合作高峰论坛务实合作项目清单》，中华人民共和国外交部，2023 年 10 月 18 日，https://www.mfa.gov.cn/zyxw/202310/t20231018_11163412.shtml.

[5] 《第三届"一带一路"国际合作高峰论坛务实合作项目清单》，中华人民共和国外交部，2023 年 10 月 18 日，https://www.mfa.gov.cn/zyxw/202310/t20231018_11163412.shtml.

[6] 《"一带一路"中医药针灸风采行走进波兰》，新华网，2019 年 11 月 21 日，http://www.xinhuanet.com/world/2019-11/21/c_1125257845.htm.

议，并本着共商共建共享原则，把中国发展与共建国家发展更紧密地结合起来。三是文明交流提速，这些项目促进了中国与共建各国的文明交流和互学互鉴，不断巩固人民友好情谊，凝聚起构建人类命运共同体的广泛共识，不断增进各国人民以及不同文化和文明间的相互理解，为推动构建人类命运共同体注入更多人文力量。四是打造公益品牌，这些务实有效的项目直接惠及所在国民众，得到了国际社会的广泛关注和积极肯定。（本条执笔：徐晏卓）

116. 促进"文明互鉴"联合倡议

——背景

人类历史的发展，深化着我们对文明演进规律的认识，也彰显着文明交流互鉴的价值。2014年3月27日，习近平主席在联合国教科文组织总部发表演讲，提出了促进文明发展的新思想（下文简称"2014文明宣言"）："文明因交流而多彩，文明因互鉴而丰富。文明交流互鉴，是推动人类文明进步和世界和平发展的重要动力。"[①] 这是在总结人类文明发展历史的基础上，在国际社会最大的文明交流平台做出关于未来世界文明发展进步方向的新倡议。是运用东方文明的智慧在国际社会第一个提出文明交流互鉴思想，也是拥有五千年连续不断裂的文明发展史的中国国家元首第一次面向未来发表关于人类文明发展新思想的正式演讲。这是新时代面向世界、面向未来的"文明宣言"。

2019年5月15日，习近平主席在亚洲文明对话大会上发表主旨演讲《深化文明交流互鉴 共建亚洲命运共同体》，重申了文明交流互鉴的思想并强调：文明因多样而交流，因交流而互鉴，因互鉴而发展。我们要加强世界上不同国家、不同民族、不同文化的交流互鉴，夯实共建亚洲命运共同体、人类命运共同体的人文基础。[②]

为纪念习近平主席在联合国教科文组织总部发表"文明交流互鉴"演讲七周年，中国百名学者与首都文明工程基金会和《文明》杂志社于2021年3月26日联合发布倡议书"文明交流互鉴促进国际文明对话，推动构建人类命运共同体的进程"，呼吁践行"文明交流互鉴"思想，积极开展东西方文明对话，消除隔阂和误解、促进民心相知相通。

——内容

促进"文明互鉴"联合倡议认为，文明交流互鉴思想全面阐述了中国对世界文明传播与发展规律的深刻认识，系统提出文明的交流与互鉴是增进各国人

---

① 习近平：《在联合国教科文组织总部的演讲》，《人民日报》2014年3月28日第3版。
② 习近平：《深化文明交流互鉴 共建亚洲命运共同体》，《人民日报》2019年5月16日第2版。

民友谊的桥梁、推动人类社会进步的动力、维护世界和平的纽带。

"2014文明宣言"的重要演讲包含了六大主题，分别是联合国教科文组织担负着推进世界文明发展的使命、世界历史的主流进程离不开文明交流互鉴、文明交流互鉴是当今世界发展的重要动力、文明交流互鉴促进了中华文明的形成和发展、中国对世界文明交流互鉴规律有悠久的历史认知、中国梦的实现进程有助于为人类提供正确的精神指引。其理论核心包括：文明是多彩的，人类文明因多样才有交流互鉴的价值；文明是平等的，人类文明因平等才有交流互鉴的前提；文明是包容的，人类文明因包容才有交流互鉴的动力。与此同时，文明交流互鉴思想还深刻揭示了文明的三大规律，分别为文明多样性是人类文明发展的传播性规律、文明交流互鉴是世界文明发展的动力性规律、文明发展构成文明圈相互影响的主导性规律。

——意义

一是中国对人类文明进步的新贡献。习近平主席在联合国教科文组织总部发表的"2014文明宣言"是中国人文明共享观的宣示，被国际舆论评论为中国执政党的"新文明观"，即以人类文明发展的轨迹为基线和视角，通过对人类文明进步的认识和理解，提出解决当今国际问题的新思路和新视角，是对全人类文明共享世纪的美好展望。

二是不同文明交流互鉴是推动人类进步的重要动力，有助于各国加强相互理解，实现持久和平。当前，世界多极化的趋势没有改变，不同国家、不同文明之间必须相互尊重，实现共同发展。如果各方不能相互理解，对文明的多样性、平等性、包容性缺少认识，就会忽视其他文明的贡献，更做不到取长补短，这会给世界和平发展增添更多不稳定因素。只有在文化和文明层面实现和平，世界才能有真正的和平。

三是文明交流互鉴思想是对西方文明思想的彻底超越。习近平主席提出的文明交流互鉴思想是用东方智慧和西方智慧相融合的思维方式，丰富和发展了当今世界和平发展的思想体系。用中华文明系统的思想方法与当今世界和平发展大势相融合，促进了全球化的文明进程。它显著优于西方的"文明冲突论""文明优越论"，以及某些西方政客鼓吹的"冷战"思维、零和博弈、意识形态冲突等旧模式，是对西方文明思想的彻底超越。（本条执笔：贾中正）

117. "丝路心相通" 共同倡议

——背景

自2013年，习近平总书记首次提出共建"一带一路"倡议以来，民心相通作为"五通"之一一直是非常重要的建设内容。2021年11月，在第三次"一带一路"建设座谈会上，习近平总书记指出："小而美的项目，是直接影响到民众的。今后要将小而美项目作为对外合作的优先事项，加强统筹谋划，发挥援外资金四两拨千斤作用，形成更多接地气、聚人心的项目。"①"一带一路"民心相通建设10年来，人文交流和民生合作进一步扩大，有力地促进了"一带一路"共建国家民众之间的相互理解和尊重。为了加强"一带一路"共建国家之间的民心相通，中国推出民间远洋医疗救援船，装载较为齐备的医疗设备和救灾装备，在东南亚、中东、非洲等地区，由中国志愿医生和救援队员等，为沿途国家民众提供免费的医疗服务，并为当地人道机构提供救灾培训。中国民间远洋医疗救援船还可以就近参与地震、洪水、海啸等严重灾害的救援行动等，它将成为我国志愿者承担国际责任，参与构建人类命运共同体的平台之一，成为中国与各国人民民心相通的重要纽带。此外，中国还推出以中国援外医疗队为主题的中国和坦桑尼亚联合拍摄的电视剧《欢迎来到麦乐村》。不仅展示了中国医疗工作者的专业素养和人文关怀，更是向无私奉献的中国援非医疗团队的致敬。② 这些"一带一路"民心相通论坛务实成果促进"一带一路"共建国家人民之间的往来，并以此为基础形成了"丝路心相通"行动。2023年10月18日，在第三届"一带一路"国际合作高峰论坛民心相通专题论坛上，发布了《"丝路心相通"共同倡议》，启动"丝路心相通"行动。

——内容

《"丝路心相通"共同倡议》强调，和羹之美，在于合异。该倡议尊重人类文明发展的多样性、共通性、创新性、包容性。倡导树立平等、互鉴、对话、包容的文明观。以文明交流超越文明隔阂，以文明互鉴超越文明冲突，以文明包容超越文明优越。"一带一路"共建国家要坚持发展为民，聚焦发展经济、增加就业、保障民生、消除贫困，引导更多资源向民生项目倾斜，让各国现代化建设更好服务于民众发展需求。坚持共商共建共享，推动落实联合国2030年可持续发展目标，实现更加包容、普惠、平衡的全球共同发展。该倡议承诺，要传承丝路精神、弘扬全人类共同价值、切实加强国际人文交流合作，增进不同国家、不同民族和各国民众的相互理解与信任，持续推进高标准高质量的民心相通建设，为共建国家高质量参与"一带一路"建设夯实社会民意基础。该倡议号召"一带一路"共建国家凝心聚力，将"一带一路"打造

---

① 《开拓造福各国、惠及世界的"幸福路"——习近平总书记谋划推动共建"一带一路"纪实》，新华社，2023年10月16日，http://www.news.cn/politics/leaders/2023-10/15/c_1129917660.htm.
② 夏沐：《人民艺起评：〈欢迎来到麦乐村〉，援外医疗队暖化万众心》，人民网，http://opinion.people.com.cn/n1/2023/1206/c437948-40133066.html.

成造福世界的"发展带"、惠及各国人民的"幸福路",为推动构建人类命运共同体、建设美好世界作出新贡献。

——意义

当今世界由多种不同的文化构成,而经济全球化让各国更加频繁和密切地相互联系和依存。只有不同国家尊重彼此的文化差异,才能持久地友好往来,加深彼此之间的合作。"心联通"是共建"一带一路"未来持续、平稳发展和真正实现最终目标的关键。只有不同国家的人民相互认知、互相理解、互学互鉴,才能保证"一带一路"的可持续性发展。所以,人文交流被认为是增进国家间理解和信任的重要纽带,是推动地区乃至世界和平发展的重要前提。"一带一路"共建国家的民间交往和文明对话已经成为高质量共建"一带一路"的重要内容。做好民心相通工作,有助于动员民意、汲取民智、汇集民力,将会进一步夯实共建"一带一路"的民意基础,实现共同发展和共享繁荣的合作目标,为推动构建人类命运共同体注入更多人文力量。(本条执笔:李天国)

118. 中国—东盟卫生合作论坛

——背景

2003 年严重急性呼吸综合征暴发,中国与东盟在卫生领域上正式进行防控合作,并于 2006 年建立卫生部长会议、高官会议机制,建立防控合作机制,加强防控能力建设并建立和完善信息沟通机制。[1] 于传染病防控、传统医学、口腔医学、卫生人力资源和卫生管理等领域,开展了一系列务实合作。除维护当地卫生安全外,亦促进人民积极面对健康议题。2016 年 6 月,习近平主席于乌兹别克斯坦访问时,首次提到建设打造"健康丝绸之路",深化医疗卫生合作并加强传染病通报、疾病防控、医疗救援及传统医疗领域方面的互利合作。[2] 于 2016 年 10 月,中国与东盟建立对话关系 25 周年之际,首届中国—东盟卫生合作论坛于中国南宁举行,就卫生各领域之务实合作、卫生人文交流等方面达成共识,携手应对全球卫生挑战。此后,2018 年、2020 年和 2022 年分别举办三届"健康丝绸之路"建设暨中国—东盟卫生合作论坛。

——目标

为积极推动"一带一路"建设,深化我国和东盟国家卫生健康交流合作,共建"中国—东盟卫生健康共同体"设立了"健康丝绸之路"建设暨中国—

---

[1] 《首届中国—东盟卫生部长会议 22 日在缅甸仰光举行》,新华社,2006 年 6 月 22 日,https://www.gov.cn/zwjw/2006-06/22/content_317619.htm。

[2] 习近平:《携手共创丝绸之路新辉煌》,《人民日报》2016 年 6 月 22 日第 2 版。

东盟卫生合作论坛。形成以中国广西壮族自治区为核心，面向东盟，加强中国和东盟国家在传染病疫情信息沟通和防治技术方面的交流，提高合作处理突发公共卫生事件的能力，通过分享经验、探讨合作等方式，取得积极成果，并将论坛合作机制化，每两年举行一次。

——内容

2016年，原国家卫生和计划生育委员会、国家中医药管理局和广西壮族自治区人民政府共同举办首届"中国—东盟卫生合作论坛"，主题为"创新卫生合作，推进共同发展"，并设有疾病防控、口腔医学和传统医药三个分论坛。与会人员包括来自中国、文莱、柬埔寨、印度尼西亚、老挝、马来西亚、缅甸、菲律宾、新加坡、泰国及越南卫生领域的高级官员，以及世界卫生组织、东盟秘书处的代表。为落实《东南亚友好合作条约》和《中华人民共和国政府和东南亚国家联盟成员国政府关于卫生合作的谅解备忘录》，进一步深化和创新中国—东盟卫生部长会议机制以及东盟秘书处协调机制下的中国—东盟卫生交流与合作，通过了《中国—东盟卫生合作与发展南宁宣言》，签署了共建药用植物种植基地、民族医药特色诊疗技术培训中心等六个合作协议，各方同意进一步加强传染病防控、突发事件卫生应急、传统医药、人才培养、全球卫生治理等领域的合作，为今后开展更广泛的卫生领域合作奠定坚实基础。

2018年，"健康丝绸之路"建设暨第二届中国—东盟卫生合作论坛，以"创新卫生合作，共建健康丝绸之路"为主题，于中国南宁举行。就疾病防控、传统医药、医院管理、青年交流、口腔医学合作开设五个专题分论坛，举办了中国—东盟卫生合作论坛成果展，达成了众多务实合作成果。除中国、东盟及国际组织的官员、医疗和学术机构代表参与会议外，尼日尔和科摩罗两个非洲国家亦应邀派出代表团作为观察员列席论坛全体会议。借助本次论坛平台，中国—东盟医院合作联盟成立，国内外相关医疗机构间签署多个合作协议。中国及东盟与会人员亦本着交流互鉴、互利共赢的精神，以推进"健康丝绸之路"建设为目标，达成了五项合作倡议，包括加强各国卫生健康政策的交流合作，密切各方在重点领域中的政策协调和磋商。共同应对当地和可能传入当地的重大传染病威胁，协同防范重大自然灾害带来的公共卫生风险。鼓励各国在慢性非传染病方面的预防和管理等领域开展经验交流和协同作战。支持各国医疗机构之间开展多层次、多形式、多角度的学术、技术和人才交流。积极在传统医学方面开展全方位的交流与合作。[①]

2020年，"健康丝绸之路"建设暨第三届中国—东盟卫生合作论坛，以

---

① 《中国—东盟成立医院合作联盟 提出五条卫生健康合作倡议》，中国政府网，2018年9月20日，https://www.gov.cn/zwjw/2006-06/22/content_317619.htm.

"团结合作共建中国—东盟卫生健康共同体"为主题,再度于中国南宁举行。在上届论坛的基础上,新增"卫生应急合作"及"食品安全与营养健康合作"两个分论坛,与会人员就疫情防控、口腔医学、传统医药、医院管理、卫生应急、食品安全与营养健康等领域展开交流研讨,并发布了《第三届中国—东盟卫生合作论坛倡议》,倡议各国在中国—东盟卫生合作框架下,加强对传统医药的保护开发利用,促进疾病防控领域的交流,推动中国与东盟国家食品安全标准的协调与衔接等。① 此外,亦签署了《中印尼卫生合作执行计划》,并举办中国—东盟卫生合作论坛成果展。

2022年,"健康丝绸之路"建设暨第四届中国—东盟卫生合作论于中国南宁举行,以"共建健康安宁家园,合作加强后疫情时代卫生体系韧性"为主题,围绕疾病防控、卫生应急、妇幼健康、传统医药、口腔医学、医院管理、食品安全与营养健康等热点领域展开交流研讨。② 在上届论坛的基础上,新增"妇幼健康交流与合作论坛",共开设七个分论坛,内容丰富务实。面对"后疫情时代"的到来,中国与东盟国家开展更加务实深入的交流与合作,并于论坛上发布了《"健康丝绸之路"建设暨第四届中国—东盟卫生合作论坛联合声明》,为中国和东盟各地区建设有韧性卫生体系贡献力量。

——意义

健康无国界,命运共相连,这些年的实践经验证明,中国与东盟各国携手共同抵抗传染病,有利于保障区域人民健康安全,为区域经济合作保驾护航,是互利双赢之举措。"一带一路"建设打开了中国与东盟各国间更广阔的合作空间和前景,透过互相学习和借鉴,除加强疫情信息和疾病防控成果共享,携手共同抗击传染病,造福区域人民外,以更大气魄、更加开放、更多举措、更加务实的方式开创国际传染病防控合作新局面,展望成为亚洲乃至全球传染病防控的典范。(本条执笔:张松)

119. "一带一路"疫苗合作伙伴关系倡议

——背景

疫苗是应对疫情的重要工具。在新冠疫情全球大流行后,全球多个国家快速启动新冠疫苗的研发与生产工作。但在疫苗生产早期阶段,受研发和产能等

---

① 《"健康丝绸之路"建设暨第三届中国—东盟卫生合作论坛开幕》,中国政府网,2020年11月24日,https://www.gov.cn/xinwen/2020-11/24/content_5563912.htm。
② 广西壮族自治区卫生健康委宣传处:《"健康丝绸之路"建设暨第四届中国—东盟卫生合作论坛在南宁成功举办》,广西壮族自治区卫生健康委员会,2022年9月16日,https://wsjkw.gxzf.gov.cn/xwdt_49370/xwdtzzq/t13076557.shtml。

因素限制，疫苗生产数量难以满足全球需求，导致国家之间出现了巨大的疫苗鸿沟，发达国家和发展中国家在疫苗的生产和分配上存在明显差异。2020年底，拥有全球14%人口的发达国家占有超过半数的新冠疫苗[1]，且这些发达国家所订购的疫苗总量远超过实际所需，如加拿大、美国、意大利和英国所采购的疫苗可供这些国家的每个公民每人注射4—6轮，这些多出的疫苗可提供全球超过20亿人口接种。[2] 疫苗作为一种全球公共产品供给严重不足，且供给的公平性存在严重失衡，疫苗失衡导致的免疫鸿沟不仅导致难以在全球范围内构建完整的免疫屏障，导致新冠疫情的持续蔓延和变异。此外还加剧了部分欠发达国家和地区的公共卫生危机，甚至在部分国家和地区引发生存危机。

为应对全球免疫鸿沟，深化疫苗生产和分配国际合作，中国于2021年6月与多国共同发起"一带一路"疫苗合作伙伴关系倡议，倡导各国加强疫苗监管、援助、出口、技术转让和联合生产等方面合作，提升疫苗在发展中国家的可获得性、可及性和可负担性，以更好地应对人类面临的公共卫生危机，推动生活走向正轨。

——内容

2021年5月21日，习近平主席在全球健康峰会发表的重要讲话中指出，我们要摒弃"疫苗民族主义"，解决好疫苗产能和分配问题，增强发展中国家的可及性和可负担性。疫苗研发和生产大国要负起责任，多提供一些疫苗给有急需的发展中国家。多边金融机构应该为发展中国家采购疫苗提供融资支持。世界卫生组织要加速推进"新冠肺炎疫苗实施计划"。[3]

为积极落实习近平主席全球健康峰会发言精神，同包括"一带一路"共建国家在内的国家提供疫苗，2021年6月23日，在"一带一路"亚太区域国际合作高级别会议期间，中国同其他28个国家[4]共同发起"一带一路"疫苗合作伙伴关系倡议。随着疫苗国际合作的不断深入，参与该倡议的国家数量增加至32个。

"一带一路"疫苗合作伙伴关系倡议主要聚焦疫苗研发、生产、援助、技

---

[1] Rob Picheta, "Rich Countries are Hoarding Covid-19 Vaccines and Leaving the Developing World Behind, People's Vaccine Alliance Warns," https://edition.cnn.com/2020/12/09/europe/covid-vaccine-inequality-developing-world-intl-scli/index.html.，2024年3月11日。

[2] Jon Cohen and KaiKupferschmidt, "Countries Now Scrambling for COVID-19 Vaccines May Soon Have Surpluses to Donate," https://www.sciencemag.org/news/2021/03/countries-now-scrambling-covid-19-vaccines-may-soon-have-surpluses-donate，2024年3月11日。

[3] 习近平：《携手共建人类卫生健康共同体》，《人民日报》2021年5月22日第2版。

[4] 这28个国家为阿富汗、孟加拉国、文莱、柬埔寨、智利、哥伦比亚、斐济、印度尼西亚、哈萨克斯坦、吉尔吉斯斯坦、老挝、马来西亚、马尔代夫、蒙古国、缅甸、尼泊尔、巴基斯坦、菲律宾、沙特阿拉伯、新加坡、所罗门群岛、斯里兰卡、塔吉克斯坦、泰国、土库曼斯坦、阿联酋、乌兹别克斯坦和越南。参见《"一带一路"疫苗合作伙伴关系倡议》，《人民日报》2021年6月24日第3版。

术转让、产能合作、融资、运输七项重点内容。第一，加强疫苗监管政策沟通，共同确保疫苗的安全性和有效性。第二，鼓励有条件的疫苗生产国支持企业向世界卫生组织"新冠肺炎疫苗实施计划"（COVAX）提供更多疫苗。第三，支持各国政府和企业向发展中国家无偿捐赠疫苗，或以可负担的价格出口疫苗。第四，促进疫苗联合研发和技术交流，鼓励向发展中国家转让相关技术。第五，推动疫苗生产方与发展中国家建立疫苗联合生产伙伴关系，扩大全球疫苗生产。第六，鼓励区域和多边开发银行为发展中国家采购和生产疫苗提供更多优惠融资，同时尊重各国自主选择疫苗的权利。第七，加强"一带一路"互联互通合作，确保疫苗跨境运输畅通。[1]

——成效与意义

2021年10月30日，国家主席习近平出席二十国集团领导人第十六次峰会第一阶段会议并发表重要讲话时指出，"中国已向100多个国家和国际组织提供超过16亿剂疫苗，今年全年将对外提供超过20亿剂。中国正同16个国家开展疫苗联合生产，同30个国家一道发起'一带一路'疫苗合作伙伴关系倡议。中方愿同各方携手努力，提高疫苗在发展中国家的可及性和可负担性，为构筑全球疫苗防线作出积极贡献。"[2]

据国务院新闻办公室2023年发布的《共建"一带一路"：构建人类命运共同体的重大实践》白皮书，自新冠暴发后，中国向120多个共建国家提供抗疫援助，向34个国家派出38批抗疫专家组，同31个国家发起"一带一路"疫苗合作伙伴关系倡议，向共建国家提供20余亿剂疫苗，与20余个国家开展疫苗生产合作，提高了疫苗在发展中国家的可及性和可负担性。[3]

"一带一路"疫苗合作伙伴关系倡议的意义在于：第一，提升了疫苗在全球，尤其是发展中国家的可及性与可负担性，助力各国最终战胜疫情。中国通过该倡议与全球疫苗合作行动倡议、新冠疫苗合作国际论坛等机制，尽己所能向世界贡献疫苗，积极构筑人类健康免疫屏障，为全球抗疫贡献了中国力量。

第二，以务实合作强化中国与"一带一路"共建国家的伙伴关系，进一步推动共建"一带一路"高质量发展走实走深。"一带一路"交通网络——铁路、港口、机场和物流枢纽——为中国向伙伴国提供疫苗等卫生援助提供了运输保障，展现了"一带一路"倡议的前瞻性，为后续合作打下了坚实的前期基础。

---

[1]《"一带一路"疫苗合作伙伴关系倡议》，《人民日报》2021年6月24日第3版。
[2]《习近平出席二十国集团领导人第十六次峰会第一阶段会议并发表重要讲话》，《人民日报》2021年10月31日第1版。
[3] 中华人民共和国国务院新闻办公室：《共建"一带一路"：构建人类命运共同体的重大实践》，《人民日报》2023年10月11日第10版。

第三，展现大国风范，践行了将中国疫苗作为全球公共产品的庄严承诺。面对新冠疫情造成的诸多挑战，中国通过支持新冠疫苗知识产权豁免、通过本土疫苗企业向发展中国家转让技术、合作生产等为全球抗疫贡献了中国力量，展示了负责任大国形象。（本条执笔：田旭）

120. "小而美"民生项目

——背景

2021年第三次"一带一路"建设座谈会提出，"小而美的项目，是直接影响到民众的。今后要将小而美项目作为对外合作的优先事项，加强统筹谋划，发挥援外资金四两拨千斤作用，形成更多接地气、聚人心的项目。"[1] 自此，"小而美"民生项目被提到了比较突出的位置。历史地看，它属于"一带一路"发展的第三个阶段，即2021年至今的"高标准、可持续、惠民生"阶段。此前的共建"一带一路"，经历了2013—2018年的夯基垒台、立柱架梁阶段，2018—2021年的从"大写意"转向"工笔画"阶段。"小而美"民生项目已经成为共建"一带一路"的一个重要内容与新发力点。

"小而美"民生项目指的是，与民生直接相关但规模不大、资金有限却能够发挥重要作用的项目。"小而美"民生项目属于社会公益和民生福利领域，比较集中在教育、医疗、民用能源、中小型基础设施等领域。它具备高标准和可持续性原则，具备易落地、资金回笼快、可以快速惠及当地人民等特点，令其在东道国被接受度相对较高。世界自然基金会特使、"一带一路"绿色发展国际联盟联合主席马可·兰博蒂尼（Marco Lambertini）日前表示，中国在"一带一路"共建国家投资打造中小型基础设施，可对欠发达地区经济社会产生重要影响，促进当地可持续发展，这是共建"一带一路"过程中一个值得关注的新趋向。[2]

——内容

不同于大型的、宽覆盖面的项目，"小而美"的民生项目更加专精、与大众的关系更近、资金周转周期短、在当地覆盖率更高的领域。它是共商共建共享原则的生动体现，是实现"五通"的重要抓手，也是"一带一路"进一步发展的必然要求。随着共建"一带一路"的不断深入，越来越多的民生项目在共建国家和地区稳步推进，帮助当地民众增加了收入，改善了生活。一个个动

---

[1] 《背景这些"小而美"项目正成为"一带一路"上的新亮点》，《环球日报》2023年11月17日第7版。

[2] 林子涵：《"小而美"项目带来更多幸福感》，《人民日报》（海外版）2023年12月18日第10版。

人的故事，印证了"一带一路"是造福世界的"发展带"，是惠及各国人民的"幸福路"。①

第一，"小而美"民生项目关注当地亟待解决的需求，有针对性地进行项目建设。其一，"一带一路"相关国家大多经济落后，其自身的能源供给和能源产业发展不足。对此，"小而美"民生项目关注对能源产业不足地区的能源项目建设与帮助，以帮助当地的能源产业得以发展。其二，部分有关国家的农业和食品加工业水平与产能不足，难以满足当地需求。基于此，中国对当地农业和食品加工厂有关项目进行有针对性的建设和人员培训，以改进当地食品供给。其三，部分相关国家的工业化水平不高，这方面的"小而美"项目给当地带去了资金、技术，并通过培训当地人员提高东道国的项目管理能力，助力当地的工业化。

第二，"小而美"民生项目基于新时代新经济模式，推动当地发展新产业。其一，帮助当地发展数字产业及其应用，比如发展移动通信业务，让传统电信业务不发达的东道国民众得以直接享受到信息技术带来的便利，如网上购物、移动支付、视频观看与上传等。其二，帮助当地发展生态绿色产业，如和当地人一起选育和培养种子，并对新种子进行科学化、产业化的栽培，让当地人实实在在享受到生态农业的成果。

第三，"小而美"民生项目，提高项目质量，带动、促进落后地区发展，更好造福落后地区经济与社会。在惠民项目，尤其是直接关系到当地人生活的项目上，中国企业与相关方加大了投资力度，以便真正做到"惠民"。如中国建筑博茨瓦纳公司承建的马哈拉佩水厂扩建工程为当地新建了一套供水处理设备，供水处理能力可达到每天 1.8 万立方米。水厂扩建后，基本可以满足周边 70 千米范围内 7 个村庄居民的用水需求②，大大降低了当地人因水源卫生问题带来的健康风险。

——意义

"小而美"民生项目关注解决当地具体的需求，因其涉及领域专精、资金链短、建设周期短、见效快等优势，为项目当地带来了切实具体的利益。随着共建"一带一路"不断深入，一批民生项目在共建国家和地区稳步推进，帮助当地民众增加了收入，改善了生活。③ 除此之外，"小而美"民生项目还为落

---

① 《民生项目造福"一带一路"沿线》，中国"一带一路"网，2022 年 3 月 29 日，https://www.yidaiyilu.gov.cn/p/231300.html。

② 廖睿灵：《解所需，"一带一路"让心贴得更近》，《人民日报》（海外版）2023 年 10 月 10 日第 6 版。

③ 《民生项目造福"一带一路"沿线》，中国"一带一路"网，2022 年 3 月 29 日，https://www.yidaiyilu.gov.cn/p/231300.html。

后地区的居民改善了交通网络，促进了交流沟通，提供了就业机会，推动了当地经济发展。非洲农村地区公路和铁路的发展可以为原材料运输提供便利，加工原材料的工厂大多位于城市中心。改善交通网络将释放干旱和半干旱地区等偏远地区的经济潜力，促进贸易和货物人员流动，还能为更多人提供电力、通信和水资源。①（本条执笔：薛力、张靖昆）

121. 小型民生援助项目

——背景

小型民生援助项目是指投资比较小、见效比较快，能够惠及民生的项目，是中国落实全球发展倡议、推进高质量共建"一带一路"的重要举措。2021年9月21日，习近平主席在第七十六届联合国大会一般性辩论上提出全球发展倡议②，为推动国际社会形成合力，破解发展赤字难题，实现联合国2030年可持续发展议程贡献了中国方案和中国智慧。2022年中国将南南合作援助基金整合升级为"全球发展和南南合作基金"并增资至40亿美元。2023年10月17日至18日，习近平主席出席第三届"一带一路"国际合作高峰论坛并指出，中方将统筹推进标志性工程和"小而美"民生项目，并实施1000个小型民生援助项目。③

——内容

小型民生援助项目聚焦"小而美"，在投入较少的前提下获得较好的效果，增加资金的利用效率、扩大资金的使用范围，推动民生援助项目覆盖更多类型和更多地区。2022年，中国为落实全球发展倡议推出32项重大落实举措，得到100多个国家和联合国等支持，同近30个国家签署双边落实倡议文件。国家国际发展合作署成立全球发展促进中心，同联合国世界粮食计划署、开发计划署、儿童基金会、难民署、世界卫生组织、红十字国际委员会等近20个国际组织开展合作，聚焦"小而美"项目，重点围绕减贫、抗疫、粮援、卫生健康、灾后恢复等领域，筹集国内国际金融机构120亿美元专项资金，建立全球发展项目库、资金库，1000多个"小而美"项目已经落地。④

菌草项目是小型民生援助项目的代表。菌草技术发源于中国，造福于世界，是中国在推进减贫脱贫过程中摸索出的一项成功实践，也是中国助力全球

---

① 《非洲专家点赞"一带一路"：高质量"小而美"项目造福偏远地区》，中国"一带一路"网，2022年10月13日，https://www.yidaiyilu.gov.cn/p/283637.html。
② 习近平：《坚定信心 共克时艰 共建更加美好的世界》，《人民日报》2021年9月22日第2版。
③ 习近平：《建设开放包容、互联互通、共同发展的世界》，《人民日报》2023年10月19日第2版。
④ 习近平：《建设开放包容、互联互通、共同发展的世界》，《人民日报》2023年10月19日第2版。

可持续发展所作出的一项重要贡献。在习近平主席的亲自关心和推动下，中国先后举办270期菌草技术国际培训班，为106个国家培训1万多名学员。[1]"小而美、见效快、惠民生"的菌草技术已在100多个国家落地生根，给当地创造了数十万个绿色就业机会，成为中国援外扶贫的一大品牌。在今天的巴布亚新几内亚、卢旺达、斐济等发展中国家，菌草种植项目仍然对当地经济社会的发展发挥着积极作用。

医疗援助是小型民生援助项目的重点方向。"光明行""爱心行""微笑行""万村通""鲁班工坊"、流动医院、青蒿素等"小而美"援外品牌广受赞誉。"光明行"特指中国优秀眼科专家赴亚非拉欠发达国家和地区开展白内障手术、捐赠先进眼科手术设备的医疗援助项目。截至2024年，"光明行"项目已经运行10年，造福了众多受援国白内障患者，大大提升了当地治疗白内障的水平。

青蒿素是中国小型医疗项目的又一代表。作为中国首先发现并成功提取的特效抗疟药，青蒿素不仅帮助中国完全消除了疟疾，同时中国通过提供药物、技术援助、援建抗疟中心、人员培训等多种方式，向全球积极推广应用青蒿素，挽救了全球特别是发展中国家数百万人的生命，为全球疟疾防治、护佑人类健康作出了重要贡献。

"万村通"是基础设施类小型项目的代表。作为中非"十大合作计划"人文合作类别中的小型项目，目标是让非洲国家1万个村庄收看到卫星数字电视，为千万非洲民众打开获取外界信息的窗口。截至2022年12月，"万村通"项目已顺利完成非洲21个国家的建设工作，覆盖非洲9512个村落，直接受益家庭超过19万户，实现覆盖的民众近千万。[2]"万村通"项目成为非洲落后地区了解世界和改变家园的重要工具，为当地引进先进发展技术、建设先进发展项目提供了重大机遇。

"鲁班工坊"是职业教育小型项目的代表，致力于在"一带一路"共建国家培养熟悉中国技术、了解中国工艺、认知中国产品的技术技能人才。"鲁班工坊"围绕智能科技、新能源新材料、先进制造等重点领域，结合合作国家产业需求，开设工业机器人、新能源、云计算、动车组检修等14个大类53个专业，合作举办的学历教育包括中职、高职、应用本科、研究生4个层次，人数超3200人，面向师生以及合作国当地企业、中资企业员工的培训规模超过1.2

---

[1]《王毅：菌草技术是中国助力全球可持续发展的重要贡献》，国家国际发展合作署，2021年9月2日，http://www.cidca.gov.cn/2021-09/02/c_1211354935.htm。

[2]《中国援非"万村通"项目造福千万非洲民众》，新华网，2023年2月3日，http://www.news.cn/world/2023-02/03/c_1211724635.htm。

万人，打造了从中职到高职再到本科、从技术技能培训到学历教育全覆盖的职业教育体系，受到了合作国的普遍赞誉。

——意义

从医疗合作项目到农业技术合作，从信息通信项目到职业教育体系建设，在全球发展倡议的推动下，中国的小型民生援助项目正在成为"一带一路"上的新亮点。中国将会同联合国发展机构和更多发展伙伴，更好发挥"全球发展和南南合作基金"的导向和撬动作用，积极推进三方合作，全力推广"小而美"的民生援助项目，为"一带一路"共建国家的民生发展作出贡献。（本条执笔：秦升）

122. 公园城市论坛

——背景

近年来，成都天府新区坚持以人为本、生态优先的原则，打造"公园城市"，构建起人、城、境、业和谐统一的全新城市图景。公园城市既是成都的城市理想，也是市民的理想城市。2018年5月11日，全球首个公园城市研究院——天府公园城市研究院成立，中外专家学者围绕公园城市理论内涵、城市形态、生态价值、消费场景、品牌价值等维度进行研究，形成公园城市理论体系，为公园城市建设发展提供智力支持。随后，四川天府新区成都管委会公园城市建设局成立，旨在进一步完善推进公园城市规划建设的体制机制。

天府新区建设公园城市持续取得积极进展。一是建城模式创新，将天府新区整体建设成一个大公园，并在其中建设高水准城市。二是发展逻辑创新，塑造"以优质的生态环境、城市生活和公共服务吸引人才，人才吸引企业，企业创造繁荣"的"人—城—产"发展逻辑。三是营城方式创新，践行"绿水青山就是金山银山"理念，构造新的生活场景和消费场景，破解"城绿隔离"和公园"只投入、使用少、不产出"的困局。四是管理机制创新，专门设立公园城市建设局，统筹公园城市各项工作，完善管理体系。

公园城市建设从零星思索走向系统谋划。在新一轮城市总体规划修编时，成都市正式提出建设"美丽宜居公园城市"，通过优化城乡空间格局、重塑产业经济地理，努力塑造"开窗见田、推门见绿"的田园风光和大美公园城市形态。公园城市论坛自2019年创办以来，已在四川成功举办三届活动。

——进展

2019年4月22日，以"公园城市·未来之城——公园城市理论研究与路径探索"为主题的第一届公园城市论坛在天府新区举办。400多位中外嘉宾参会，为公园城市发展建言献策、集智聚力。成都市有关部门介绍了《成都市美丽宜居公园城市规划》。论坛发布了《公园城市——城市建设新模式的理论探索》，积极为世界提供城市建设范本。天府新区提出公园城市建设的系列阶段目标：至 2022 年，基本建成核心区公园城市全域生态骨架，公园城市形态初步呈现；至 2035 年，核心区全面建成公园城市，天府新区公园城市规划建设案例在全球具有影响力；至 2050 年，全域建成中国的公园城市典范区，公园城市理论和实践上升为世界城市发展的新范本。

2020 年 10 月 24 日，以"公园城市·未来之城——践行新发展理念的公园城市示范区"为主题的第二届公园城市论坛在天府新区举办。论坛集中展示了成都市纵深推进公园城市建设的理论与实践。论坛发布了《公园城市指数（框架体系）》。该指数吸收纽约、伦敦、东京、上海等世界先进城市的远景发展共识，结合天府新区在公园城市领域的先行实践，聚焦和谐共生、品质生活、绿色发展、文化传扬、现代治理五大维度，为公园城市工作提供了"度量标尺"。[①]

2023 年 4 月 26 日，以"践行新发展理念的城市实践"为主题的第三届公园城市论坛和第六届国际城市可持续发展高层论坛及"一带一路"可持续城市联盟相关活动在成都举行。中外嘉宾聚焦公园城市建设和城市可持续发展，交流绿色低碳的城市发展理念和新模式，分享国内外城市绿色低碳转型发展实践做法和创新经验，探讨城市可持续发展的最佳实践路径，搭建城市高质量可持续发展的交流平台。论坛发布了《公园城市示范区建设发展报告（2022 年）》，分享公园城市建设的"成都经验"。"一带一路"可持续城市联盟宜居城市专题工作组在本次论坛正式成立。

总体来看，成都市的公园城市建设取得显著成效。对标示范区总体方案，编制出台 5 年行动计划，从生态、生活、生产、治理 4 个维度提出具体工作举措，编制公园城市规划和建设导则，构建示范建设三级指标体系，发布全球首个公园城市指数，获批中国首个公园城市国家标准化综合试点。在中心城区、城市新区和郊区新城谋划布局 24 个先行示范片区。城园相融格局加快塑造，加快呈现园中建城、城中有园、蓝绿交织的公园城市形态。绿色低碳转型持续深化，推动空间、产业、交通、能源"四大结构"优化调整。推动能源供给和消费低碳化，清洁能源消费占比提升至 64.5%。[②]

[①] 王晋朝、王国平、雷捷：《公园城市工作有了"度量标尺"》，《四川日报》2020 年 10 月 25 日第 4 版。

[②] 王国平、蒋君芳、雷捷：《10 余项成果展示城市可持续发展经验成果》，《四川日报》2023 年 4 月 27 日第 6 版。

——意义

在从理念到落地的成都实践中，公园城市加速成长。作为"公园城市"首提地，天府新区高标准规划、高水平建设、高质量发展，走上先行先试的探索之路，力求打造可推广可复制的公园城市。成都"美丽宜居公园城市"建设从试点建设、理论探索进入全面实施，渗透到城市发展的脉搏。成都据此提出，公园城市是将公园形态与城市空间有机融合，生产生活生态空间相宜、自然经济社会人文相融的复合系统。绿色新经济的发展动能，也被融入公园城市建设之中。在联合国人居署、能源基金会发布的《未来城市顾问展望》《低碳城市发展模式案例研究》等多项国际性成果中，成都均有案例入选，提升了成都的国际知名度美誉度。

公园城市作为全面体现新发展理念的城市建设新模式，具有开创性意义。近年来，成都以公园城市示范区为统领，协同推进降碳、减污、扩绿、增长，加快发展方式向绿色低碳转型，让绿色成为成都最厚重的底色、最鲜明的特质和最持久的优势。成都建设践行新发展理念的公园城市示范区，就是要直面城市有机生命体的多元性、复杂性，坚持"人城产"逻辑，在自然与有序之间权衡调适，不断探索转型发展突围之路，努力打造标定时代发展高度、承载美好生活向往的"未来之城"。[①]（本条执笔：朱锐）

123. "一带一路"园区建设国际合作峰会

——背景

第一，"一带一路"倡议中，中国企业和国家力量在"走出去"的过程中，必然需要与相关国家进行产业合作，产业园区建设是共建"一带一路"中不可或缺的一环，对于中国与相关国家都具有特别的意义，因此，有必要定期举办专门的会议。

第二，在共建"一带一路"过程中，东道国不同类型资源的整合必不可少，但涉及的部门与内容众多，一个园区就相当于一个小经济体。为了高效地整合各种资源，为不同国家共建园区过程中出现的挑战提供交流的平台与途径，非常必要。

第三，中国企业"走出去"过程中面临来自全球的挑战。中国作为民族国家体系的后来者，在参与国际经济合作上的经验不足，中国和中国企业都需要一个平台就相关问题进行交流，以更好地解决问题。

[①] 钱小凡：《成都公园城市建设让城市自然有序生长》，央广网，2021年1月7日，https://news.cnr.cn/local/dfrd/jj/20210107/t20210107_525385291.shtml.

——内容

"一带一路"园区建设国际合作峰会是中国与"一带一路"相关国家就如何优化营商环境、实现企业和园区的多赢进行研讨的一个国际性峰会。中国和相关国家以此为平台探讨营商环境发展新模式和产业链发展的关键要素，在为产业项目提供专业对接的同时，促进园区和企业的多赢发展。它对我国产业园区营商环境建设和经济高质量发展、对产业园区"走出去"广泛深入地开展"一带一路"合作，都具有重要意义。自2015年以来每年举办，至今已有8届。

第一，在"一带一路"背景下，通过产业园的顺利转型升级和高效高速发展，实现高水平开放。"一带一路"倡议不仅关注中国企业"走出去"，也关注在新时代中国企业和中国经济的转型和高效高速发展。要实现这一目标，需要在发展自己的同时，提高对外开放水平。"党中央提出的一项重大战略任务，旨在通过更大范围、更宽领域、更深层次的对外开放，实现国内国际双循环相互促进，推动经济高质量发展和国际合作竞争新优势，维护国家利益和安全，参与全球治理体系改革和建设，为实现中华民族伟大复兴的中国梦打下坚实基础。"①

第二，优化营商环境。园区是公司和企业聚集的地方，更是连接起政府、市场和企业三者的一大枢纽。其自身的发展和水平，不仅直接反映一地的营商环境和其对营商环境的关注度，也反映出一个地区经济的发展状况。营商环境的改善助力共建"一带一路"，为应对世界产业格局的新变化新契机奠定重要基础。②

第三，如何"走出去"深度参与"一带一路"合作。产业园区是中国企业"走出去"的一个重要形式，也是"一带一路"倡议得以发展和落地的一个关键要素。为此，中国2015年开始建立各种平台、沟通峰会和渠道，"力求打造信息和智慧汇聚、园区和企业协同、产业和技术嫁接的新型平台。为'一带一路'战略落地对接路径，为园区转型和企业创新提供服务，为高新技术落地和高端人才流动疏通经络，推动园区和企业的共同发展，为伟大'中国梦'的实现贡献力量。"③

第四，园区峰会为中国企业"走出去"提供理念规范。第七届峰会关注产业和经济发展的可持续性和环境友好度，为经济发展确立了发展理念。会议主题为"开创'一带一路'双循环新格局，打造产业链绿色发展新引擎"，旨在

---

① 张坤领：《以高质量共建"一带一路"推进更高水平开放型经济体制》，中国"一带一路"网，2023年12月4日，https://www.yidaiyilu.gov.cn/p/0JBG7NIE.html.
② 《峰会简介》，中国企业网，2020年9月2日，http://wap.zqcn.com.cn/836/9338.html.
③ 《"一带一路"园区建设国际合作宣言》，中国企业网，2015年7月23日，http://wap.zqcn.com.cn/493/6905.html.

进一步贯彻新发展理念，构建新发展格局，推动"一带一路"建设不断向高质量发展，推动产业园区、产业链创新发展，推动营商环境持续改善。①

——意义

海外园区是共建"一带一路"的重要一环，对于中国企业特别是中小企业"走出去"、对于东道国的产业孵化乃至工业化，都具有不可替代的作用。"一带一路"园区建设国际合作峰会，对中国企业和国外企业间的对接、沟通和相关要素的分享有直接帮助，为企业自身的发展创造了新机遇。通过该峰会，企业间实现了一定程度的信息、资源、成果等要素的共享，帮助企业更好发展的同时，进而推动高标准、可持续、惠民生这个共建"一带一路"新要求的扩展与深化。（本条执笔：薛力、张靖昆）

124. 丝绸之路沿线民间组织合作网络

——背景

丝绸之路，这条古老的贸易和文化交流通道，自古以来就将东亚、中亚、西亚紧密地联系在一起。进入21世纪，随着中国"一带一路"倡议的提出，丝绸之路的文化和经济价值再次被重视，成为连接沿线各国的重要桥梁，在共建"一带一路"的十年中，共建国家合作发展，成果丰硕。截至2023年，已有150多个国家、30多个国际组织签署共建"一带一路"合作文件，举办3届"一带一路"国际合作高峰论坛，成立了20多个专业领域多边合作平台，一大批标志性项目和惠民生的"小而美"项目落地生根，共商共建共享、开放绿色廉洁、高标准惠民生可持续成为高质量共建"一带一路"的重要指导原则。"一带一路"合作正从硬联通扩展到软联通，为世界经济增长注入新动能，为全球发展开辟新空间，为国际经济合作打造新平台，绘就了联结世界、美美与共的壮阔画卷，增进了共建国家人民的福祉。②

共建"一带一路"关键是互联互通。而"民心相通"是共建"一带一路"的重要基础。2017年，中国民间组织国际交流促进会（以下简称"中促会"）积极响应习近平主席在"一带一路"国际合作高峰论坛上的倡议，牵头成立了丝绸之路沿线民间组织合作网络（以下简称"合作网络"），截至2023年11月，已有77个国家和地区的近400家组织加入合作网络，累计开展民生项目

---

① 《开创"一带一路"双循环新格局 打造产业链绿色发展新引擎》，光明网，2021年7月26日，https://m.gmw.cn/2021-07/26/content_1302431494.htm.

② 孙君健：《共享信任成果 深化民心相通 增进人民福祉》，中国社会科学网，2023年10月25日，https://www.cssn.cn/skgz/bwyc/202310/t20231025_5692715.shtml.

及各类活动500余项。[①] 习近平主席向首届丝绸之路沿线民间组织合作网络论坛致贺信，贺信指出，"一带一路"倡议提出以来，从愿景转变为现实，取得了众多建设成果。实践证明，加强"一带一路"国际合作，为维护世界和平、促进共同发展提供了新平台、注入新动力。民间组织是推动经济社会发展、参与国际合作和全球治理的重要力量。建设丝绸之路沿线民间组织合作网络是加强沿线各国民间交流合作、促进民心相通的重要举措。[②] 成员组织要坚持共商发展理念，围绕"一带一路"建设增进共识。坚持共建合作网络，打造民心相通的高端平台。坚持共享发展成果，提升各国民众的获得感。坚持共讲"丝路故事"，更好地增进交流互鉴，共同推动合作网络建设进入新的发展阶段。

——内容

合作网络在沿线各国民间组织的大力支持和积极参与下，合作网络规模不断扩大，成效日益凸显，成为沿线民间组织积极推动"一带一路"建设的重要平台。合作网络成员在医疗卫生、公益慈善、抢险救援、志愿服务、环境保护等领域加强交流合作，其宗旨是弘扬以和平合作、开放包容、互学互鉴、互利共赢为核心的丝路精神，推动"一带一路"沿线民间组织交流与合作，增进"一带一路"共建国家民心相通，促进"一带一路"建设，为"一带一路"共建国家和地区的和平、发展、合作、共赢贡献力量。

第一，基本原则。开放包容：欢迎并支持有意愿、符合条件的各类民间组织和社会力量积极参与，共同构建合作网络。相互平等：各成员组织不论国别、专业、大小，应平等相待、相互尊重、和谐共处。交融互鉴：各成员组织应重视相互交流，取长补短，互学互鉴。互利合作：维护"一带一路"共建国家共同发展利益和民众关切，实现合作共赢、共同繁荣。

第二，基本职能。就"一带一路"共建国家之间的民情民意、合作需求等保持有效沟通，互通信息，研究问题，共享经验，为共建"一带一路"贡献智慧和力量。开展民生项目，改善共建国家基层民众的生活，推动可持续发展；开展多种形式的人文交流，促进文明互鉴和文化交流，增进"一带一路"沿线各国民众之间的相互了解与友谊。加强与沿线各国政府的交流互动，加强与媒体合作，推动企业更好地履行社会责任，不断扩大影响力。通过多种方式积极主动宣传"一带一路"倡议，增进国际社会对"一带一路"建设的了解与支持。

第三，组织机构。合作网络设立国际指导委员会和秘书处。国际指导委员

[①] 《中国社会组织参与共建"一带一路"案例选登》，《中国社会报》2023年10月16日第5版。
[②] 屈佩：《首届丝绸之路沿线民间组织合作网络论坛在北京开幕》，《人民日报》2017年11月22日第1版。

会由9人组成，成员由合作网络中具有地区代表性和国际影响力的成员组织负责人担任，主要职能是研究讨论合作网络发展等重大问题，协调合作网络成员组织之间的交流合作，加强与联合国及其他国际组织的交流合作。秘书处为合作网络的常设执行机构，由中促会行使秘书处职责，其主要职能是负责组织举办合作网络的相关会议，起草合作网络相关文件，汇总成员组织重要活动信息，建设与维护用于及时发布合作网络及成员组织重要信息的合作网络网站等。此外，还积极推动建立专业委员会。

第四，运行机制。合作网络每两年举行一次合作网络论坛，就有关合作网络发展和"一带一路"民心相通等重大问题进行研究，提出指导性建议，论坛主题应充分征求成员组织意见。每年召开一次国际指导委员会会议。国际指导委员会成员所在组织根据需要召集本地区成员组织召开地区性会议。专业委员会根据需要召开会议。[①]

——意义

一是深化文化交流与融合。面对各种挑战，民间组织在促进共建国家开展人文交流、消除误解、实现民心相通、建立互信机制等方面发挥着重要作用。[②]民间组织间的文化交流活动能够提供一个更加亲民、接地气的平台，使得不同国家的文化能够以最真实、最直接的方式展现在人们面前。此外，通过艺术、音乐、舞蹈、手工艺等形式的交流，各国文化得以传承与发展，促进了多元文化的融合与共存。

二是推动经济合作与区域发展。共建"一带一路"使得一大批标志性项目和惠民生的"小而美"项目落地生根。"小而美"项目与民生直接相关，在"一带一路"从"大写意"到"工笔画"的转变中，发挥着重要作用。这些项目能够具体到人、每一个家庭，让更多百姓受惠。民间组织的合作能够快速响应市场需求，推动共建国家的经贸往来。通过民间商贸平台的搭建，中小企业和个体经营者能够获得更多的市场机会，促进区域内的就业和经济增长。这种合作模式还有助于发掘和培育新的经济增长点，为共建国家的经济发展注入新的活力。

三是增进民间友好与互信。"民心相通"是共建"一带一路"的重要基础，信任则是民心相通的重要基础和成果。如果没有相互的信任，任何的互联互通将缺乏持久存续的心理基础。国家之间只有建立持久的信任，才能相互成

---

① 丝绸之路沿线民间组织合作网络：《丝绸之路沿线民间组织合作网络章程（试行）》，丝绸之路沿线民间组织合作网络官网，2017年12月7日，https://sironet.cnie.org.cn/cnie_cn/xxfb_203/201712/t2017 1207_94197.html.

② 孙君健：《共享信任成果 深化民心相通 增进人民福祉》，中国社会科学网，2023年10月25日，https://www.cssn.cn/skgz/bwyc/202310/t20231025_5692715.shtml.

为值得信任的朋友和伙伴。①民间组织的交流与合作能够直接触及民众,加深共建国家人民之间的了解和友谊,通过互访、对话和协商,民间组织能够建立广泛的联系网络,有助于缓解国家间的紧张关系,增进互信,为区域的和平稳定奠定基础。(本条执笔:张子婷)

125. 中国青年全球伙伴行动

——背景

时代以盛世成就青年,青年必以青春塑造时代。在中国日益走近世界舞台中央、积极参与全球治理体系改革的趋势下,中国青年组织胸怀天下,更加积极有为。《新时代的中国青年》白皮书说,新时代中国青年既有家国情怀,也有人类关怀,秉承中华文化崇尚的四海一家、天下为公理念,积极学习借鉴各国有益经验和文明成果,与世界各国青年共同推动构建人类命运共同体,共同弘扬和平、发展、公平、正义、民主、自由的全人类共同价值,携手创造人类更加美好的未来。②

面对世界之变、时代之变、历史之变和世纪疫情,各国青年发展遭受一系列共同挑战。中国共产主义青年团第十八次全国代表大会报告中提出,要积极响应习近平总书记提出的构建人类命运共同体的主张,紧紧围绕"一带一路"建设,大力实施中国青年全球伙伴计划,不断扩展知华友华的青年伙伴网络。《共青团深入学习贯彻党的十九届五中全会精神 在全面建设社会主义现代化国家新征程中组织动员广大团员青年建功立业的行动纲要》中提出,要实施中国青年全球伙伴行动。③在此背景下,中国青年全球伙伴行动(以下简称行动)应运而生,行动旨在加强中国青年与世界各国青年之间的交流与合作,共同推动全球青年事务的发展。

——内容

2022年7月21日,习近平主席向世界青年发展论坛致贺信,他指出,青年代表希望,青年创造明天。中国始终把青年看作推动社会发展的有生力量,鼓励青年在参与推动构建人类命运共同体的实践中展现青春活力。各国青年要弘扬和平、发展、公平、正义、民主、自由的全人类共同价值,以实际行动推进全球发展倡议,助力落实联合国2030年可持续发展议程,共同谱写世界青

---

① 孙君健:《共享信任成果 深化民心相通 增进人民福祉》,中国社会科学网,2023年10月25日,https://www.cssn.cn/skgz/bwyc/202310/t20231025_5692715.shtml.
② 《新时代的中国青年》,《人民日报》2022年4月21日第10版。
③ 王璐璐:《实施中国青年全球伙伴行动 为推动构建人类命运共同体凝聚全球青年力量》,《中国青年报》2023年6月9日第1版。

年团结合作的时代新篇章。①

中国共青团在习近平外交思想的指引下，时刻牢记习近平总书记关于加强中外青年交流的重要要求，围绕党和国家对外工作大局，深入实施中国青年全球伙伴行动，累计开展国际青年交流项目（活动）500余个，与200多个国外青年组织和国际机构建立了交流合作关系，为推动构建人类命运共同体凝聚起全球青年力量。具体来说，行动主要包括五个类别的项目。

实施世界青年英才"走近中国"计划。开展与国外青年组织和国际机构的交流合作，邀请各国各领域优秀青年代表访华，举办主题论坛、专题研修、考察实践等活动，帮助外国青年全面深入了解中国，成为知华友华的青年伙伴。

实施在华外国青年"知行中国"计划。搭建面向在华留学生、外籍青年的交流平台，举办社会实践、社会参与、实习实训等活动，帮助在华外国青年更好融入中国，成为沟通中外的青年使者。

实施"倾听中国"青年传播计划。建立对外交流和对外传播渠道，举办青年国际交流和国际传播活动，选派中国青年代表参与国际会议和国际组织，对外讲好中国故事，发出中国青年声音。

实施"筑梦丝路"青年发展计划。为"一带一路"共建国家的青年搭建合作平台，实施青年企业家经贸合作、青年就业创业、青年志愿者海外服务等项目，助力中外青年参与"一带一路"建设、实现共同发展。

举办世界青年发展论坛。以助力青年发展和全球发展为主题，倡导青年优先发展理念，搭建跨地区、跨行业、跨领域的发展伙伴关系网络，推进全球青年发展行动计划，为落实联合国可持续发展议程和全球发展倡议汇聚世界青年力量。

——意义

行动实施以来，中国青年组织的国际朋友圈越来越大，对外交往平台越来越广。关键时刻见真情。在疫情暴发早期，许多国家的青年领袖秉持公道立场，支持中国抗疫，发来众多视频、信函和署名文章。

一是促进"一带一路"民心相通，青年发展国际合作走深走实。近年来，中国青年志愿者协会持续向共建国家派遣青年志愿者，在民间播撒友谊的种子，展现中国青年风采。该行动为中国青年与世界各国青年提供了广泛的合作机会，有助于建立长期稳定的伙伴关系，共同推动全球青年事务的发展。行动不仅关注青年之间的交流与合作，还致力于推动全球发展倡议与联合国2030可持续发展议程的衔接。通过青年企业家经贸合作、青年就业创业等项目，成

---

① 《习近平向世界青年发展论坛致贺信》，《人民日报》2022年7月22日第1版。

为解决世界性议题的推动者、国际文明互鉴的倡议者、全球发展进步的行动者。

二是引领国际青年议程，中国青年组织国际影响力不断提高。中国的发展、时代的浪潮为中国青年投身国际和走向世界提供了现实基础，在"中国青年全球伙伴行动"框架下，中国与100多个国际组织及外国政府青年机构、政党和非政府青年组织建立了交流合作关系，广大青年在国际事务中的参与热情和话语影响不断增大，中国青年不断引领国际青年发展议程。

三是讲好中国故事和中国青年故事，汇聚构建人类命运共同体的青年力量。通过"倾听中国"等传播计划，中国青年有机会在国际舞台上发声，介绍中国的发展成就和文化特色，增强国际社会对中国的了解和认同。青年群体是最拥护发展又最积极的社会力量，让越来越多的中外"Z世代"[①]发展友谊、携手合作，是行动结出的累累硕果，也是推动各国青年构建人类命运共同体的必由之路。[②]

总的来说，通过实施行动，中国共青团中央、中国青联与100多个国外青年组织和国际机构建立了交流合作关系，树立了在国际青年事务中的国际影响力。共青团青年外事工作建立了多领域、多渠道、多层次的对外交流格局，为党和国家对外工作大局作出了独特贡献。越来越多的中国青年走向国际舞台，在对外交往实践中开拓国际视野、提升国际能力、促进中外友好合作，为和平发展事业和推动构建人类命运共同体发挥了积极作用。（本条执笔：张子婷）

126. 推进共建"一带一路"教育行动

——背景

教育为国家富强、民族繁荣、人民幸福之本，推进"一带一路"，为推动区域教育大开放、大交流、大融合提供了大契机。共建各国唇齿相依，教育交流源远流长，教育合作前景广阔，携手发展教育，合力推进共建"丝绸之路经济带"和"21世纪海上丝绸之路"（以下简称"一带一路"），是造福共建各国人民的伟大事业。

教育交流为共建国家民心相通架设桥梁，人才培养为共建国家政策沟通、设施联通、贸易畅通、资金融通提供支撑。"一带一路"共建国家教育加强合作、共同行动，既是共建"一带一路"的重要组成部分，又为共建"一带一

[①] "Z世代"指新时代人群。
[②] 王璐璐：《实施中国青年全球伙伴行动 为推动构建人类命运共同体凝聚全球青年力量》，《中国青年报》2023年6月9日第1版。

路"提供人才支撑，在共建"一带一路"中具有基础性和先导性作用。①《推动共建"一带一路"教育行动》（以下简称《教育行动》），是2016年推进"一带一路"建设工作部署和"十三五"规划纲要过程中中国要实施的100个重大项目。《教育行动》围绕"一带一路"重点共建的政策沟通、设施联通、贸易畅通、资金融通、民心相通，提供了两方面支撑：一是促进民心相通，二是为其他"四通"提供人才支撑。力争做到经贸走到哪里，教育的民心工程就延伸到哪里，教育的人才培养就覆盖到哪里。力争推动教育发展和经贸合作并驾齐驱，成为车之两轮、鸟之两翼。力争发挥教育"软力量"四两拨千斤的作用，实现"一带一路"建设推进事半功倍。②

——内容

（一）合作愿景

《教育行动》倡议沿线各国携手行动起来，增进理解、扩大开放、加强合作、互学互鉴，谋求共同利益、直面共同命运、勇担共同责任，聚力构建"一带一路"教育共同体，全面支撑共建"一带一路"。共同致力于推进民心相通，开展更大范围、更高水平、更深层次的人文交流，不断推进沿线各国人民相知相亲。提供人才支撑，培养大批共建"一带一路"急需人才，支持沿线各国实现政策互通、设施联通、贸易畅通、资金融通。实现共同发展，推动教育深度合作、互学互鉴，携手促进沿线各国教育发展，全面提升区域教育影响力。

（二）合作重点

"一带一路"沿线各国教育特色鲜明、资源丰富、互补性强、合作空间巨大。《教育行动》提出，中国将以基础性、支撑性、引领性三方面举措为建议框架，开展三方面重点合作，对接沿线各国意愿，互鉴先进教育经验，共享优质教育资源，全面推动各国教育提速发展。

基础性举措。"教育行动五通"为基础性举措，开展教育互联互通合作。一是加强教育政策沟通。二是助力教育合作渠道畅通。三是促进共建国家语言互通。四是推进共建国家民心相通。五是推动学历学位认证标准连通。

支撑性举措。"四个推进计划"为支撑性举措，开展人才培养培训合作。一是实施"丝绸之路"留学推进计划。二是实施"丝绸之路"合作办学推进计划。三是实施"丝绸之路"师资培训推进计划。四是实施"丝绸之路"人

---

① 《教育部关于印发〈推进共建"一带一路"教育行动〉通知》（教外〔2016〕46号），2016年7月15日。

② 《教育部有关负责人就〈推进共建"一带一路"教育行动〉答记者问》，中华人民共和国教育部教育涉外监管信息网，2016年8月15日，https://jsj.moe.gov.cn/n2/7001/12107/840.shtml。

才联合培养推进计划。

引领性举措。"四方面内容"为引领性举措,共建丝路合作机制。一是加强"丝绸之路"人文交流高层磋商。二是充分发挥国际合作平台作用。三是实施"丝绸之路"教育援助计划。四是开展"丝路金驼金帆"表彰工作。[①]

——意义

独行快,众行远。合作交流是沿线各国共建"一带一路"教育共同体的主要方式。通过教育合作交流,培养高素质人才,推进经济社会发展,提高沿线各国人民生活福祉,是共同的愿望。通过教育合作交流,扩大人文往来,筑牢地区和平基础,是共同的责任。《推进共建"一带一路"教育行动》的实施对于推动共建国家教育合作与交流具有重要意义。

一是语言互通,夯实民心根基。语言是了解一个国家最好的钥匙,也是"一带一路"共建国家教育互联的前提、民心相通的桥梁。"一带一路"倡议提出后,中国教育对外开放不断扩大,《关于做好新时期教育对外开放工作的若干意见》《中国教育现代化 2035》《推进共建"一带一路"教育行动》密集出台,"语言互通"成为教育对外开放的重要举措。从西亚到东欧,从非洲到拉美,国际中文教育受众规模不断扩大。"汉语桥"夏令营项目累计邀请 100 余个国家近 5 万名青少年来华访学,支持 143 个国家 10 万名中文爱好者线上学习中文、体验中国文化。

二是人才共育,加强交流对话。随着高质量共建"一带一路"倡议不断推进,一个个优质合作项目在"一带一路"共建国家落地生根,不同文明交流互鉴,急需一大批能够读懂彼此、深入对话的人才。10 年来,中国与"一带一路"共建国家人才共育规模不断扩大,来华留学生中,"一带一路"共建国家留学生人数过半,"留学中国"品牌越来越响亮。中国与"一带一路"共建国家人才培养机制不断完善,教育部设立"丝绸之路"中国政府奖学金项目,通过部委合作、省部合作、高校合作 3 种模式培养共建国家人才。中国与"一带一路"共建国家教育交流合作不断深化,举办中国—东盟教育交流周、中国国际教育巡回展、设立中国—上海合作组织经贸学院等促使区域教育交流合作网越织越密。

三是技术共享,增进民生福祉。"一带一路"共建国家大多是新兴经济体和发展中国家,关键技术共享成为其经济社会发展和民生改善的引擎。中国教育部面向"一带一路"共建国家战略发展需求,支持高校发挥高铁技术、先进核能技术、船舶与海洋工程设计与制造技术、生物育种等方面技术优势,共享

---

① 《教育部有关负责人就〈推进共建"一带一路"教育行动〉答记者问》,中华人民共和国教育部教育涉外监管信息网,2016 年 8 月 15 日,https://jsj.moe.gov.cn/n2/7001/12107/840.shtml。

相关领域关键技术，推动高校为"一带一路"共建国家重大工程提供技术援助。此外，"小而美、见效快、惠民生"的"鲁班工坊"成为中国境外办学的"新名片"，工坊采取"学历教育+技术培训"方式，用中国标准培训当地教师，再由当地教师教授学生，在认同的基础上，将中国职业教育优秀成果与其他国家分享，为铺就"一带一路"共建国家"幸福路"的不竭动力。[①]（本条执笔：张子婷）

127. 丝绸之路青年学者资助计划
（即丝绸之路青年研究基金）

——背景

人类历史在不断迁徙中发展，随之产生的是频繁的商品交换，以及技能和思想的交流。这样的通信与贸易之路在欧亚大陆上纵横交错，在历史上逐渐形成了今天所称的丝绸之路。丝绸之路覆盖着陆上和海上交通，来自各个地域的人们在此沿线进行着丝绸与其他商品的交易。然而这个庞大的网络承载的不只是商品的交易，频繁的活动和人口的混合引起了知识、思想、文化和信仰的交流，给亚欧人的历史和文化带来了深远的影响。在沿线城市上这样的思想文化交流不断发展，逐渐形成了多个教育与文化中心，吸引着行客们踏上这条商路。自然科学、艺术、文学以及手工艺和技术在这里被分享与传播。随之，语言、宗教和文化也在各自发展中互相产生了影响。

随着全球化的深入发展，丝绸之路共建国家之间的合作与交流日益密切，青年学者作为推动这一进程的重要力量，发挥着越来越重要的作用。作为教科文丝绸之路项目为了更好地理解丝绸之路丰富的历史、共同遗产和精神而正在进行的一部分工作，教科文组织，在中华人民共和国教科文全国委员会的支持以及社会与人文科学部的框架下，于2021年发起了"丝绸之路青年研究基金"倡议。该基金项目旨在支持全球有志青年聚焦"一带一路"，开展学术研究和交流互鉴，为促进各国民心相通和推动构建人类命运共同体汇聚青年力量。

——内容

资助对象。申请时年龄在35岁及以下的任何国籍的研究生毕业的青年学者均可申请本基金。申请基金的研究可以是个人的项目，也可以是小组或合作项目，每个项目只能获得一笔研究基金。

研究领域。可参与申请的研究领域很广泛，包括多学科和多维度的且不局限于某个特定的区域或年代的研究计划。研究提案可以涵盖与丝绸之路共同遗

[①] 李萍：《高质量推进共建"一带一路"教育行动》，《中国教育报》2023年10月17日第1版。

产相关的任何一个主题，包括但不限于科学、技术及传统工艺，语言和文学，艺术和音乐，传统体育和赛事，经济和贸易，丝绸之路遗产与当代问题等。然而，研究提案必须关注文化互动和交流的成果，并且在特定领域内展示丝绸之路沿线和其他地区的两种或多种文化中可识别的、物质或非物质的具体成果。研究可以采用跨学科的方法，并在可能的情况下，就丝绸之路沿线的文化交流和转变过程及其在当代社会中的意义和价值提出动态和创新的想法。

研究内容。研究需要与丝绸之路沿线共同遗产及发展出的多元文化身份，其内在多样性，其在当代社会创造力、跨文化对话、社会凝聚力、区域和国际合作的潜力，以及在最终实现可持续和平与发展中的潜力等相关。

资助计划。这项倡议，旨在动员青年学者对丝绸之路共同遗产进行进一步的研究，将选出12个优秀研究项目，并授予每个项目金额为10000美元的研究基金。

评估流程。由9名来自世界各地、从事与丝绸之路相关的各领域研究的知名国际专家和学者组成的科学小组将对各项研究提案进行评估，并根据评估结果颁发研究基金。该小组将根据研究提案的优势及其对进一步了解丝绸之路上发生的互动和交流以及由此产生的具体内容的潜在贡献，授予12笔研究基金。

——意义

促进学术研究与文化传承。通过资助青年学者对丝绸之路的深入研究，不仅有助于发掘和弘扬这条古老贸易路线的璀璨文化和历史遗产，更能促进学术研究的繁荣和文化的代代相传。

培养青年研究学者。该基金为世界青年学者提供了资金和研究平台，有助于培养提升研究能力和国际视野，为未来学术研究储备人才。

增进国际合作与对话。基金向全球青年学者敞开大门，有利于推动跨国学术界的交流与合作，增进对丝绸之路共同遗产的国际理解，深化国际的学术对话与互动。

促进多元文化交流融合。通过研究丝绸之路沿线的多元文化身份和内在多样性，有助于推动不同文化间的交流与融合，这不仅对世界文化的多样性发展产生积极影响，也为促进全球和平与共同进步奠定了坚实的文化基础。（本条执笔：张子婷）

128. "一带一路"青年故事会

——背景

青年是共建"一带一路"的重要力量，也是未来的希望。习近平总书记指出："青年一代有理想、有担当，国家就有前途，民族就有希望，实现我们的发展目标就有源源不断的强大力量。"[1] 青年群体思维敏锐、视野广阔、灵活性强，他们是世界的未来，在共建"一带一路"中发挥了非常重要的作用。一方面，青年在高质量共建"一带一路"的过程中响应时代召唤，充分发挥自身所学，贡献着青春智慧，为消除和平之殇、破解发展之困建言献策。[2] 另一方面，青年是人民友谊的重要力量，他们往往情趣相近、意气相投，最容易结下纯真的友谊，这有利于推动坦诚分享、真诚互助，进一步拓宽"一带一路"合作，为共同发展增添新的动力。

——目标

为面向各国青年宣介"一带一路"倡议，展示各国青年的奋斗故事和发展成果，促进青年发展领域国际合作，中华全国青年联合会、中国青年报社自2019年起共同举办"一带一路"青年故事会系列活动，共邀请来自"一带一路"沿线40多个国家的1000多名青年代表参与活动，讲述青年发展故事，分享成功实践案例，共享"一带一路"发展机遇，携手推动各国青年共同发展。在青年故事会活动中，来自不同国家或地区的青年代表可以分享彼此在"一带一路"共建国家参与项目中的经历和故事，讲述他们与"一带一路"的不解之缘，探讨彼此在文化、经济、教育等方面的共同关切。

——进展

截至2023年，"一带一路"青年故事会活动已连续举办16场，1500多名各国青年代表踊跃参加。[3] 除2019年、2020年、2022年三次年度会议外，中华全国青年联合会还联合各国兄弟机构举办了亚太青年扶贫故事会、中印青年创业故事会、中巴青年友好故事会、澜湄青年创业故事会、中国中亚青年友好故事会、中国与白俄罗斯青年友好故事会、中韩青年友好故事会等区域会议。各国青年作为"一带一路"的亲历者在"一带一路"青年故事会上分享了与脱贫减贫、气候变化、抗疫合作、青年创业等主题相关的所思所想、所作所为，在交流互鉴中携手行动，共同探索解决重要全球性问题的途径和方法，凝聚青春力量、共创光明未来，充分展现"共建、共享、共赢"的"一带一路"倡议精神。"一带一路"青年故事会为增进青年之间的理解与友谊、促进"一带一路"倡议的实施与发展发挥了重要作用。

——意义

国之交在于民相亲，民相亲在于心相通，青年心意相通、密切交流是国家

---

[1] 习近平：《论党的青年工作》，中央文献出版社2022年版，第17页。
[2] 《为共建造福世界的"幸福之路"贡献青春力量》，《中国青年报》2023年10月12日第1版。
[3] 中华人民共和国国务院新闻办公室：《共建"一带一路"：构建人类命运共同体的重大实践》，《人民日报》2023年10月11日第10版。

间建立信任与合作的重要保障,也是共建"一带一路"可持续性的保障。不同国家的历史文化参差有别,理念上的差异在所难免。"一带一路"青年故事会为青年提供分享经历、相互沟通的平台,在故事会中,人们看到了更多敢想敢为、包容开放的青春身影,听到了更多的声音。故事会有助于推动人心相通,实现共建国家人民心与心的交流,以文明交流超越文明隔阂、文明互鉴超越文明冲突、文明共存超越文明优越,是高质量、可持续共建"一带一路"的题中应有之义。

青年是世界的未来,共建"一带一路"的广阔未来属于青年。在高质量共建"一带一路"的过程中,一大批有理想、敢担当、能吃苦、肯奋斗的新时代青年涌现出来,他们用过硬的专业本领和平等包容的对话精神,延续着丝路友谊,创造着丝路辉煌。"一带一路"青年故事会历次年度会议无不凸显着青年人勇于创新、勇于实践的时代担当,凸显了青年人在促进"一带一路"国家经济与创新发展中用奋斗铺就的亮丽底色。在高质量共建"一带一路"的过程中,不做过客、不当看客,放眼世界、胸怀天下,理应成为这一代年轻人的历史自觉。

"志之所趋,无远弗届,穷山距海,不能限也。"作为长周期、跨国界、系统性的世界工程、世纪工程,共建"一带一路"的第一个 10 年只是序章。从夯基垒台、立柱架梁到落地生根、深入发展,未来,仍需广大青年锲而不舍、驰而不息地努力。在青春力量的澎湃推动下,共建"一带一路"必将展现出更为强劲的韧性和更加旺盛的生命力,为世界铺就广阔光明的幸福之路。[①](本条执笔:逄锐之)

129. 中国—中东欧国家青年创客国际论坛

——背景

中国—中东欧国家合作机制是以传统友谊为底色、以共谋发展为目标的跨区域务实合作平台,是中欧关系的重要组成部分。该机制成立以来,中国—中东欧国家合作成果惠及各国。青年是推动国家发展进步、维护世界和平的生力军,也是架起中国和中东欧国家友谊的重要桥梁。

2016 年第五次中国—中东欧国家领导人会晤提出举办中国—中东欧青年研修交流营的倡议。中国—中东欧青年创客国际论坛既是中国—中东欧国家合作机制下的青年领域品牌活动,也是"未来之桥"中国—中东欧青年研修交流营框架下的青年交流品牌项目。论坛顺应各国共享开放合作的时代趋势,为各国

---

① 《为共建造福世界的"幸福之路"贡献青春力量》,《中国青年报》2023 年 10 月 12 日第 1 版。

企业家、创业者共享发展机遇提供广阔平台。2021年是中国—中东欧国家合作绿色发展和环境保护年，更为广大青年创新创业提供了重要机遇。在论坛机制下，各国青年创客加强交流合作，为中国中东欧国家的整体合作注入新的活力。

——进展

自2017年首次举办以来，中国—中东欧青年创客国际论坛成功举办5届会议。

2017年7月6日，以"凝聚青春力量 搭建伙伴之桥"为主题的中国—中东欧青年发展论坛在宁波举行，来自中东欧国家的近80名青年代表参加。中外代表就本国青年政策、青年发展趋势、经贸领域的青年合作等议题作主旨演讲。各国代表考察了宁波汽车制造业、宁波舟山港，参观了天一阁博物馆、中国港口博物馆及新农村建设，并到义乌参访。[①]

2018年6月6日，中国—中东欧青年发展论坛在宁波诺丁汉大学举行。时任浙江省委副书记、宁波市委书记郑栅洁在致辞中表示，近年来浙江和宁波把加强与中东欧国家的交流合作作为服务"一带一路"建设的重要举措，将高水平推进宁波与中东欧国家经贸合作示范区建设，为促进中国与中东欧各国友好合作关系深入发展作出积极贡献。[②]

2019年7月8日，以"开放创新 青年伙伴"为主题的"一带一路"青年创客国际论坛在义乌举行，来自中东欧国家的青年代表以及中国青年代表、专家学者近200人参加。各国代表就推动在经贸、教育、体育、科技创新、人文交流等多领域合作，进行了全方位、多层次的交流对话，并就加强青年合作、共建"一带一路"达成了共识。义乌积极搭建"世界青年创业中心"，提出为中国与中东欧国家青年合作提供一系列优惠和扶持政策。一是为中东欧国家青年提供1000个以上"全球青年创业培训计划"名额。二是为中东欧国家青年到义乌创业提供免费居住便利。三是为中东欧国家在义乌设立进口商品展销窗口提供租金优惠。四是为中东欧国家青年到义乌创业提供交通费用支持、金融支持和商品对接、电商创业培训等服务。五是为中东欧国家青年到义乌创业提供一站式涉外服务。

2021年6月9日，以"青年创业与绿色发展"为主题的中国—中东欧青年创客国际论坛在宁波举行，来自中东欧国家的100多名青年组织、创业机构、青年企业家、在华留学生代表通过线上线下方式参会，浙江省中东欧青年创业创新基地揭牌。绿色发展成为中国—中东欧国家合作的创新动力，各方共

[①] 孔晓睿、董碧水：《"中国—中东欧青年研修交流营"活动在宁波举行》，《中国青年报》2019年7月7日第3版。

[②] 谢晔：《"一带一路"青年创客国际论坛在甬举办 郑栅洁致辞》，浙江在线，2018年6月6日，https://zjnews.zjol.com.cn/gaoceng_developments/201806/t20180606_7483205_ext.shtml.

商成立了生态环保合作机制。中外代表重点推介了在生态环保、绿色经济、清洁能源等领域的合作项目。[①]

2022年12月7日,中国—中东欧青年创客国际论坛在沧州举行。论坛以"共享发展机遇,共创美好未来"为主题,邀请来自中国和中东欧国家的近百名青年代表通过线上线下方式参加。中外高校、研究机构、青年组织、企业和行业协会代表作主旨发言,分享关于中国—中东欧国家合作前景、青年发展机遇、促进创业交流合作等方面的看法和案例。[②]

——意义

中国—中东欧国家合作机制成立以来,取得的成果惠及各国人民。中国—中东欧青年创客国际论坛机制成功举办5届,为促进中国与中东欧国家在青年发展领域的务实合作搭建了平台,创造了中外青年相遇相知、交流交融的良好条件。论坛建设有助于各国青年朋友当好传播友谊的使者、追逐梦想的先锋、爱好和平的模范,积极参与各领域的交流合作,肩负起促进中国同中东欧各国交融发展的时代使命。

在中国—中东欧青年创客国际论坛机制的激励下,各国青年勇于担当时代使命,把握中国—中东欧国家重点合作领域,锚定世界科技前沿,不断创造新的合作增长点,为古老的欧亚大陆搭建起新时代的青年创新创业合作之桥。论坛不仅成为青年交流思想的平台,同时也号召行动,从而真正将青年达成的共识转化为实践,并为青年在全球参与中提供支持。(本条执笔:朱锐)

130. 丝绸之路国际艺术节联盟论坛

——背景

"文化丝路"计划作为"一带一路"倡议的重要组成部分,推动了文明互学互鉴和文化融合创新,夯实了共建"一带一路"的民意基础。国家宗教、信仰、民俗、习惯虽各不相同,却因地理位置形成了文化间的交错,文化上的"一带一路"工程,即为文化艺术工作者通过文化彼此了解、搭桥、衔接的一项工作。自2015年中国上海国际艺术节发起建立"'一带一路'艺术节合作发展网络"起,至"丝绸之路国际艺术节联盟"在第十九届中国上海国际艺术节上正式成立,国际艺术节联盟成为"一带一路"共建国家艺术节互联互通、共创共享的合作实体、联系网络与服务平台。丝绸之路国际艺术节联盟所

[①] 《中国—中东欧青年创客国际论坛在甬举办》,宁波市人民政府网站,2021年6月10日,https://www.ningbo.gov.cn/art/2021/6/10/art_1229196403_59029684.html.

[②] 樊江涛:《中国—中东欧青年创客国际论坛举行》,《中国青年报》2022年12月9日第2版。

举办的"丝绸之路国际艺术节联盟论坛"让各国能共同探索文化合作的更多可能性,将文明之间的联系更加紧密,推动人类文化的发展。

——目标

丝绸之路是一个古老的贸易、文化交流网络,对东西方的文化交流、文明互通起到了重要作用。"丝绸之路国际艺术节联盟"的建立,正是希望在文化艺术层面重拾、重振这些联系,鼓励在传承各自特色的基础上,推动合作共享,为各国家和地区的艺术节孕育包括人才、作品、理念等在内的创新资源,同时也致力于为各国家和地区的政府部门、艺术机构、投资伙伴文化合作提供更丰富的机会和更广阔的空间。

——内容

2015年,由中国上海国际艺术节、匈牙利布达佩斯之春艺术节、捷克布拉格之春国际音乐节、以色列艺术节、印度德里国际艺术节联合发起的"丝绸之路国际艺术节联盟"前身——"'一带一路'艺术节合作发展网络"成立,有来自18个国家和地区的22个艺术节和艺术机构参与。在"'一带一路'艺术节合作网络"成员的推动下,通过充分运用各艺术节平台资源,积极推动中华文化"走出去",并促成多项海外演出项目,达成了多项双边合作协议,包括以谭盾电影交响乐史诗《女书》、王亚彬现代舞剧《青衣》、戏班乐队音乐电影《斩断》等为代表的中国原创优秀节目"走出去"演出。[①]

2017年,"丝绸之路国际艺术节联盟"(以下简称联盟)经由中国上海国际艺术节倡导正式成立,当时共有32个国家和地区的124个艺术节和机构加入该联盟。联盟的成立,标志着连接并推动包括"一带一路"共建国家及更大范围的国际文化交流与合作机制的诞生。这一机制通过艺术纽带,促进实现"一带一路"共建国家在艺术领域多元、自主、平衡、可持续的发展,把握联盟艺术节的多样性,孕育更多文化创新资源,为开展文化惠民提供更多机会和空间。[②] 联盟秉持着开放态度,为艺术作品的交流展演、合作制作、人员互通和其他经营领域的合作创造条件,并定期举办论坛、培训、专业研讨会等学术交流活动,培育艺术创作、管理人才。[③]

2023年,在共建"一带一路"倡议发起十周年之际,借第二十二届中国上海国际艺术节举办之机,"丝绸之路国际艺术节联盟"成员汇聚中国上海,

---

① 朱惠悦:《文化兴国运兴——第十九届中国上海国际艺术节侧记》,《人民日报》(海外版)2017年11月10日第8版。
② 朱惠悦:《文化兴国运兴——第十九届中国上海国际艺术节侧记》,《人民日报》(海外版)2017年11月10日第8版。
③ 马化宇:《丝绸之路国际艺术节联盟正式成立 124个艺术节和机构加入》,中国"一带一路"网,2017年10月21日,https://www.yidaiyilu.gov.cn/p/31079.html。

在"丝绸之路国际艺术节联盟论坛"上回顾交流在文化艺术领域所取得的丰硕成果,探索展望未来发展的无限可能。论坛明确强调了文化合作的开放和包容性、年青一代的重要性及数字化技术在文化合作中的作用。文化的力量是跨越国界和语言的,可以建立桥梁,弥合分歧。而青年艺术家可以为文化领域注入新的活力和创新,带来新的思维方式,促进文化多元性的繁荣。数字化媒体和互联网的改变则为艺术的交流带来更广泛的可能性。此外,"丝绸之路国际艺术节联盟"的中外成员机构代表共同签署了《丝绸之路国际艺术节联盟上海共识》[1],在"共筑开放包容、互学互鉴的文化艺术新丝路"相同愿景下,就多个领域达成了共识,这也是第三届"一带一路"国际合作高峰论坛的多边合作成果。

《丝绸之路国际艺术节联盟上海共识》提出,将进一步加强对共建"一带一路"国家的青年艺术家和演艺人才的扶持,推动培养具有国际视野的创新型年轻一代创作者。为共建"一带一路"国家建设专业文艺院团所需的人才培养提供见习等培训机会。通过牵头和发起等方式,打造"一带一路"演艺交易会,并对由联盟成员机构推荐及入选参与中国上海国际艺术节"扶持青年艺术家计划"、演艺管理人才培训、视觉艺术展览等项目的青年艺术家、演艺管理专业人才、视觉艺术策展人等予以相应支持。

——意义

艺术将人们聚在一起,由音乐架起了桥梁。文化展现了人类的创造力是具有打破传统和常规思维方式的力量。以文化人,更能凝结心灵,以艺通心,更易沟通世界。"丝绸之路国际艺术节联盟"透过论坛,增强了国家与国家之间的跨文化交流并扩大了社会丰富程度,共同弘扬和平合作、开放包容、互学互鉴、互利共赢的丝路精神,提供更多的舞台让各国的卓越文化和工艺以及杰出艺术家有合作、展演和交流的机会,共筑文化艺术新丝路,为推动构建人类命运共同体注入深厚持久的文化力量。(本条执笔:张松)

131. 中蒙俄万里茶道城市合作大会

——背景

自2012年起,在中蒙俄三国协作机制的推动下,中蒙俄万里茶道城市合作会议在内蒙古二连浩特、福建武夷山、江西铅山、山西平遥、湖南安化等地相继成功举办。历届会议汇聚万里茶道沿线中蒙俄100多个城市和数十个国际

---

[1] 王义:《第二十二届中国上海国际艺术节开幕仪式举行》,中华人民共和国文化和旅游部,2023年10月19日,https://www.mct.gov.cn/preview/whzx/whyw/202310/t 20231019_949217.htm。

茶行业组织以及众多企业，以万里茶道协作体为平台，积极推动万里茶道的复兴，促进沿线城市的联通融合发展，加深中蒙俄三国间的人文、旅游和经贸交流。2023年，第九届中蒙俄万里茶道城市合作大会被纳入第三届"一带一路"国际合作高峰论坛多边合作成果文件清单。

——内容

万里茶道是指以茶叶为主要贸易商品，存续于17世纪至20世纪前期的一条横跨亚欧大陆的国际商路。其途经今福建、江西、安徽、湖南、湖北、河南、山西、河北、内蒙古等省区，穿越今蒙古国后从恰克图进入俄罗斯，经过西伯利亚、东欧平原、莫斯科到达圣彼得堡，全长1.4万多千米，是当时中国境内最长的一条跨洲商贸路线。

1616年，俄使泰奥门尼茨（Tyumenets）将华茶作为给沙皇的礼物从中亚阿丹汗国（Altan Khan）带回俄国，被认为是华茶入俄之始。1656年，费·巴依科夫使团抵达北京，正式拉开华茶直接输俄的序幕。随后，俄国使团和官私商队纷纷到北京进行贸易，开辟出西线、中线和东线3条中俄贸易路线。1689年，中俄签订《尼布楚条约》，其中规定，两国人民带有往来文票的，允许其边境贸易。边境贸易得到官方认可后，通过东线的中俄贸易迅速扩大，茶叶贸易额也不断增加，贸易中心在北京，称"京师互市"。在18世纪前20年，中线贸易有所发展，以库伦为中心，称"库伦互市"。茶叶通过上述路线进入俄国，俄国人也因此增加了对茶叶的认知，后因边境形势恶化，互市一度中断。1728年，中俄签订《恰克图条约》，恢复了中断的互市贸易并开辟恰克图市场。恰克图贸易的繁盛，吸引了众多商人前往互市。由于清政府不允许外商到中国境内采购茶叶，晋商依靠自身区位优势和经商传统，垄断中俄茶叶贸易，开创了"彼以皮来，我以茶往"的贸易格局。茶叶贸易路线不断从北边延伸到东南的福建武夷山，逐步形成了武夷山—恰克图的茶叶贸易线路。茶叶运至恰克图后转卖给俄商，由俄商运往莫斯科和圣彼得堡，直至欧洲其他地区。万里茶道由此形成。19世纪末，俄国商人开启海运及轮船—铁路联运的运输方式，万里茶道传统陆路运输线路受到极大冲击。加之19世纪后期英、美等国逐渐转向从印度、锡兰购买茶叶，中国茶叶逐渐失去欧美市场。十月革命后，输入苏联的茶叶快速减少，万里茶道在繁荣两个多世纪后走向衰落。

——意义

万里茶道是清代全球最具经济效益的商贸通道之一，万里茶道的出现促进了清代中国与沙俄等国之间的经济及文化往来，推动了沿线城市带的兴起与发展。万里茶道是继汉代古丝绸之路后，开辟的唯一联结中俄、中欧的经济和文化的陆上丝绸之路。万里茶道无疑是清代北方草原丝绸之路新的发展阶段，是中国丝绸之路广阔网络体系中的重要组成部分，也是中国与域外国家及地区之间进行经济文化交流的途径，是亚欧大陆各地区之间文明互输、资源共享的大通道。

"一带一路"倡议提出以来，万里茶道被赋予了新的时代使命与内涵。2013年3月23日，习近平主席在莫斯科国际关系学院发表题为《顺应时代前进潮流 促进世界和平发展》的演讲，指出"继17世纪的'万里茶道'之后，中俄油气管道成为联通两国新的'世纪动脉'"[1]，将万里茶道提到了一个新的历史高度。万里茶道与丝绸之路经济带北线高度吻合，是"一带一路"的重要组成部分。振兴万里茶道，发挥万里茶道跨区域、跨多种经济文化形态的历史价值，开发保护具有共同历史记忆的历史文化遗产，促进万里茶道跨国保护和申遗，密切共建国家的人文交流，构筑新的对外交流合作的平台，对于将万里茶道与"一带一路"紧密结合，赋予万里茶道新的时代内涵具有非常重要的意义。（本条执笔：耿亚莹）

132. 海外中国文化中心

——概况

海外中国文化中心是中国政府派驻国外的官方非营利性文化机构，以"优质、普及、友好、合作"为宗旨，围绕"国情宣介、文化交流、人文对话、旅游推介、产业推广、教学培训、信息服务"等基本职能，面向主流社会和主流媒体，深入当地社会，通过举办高水平、专业化、符合驻在国受众欣赏习惯的文化活动，传播中国文化，讲述中国故事，阐释中国理念。海外中国文化中心作为开展文化外交工作的重要窗口、桥梁和平台，对传播中华优秀文化、扩大国际影响力、增强国家软实力，发挥着独特作用。

——内容

作为文化部深化中外文化交流合作机制、增进中国与世界人民的感情、推动中华文化"走出去"的重要平台，海外中国文化中心砥砺奋进，不断创新机制、优化布局、完善职能、打造品牌。在"优质、普及、友好、合作"的宗旨下，积极配合国家整体外交战略，助力"一带一路"的深入推进，为促进中外文化之间的交流与理解、加强中国文化在海外的影响力和传播力发挥了重要作用。

在国情宣介方面，各海外中国文化中心充分利用国庆日、建交纪念日等重要时间节点，通过展览、座谈等多种形式介绍中国发展成就，通过文化艺术表

---

[1] 习近平：《顺应时代前进潮流 促进世界和平发展》，《人民日报》2013年3月24日第2版。

演等展示中国丰富多彩的优秀传统文化与现当代文化。在思想文化交流方面，各中心为中外文化、教育、新闻出版、体育、旅游等各领域的全方位交流提供平台。通过经常性地举办研讨会、论坛，邀请中外知名专家、学者、企业进行面对面对话，推动中外文学、影视、音乐等领域的交流，提升海外民众对华亲切感。在信息服务方面，各中心积极强化图书馆数字化建设与网站建设，并利用新媒体、海外社交媒体平台，与当地媒体保持长期互动与友好合作。在教学培训方面，各中心都推出了一大批"接地气、聚人气"的培训项目。除中文与武术两大热门主题外，还有书法、绘画、烹饪、中医药、乐器、音乐、舞蹈、传统手工艺和传统棋类等多种内容。

——进展

随着我国综合国力的提升、对软实力认识的加强及中外文化交流合作的深入，海外中国文化中心自2002年起进入快速发展阶段，海外中国文化中心的性质、定位得到进一步明确，建设的步伐也逐渐加快。从2002年到2012年，法国巴黎、德国柏林、韩国首尔等10个中国文化中心相继建成运营。党的十八大后，中华文化"走出去"的步伐更加稳健，2012年至2017年，共计有23个海外中国文化中心陆续建成，并初步覆盖亚洲、非洲、欧洲、北美洲及大洋洲地区。截至2021年末，在全球设有海外中国文化中心已达45家，形成了覆盖全球主要国家和地区的中国文化对外传播推广网络。[①]

新冠疫情大流行之前，每个海外中国文化中心平均每年举办活动近100场。2016—2017年，35个中国文化中心平均每年总的直接受众超过400万人次。近年来，海外中国文化中心在活动形式、资源支持等方面创新工作机制，建设海外中国文化中心项目资源库，探索部省合作共建模式，着力打造具有全球效应的品牌活动。自2016年起，文化部开始统一筹划全球联动的统一品牌项目，如2016年举办的主题活动"跨越时空的对话——纪念文学巨匠汤显祖和莎士比亚"，累计举办了160场，形式涵盖演出、展览、讲座等，受到了国内外媒体的广泛关注。2017年推出的"传承与创新——中国非遗文化周"和"天涯共此时"中秋节品牌活动同样取得了良好的效果

海外中国文化中心建设积极响应"一带一路"倡议。一方面，在"一带一路"沿线地区加快布局。截至2021年，在我国设立的45个海外文化中心中，一半左右位于"一带一路"共建国家。未来，"一带一路"共建国家的中国文化中心将会更多，所占比例也将进一步上升。另一方面，各中心举办了一系列"一带一路"主题讲座、展览等，并努力打造一批具有深厚文化历史底蕴

---

① 《中华人民共和国文化和旅游部2022年文化和旅游发展统计公报》，2023年7月13日，https://zwgk.mct.gov.cn/zfxxgkml/tjxx/202307/t20230713_945922.html.

的相关活动项目。（本条执笔：逄锐之）

133. "丝绸之路"中国政府奖学金

——概述

"丝绸之路"中国政府奖学金，又称政府奖学金"丝绸之路"项目。该项目是为落实《推动共建丝绸之路经济带和21世纪海上丝绸之路的愿景与行动》有关倡议以及中华人民共和国2016年发布的《推进共建"一带一路"教育行动》相关要求设立。是由中华人民共和国教育部统筹规划，旨在鼓励和吸引"一带一路"共建国家和地区的优秀学子来华学习深造、为"一带一路"沿线及共建国家培养行业领军人才和优秀技能人才的全额奖学金项目。

项目内容：该奖学金计划涵盖了本科、硕士和博士学位以及非学历教育（如语言学习）的范围，通常包括学费、住宿费、生活费和医疗保险等费用的全额或部分资助。获得该奖学金的学生可以选择在中国的高校进行学习，并根据自己的学习需求和兴趣选择相应的专业。项目按照"围绕战略、精准投放、协同推进、互利共赢"的原则展开实施，采取"个人申请、院校推荐、专家评审、择优录取"的原则，选拔具有优秀学科背景、专业能力及未来发展潜力的国际学生。项目坚持"出国留学和来华留学并重、公费留学和自费留学并重、扩大规模和提高质量并重、依法管理和完善服务并重、人才培养和发挥作用并重"，完善全链条的留学人员管理服务体系，保障平安留学、健康留学、成功留学。[①]

"丝绸之路"中国政府奖学金项目的投放主要有三个渠道，包括与相关部委合作设立奖学金，重点支持高新技术、基础能源、现代服务、政策与金融等四大行业领域的人才培养，在能源、交通、通信、金融、海洋等重大领域储备沿线国家战略人才。加强省部合作，加大对沿线省（区、市）的奖学金支持力度。同时，鼓励和支持高校与国家大型企业、沿线国家政府部门或高校合作，开展订单式或定向培养项目，提供本土化人才支撑。

——进展

据统计，"丝绸之路"政府奖学金开设之前，2016年全国共有约4.9万名外国留学生享受中国政府奖学金在华学习，其中"一带一路"共建国家的奖学金生占比超过60%。设立"丝绸之路"中国政府奖学金项目之后，这一比例进一步上升。截至2019年末，我国已与24个"一带一路"共建国家签署高等教育学历学位互认协议，共计60所高校在23个共建国家开展境外办学，16所

---

① 《教育部关于印发〈推进共建"一带一路"教育行动〉的通知》（教外〔2016〕46号），2016年7月15日。

高校与共建国家高校建立了 17 个教育部国际合作联合实验室。[1] 在 54 个国家联合建立了 154 所孔子学院和 149 个孔子课堂。支持 60 所高校在 23 个共建国家开展境外办学，16 所高校与共建国家高校建立 17 个教育部国际合作联合实验室。推动职业教育与企业协同"走出去"从个别试点走向普遍实践。同时，"一带一路"教育行动部省（区、市）协同不断推进。教育部已与 18 个省（区、市）签署了共建备忘录，地方和高校参与不断深化，平台建设不断增强，可视性成果不断丰富，"一带一路"教育行动取得积极成效。下一步，教育部将打造"一带一路"教育行动升级版，深化政府间教育交流合作，推动中国与更多"一带一路"共建国家实现学历学位互认、教育标准互通、经验互鉴。将加快培养"一带一路"急需人才，增加"丝绸之路"中国政府奖学金项目的硕士、博士学位名额，积极推动"一带一路"中外合作办学规模和水平稳步提升。将积极支持高校和职业院校与共建国家学校建立高校联盟、职教联盟，加强校际合作，开展联合科研和人才培养，为沿线各国经济社会发展以及"一带一路"建设提供人才和智力支撑。

——意义

设立"丝绸之路"中国政府奖学金，有利于为共建国家专项培养行业领军人才和优秀技能人才，进一步推动"一带一路"倡议的发展和实施。有利于全面提升来华留学人才培养质量，把中国打造成为深受共建国家学子欢迎的留学目的地国。以国家公派留学为引领，推动更多中国学生到共建国家留学，深化中国学生对共建国家文化与国情的了解。有利于加强中国与"一带一路"共建国家之间的教育交流与合作，促进人才培养和人文交流，增进中国与共建国家青年人的感情，为"一带一路"倡议的可持续发展奠定基础。（本条执笔：逄锐之）

134. 中国政府原子能奖学金项目

——背景

2023 年 2 月，习近平主席提出《全球安全倡议概念文件》，其中明确提到要维护以《不扩散核武器条约》为基石的国际核不扩散体系，促进核安全国际合作。[2] 据国际能源机构预测，2050 年全球 25% 电力将来自核能。目前，中国大陆在运核电机组 55 台，装机容量 5600 万千瓦，在建核电机组 24 台，规模居世界首位。中方坚持积极安全有序发展核能，将核能作为实现绿色发展、建

---

[1] 《"一带一路"建设成果丰硕 推动全面对外开放格局形成》，《中国信息报》2022 年 10 月 13 日第 1 版。

[2] 《全球安全倡议概念文件》，《人民日报》2023 年 2 月 22 日第 15 版。

设新型能源体系的重要选择,"华龙一号"、第四代高温气冷堆、小型模块化反应堆等工程建设不断取得新进展,核能清洁供暖、工业供热、海水淡化等技术研发和示范应用不断深化,辐照育种、核医学诊疗技术增进了人民的福祉。中国也高度重视与国际原子能机构合作,2023年5月,国际原子能机构总干事格罗西访华,与中国政府在核能应对气候变化、核与辐射安全、核技术诊疗癌症、核数据应用与核燃料循环、涉核新闻传播与公众沟通等领域签署多份合作文件。为落实好上述合作文件共识,中方提供了中国政府原子能奖学金项目、国际原子能机构在华设立的8个协作中心等资源平台,为广大发展中国家提供更多公共产品,让核科技更好地造福人类民生[1]。

——内容

中国政府原子能奖学金项目由中国国家原子能机构和教育部于2017年联合设立,每年资助100名发展中国家的留学生来华攻读核科学与技术专业硕士或博士学位[2]。奖学金项目一期为期五年。在一期项目成功实施的基础上,国家原子能机构联合教育部于2023年启动二期项目,进一步扩大招生规模,为国际社会培养更多优秀的核领域人才。截至2023年,该项目已为26个共建国家培养了近200名和平利用核能相关专业的人才。首期中国政府原子能奖学金培养项目,建立了对接国际标准,"政—校—企"联动的人才培养模式。培养单位采用"多元化""双导师"人才培养模式,参照国际原子能机构核工程教育标准制定全英文课程、培养计划并严格实施,加强留学生管理能力和领导能力训练,培养懂技术、善管理的复合型人才。中核集团公司、中广核集团公司、国电投集团公司等中方涉核企业,为留学生提供具有特色的实践条件,学生毕业后,该项目还将拓展与国际原子能机构的合作,推动学生赴国际组织实习。

——意义

一是设立中国政府原子能奖学金是核领域构建人类命运共同体、推进"一带一路"建设的重要举措。核安全,牵系人类命运的大事。核安全的保障和发展离不开核技术人才。该项目给留学生创造全面系统学习中国核安全观的机会,为国际社会就核能发展和核安全合作提供了价值观参照,体现了注重平衡的中国哲学思想,彰显了大国的政治智慧和历史担当。二是推进"一带一路"共建国家间核能技术与教育领域的国际合作,促进核能技术资源分享,共同推进核能科学与技术进步,为能源转型和可持续发展作出新贡献。有力支持了

---

[1] 《深化中国与国际原子能机构合作,推动全球发展倡议、全球安全倡议在核领域落地生根——国际原子能机构总干事格罗西访华》,国家原子能机构,2023年5月22日,https://www.caea.gov.cn/n6760338/n6760342/c10013483/content.html。

[2] 《中国政府原子能奖学金培养项目二期将启动》,《中国科学报》2023年7月6日第2版。

"一带一路"沿线新兴核电国家人才与技术发展，多角度助力"一带一路"框架下来华留学生教育、能源模式变革、"双碳"目标下核能与多种能源共同发展，开创核领域海外人才培养新局面。三是标志着中国核能教育已从受援助国转向了援助国。目前我国已拥有一整套完整成熟的核能教育体系，拥有一流的师资力量和先进的科研设施条件，可提供全面的核能教学与实践，实现了核能发展理论与实践从跟跑到并跑和领跑的良好局面。四是有助于核领域治理话语权从少数国家垄断向更多国家转移，帮助发展中国家提高核安全能力，使各国既从项目中受益，也为今后争取实现核安全进程全球化做出努力，加强发展中国家交流、互鉴共享，落实习近平主席承诺的，即使不在同一起跑线上起跑，也不让一个伙伴掉队。（本条执笔：徐晏卓）

135. 国际传播"丝路奖"

——背景

2019年4月25日至27日，中国主办第二届"一带一路"国际合作高峰论坛。首届高峰论坛后，各国政府、地方、企业等达成一系列合作共识、重要举措及务实成果，其中具有代表性的成果经有关方面梳理、汇总、凝练，成为第二届高峰论坛成果清单。该清单涵盖6大类——中方发起的合作倡议、在高峰论坛期间或前夕签署的多双边合作文件、在高峰论坛框架下建立的多边合作平台、投资类项目及项目清单、融资类项目、中外地方政府和企业开展的合作项目，共计283项。评选国际传播"丝路奖"便隶属于"在高峰论坛框架下建立的多边合作平台"大类。该大类的第23项内容为，"中国与有关国家（地区）出版商、学术机构和专业团体共同建立'一带一路'共建国家出版合作体，与有关国家共同组建'一带一路'纪录片学术共同体。人民日报社与有关国家媒体共同建设'一带一路'新闻合作联盟，评选国际传播'丝路奖'。"[1]

——内容

国际传播"丝路奖"（Silk Road Global News Awards）是由"一带一路"新闻合作联盟[2]（理事长单位为人民日报社）主办的新闻奖项评选活动。2020年1月，该奖项的首届评选启动。评选共设置5大类，分别是：深度报道奖、新

---

[1] 《第二届"一带一路"国际合作高峰论坛成果清单》，《人民日报》2019年4月28日第5版。
[2] "一带一路"新闻合作联盟（The Belt and Road News Network）于2019年4月23日成立，由"一带一路"共建国家和地区的媒体机构共同组建，其总部设在北京。关于该联盟的具体信息可参考《"一带一路"新闻合作联盟章程》，《人民日报》2019年4月25日第8版；庞加欣《"一带一路"新闻合作联盟》，载蔡昉等主编《"一带一路"手册（2020）》，中国社会科学出版社2021年版，第308—311页。

闻评论奖、摄影作品奖、视频作品奖和特殊贡献奖。其中，前四类奖项各自设置1个大奖和4个提名奖。特殊贡献奖仅设置1个大奖，不设置提名奖，意在奖励致力于推动高质量共建"一带一路"，做出突出贡献的栏目、节目、团队或个人。每个大奖的奖金是15万元人民币，每个提名奖奖金是5万元人民币。

国际传播"丝路奖"每两年评选一次。其首届评选不仅包括5类常设奖项，还特设奖项——"全球抗击新冠肺炎疫情短视频"专项奖。各奖项面向共建"一带一路"国家和地区的媒体机构或个人开放征集，共有来自80个国家和地区的4485个作品和对象参评。评选过程分为学术委员会初评、评审委员会复评、联盟理事会终评3个环节。[①] 最终，共有19件作品获奖。[②]

——意义

"一带一路"新闻合作联盟介绍，设立国际传播"丝路奖"的宗旨是，"鼓励和引导共建'一带一路'国家新闻媒体机构互学互鉴、汇聚力量，共同讲述'一带一路'故事，共同传播'一带一路'声音，共同推动高质量共建'一带一路'，把国际传播'丝路奖'办成在国际新闻传播领域具有专业性、权威性和影响力的新闻奖项"。

2023年10月19日，2023"一带一路"媒体合作论坛（第七届）在北京召开，分论坛一便是国际传播"丝路奖"颁奖活动。俄罗斯国家政府机关报《俄罗斯报》社长帕维尔·涅戈伊察评论道："（论坛）使我们有机会交流在共建'一带一路'主题报道中积累的经验。我坚信，国际传播'丝路奖'将使我们发现更多来自世界各地的媒体人才"[③]。该奖项的首届评选不仅促使受众获悉一部分"世界各地的媒体人才"，还使一部分发展中国家的代表性媒体映入受众眼帘。在当下的国际传播格局中，西方传媒巨头旗下的新闻媒体占据主导地位，对全球受众的新闻信息来源造成垄断态势。国际传播"丝路奖"的评

---

① 《首届国际传播"丝路奖"获奖作品简介》，《人民日报》2022年12月22日第12版。
② 首届获奖作品和获奖者包括：（1）深度报道奖大奖——《哈萨克斯坦与"一带一路"倡议：路向何方》和提名奖——《中国为旅客和货物运输创造一切交通条件》《"一带一路"助力老挝落实一体化战略，构筑强劲经济》《"一带一路"：从中国延伸而出的道路》《"一带一路"：世界和平与经济繁荣的催化剂》；（2）新闻评论奖大奖——《反对"一带一路"就是反对非洲》和提名奖——《美国重返孤立主义》《抓住"一带一路"巨大机遇实现新形势下的全面发展》《希望之带，相助之路》《丝路上的塞尔维亚——增加塞尔维亚出口的时机到了！》；（3）摄影作品奖大奖——《我父母是鸟类学家》和提名奖——《中国掠影》《达喀尔时装周》《除虫菊》《人与自然》；（4）视频作品奖提名奖——《21世纪海上丝绸之路》《丝路新纽带：中欧班列》；（5）特殊贡献奖大奖——（获奖者）穆沙希德·侯赛因·赛义德；（6）"全球抗击新冠肺炎疫情短视频"奖提名奖——《同心抗疫》《新旧》。其中，视频作品奖和全球抗击新冠肺炎疫情短视频奖都仅有2件入围终评作品，不设类别大奖。每件获奖作品的具体信息参见《首届国际传播"丝路奖"获奖名单》，"一带一路"新闻合作联盟网站（国际传播"丝路奖"板块），http://user.brnn.com/silkroad/public/winners；《首届国际传播"丝路奖"颁奖活动》，人民网，http://world.people.com.cn/GB/8212/191816/458064/458069/index.html。
③ 《加强媒体合作 共创美好未来》，《人民日报》2023年10月24日第9版。

选对于打破西方媒体的垄断态势将有所助益。以该奖项下的深度报道奖为例，其首届获奖作品的媒体来源分别是：《欧洲货币》杂志、吉尔吉斯斯坦卡巴尔通讯社、老挝《万象时报》、巴基斯坦《观察家报》、古巴拉美通讯社。其中，四家媒体是发展中国家的代表性媒体。[①] 非西方的媒体信息将使受众的消息来源变得均衡，从而对世界的认知更接近真实。

2023 年是"一带一路"建设的十周年。在这 10 年中，不仅以"六廊六路多国多港"为架构的有形建设成果在世界各国相继落地，"一带一路"沿线地区民心相通的无形故事也在随时发生。正如人民日报社副总编辑崔士鑫在主持国际传播"丝路奖"颁奖仪式时所表示的："共建'一带一路'10 年来，每天都真实发生着精彩的奋斗故事、成功故事、圆梦故事、幸福故事。这些优秀作品反映了不同文明追求交流互鉴、求同存异的美好愿景，绘就了各国人民心相通、情相融、力相聚、道相同的壮丽图景，这正是对人类命运共同体理念的生动诠释"[②]。千年古丝绸之路上的民心相通历史，因无法享有现代传播媒介提供的渠道而未留下大规模记录。国际传播"丝路奖"是为记录、传播共建"一带一路"中的代表性事件而专设的奖项。该奖项的设立、评选有助于"一带一路"建设中的民心相通，为记录和保存人类奋斗的历史贡献力量。（本条执笔：薛力、席寒婷）

---

① 卡巴尔通讯社是吉尔吉斯斯坦的官方通讯社，也是该国最古老的通讯社，成立于 1937 年，其总部位于首都比什凯克。该通讯社目前是亚太通讯社组织的成员。参见《卡巴尔国家通讯社》，新华丝路网，https://www.imsilkroad.com/news/p/376397.html。《万象时报》是老挝发行的首份英文报纸，1994 年正式作为周刊发行，此后不断发展壮大。参见《万象时报》网站，http://vientianetimes.org.la/About_us.htm。《观察家报》（PakistanObserver）是巴基斯坦的主流英文媒体，1988 年出版发行，总部位于巴基斯坦首都伊斯兰堡。拉美通讯社是古巴的国家通讯社，1954 年创建于古巴首都哈瓦那。

② 黄超：《加强媒体合作 讲好丝路故事》，《人民日报》2023 年 10 月 25 日第 9 版。

十二　科技、智库合作

136. "一带一路"科技创新部长级会议

——背景

共建"一带一路"倡议提出十多年来，在各方共同参与和推动下，科技合作机制不断深化，科研人员往来愈加紧密，科技合作成果日益丰硕。截至目前，中国已与80多个共建国家签署了政府间科技合作协定，共同构建起全方位、多层次、广领域的科技合作格局，结出实打实、沉甸甸的合作"果实"。首届"一带一路"科技创新部长会议由中国科技部主办，是首届"一带一路"科技交流大会的重要活动之一，并将定期召开。

——内容[①]

2023年11月6日，首届"一带一路"科技创新部长会议在重庆成功召开。中国科技部阴和俊部长主持会议并发表讲话，张广军副部长出席会议并介绍有关合作情况。来自中国和亚美尼亚、柬埔寨、智利、哥斯达黎加、古巴、印度尼西亚、哈萨克斯坦、吉尔吉斯斯坦、老挝、马来西亚、蒙古国、摩洛哥、缅甸、尼泊尔、阿曼、秘鲁、沙特阿拉伯、塞尔维亚、南非、斯里兰卡、泰国、委内瑞拉、越南24个共建"一带一路"国家的科技创新部长、部长代表出席会议。

中国科技部部长阴和俊表示，2023年是"一带一路"倡议提出十周年。10年来，中国科技部同各国合作伙伴一起，巩固深化政府间双多边科技合作关系，持续拓展科技界交流交往，不断提升联合研发水平，大力推进技术示范推广与应用，共同支持创新创业，为增强各国科技能力、服务各国经济社会发展、深化各国友谊贡献了重要力量，充分反映了共建"一带一路"从中国倡议走向国际实践、从理念转化为行动、从愿景转变为现实，在科技创新领域取得实打实、沉甸甸的成就。未来，中方将始终秉持开放包容、互惠共享的国际科

[①] 赵永新：《首届"一带一路"交流大会将在重庆举行》，《人民日报》2023年10月31日第2版。

技合作理念，愿与各方共同推进《国际科技合作倡议》落实，与各方凝心聚力、携手前行，以更加开放的思路和更加务实的举措，继续实施好"一带一路"科技创新行动计划，形成更为紧密的科技创新伙伴关系，为构建人类命运共同体注入新的强大动力。围绕高水平推进科技创新合作，中方将与各方深化五方面具体合作：一是持续深化政府间合作关系；二是大幅提升科技交往规模；三是全面拓宽合作领域；四是加快构建高水平合作平台；五是共同完善全球科技治理。

中国科技部副部长张广军表示，中国实施"一带一路"科技创新行动计划以来，科技人文交流蓬勃发展，联合实验室建设积极推进，技术转移转化持续活跃，科技园区合作走深走实，各方面工作取得积极进展。下一步，中国将积极推进本次"一带一路"科技交流大会新启动的可持续发展技术、科技减贫、空间信息科技和创新创业4项专项合作计划。

与会各国科技创新部长和部长代表围绕构建更加紧密的创新伙伴关系和共同走好创新驱动发展之路等主题进行了深入交流，高度评价创新丝绸之路建设取得的显著成效，并就构建和完善合作机制、持续扩大合作规模、不断拓展合作领域，以及共同培养科技人才和共同参与全球科技治理等议题广泛交换了意见。与会代表一致认为，科技创新日益成为推动全球经济复苏和可持续发展的动力源泉，在各国改善民生和应对挑战中发挥着决定性作用。深化科技创新合作有助于各国共同提升研发水平、共同培养科技人才、共同应对全球性挑战。科技成果是人类共同财富，应该造福全人类，良好的全球科技治理应该坚持创新成果共享、促进创新要素流动、激发创新增长潜能。

——意义

科技创新作为促进经济发展、民生改善和应对全球性挑战的关键力量，是共建"一带一路"的重点领域，也是各国共同关注的重点方向。"一带一路"科技创新部长会议首次召开，为构建更加紧密的创新伙伴关系、共同推进创新丝绸之路建设凝聚了强大共识，也是贯彻落实习近平主席在第三届"一带一路"国际合作高峰论坛主旨演讲精神的具体行动，成为推动成渝地区双城经济圈建设走深走实的标志性活动。"一带一路"科技创新部长会议搭建了国际科技交流的重要平台，成果丰硕、意义重大，彰显了共建"一带一路"倡议源自中国、面向世界、惠及全人类的基本属性。[1]（本条执笔：王越）

---

[1] 《阴和俊部长主持召开首届"一带一路"科技创新部长会议》，中华人民共和国科技部网站，2023年11月23日，https://www.most.gov.cn/kjbgz/202311/t20231123_188891.html。

137. "一带一路"科技交流大会

——背景

2023年10月18日，习近平主席在第三届"一带一路"国际合作高峰论坛开幕式上发表主旨演讲，其中提到中方将继续实施"一带一路"科技创新行动计划，举办首届"一带一路"科技交流大会，未来5年把同各方共建的联合实验室扩大到100家，支持各国青年科学家来华短期工作。

2023年11月6日至7日，由科技部、中国科学院、中国工程院、中国科协、重庆市人民政府和四川省人民政府共同主办，国家发展和改革委员会作为支持单位的首届"一带一路"科技交流大会于重庆举行。习近平主席向首届"一带一路"科技交流大会致贺信。大会以"共建创新之路，同促合作发展"为主题，围绕政府间科技合作、科技人文交流、产业创新发展、科研范式变革、未来医学、开放科学及大数据等议题，设置开幕式暨全体大会、"一带一路"科技创新部长会议、主题活动、圆桌会议及成果展示5大板块10场主要活动。

会议期间，来自共建"一带一路"国家的100多名科学工作者，参加了"一带一路"青年科学家论坛，通过学术分享和交流，展现青年科技人才的技能、知识和全球视野，为推动共建"一带一路"高质量发展、构建人类命运共同体贡献力量。第二届"一带一路"科技交流大会将于2025年在中国四川省举办。

——成效

在首届"一带一路"科技交流大会期间，与会各方集思广益，交流互鉴，取得诸多务实成果，具体如下。

一是启动"一带一路"科技创新专项合作计划，实施可持续发展技术、创新创业、空间信息科技、科技减贫四项行动。共同构建高能级科技合作机制，签署12项双边科技合作文件。

二是发布《国际科技合作倡议》，倡导并践行"开放、公平、公正、非歧视"的国际科技合作理念，坚持"科学无国界、惠及全人类"，携手构建全球科技共同体。提出坚持崇尚科学、创新发展、开放合作、平等包容、团结合作、普惠共赢等内容。

三是启动"一带一路"科技创新合作区建设。聚焦国家科技战略和区域发展重大需求，发挥成渝地区特色优势，扎实推进资源共享、人才交流、平台建设等八项重点任务。

四是建立科技合作机制。组织中外嘉宾考察了现代化新重庆建设的新成效，积极开展各项对接。重庆市与蒙古国、塞尔维亚等国家达成科技合作意向15项，探索"走出去""请进来"的新路径新模式。

——意义

一是科技合作：推动构建人类命运共同体。科技合作是共建"一带一路"合作的重要组成部分。深入实施"一带一路"科技创新行动计划，有利于推进国际科技创新交流，共同挖掘创新增长潜力，激发创新合作潜能，强化创新伙伴关系，促进创新成果更多惠及各国人民，助力共建"一带一路"高质量发展，推动构建人类命运共同体。

二是科技赋能：共同应对全球性挑战。当前，人类正面临能源安全、粮食安全、气候变化、贫困等全球性挑战。"一带一路"共建国家正携手同行，依托科技合作应对全球性挑战。首届大会发布的"一带一路"科技创新合作成果显示，我国已与80多个共建国家签署政府间科技合作协定，共建50多家"一带一路"联合实验室，在共建国家建成20多个农业技术示范中心和70多个海外产业园，建设了9个跨国技术转移中心，累计举办技术交流对接活动300余场，促进千余项合作项目落地。

三是科技向善：造福人民，惠及民生。当前，世界之变、时代之变、历史之变正以前所未有的方式展开，创新与合作是推动共建"一带一路"高质量发展的重点领域，是应对全球性挑战的关键因素，也是"一带一路"共建各国共同关注的重点方向。"一带一路"科技创新与合作将助推共建国家经济社会发展、人民生活改善，提升参与国民众的获得感和幸福感。（本条执笔：贾中正）

138. "一带一路"知识产权高级别会议

——内容

"一带一路"知识产权高级别会议是由国家知识产权局、国家版权局、商务部、北京市人民政府和世界知识产权组织（WIPO）共同举办的国际性会议。会议主题是"包容、发展、合作、共赢"。举办"一带一路"知识产权高级别会议，旨在落实"一带一路"倡议，加强与"一带一路"共建国家在知识产权能力建设方面的合作，分享"一带一路"共建国家依托知识产权促进创新和经济发展的经验，推动"一带一路"建设深入开展，促进共建国家和地区的创新发展与繁荣进步。

2016年7月21日，首届"一带一路"知识产权高级别会议在北京举办。与会代表围绕"知识产权对于经济社会发展的重要作用""'一带一路'知识产权合作愿景""加强基础设施和能力建设，提升知识产权制度的效率——经验和最佳实践""营造有利于创新的生态、文化、政策、战略""推动国际知识产权法律框架向着更加普惠、包容、平衡的方向发展""促进创新创造的商业化和价值实现：专利、商标、外观设计和版权制度的重要作用"等议题展开深入讨论。来自50多个国家和地区的知识产权机构负责人出席会议，达成了一系列重要共识，共同发布了《加强"一带一路"国家知识产权领域合作的共同倡议》，建立起了"一带一路"知识产权合作机制。[①]

2018年，在"一带一路"倡议提出五周年之际，第二届"一带一路"知识产权高级别会议于8月28日在京开幕。习近平主席专门致信祝贺，深刻指出"中国发扬丝路精神，提出共建'一带一路'倡议，得到有关国家和国际社会广泛认同和热情参与，取得了丰硕成果。我们愿同各方继续共同努力，本着共商共建共享原则，将'一带一路'建设成为和平之路、繁荣之路、开放之路、创新之路、文明之路，让丝路精神发扬光大……知识产权制度对促进共建'一带一路'具有重要作用。中国坚定不移实行严格的知识产权保护，依法保护所有企业知识产权，营造良好营商环境和创新环境。希望与会各方加强对话，扩大合作，实现互利共赢，推动更加有效地保护和使用知识产权，共同建设创新之路，更好造福各国人民"。[②]

来自"一带一路"沿线近60个国家的知识产权机构、国际及区域组织以及驻华使馆代表共同参与2018年"一带一路"知识产权高级别会议。与会代表围绕"发展全球知识产权体系及共同策略，应对数字时代全球知识产权体系面临的新挑战——法律、最佳实践及合作""有效利用知识产权促进产业转型升级，推动'一带一路'共建国家经济发展""加强作为关键无形资产的知识产权的商业化及运用，激励创新""有效保护传统知识、遗传资源、民间文艺——各国法律制度及最佳实践""加强知识产权保护，探索适合'一带一路'共建国家国情的知识产权保护模式，营造良好创新和营商环境""持续推进知识产权多边合作，支持创新创造"等议题交流了当前国际知识产权发展新态势，探讨了"一带一路"沿线各国面临的主要知识产权问题以及未来合作愿景。

——意义

"一带一路"知识产权高级别会议的成功举办，有助于深化同"一带一

[①] 申长雨：《在2018年"一带一路"知识产权高级别会议上的主旨报告》，国家知识产权局网站，2018年8月29日，https://www.cnipa.gov.cn/art/2018/8/29/art_725_48047.html。

[②] 《习近平向2018年"一带一路"知识产权高级别会议致贺信》，《人民日报》2018年8月29日第1版。

路"共建国家和地区在知识产权领域的交流合作，支持各国尤其是发展中国家提升知识产权创造、运用、保护和管理能力。通过举办这样的高级别会议，一方面，中国可以向世界展示在全球化背景下加强国际合作、完善知识产权治理体系的积极态度，助力"一带一路"共建国家的技术转移、产业升级和经济可持续增长，实现共同发展与互利共赢。另一方面，也有助于推动中国知识产权事业稳步发展。2018 年初，中国重新组建了国家知识产权局，实现了专利、外观设计、商标、原产地地理标志、集成电路布图设计的集中管理，大大提高了知识产权的管理效能。①

2023 年 10 月，第三届"一带一路"国际合作高峰论坛多边合作成果文件清单和务实合作项目清单正式发布。清单将"国家知识产权局将在 2024 年主办第三届'一带一路'知识产权高级别会议"列为合作成果之一。（本条执笔：韩冰）

139. 第一届中国—中亚知识产权局局长会议联合声明

——内容

《第一届中国—中亚知识产权局局长会议联合声明》（以下简称《联合声明》）是 2023 年 7 月在乌鲁木齐举办的第一届中国—中亚知识产权局局长会议上通过的一项重要文件。这次会议是中国同中亚五国在知识产权领域深化合作的重要里程碑，参与方包括中国国家知识产权局以及哈萨克斯坦共和国、吉尔吉斯共和国、塔吉克斯坦共和国、土库曼斯坦以及乌兹别克斯坦共和国的相关机构代表。

与会各方全面回顾了中国同中亚五国在知识产权领域的友好交往，总结了既往合作的成效，就进一步推进彼此间在知识产权领域的合作进行了深入探讨，并通过《联合声明》。《联合声明》主要包括 7 个方面的内容。②

一是中国与中亚国家友好合作的基础与方向。中国与中亚国家的友好合作有着深厚的历史渊源、广泛的现实需求、坚实的民意基础。2023 年 5 月在西安召开的中国—中亚峰会达成一系列重要成果，掀开了中国—中亚合作的新篇章，为中国同中亚各国加强各领域合作、共同构建更加紧密的中国—中亚命运共同体指明了方向。

---

① 申长雨：《在 2018 年"一带一路"知识产权高级别会议上的主旨报告》，国家知识产权局网站，2018 年 8 月 29 日，https://www.cnipa.gov.cn/art/2018/8/29/art_725_48047.html。

② 以下《联合声明》的内容主要来自国家知识产权局网站，不一一注释。国家知识产权局：《第一届中国—中亚知识产权局局长会议联合声明》，国家知识产权局网站，2023 年 7 月 30 日，https://www.cnipa.gov.cn/art/2023/7/30/art_53_186620.html。

二是中国与中亚国家均高度重视知识产权的重要作用。知识产权在鼓励各国创新创造、促进各国经济和文化发展方面发挥了重要作用。

三是中国与中亚国家对于推进知识产权区域合作达成共识。推进中国—中亚知识产权区域合作，加强各知识产权局之间的交流和互学互鉴，能够增进相互了解和制度互信，优化区域知识产权生态体系，对于促进区域共同繁荣有着重要意义。因此，应当在目前合作的基础上，进一步推进知识产权局间的紧密、务实和共赢合作。

四是中国与中亚国家一致认可"一带一路"知识产权合作的成效。"一带一路"知识产权合作自2016年以来取得的积极成效，愿共同推动"一带一路"知识产权合作机制建设和务实合作。

五是建立中国—中亚知识产权局局长会议机制。2023年7月24日首届中国—中亚知识产权局局长会议在新疆乌鲁木齐开幕。[①] 中国与中亚国家认为应以举办此次局长会议为契机，正式建立中国—中亚知识产权局局长会议机制。会议每两年一次，为持续推进中国同中亚国家在知识产权领域的合作提供引领。

六是中国与中亚国家愿在知识产权战略和法律政策交流、知识产权保护和执法、知识产权运用、知识产权人力资源发展促进、知识产权公共服务、知识产权意识提升等方面加强合作。例如，各方愿分享国家知识产权战略制定与实施、计划与构想方面的经验，交流知识产权法律政策方面的最新发展，增进各国在知识产权领域的了解与互信。加强知识产权保护和执法领域的经验交流和信息分享，共同营造良好的区域创新和营商环境。加强经验交流，提升各国知识产权转化运用能力，推动各国更有效利用商标和地理标志促进经济发展和乡村振兴及支持中小企业发展。共同加强知识产权人力资源发展方面的区域合作，支持各国知识产权人才培养，提升各国知识产权局业务能力。中方将邀请中亚国家知识产权局官员参加"一带一路"知识产权硕士学位教育项目和"一带一路"知识产权培训班及其他培训活动，并与中亚国家加强人才培养方面的经验交流。各方将就技术与创新支持中心（TISC）的建设和运营交流经验。

七是中国与中亚国家认可世界知识产权组织在全球知识产权治理中的地位。各方认识到世界知识产权组织的重要性及其在全球知识产权发展中发挥的关键作用，愿共同推动更好使用世界知识产权组织管理的全球知识产权服务体系。各方相信，本着相互尊重、同舟共济、互利共赢的合作理念，不断深化知

[①] 国家知识产权局：《首届中国—中亚知识产权局局长会议召开》，国家知识产权局网站，2023年7月30日，https://www.cnipa.gov.cn/art/2023/7/30/art_53_186621.html.

识产权领域务实合作，有利于提高区域创新能力，激发市场活力，促进区域经济共同繁荣，能够为共同构建更加紧密的中国—中亚命运共同体贡献力量。

——意义

《联合声明》是在强化区域合作、响应全球化进程中知识产权保护需求上升的大背景下出台的，旨在通过共享经验、协调政策和建立长效合作机制，共同提升中国与中亚国家在知识产权方面的整体能力与水平。《联合声明》的发布明确了中国和中亚各国致力于通过务实合作与交流加强彼此信任，实现知识产权领域的互学互鉴，并共同推动各自国家知识产权体系的发展与保护，意义深远。

第一，有助于深化中国与中亚国家双边及多边关系。中国与中亚国家的政治互信和经济联系不断加深，双方在知识产权领域的深入交流与务实合作，是进一步巩固和发展双边及多边关系的重要举措之一，有助于强化中国与中亚国家的战略伙伴关系。

第二，加速推进中国与中亚国家区域经济一体化进程。中亚地区作为连接东西方的重要桥梁，与中国在能源、贸易、投资等多领域有广泛的合作空间。通过知识产权合作，能够为区域内产业转型升级、市场准入和公平竞争创造有利条件。

第三，为"一带一路"倡议保驾护航。作为"一带一路"建设中的重要组成部分，知识产权领域的合作有助于推进共建国家间的互联互通，实现政策沟通、设施联通、贸易畅通、资金融通、民心相通。

第四，携手共同应对国际挑战。面对全球知识产权规则制定中的复杂博弈以及侵权盗版等跨国问题，中国与中亚国家需要携手共进，有助于构建更加公正合理的知识产权保护体系，共同维护各国合法权益。（本条执笔：韩冰）

140. 全球人工智能治理倡议

——背景

人工智能是人类发展新领域。当前，全球人工智能技术快速发展，对经济社会发展和人类文明进步产生深远影响，给世界带来巨大机遇。与此同时，人工智能技术也带来难以预知的各种风险和复杂挑战。人工智能治理攸关全人类命运，是世界各国面临的共同课题。在世界和平与发展面临多元挑战的背景下，各国应秉持共同、综合、合作、可持续的安全观，坚持发展和安全并重的原则，通过对话与合作凝聚共识，构建开放、公正、有效的治理机制，促进人工智能技术造福于人类，推动构建人类命运共同体。2023年10月18日，习近平主席在第三届"一带一路"国际合作高峰论坛开幕式主旨演讲中提出《全球人工智能治理倡议》。[①]

——内容

《全球人工智能治理倡议》主要内容如下：

发展人工智能应坚持"以人为本"理念，以增进人类共同福祉为目标，以保障社会安全、尊重人类权益为前提，确保人工智能始终朝着有利于人类文明进步的方向发展。积极支持以人工智能助力可持续发展，应对气候变化、生物多样性保护等全球性挑战。

面向他国提供人工智能产品和服务时，应尊重他国主权，严格遵守他国法律，接受他国法律管辖。反对利用人工智能技术优势操纵舆论、传播虚假信息、干涉他国内政、社会制度及社会秩序，危害他国主权。

发展人工智能应坚持"智能向善"的宗旨，遵守适用的国际法，符合和平、发展、公平、正义、民主、自由的全人类共同价值，共同防范和打击恐怖主义、极端势力和跨国有组织犯罪集团对人工智能技术的滥用。各国尤其是大国对在军事领域研发和使用人工智能技术应该采取慎重负责的态度。

发展人工智能应坚持相互尊重、平等互利的原则，各国无论大小、强弱，无论社会制度如何，都有平等发展和利用人工智能的权利。鼓励全球共同推动人工智能健康发展，共享人工智能知识成果，开源人工智能技术。反对以意识形态划线或构建排他性集团，恶意阻挠他国人工智能发展。反对利用技术垄断和单边强制措施制造发展壁垒，恶意阻断全球人工智能供应链。

推动建立风险等级测试评估体系，实施敏捷治理，分类分级管理，快速有效响应。研发主体不断提高人工智能可解释性和可预测性，提升数据真实性和准确性，确保人工智能始终处于人类控制之下，打造可审核、可监督、可追溯、可信赖的人工智能技术。

逐步建立健全法律和规章制度，保障人工智能研发和应用中的个人隐私与数据安全，反对窃取、篡改、泄露和其他非法收集利用个人信息的行为。

坚持公平性和非歧视性原则，避免在数据获取、算法设计、技术开发、产品研发与应用过程中，产生针对不同或特定民族、信仰、国别、性别等的偏见和歧视。

坚持伦理先行，建立并完善人工智能伦理准则、规范及问责机制，形成人工智能伦理指南，建立科技伦理审查和监管制度，明确人工智能相关主体的责任和权力边界，充分尊重并保障各群体合法权益，及时回应国内和国际相关伦理关切。

坚持广泛参与、协商一致、循序渐进的原则，密切跟踪技术发展形势，开

[①] 习近平：《建设开放包容、互联互通、共同发展的世界》，《人民日报》2023年10月19日第2版。

展风险评估和政策沟通，分享最佳操作实践。在此基础上，通过对话与合作，在充分尊重各国政策和实践差异性基础上，推动多利益攸关方积极参与，在国际人工智能治理领域达成广泛共识。

积极发展用于人工智能治理的相关技术开发与应用，支持以人工智能技术防范人工智能风险，提高人工智能治理的技术能力。

增强发展中国家在人工智能全球治理中的代表性和发言权，确保各国人工智能发展与治理的权利平等、机会平等、规则平等，开展面向发展中国家的国际合作与援助，不断弥合智能鸿沟和治理能力差距。积极支持在联合国框架下讨论成立国际人工智能治理机构，协调国际人工智能发展、安全与治理重大问题。

——意义

中方提出《全球人工智能治理倡议》是积极践行人类命运共同体理念，落实全球发展倡议、全球安全倡议、全球文明倡议的具体行动。该倡议就各方普遍关切的人工智能发展与治理问题提出了建设性解决思路，为相关国际讨论和规则制定提供了蓝本。中国外交部发言人表示，这是中国积极践行人类命运共同体理念，落实全球发展倡议、全球安全倡议、全球文明倡议的具体行动。[1] 长期关注和研究人工智能治理问题的巴西经济学家、巴西中国问题研究中心主任罗尼·林斯指出，"这一倡议通过倡导信息交流和技术合作，一方面有助于建立更加强大和有弹性的全球人工智能生态系统，另一方面能保障人工智能创造的价值和利益得以公平分配"。[2] 该倡议的落实有助于推动形成具有广泛共识的人工智能治理框架和标准规范，不断提升人工智能技术的安全性、可靠性、可控性、公平性，更好保障各国平等发展和利用人工智能的权利。（本条执笔：徐秀军、王越）

141. "加强中非带路科技创新，促进非洲可持续发展"倡议

——背景

2017年5月，习近平主席在"一带一路"国际合作高峰论坛中提出，中国愿同各国加强创新合作，启动"一带一路"科技创新行动计划，开展科技人

---

[1] 《中国发布〈全球人工智能治理倡议〉！聚焦人工智能发展、安全、治理》，世界互联网大会网，2023年10月20日，https://cn.wicinternet.org/2023-10/20/content_36906387.htm.

[2] 卞卓丹：《巴西专家：中国提出的〈全球人工智能治理倡议〉有助防范"技术贫民窟"》，新华每日电讯，2023年11月3日，http://www.news.cn/mrdx/2023-11/03/c_1310748790.htm.

文交流、共建联合实验室、科技园区合作、技术转移四项行动。2018 年，中非论坛确定的八大行动中有 6 项与科技创新密切相关。截至 2020 年底，中国与 138 个国家签署共建"一带一路"合作文件，其中非洲有 46 个国家，占签约国总数的三分之一。[①] 近些年来，从"十大合作计划"到"八大行动"，再到"九项工程"，中非合作与时俱进，各领域合作在各类新兴技术手段的赋能下不断深化和拓展。随着"一带一路"建设进入以高质量发展为特征的新阶段，科技创新与合作已成为"一带一路"国家和地区应对新技术革命、解决发展挑战的共同选择。在第三次"一带一路"建设座谈会上，习近平总书记对推动"一带一路"建设高质量发展进一步作出了重要部署，要求"以高标准、可持续、惠民生为目标""要稳妥开展健康、绿色、数字、创新等新领域合作，培育合作新增长点"。

——内容

2023 年 9 月，非盟发展署—非洲发展新伙伴计划、中国驻非盟使团和中国科学院同非洲农业技术基金会、肯尼亚国家创新局、肯尼亚乔莫·肯雅塔农业技术大学、中国农业科学院及中非创新合作中心，联合发布了"加强中非带路科技创新，促进非洲可持续发展"倡议。根据倡议，一是中非各参与方将共同发起"非洲粮—水—环境保护与发展科学行动计划"，建立中国科教机构—非盟发展署—国际组织间科技创新合作与交流机制，从而加强各方的科技创新合作、成果共享和应用、能力建设及人才培养，为非洲粮食安全、水资源安全和生物多样性保护等作出贡献。二是中非双方在倡议中共同提出 2024 年至 2027 年在粮食生产、水资源管理、生物多样性保护等领域开展科教创新合作的优先事项，包括加强农业科技创新，推动农业生产方式的转型和升级，提高粮食生产效率和质量。提供技术支持和培训，帮助农民掌握现代农业技术和管理方法，提高其农业生产能力。创新生物多样性监测方法和研究手段。加强水资源与水环境科学研究和监测，推动水资源的可持续利用和管理等。三是每三年在中国与非洲轮流举办一次国际论坛，交流科技创新成果、评估技术应用成效并调整优先发展方向。[②] 中非"一带一路"合作聚焦绿色基础设施和可再生能源，促进了非洲的可持续发展，减少了非洲大陆的碳足迹和对化石燃料的依赖，同时这些项目的开发为当地社区创造了就业机会，促进了经济增长，减少了贫困人口。

[①]《科技创新合作正在成为中非关系发展的新亮点》，人民网，2021 年 4 月 26 日，http://world.people.com.cn/n1/2021/0426/c1002-32088716.html.

[②]《中非联合发布"加强中非带路科技创新，促进非洲可持续发展"倡议》，新华社，2023 年 9 月 28 日，https://www.gov.cn/yaowen/liebiao/202309/content_6906700.htm.

——意义

一是"加强中非带路科技创新，促进非洲可持续发展"倡议显示出共建"一带一路"国际发展模式的转变，这一伙伴关系将成为世界可持续发展与合作的灯塔，为非洲国家提供了一个独特的机会，在解决能源获取和生物多样性保护等关键挑战的同时，跨入可持续的环境友好型发展。

二是该倡议在中非传统合作领域的基础上开展了绿色经济创新领域，为中非共同发展注入更多强劲动力，共同提升双方科技发展水平，构建互利共赢的中非命运共同体。

三是该倡议反映出中国不仅是国际前沿创新的重要参与者，也是解决全球性问题和挑战的重要贡献者。

四是该倡议与非洲国家分享科技成果和创新发展经验，促进非洲国家经济社会发展方面，凝聚创新合作共识，巩固人文交流，扩大中非科技朋友圈，搭建合作平台，提升科研合作水平，聚焦共同发展，加快创新成果落地，得到来自中国及非洲的百余名科学家一致认可。（本条执笔：徐晏卓）

142. 加强"一带一路"学术共同体建设的倡议

——背景

"一带一路"以中国式现代化带动和引领世界共同发展，如将中国的区域协调发展战略与面向国际的自贸区建设相结合、"一带一路"与国际地区性组织及发展战略对接等。这体现了共商共建共享的人类命运共同体建设理念，有助于实现更大范围的自主知识体系创新。

"一带一路"倡议是一项长期的系统工程，具有跨学科性。着眼于"一带一路"的未来发展，有必要对"一带一路"学术理论体系进行较为系统的概括提炼。当前，"一带一路"学术理论体系仍在发展之中，其系统性理论化的发展需要进一步明确其学术使命、理论范式、概念体系等。"一带一路"学术共同体将"一带一路"建设与中国改革开放，以及整个中国的对外开放合作史进行有效承续，丰富完善了中国制度型开放的理论体系，并将其扩展为中国与世界共同发展的理论体系。"一带一路"学术共同体是基于"一带一路"建设的长时段、大规模、宽领域合作实践而来的中国自主知识体系创新，是人类命运共同体理念的重要理论支撑。

"一带一路"倡议为"一带一路"学术共同体的构建提供新的发展动力，有助于"一带一路"倡议的国际化学术平台构建，推动全球"一带一路"研究的交流合作，实现资源共享、成果互认、人才流动。

十二 科技、智库合作

——内容

2023年9月9日,在"一带一路"倡议提出和建设十周年之际,由中国科学院地理科学与资源研究所和"一带一路"国际科学组织联盟(ANSO)主办、"一带一路"高质量发展学术论坛承办的"一带一路"建设十周年研讨会在北京举行,与会专家学者交流研讨达成共识后,发布加强"一带一路"学术共同体建设的倡议。该论坛由中国科学院地理科学与资源研究所、中国全国政协丝路规划研究中心、"一带一路"国际科学组织联盟等16家研究机构、智库和企业于2022年初联合发起设立,中国科学院原院长白春礼院士担任论坛主席,秘书处设在中国科学院地理科学与资源研究所。加强"一带一路"学术共同体建设的倡议的主要内容包括以下8点。

一是倡议发起成立"一带一路"研究会,打造开放、包容的"一带一路"学术生态圈,共同讲好"一带一路"故事。二是倡议加强"一带一路"国际合作研究,积极推进国际对话与交流,共同培育和发展"一带一路"学术共同体。三是倡议坚持长期研究,与"一带一路"建设和全球可持续发展相伴相生。四是倡议开展交叉研究,推进中外各种形式的"一带一路"跨学科研究。五是倡导学以致用,积极发挥智库作用,服务政府决策、企业投资和社区发展。六是倡导守正创新,致力于构建"一带一路"理论知识体系和全球公共知识产品。七是倡导加强人才培养,大力支持中外人才尤其是青年人才从事"一带一路"研究和实践。八是倡导"和而不同",努力扩大学术共识,不断加强"心相通",打造"一带一路"学术研究"朋友圈"。[①]

共建"一带一路"所包含的共商共建共享、全球互联互通等理念,正在成为全球普遍认可的公共知识产品。"一带一路"学术共同体提供全球公共知识产品,主要关注两个问题。一是"一带一路"学术研究作为全球公共知识产品,不分社会制度、不论国家大小和发展水平高低。二是重视"一带一路"共建国家本土学者提出的实际需求和创新理念,尤其要将区域国别学作为"一带一路"学术共同体的基础支撑。立足"一带一路"相关国家和地区的实际需求,有针对性地开展研究,充分尊重各国发展道路选择和优先发展领域,开展对话交流,了解各方关切,以需求引领研究方向。

——意义

加强"一带一路"学术共同体建设的倡议,旨在服务共建"一带一路"高质量发展,为打造人类命运共同体和实现联合国2030年可持续发展议程贡献学术界的智慧和力量。该倡议成为第三届"一带一路"国际合作高峰论坛一

[①] 孙自法:《"一带一路"十周年中外百名专家学者倡议加强学术共同体建设》,中国"一带一路"网,2023年9月14日,https://www.yidaiyilu.gov.cn/p/07T5V8CH.html。

系列多边合作成果之一，进一步为"一带一路"学术共同体建设提供国际合法性和全球性动力，有助于汇聚各方学术力量，学以致用、用以强学，形成服务"一带一路"建设的合力。

自加强"一带一路"学术共同体建设的倡议发布以来，成为学术界支持高质量共建"一带一路"的亮点，得到中外逾百位致力于"一带一路"研究的专家学者响应支持。构建开放包容的"一带一路"学术共同体将为"一带一路"的理论和实践创新提供持续动力。一是"一带一路"学术共同体的构建更强调内外一体的全球性，即该学术共同体不只是中国的，更是"一带一路"共建国家乃至全球的。二是"一带一路"学术共同体的生态建设，即中外"政产学金媒"等各界协同推进，符合各方共建"一带一路"的共商共建共享原则。三是"一带一路"学术共同体建设将更加注重系统性，即在机制建设、基础研究、交流合作、学术规范、智库建设、人才培养、创新实践等方面全方位展开。四是"一带一路"学术共同体强调开放共享、互惠互利、和合共生，为"一带一路"的科学研究营造良好环境。五是"一带一路"学术共同体的建设，从根本上说是为解决中国与世界共同发展的难题进行科学探讨，并为"一带一路"的实践提供智力支撑。[1]（本条执笔：朱锐）

143．"一带一路"国际智库合作论坛

——背景

"21世纪海上丝绸之路"国际智库论坛在2016年至2023年间连续8届成功举办。论坛由"一带一路"智库合作联盟、广东省人民政府共同指导，中共中央对外联络部、当代世界研究中心、广东国际战略研究院、广东外语外贸大学等联合主办。"一带一路"共建国家的智库领袖、知名学者、政府官员、企业家等参与论坛交流互动。2018年9月20日，主题为"面向未来的文明之路"的"一带一路"国际智库论坛在甘肃省敦煌市举办。来自俄罗斯、哈萨克斯坦、印度、西班牙、尼日利亚、新西兰、美国、阿根廷等32个国家和地区的政党政要、智库学者、企业界人士等共约150人参加论坛。[2] "一带一路"倡议自提出至今，通过创新各种形式为国际智库合作搭建更多平台。

2019年4月24日，由新华社研究院联合15家中外智库共同发起的"一带一路"国际智库合作委员会在北京宣告成立。习近平主席向大会致贺信，"历

---

[1] 翟崑：《构建开放包容的"一带一路"学术共同体》，《中国社会科学报》2024年2月8日第2版。
[2] 《一带一路国际智库论坛在敦煌举办》，《人民日报》2018年9月21日第2版。

史发展、文明繁盛、人类进步离不开先进思想的引领……智库是共建'一带一路'的重要力量。开展智库交流合作，有助于深化互信、凝聚共识，推动共建'一带一路'向更高水平迈进。"① 2023 年 10 月 17 日至 18 日，智库交流专题论坛和"一带一路"国际智库合作委员会 2023 年理事会会议、全体大会在北京胜利召开，来自 40 多个国家和地区的 300 多名国际前政要、智库机构代表、知名学者等出席相关活动，为高质量共建"一带一路"建言献策，贡献智慧和力量。智库合作委员会聚合四海之智，成果持续涌现，成为助推"一带一路"建设和发展的独特力量。

第三届"一带一路"国际合作高峰论坛主席声明中明确提出，要加强智库交流：各方支持智库、专家、学者发挥各自专业优势，通过开展联合研究共同探索"一带一路"实践路径和未来方向。鼓励各国智库开展"一带一路"主题活动，通过论坛、研讨会、访学等加强学术交流，拓展合作网络，分享最新研究成果，不断丰富"一带一路"研究的内容和深度。支持智库、媒体、社会组织进一步加强关于"一带一路"的公共沟通，有效应对关于"一带一路"的虚假消息和误读，增进各国民众对"一带一路"的理解认知。"一带一路"合作伙伴鼓励各国政党、议会、民间组织、媒体、智库、工商界等各界人士在民心相通建设上发挥更大作用，期待在艺术、文化、教育、科技、旅游、卫生、体育等领域进一步开展交流和合作。② "一带一路"国际智库合作对于政策互鉴、政商沟通和民心相通方面均能发挥重要作用。2023 年 10 月 18 日，第三届"一带一路"国际合作高峰论坛多边合作成果文件清单公布，"一带一路"国际智库合作论坛被列为 89 项合作成果之一，并且成为 2023 年至 2024 年举办的 40 个国际会议之一。③

——内容

作为第三届"一带一路"国际合作高峰论坛多边合作成果之一，"一带一路"国际智库合作论坛在"21 世纪海上丝绸之路"国际智库论坛、"一带一路"国际智库合作委员会、智库交流专题论坛的基础上为中外国际智库文明交流、思想互鉴、智慧碰撞提供又一机制。"一带一路"国际智库合作论坛旨在搭建范围更广的国际合作平台，不断提高智库研究能力和合作水平，共同书写国家互利共赢、人民相知相亲、文明互学互鉴的丝路时代新篇。

"一带一路"国际智库合作论坛鼓励各国智库机构、学术组织携起手来，

---

① 《习近平向"一带一路"国际智库合作委员会成立大会致贺信》，《人民日报》2019 年 4 月 25 日第 1 版。
② 《第三届"一带一路"国际合作高峰论坛主席声明》，《人民日报》2023 年 10 月 19 日第 3 版。
③ 《第三届"一带一路"国际合作高峰论坛多边合作成果文件清单》，光明网，2023 年 10 月 19 日，https://m.gmw.cn/2023-10/19/content_1303543863.htm。

立足不同视角和维度，在以下四个方面持续发力。

第一，持续跟踪研究"一带一路"倡议的建设和实施情况，加强对"一带一路"重大主题的研究和阐释。

第二，关注本国、地区和世界的发展难题、治理痛点、安全困境和环境污染。

第三，组织系列学术活动，更多聚焦绿色发展、数字技术、规则标准等重要议题和关键领域。

第四，加强思想沟通、文化交流和共同研究，使得各国智库成为文化交流的"使者"。通过全面梳理学界重要研究以及深入开展学术分析，"一带一路"国际智库合作论坛能够生产系统性、专业性和可操作性的最新理论研究、政策研究以及思想研究成果，为世界实现共同发展繁荣和推进"一带一路"行稳致远提供更多智力支撑。

——意义

"一带一路"国际智库合作论坛是落实中国政府"要发挥智库作用，建设好智库联盟和合作网络"建议的重要举措，也是对共建国家和地区关于构建学术交流机制化常态化平台的积极响应，更是推动"一带一路"高质量建设和构建人类命运共同体的必然要求。面对愈加复杂和充满不确定性的世界，只有不断加强对"一带一路"的研究，才能更好为推动"一带一路"建设提供智力支持。系列智库交流活动在对发展理念、文化精神进行深入探讨的过程中，各国对文明的新理念、新形态和可持续发展也会展开新思考，进而提出与时俱进的、更加科学的发展合作新模式、探寻实现现代化的新路径和建设更美好世界的新可能。

海内外专家学者对国际智库合作未来之美好愿景充满热切期待，在媒体上给予其高度关注和广泛赞誉。肯尼亚非洲之角战略研究所主任哈桑·坎尼杰号召，当前世界面临多重严峻挑战，智库是生成思想的机构，我们不能只生产产品，也应该去影响政策，推动形成公共意志，以此引导我们共同的未来。中国社会科学院院长高翔认为，"'一带一路'建设越是拓展成熟，越需要群策群力"。他希望各国智库加强交流与合作，在组织开展课题联合攻关、扩大国际人才培养和学术交流、分享数据信息和联合发布科研成果等方面，开展更多积极有益的合作。参与"一带一路"国际智库合作的嘉宾认为，站在新的起点，要深化智库研究与合作，在鉴往知来中汲取智慧，在直面问题中展现担当，以研究新成果深化互信、凝聚共识，助力推动高质量共建"一带一路"进入新阶段，携手实现共同发展繁荣。①（本条执笔：薛力、张少文）

---

① 任沁沁、刘羽佳：《第三届"一带一路"国际合作高峰论坛智库交流专题论坛在京举行》，《人民日报》2023年10月19日第7版。

144. 关于加强"一带一路"国际智库合作倡议

——背景

全球智库间的交流合作正在成为支撑高质量共建"一带一路"的重要一环。"一带一路"推进建设10年以来，作为推进民心相通的重要组成部分，智库通过咨政建言、舆论引导、社会服务、理论创新等多个方面，推动了中国与共建国家间的政策沟通、民心联结、务实合作。

"一带一路"国际智库合作委员会成果丰硕。2019年4月24日，新华社研究院联合15家中外智库，创建成立了"一带一路"国际智库合作委员会，为各国智库间加强思想对话、推进决策咨询提供了重要平台。成立5年以来，合作委员会举办两次全体大会以及4次理事会会议，成员单位围绕"一带一路"相关议题举办数百场研讨会并出版多本专著以及研究报告，"一带一路"国际智库合作交流取得丰硕的务实成果。

高质量国际智库合作正当其时。2023年10月，第三届"一带一路"国际合作高峰论坛智库专题论坛召开，新一届国际智库合作委员会全体大会与2023年理事会也如期举行，来自40多个国家的300多名代表围绕"一带一路"议题展开充分讨论。与会人士在肯定"一带一路"国际智库合作交流成果的同时，普遍认同高质量共建"一带一路"对推动全球发展、保障全球安全、促进全球文明交流互鉴具有重要价值，对于践行真正的多边主义、促进国际治理体系改革具有重要作用。因此，合作委员会认为应深化共识，通过高质量的国际智库合作助力"一带一路"的高质量共建，并共同发布《关于加强"一带一路"国际智库合作倡议》。

——内容

加强共同研究。国际智库间合作的一个重要基础是开展共同研究，联合研究可以推动智库间优势互补，更大限度地推进理论研究的深度与广度，与此同时，国际智库间的共同研究，也将中国与共建国家的不同思维融入研究的全过程之中，赋予了研究更全面的视角。因此，倡议鼓励不同国家间的智库发挥专业优势，通过重点研究领域的联合选定，关键议题的联合探讨，研究项目的联合开展，从而汇集更多的智慧，探索"一带一路"的实践路径与推进方向。

推动学术交流。共建"一带一路"10年以来，对"一带一路"倡议的推进实践与典型案例，已通过多种专著与报告的形式展现出来，但"一带一路"背后的理论发展与学理创新仍有待进一步挖掘。因此，倡议鼓励不同国家的智库通过论坛、研讨会等学术交流场合，广泛开展"一带一路"的主体活动，促进相互间的交流、了解与认知，不断拓展"一带一路"研究合作网络。

共享最新成果。最新研究成果的可及性长期以来是推动智库机构理念发展与理论创新的不竭动力。因此，倡议鼓励全球智库积极推进"一带一路"倡议相关研究成果的分享与传播，通过常态化、机制化的分享路径与平台建设，为最新成果的分享提供更多便利，从而丰富"一带一路"研究的广度与深度。

促进文明互鉴。作为文化交流的载体，智库及智库成果对引领社会舆论、达成社会共识具有重要的推进作用。因此，倡议鼓励，应进一步围绕"一带一路"主题，广泛开展人文交流活动，促进不同国家民众理解加深、认知增强。

——意义

思想是智库的灵魂，智慧是智库的产品。[1] 面对国际社会对高质量共建"一带一路"的热烈期待，智库应当发挥更大作用，国际智库间合作应该更加紧密。"一带一路"国际智库合作委员会为思想与智慧间的交流提供了重要平台，通过坦诚对话、集思广益、凝聚共识，共同推动了"智力丝绸之路"的建设。

"一带一路"国际智库合作的加强，为交流现代化发展提供了新路径。当前各国强化同中国在"一带一路"倡议框架下的合作，中国式现代化所取得的成果是最大推动力。"一带一路"国际智库间合作的增强，既有利于交流共享各国现代化进程中遇到的经验与教训，也有利于进一步完善中国式现代化的理论框架，不断拓展中国式现代化模式及成果的普惠性与包容性。

"一带一路"国际智库合作的加强，为探索持久和平、普遍安全提供了新思考。当今国际社会，地区冲突与安全风险交织，如何弥补和平赤字、破解安全困境成为各国面对的普遍问题。国际智库间的交流与合作，为各国间的政策沟通与思想交流提供了一个重要平台，以"二轨外交"的形式扮演着国际关系的缓冲地带。智库间沟通的增进，推进更多冲突风险解决方式产生的同时，也推动了彼此间的关切增进与共识增加。

"一带一路"国际智库合作的加强，为全球治理体系的完善提供了新方案。面对当前持续变化的世界格局，智库间研究合作的增强，既为"一带一路"合作走深走实贡献了新智慧，同时也增加了倡议共建各方对全球治理体系的新思考，中国持续坚持的共商共建共享的理念，也为全球治理的完善提供了重要的公共产品。

"一带一路"国际智库合作的加强，为文明交流互鉴提供了新支撑。国际智库的交流合作，既为中国文化的海外传播提供了重要平台，同时也为沿线国

---

[1] 孔晓睿、董碧水：《中国—中东欧青年研修交流营活动在宁波举行》，《中国青年报》2019年7月8日第3版。

家文化多样性展现提供了机会，增进了中国同共建国家的文明互动与交流。国际智库间文明交流互鉴的加深，拉近了中国同世界时空距离的同时，有利于增进对民族性与世界性的互动关系理解，从而为人类命运共同体的构建提供更有力支撑。（本条执笔：李冰）

145. "一带一路"国际智库合作委员会大会

——概念

"一带一路"国际智库合作委员会，是由中国新华社研究院牵头，联合15家全球智库共同发起的智库合作联盟，旨在通过智库联络平台的搭建，进一步推进"一带一路"学术交流机制化常态化，推动全球智库、国际组织与各国专家学者，强化围绕"一带一路"倡议的知识传播、成果共享、思想交流与理论创新。其中15家联合发起的智库分别为，中央对外联络部当代世界研究中心、中国社会科学院国家全球战略智库、中国国际经济交流中心、中国国际问题研究院、商务部国际贸易经济合作研究院、北京大学新结构经济学研究院、北京师范大学"一带一路"研究院7家中国智库，以及美国哈佛大学艾什中心、俄罗斯瓦尔代俱乐部发展与支持基金会、新加坡国立大学东亚研究所、韩国"一带一路"研究院、印度尼西亚战略与国际问题研究中心、哈萨克斯坦纳扎尔巴耶夫大学、保加利亚"一带一路"全国联合会、加纳非洲经济转型中心8家外国智库。

"一带一路"国际智库合作委员会的功能可以概括为三个方面。一是为学术交流搭建平台，通过年度的机制化学术交流活动，围绕"一带一路"倡议开展专题研讨，组织专家实地考察的同时，发布智库成果。二是为课题写作搭建平台，通过"一带一路"国际研究基金的设立，为参与各方"一带一路"相关研究课题的开展提供资金支持。三是为信息共享搭建平台。合作委员会创设之初，就上线了官方网站（www.brsn.net），通过官方网站、客户端、学术刊物以及基础数据库的不断丰富，以及研究成果的多语种互译，共同促进"一带一路"相关研究的信息共享。[①]

——进展

"一带一路"国际智库合作委员会2019年成立至今，共召开4次理事会会议，并分别于2019年与2023年召开全体大会。

2019年4月24日，"一带一路"国际智库合作委员会成立大会于北京召开。此次大会上，包括新华社研究院在内的16家中外智库共同发起的"一带

---

① 邹伟等：《为丝路梦想注入不竭智力泉源——写在"一带一路"国际智库合作委员会成立之际》，新华网，2019年4月25日，http://www.xinhuanet.com/world/2019-04/25/c_1124411894.htm.

一路"国际智库合作委员会正式成立,并明确制定了《"一带一路"国际智库合作委员会理事会章程》,将其宗旨确定为"服务国际智库、国际和地区组织以及各国专家学者,推动'一带一路'相关课题研究和思想交流,促进理论创新、成果共享、知识传播和人员往来"。① 习近平主席向"一带一路"国际智库合作委员会成立大会致以贺信,他指出,"智库是共建'一带一路'的重要力量,开展智库交流合作,有助于深化互信、凝聚共识,推动共建'一带一路'向更高水平迈进",他在信中也强调"'一带一路'国际智库合作委员会的建立,为各国智库加强思想对话、进行决策咨询提供了重要平台"②。

2021年12月2日,"一带一路"国际智库合作委员会理事会会议,以线上线下相结合方式举行。会议对上一次理事会会议召开以来的工作进行总结,并对下一阶段工作进行讨论,通过选举产生了新的理事长以及部分理事机构理事,确认了部分理事机构名称变更。③

2022年12月27日,"一带一路"国际智库合作委员会2022年理事会会议以线上线下相结合的方式举行。大会修订了理事会规程的有关决议,并选举新华社社长为新一届理事长,启动了全球智库报告征集活动,并发布了国际智库研究选题27项。来自不同国家的9名智库代表在会议上分享了其研究成果。④

2023年10月17日,"一带一路"国际智库合作委员会2023年理事会会议、全体大会在北京举行,来自40余个国家的超过300名智库机构代表与学者以及原国际政要参加会议。其间新华社发布《"一带一路"发展学——全球共同发展的实践和理论探索》,概括阐述了"一带一路"对全球发展事业以及全球治理革新作出的理论贡献。会议期间,与会嘉宾共同发布了《关于加强"一带一路"国际智库合作倡议》,从共同研究、学术交流、成果共享、文明互鉴4个层面对未来高质量共建"一带一路"的国际智库合作提出新的愿景。

——实施效果

"一带一路"国际智库合作委员会成立4年以来,汇众智、凝众力、聚众心,逐步搭建起"一带一路"国际智库间常态化交流机制的同时,以实际行动与广泛成果,为高质量共建"一带一路"提供坚实的理论贡献与智力支撑。通

---

① 邹伟等:《为丝路梦想注入不竭智力泉源——写在"一带一路"国际智库合作委员会成立之际》,新华网,2019年4月25日,http://www.xinhuanet.com/world/2019-04/25/c_1124411894.htm.
② 《习近平向"一带一路"国际智库合作委员会成立大会致贺信》,《人民日报》2019年4月25日第1版.
③ 潘洁、成欣:《2021年"一带一路"国际智库合作委员会理事会会议举行》,新华网,2021年12月2日,http://www.xinhuanet.com/world/2021-12/02/c_1128125662.htm?bdmprm=tcfrom-pbnews.
④ 冯歆然、王宾:《为推动"一带一路"合作汇聚众智、融聚民心——"一带一路"国际智库合作委员会2022年理事会会议综述》,新华网,2022年12月28日,http://www.xinhuanet.com/world/2022-12/28/c_1129239101.htm.

过智力平台、交流平台以及传播平台的打造,"一带一路"国际智库合作委员会正在不断彰显其话语影响力与理念引导力。

一是打造智力平台,推动"一带一路"行稳致远。中国社会科学院围绕"一带一路"、全球发展倡议等议题形成对策研究成果数千篇,北京师范大学"一带一路"学院培养了来自超过 90 个沿线共建国家的 500 多名硕士研究生,新华社研究院相继推出《中国减贫学》《"一带一路"发展学》等智库报告,获得共建国家的强烈反响。① 截至 2022 年,委员会成员单位出版"一带一路"专著超过 30 部,学术文章超过 100 篇。

二是打造交流平台,推进"一带一路"民心相通。合作委员会持续通过一系列的多双边活动与交流,推动共建国家民众增进对"一带一路"的了解认知。一方面,合作委员会的中方成员单位积极"走出去",强化同共建国家智库的交流与合作。新华社研究院参与第 27 届欧亚经济峰会,并发表了题为《迎接"一带一路"新的黄金十年》演讲。② 另一方面,合作委员会的外方成员单位,也持续通过"一带一路"相关活动的举办,为增进相互理解提供空间。包括俄罗斯瓦尔代俱乐部、韩国"一带一路"研究院在内的多家单位,策划举办了多场"一带一路"专题活动,仅在 2022 年,委员会专家就组织参加了"一带一路"相关主题的交流与联合研究活动超过 200 场。

三是打造传播平台,讲好"一带一路"动人故事。新华社研究院参与第六届金砖国家媒体高端论坛,以英文与法文发布《迈向现代化强国的发展密码》《改变中国的"第二个结合"》等智库报告,积极推动金砖国家与非洲各国对中国经济文化理念与智慧的了解。③ 此外,中共中央党史与文献研究院与新华社连续多次举办"红厅论坛",围绕"中国式现代化""中国新发展、世界新机遇"等话题进行交流与分享。

国际智库合作委员会,正在成为高质量共建"一带一路"新征程的一个重要的智力支撑与交流平台,以权威研究阐明时代大势,以理性观点深化互信互鉴,以专业声音澄清疑惑误解,秉持共商、共研、共享的理念,秉执共建人类命运共同体的目标,推动共建国家人民心意相通、和衷共济。(本条执笔:李冰)

---

① 任沁沁、刘羽佳、王艳刚:《助力高质量共建"一带一路"——第三届"一带一路"国际合作高峰论坛智库交流专题论坛综述》,新华网,2023 年 10 月 19 日,http://www.xinhuanet.com/world/2023-10/19/c_1129926329.htm。

② 《新华社研究院团组参加欧亚经济峰会》,"一带一路"国际智库合作委员会,2024 年 2 月 6 日,https://www.brsn.net/jinqihuodong/zhongwen/detail/20240226/19436005.html。

③ 韩洁、刘丽娜、杨臻:《让智库合作成为金砖合作的一块"金字招牌"——金砖国家媒体高端论坛智库报告发布暨研讨会综述》,新华网,2023 年 8 月 20 日,http://www.xinhuanet.com/world/2023-08/20/c_1129812948.htm。

146. "一带一路"能源合作智库共同行动倡议

——背景

能源合作作为共建"一带一路"的重点领域，在过去10年来取得丰硕成果。10年来，中国坚持开放、绿色、廉洁的理念，务实推进"一带一路"共建国家的能源合作，落地了一系列能源合作项目，取得了一大批能源合作成果，为高质量共建"一带一路"作出突出贡献。一方面，能源合作是"一带一路"政策沟通持续深化的重要样板。中国于2019年发起成立了"一带一路"能源合作伙伴关系，其参与成员国达到33个，并举办两届"一带一路"能源部长会议与三届"一带一路"能源合作伙伴关系论坛，这一伙伴关系已成为"一带一路"框架下成员数量最多、成果最务实、活动最丰富的高质量合作平台。另一方面，能源合作是"一带一路"民心相通的有效支撑。共建"一带一路"10年来，中国能源企业为共建国家建设了一大批高标准、可持续惠民生的项目，有效缓解了部分国家电力短缺的状况，解决了部分国家用电难、用电贵的问题，不断为构建人类命运共同体贡献能源力量。

智库合作正在为"一带一路"能源合作机制建设注入新动力。2023年5月30日，首届"一带一路"能源合作智库论坛在厦门召开，此次会议由中国石油集团经济技术研究院以及中国人民大学国家发展与战略研究院联合举办，会议期间，两家机构联合全球能源互联网、肯尼亚非洲政策研究所在内的17家机构共同发起了"一带一路"能源合作智库共同行动倡议。以更好发挥智库智力、交流、传播、共享平台的作用，推动"一带一路"能源合作更加绿色、包容、普惠与安全。

——内容

一是智力引领。倡议提出应以能源合作进程为主线，围绕"政策沟通、设施联通、贸易畅通、资金融通、民心相通"框架，持续开展对能源合作的学理性研究，聚焦能源安全、气候变化、能源转型以及科技创新等领域的学术创新，用最新理论成果服务能源合作实践。

二是顶层设计。倡议提出应通过联合研究与专题研究的形式，推进能源合作的发展规划与顶层设计，用含金量高、操作性强的智库成果，自上而下提升能源合作的引领力与感召力。

三是沟通理解。倡议应利用好"一带一路"框架下的各项交流平台与合作机制，从不同智库的定位出发，强化对政策的解读，从而推动政策界、学术界、产业界的充分结合与有效协调。

四是项目合作。应增进能源合作进程中优秀案例的寻找,通过"一地一策""一企一策"的方式,强化各方成员在能源项目合作面上研究。

五是对话平台。倡议应进一步完善"一带一路"能源智库合作网络与机制,汇集智力、人力以及研究能力等,促进智库间数据、资源、成果的共享,通过国际论坛与研讨会的举办,培养人才、促进密切交流,推动智库知识生产范式的创新。

六是绿色发展。倡议呼吁政府企业应在联合国《2030年可持续发展议程》《巴黎协定》等基础上开展能源合作,推动沿线国家低碳、绿色以及可持续发展的投资。

七是良好环境。倡议鼓励通过"一带一路"能源合作实践的深入研究,逐步对其合作过程中的理念、原则,以及时代价值与意义进行挖掘,秉持共商共建共享的理念,打造"一带一路"能源智库立体合作网络,凝聚共识、增进民心相通,不断为合作网络注入新的动力。

——意义

一是能源智库共同行动有利于增进共建国家间理解与沟通。倡议的提出,秉持共商共建共享的理念,向全球能源智库发出邀请,为共建国家能源智库参与提供了制度可能,这也为共建"一带一路"能源合作提供了"二轨"的交流合作平台。共建国家能源智库的参与,为中国能源智库了解当地资源、政治、经济情况提供了便利,有利于增进彼此间的理解与沟通,从而为双边的能源合作提供有效支撑。

二是能源智库共同行动有利于增强联合科研攻关能力。"一带一路"能源合作智库论坛的召开与倡议的提出,为能源智库间合作提供了机制化的平台,能源智库间有了更紧密的沟通机制与联系渠道,这也为智库间联合研究的开展提供了更多的可能性。有利于专业侧重点不同的能源智库相协调,对重大、紧迫的问题进行及时攻关,并逐步对前瞻性、战略性、储备性能源问题开展联合研究。

三是能源智库共同行动有利于更有效参与全球能源治理。一方面,倡议有效聚合了国内主要能源类智库,有利于其相互沟通协作,形成更公允、更具影响力的"一带一路"能源合作研究成果,进而更容易被国际社会认可参照。另一方面,能源智库共同行动通过吸引国际一流能源智库的加入,其人员的交流、会议的举办以及成果的出版,都将有更高的国际关注度,进而推进全球能源治理的有效参与。(本条执笔:李冰)

十三　媒体合作

147. "一带一路"新闻合作联盟理事会议

——背景

媒体一直是民心相通的重要桥梁，近年来很多国家的媒体都在讲述"一带一路"故事上进行过有效探索，同时也和中国媒体进行了一系列合作，以深入反映"一带一路"共建国家创新发展成果。"一带一路"上的媒体合作空间潜力巨大，可以发挥非常重要的作用。在这一背景下，"一带一路"新闻合作联盟由习近平主席倡议成立，旨在发挥各国媒体的重要力量，坚持团结合作，弘扬丝路精神，坚持发展优先，在讲好丝路故事上展现新作为，坚持以心相交，在厚植丝路友谊上取得新成效，共同谱写共建"一带一路"高质量发展新篇章。

——内容

首届"一带一路"新闻合作联盟理事会议于2019年4月第二届"一带一路"国际合作高峰论坛开幕前夕，在人民日报社召开，确定了人民日报社为理事长单位，标志着"一带一路"新闻合作联盟正式成立并启动运行。理事会议明确了建立联盟的初衷是分享信息、展示"一带一路"共建国家和地区所取得的成就，建设一个具有强大影响力的新闻网络。作为一个连接"一带一路"沿线各国的高效的媒体合作平台，"一带一路"新闻合作联盟为各国媒体提供了便利的交流合作渠道，为参与国的记者提供了相关的官方信息、清晰的图示、准确的数据、最新数字、实例以及来自专家的深度解读。理事会议上，各理事单位表示要发扬丝路精神，加强沟通合作，在推动政策沟通、设施联通、贸易畅通、资金融通、民心相通方面多做工作，讲好"一带一路"故事，为共建"一带一路"营造良好舆论氛围，让共建"一带一路"更好更多惠及共建国家民众。

"一带一路"新闻合作联盟第二届理事会议于2022年12月在人民日报社

报告厅举行，由"一带一路"新闻合作联盟主办、理事长单位人民日报社承办，第二届理事会议的召开标志着联盟发展进入新阶段。第二届理事会议吸纳了新的理事单位，来自23个国家的38家理事单位代表以线上线下相结合的方式参会，围绕如何更好发挥联盟作用、促进人文交流和民心相通主题共叙佳谊、共商合作、共谋发展。① 会上，理事长单位人民日报社作首届理事会工作报告，各理事单位代表围绕如何更好发挥"一带一路"新闻合作联盟作用、促进人文交流和民心相通发表意见建议。理事长单位人民日报社强调，将继续为各理事单位和成员单位办好事、服好务，与大家一道，不断深化联盟建设，努力将联盟打造成为开放合作、互利共赢的媒体联通平台，打造成为亲切友好、温暖和谐的媒体同行大家庭。各理事单位媒体不仅是展示共建"一带一路"成果的窗口，也是促进中外民心相通的桥梁纽带。在理事会议的务实沟通协调与合作下，"一带一路"新闻合作联盟已发展为媒体间互联互通、高效合作的重要平台和连接"一带一路"共建国家和地区的全球信息平台，并架设起了"一带一路"沿线民众的"情感丝路"。理事会议还设置了国际传播"丝路奖"、特殊贡献奖等丝路媒体奖项，第二届理事会议对首届国际传播"丝路奖"、特殊贡献奖进行了终评，以弘扬丝路精神，加强信息交流，讲述发展故事，增进合作友谊，营造共建"一带一路"良好舆论氛围，促进共建国家和地区民心相通。

——意义

"一带一路"新闻合作联盟理事会议为"一带一路"新闻合作联盟提供了一个重要的决策平台，参与成员可以通过会议讨论和制定联盟的长远战略和具体政策，通过高层次的集思广益，联盟理事会议能够更有效地推动实施"一带一路"倡议中的新闻报道和信息交流。"一带一路"新闻合作联盟理事会议是坚守联盟初心，促进和平发展的推动者；是汇聚联盟合力，促成合作成果的宣介者；是丰富联盟项目，增强人文交流的示范者，以进一步推动在联盟框架内的业务沟通、信息共享和行动协调，推动联盟成员间新媒体合作、人文交流走深走实，不断建设更紧密的"一带一路"新闻合作伙伴关系。

同时，"一带一路"新闻合作联盟理事会议有助于促进成员间的直接对话和互动，加强不同国家和地区新闻机构之间的协调与合作。通过理事会议，成员机构能够更好地理解彼此的需求和优势，探索合作的新机会，共同解决媒体合作过程中可能遇到的挑战。理事会议也使理事单位可以共同讨论如何利用新闻合作来应对全球挑战，从而提高新闻机构在复杂国际环境中的应对能力。

---

① 《"一带一路"新闻合作联盟第二届理事会议举行 李书磊作视频致辞》，新华网，2022年12月19日，http://www.news.cn/politics/2022-12/19/c_1129220128.htm.

此外，该理事会议也有利于提升"一带一路"共建国家媒体的新闻质量。理事会议通过分享最佳实践和成功案例，收集并评选国际传播"丝路奖"、特殊贡献奖等奖项，鼓励成员采用高标准和创新手段进行新闻报道。这不仅提升了新闻内容的质量，也增加了报道的多样性，有助于全面、多角度地讲述"一带一路"故事，传播"一带一路"声音。（本条执笔：庞加欣）

148. 丝路媒体《共同行动联合宣言》

——背景

2023 年 10 月 12 日，中央广播电视总台主办的第十一届全球视频媒体论坛在北京举行。该论坛以"共建丝路新视界"为主题，旨在推动国际媒体同行厚植丝路友谊、凝聚发展共识、共担媒体责任，为第三届"一带一路"国际合作高峰论坛营造良好舆论氛围。中共中央宣传部副部长、中央广播电视总台台长慎海雄，中共中央宣传部副部长、时任国务院新闻办公室主任孙业礼出席活动并致辞。非洲广播联盟首席执行官格雷瓜尔·贾卡、亚洲—太平洋广播联盟秘书长艾哈迈德·纳迪姆、阿联酋通讯社社长穆罕默德·拉伊斯、太平洋岛国新闻联盟主席可拉·努、欧洲新闻交换联盟总经理阿德里安·威尔斯、新加坡《联合早报》执行总编辑韩咏梅作主旨演讲。来自美联社、路透社、拉美新闻联盟、阿拉伯国家广播联盟、乌兹别克斯坦《人民言论报》、俄罗斯独立电视台、巴基斯坦《团结报》、老挝国家通讯社、南非金砖电视台等 63 个国家和地区的 108 家国际媒体组织，主流媒体机构负责人等 140 余位嘉宾，以线上线下相结合的方式参与论坛及相关活动，表达与中国中央广播电视总台拓展多维度合作，促进民心相通、众力相和，推动建设一个更加美好的世界的愿望。

——内容

作为第十一届全球视频媒体论坛[①]的重要成果，丝路媒体《共同行动联合宣言》由中国中央广播电视总台与 42 个国家的 81 家媒体联合发起，由中共中央宣传部副部长、中央广播电视总台台长慎海雄，中共中央宣传部副部长、时任国务院新闻办公室主任孙业礼，商务部副部长凌激，人民日报社副总编辑崔士鑫，新华社副社长朱海黎，中央广播电视总台副台长邢博，总台编务会议成员范昀与国际媒体组织机构代表共同发布，旨在倡导践行媒体责任，加强各方合作；创新合作模式，共同面对挑战；增进文明对话，共建共赢未来。主要内

---

① 《共建丝路新视界！第十一届全球视频媒体论坛在京举行》，中国新闻网，2023 年 10 月 12 日，https://www.chinanews.com.cn/gn/2023/10-12/10093084.shtml。

容如下。

一是践行媒体责任，加强各方合作。各方重申媒体社会责任，传播客观公正信息，推动社会进步。秉持开放包容、互利互惠、合作共赢的合作理念，促进媒体资源、经验及技术共享，加强人员互动交流，深化媒体合作，共同讲好丝路故事，携手为构建人类命运共同体贡献智慧和力量。

二是创新合作模式，共同面对挑战。各方尽施所长，共同打造跨越地域限制、超越文化差异、融合发展需求的对话和交流平台。推动媒体融合创新，为应对自身发展问题及气候变化、粮食安全、能源紧缺等全球课题发挥积极作用。

三是增进文明对话，共建共赢未来。各方尊重世界文明多样性、弘扬全人类共同价值，坚持平等、互鉴、对话、包容的文明观，以和平合作、开放包容、互学互鉴、互利共赢的丝绸之路精神为指引，共同推动人类文明发展进步。

——意义

《共同行动联合宣言》不仅是媒体机构之间合作的宣言，也是对媒体在今天全球化世界中责任和作用的重要强调。这份宣言展示了丝路媒体引领媒体行业向更高社会责任和国际合作标准迈进的决心和方向。

一是有助于推动丝路媒体践行责任与促进社会进步。媒体在塑造公众意识、影响社会态度和行为方面扮演着重要角色。坚持传播真实、准确、客观和公正的信息，是媒体的社会责任，也为社会进步提供了支持动力。丝路媒体共同应对气候变化、粮食安全和能源紧缺等全球性挑战的呼吁，反映了丝路媒体在全球议题上所承担的积极角色，其合作和创新有助于更广泛地传播全球议题信息，促进国际社会的理解和行动。

二是有助于推动媒体合作与资源共享。以开放包容、互利互惠的合作理念，促进媒体资源、经验和技术的共享，这不仅能深化国际媒体间的合作，还能够加强媒体组织的功能，提高报道的质量和效率，增强各国媒体对国际事件的报道能力和深度。

三是有助于构建一个和平、开放和包容的国际环境。媒体不仅是信息的传播者，也是文化和价值观的传递者。通过深化务实合作，共同讲好丝路故事，丝路媒体将有助于搭建跨国界、跨文化的桥梁，促进不同文化间的理解和尊重，推动文明对话，帮助缓解国际紧张关系，携手共进汇聚合作共赢的正能量，增进全球合作和信任，为全球和平与发展、为人类文明发展进步贡献媒体力量。（本条执笔：庞加欣）

149. "一带一路"媒体合作论坛

——背景

新闻媒体是历史的记录者，现实的守望者及未来的开创者。为贯彻落实习近平主席共建"一带一路"重大倡议和重要指示精神及充分发挥媒体智库合作交流作用，助力共建"一带一路"高质量发展，人民日报社立足发展全局，先后于2014年、2015年、2016年、2017年、2018年、2022年及2023年举办了七届"一带一路"媒体合作论坛。人民日报社通过搭平台，创机遇，为丝绸之路经济带建设的重点城市、重要企业发挥好宣传作用，开启共享丝绸之路系列活动，打通融合纸媒、网络和新媒体的立体传播模式，深度挖掘城市文化，塑造企业品牌与高端站位、全局视野，帮助地方政府和企业发现新机遇，迎接新挑战，讲好新故事，实现新梦想，为沿线城市、企业的发展发声助阵。透过国际媒体间的合作，构筑信息"高速路"，拆除情感"隔离带"，扩大合作"朋友圈"，拓展文化"同心圆"，让各国媒体能充分发挥窗口、桥梁、纽带的作用，共聚发展智慧、共商发展方案、共解发展问题。

——目标

丝绸之路是各国人民的共同财富，为构建"一带一路"互利合作网络、共创新型合作模式、开拓多元合作平台、推进重点领域项目，携手打造"绿色丝绸之路""健康丝绸之路""智力丝绸之路"及"和平丝绸之路"，设立"一带一路"媒体合作论坛，为各国媒体对话交流、务实合作提供一个平台，发挥媒体在信息传播、增进互信、凝聚共识等方面的重要作用。

——内容

2014年，首届"丝绸之路经济带媒体合作论坛"于北京举行，以"丝路联通梦想，媒体共促发展"为主题，来自印度、巴基斯坦、伊朗、土耳其等十多个国家的近百名政府官员、外交使节、主流媒体代表，围绕"平等互利合作共赢""媒体助力共筑梦想"及"区域发展交流互惠"三个议题畅所欲言、坦诚交流。与会的中外主流媒体代表共同签署了《丝绸之路经济带媒体合作论坛联合宣言》，倡议本着"和平合作、开放包容、互学互鉴、互利共赢"的丝绸之路精神，向全世界传播全面、真实、准确、客观、公正的新闻信息，为促进不同国家和地区之间人民的理解与互信、交流与合作发挥建设性作用而努力。彼此承诺将于论坛的框架内，积极推动各国主流媒体开展形式多样的对话交流和新闻产品互换，推动人员往来、分享技术进步、实现联合采访，使丝绸之路经济带媒体合作论坛保持持久的生机与活力。

2015年，第二届论坛以"命运共同体，合作新格局"为主题于北京举行，来自全球60个国家和国际组织的近140家主流媒体朋友们共叙友情、共谋发展，深入探讨媒体合作助推经济发展的有效途径，为推动"一带一路"框架下的媒体合作贡献了许多灼见真知。人民日报社与来自23个国家的33家国外主流媒体在北京签署《双边合作谅解备忘录》，建立新闻产品互换机制，承诺就"一带一路"等采访进行合作。《双边合作谅解备忘录》明确彼此将以更加客观、准确、全面、公正的立场报道新闻、评论事件；将积极采用对方推送和推荐的重要新闻资讯，实现新闻资源共享；将就"一带一路"等专题进行跨境联合采访；将进一步推动团组互访、人员往来和广告合作。[1]

2016年，第三届"一带一路"媒体合作论坛再次于北京举行，习近平主席在发来的贺信中特别指出："媒体在信息传播、增进互信、凝聚共识等方面发挥着不可替代的重要作用。'一带一路'媒体合作论坛为各国媒体对话交流、务实合作提供了一个平台。"[2] 人民日报社于论坛上提出三点倡议：第一，扩大"一带一路"朋友圈。第二，当好市场融通黏合剂。第三，画出情通意合同心圆。借助传播平台，希望能吸引更多的受众关心、支持及参与"一带一路"建设，并通过加强媒体合作的方式，在沟通市场信息、促进资源整合、服务经贸交流、推动产业对接中发挥更大作用。[3] 透过本届论坛，共同达成了六项成果：一是正式上线多语种的"'一带一路'全球媒体协作网"。二是成立"'一带一路'共建国家新媒体联盟"。三是联合推出"'一带一路'新闻报道多语种服务云平台"，实现全媒体传播，提供交互化翻译。四是设立"'一带一路'媒体合作论坛秘书处"，负责落实双边和多边媒体合作具体事务。五是适时启动"一带一路"多国跨境联合采访，邀请共建国家媒体参加，数路并发，多国联动，横跨亚欧非，覆盖多领域。六是出版《丝路华章》文献汇编，以中、英、法、俄、西、阿六大语种在全球发行。

2017年，第四届"一带一路"媒体合作论坛于甘肃省敦煌市举行，并设有"一带一路"区域合作高峰论坛、"一带一路"媒体合作论坛对话会、丝路文化发展论坛三个分论坛，来自全球126个国家、265家媒体共襄盛举。在往届论坛的基础上，第四届论坛从六个方面进一步推进媒体合作：一是发布"一带一路"媒体合作蓝皮书。二是成立人民日报社国际问题研究中心。三是启动人民日报社"一带一路"新闻合作中心及"一带一路"跨境联合采访。四是

---

[1] 裴广江、张梦旭：《人民日报社携手33家国际媒体签署合作谅解备忘录建新闻产品互换机制》，人民网，2015年9月23日，http://politics.people.com.cn/n/2015/0923/c1001-27622390.html.
[2] 《习近平致2016"一带一路"媒体合作论坛的贺信》，《人民日报》2016年7月27日第1版。
[3] 贾文婷：《前三届"一带一路"媒体合作论坛有哪些成果？》，人民网，2017年9月19日，http://world.people.com.cn/n1/2017/0919/c1002-29544157.html.

成立"一带一路"区域合作联盟。五是成立"一带一路"文化中心。六是出版中英文版"丝路华章——'一带一路'建设成就报告"丛书。

2018年，第五届"一带一路"媒体合作论坛以"共建共享、合作共赢"为主题于海南省琼海市博鳌镇举行，并设有"'一带一路'区域合作""人工智能与智慧媒体"及"丝路文化发展"三个分论坛。

2022年，第六届"一带一路"媒体合作论坛以"聚焦全球发展 深化互联互通"为主题于陕西省西安市举行，并设有"一带一路"区域合作和全球发展倡议媒体对话会两个分论坛。

2023年，第七届"一带一路"媒体合作论坛再次回到北京举行，"加强媒体合作，共创美好未来"是2014年论坛开展以来便弘扬的宗旨，为推动共建"一带一路"高质量发展凝聚共识、汇聚力量。[①]"一带一路"媒体合作论坛10年来举办了7届，不断地扩大、多样化及丰富活动内容，已成为由中国媒体举办的规模最大、参与国家最广、参与媒体及传播渠道最多且最具代表性和国际影响力的全球媒体峰会。

——意义

"一带一路"媒体合作论坛不仅促进了共建国家媒体合作的具体行动，也是推动"一带一路"倡议深入发展的重要活动。"一带一路"媒体合作论坛，为各国媒体以及政界、商界、学界的朋友，提供了一个相互交流、沟通互鉴、加强合作的大平台。透过各国媒体的共同出谋划策，联手推进协作，成为丝路精神的"扩音器"、丝路友谊的"播种机"及丝路合作的"推进器"，为"一带一路"建设的迈进提供更坚实的助力，是推动"一带一路"建设行稳致远不可或缺的重要伙伴。

一是推动"一带一路"共建国家的经济合作与可持续发展。媒体是塑造公众观念和引导投资决策的重要工具。该论坛通过对"一带一路"倡议中经济合作项目的客观、公正、持续的经济报道，使更多国家的企业能深入了解"一带一路"基础设施建设、国际产能、贸易、旅游和文化产业等合作项目及其给当地经济发展带来的实质性价值，可以激励更多跨国企业加入共建"一带一路"的经济投资活动。媒体报道合作有助于打开新的市场，促进"一带一路"倡议下的经济合作和区域合作发展。

二是促进国际合作与对话。该论坛为"一带一路"共建国家提供了一个共同对话和交流的场所，使各国能够通过这一平台建立多种对话合作机制和渠道，使各国媒体、企业、专家学者能够定期共同表达和探讨如何解决媒体合作中所遇到的新问题和新挑战，促进交流知识和经验，并从所有合作媒体的不同

---

① 《加强媒体合作 共创美好未来》，《人民日报》2023年10月24日第9版。

成功经验中学习、获益。这种对话交流有助于增强"一带一路"共建国家媒体间的信任，缓解矛盾，达成共识，推动国际合作向更深层次、更宽领域发展。

三是有助于顺应技术变革大势，引领共建"一带一路"网络传播潮流。以论坛为契机带动传统媒体数字化创新、网络化转型、智能化再造，推动媒体融合发展，通过共享信息与经验，促进不同媒体间开展创造性的合作，将大数据、人工智能等新技术融入传媒产品策划、制作、传播全过程，使"一带一路"媒体发展始终保持旺盛的生机活力。

四是促进"一带一路"共建国家媒体建设，提高新闻专业水准，坚守社会责任，为大众提供可靠且多样化的新闻。以道理服人，以真情感人，以故事动人，不断增进不同国家、不同民族、不同传统之间的价值认同，为广大网民创造更加美好的精神家园。同时，促使各国媒体彼此分享公正、客观、真实的信息，避免偏见、虚假新闻和误导性信息，力争促进更深层次的互联互通。（本条执笔：庞加欣、张松）

150. 中国—东盟媒体合作论坛

——背景

媒体领域的交流合作是中国—东盟关系的组成部分，在促进双边关系发展、增进文明交流互鉴方面扮演重要角色。从 2007 年首届中国—东盟新闻部长会议的举办，到后续的多次新闻部长会议和媒体合作论坛，都体现了双方在新闻传播领域的合作意愿和实际行动。媒体作为信息传播的重要渠道，在促进中国与东盟关系发展、增进文明交流互鉴中扮演着重要角色。东盟一直是中国周边外交优先方向和高质量共建"一带一路"的重点地区。10 年来，"一带一路"倡议与《东盟互联互通总体规划 2025》不断深入对接，互联互通取得丰硕成果。

——内容

为了更好构建中国—东盟命运共同体，通过媒体合作，促进政策沟通、战略对接，为地区各国人民更加美好的明天而共同努力，2018 年首次创办中国—东盟媒体合作论坛，至今已连续举办 6 届，成为中国和东盟 10 国新闻媒体界具有代表性的机制化交流平台，不断促进中国—东盟互联互通，助力构建更为紧密的中国—东盟命运共同体，并进一步加深理解与合作，共同讲好合作共赢的故事。2022 中国—东盟媒体合作论坛在北京举行，以"全球发展：命运与共 协同行动"为主题，由国务院新闻办公室指导，中国外文局、中国—东盟中心、中国社会科学院国家全球战略智库主办，来自中国和东盟各国媒体、智库代表等百余名中外嘉宾通过线上及线下方式参会。[①] 中国和东盟达成共识，应借助媒体与智库力量，协同行动，不断加强国际合作，以全球发展倡议和区域全面经济伙伴关系协定（RCEP）为契机，强化东盟—中国全面战略伙伴关系，持续推动全球发展。

2023 中国—东盟媒体合作论坛于 6 月在浙江温州举行，以"共促互联互通，共享发展繁荣"为主题，由中华人民共和国外交部指导，中国—东盟中心、中国外文局、浙江省政府联合主办。该论坛针对如何发挥媒体力量，促进中国—东盟全面战略伙伴关系发展的问题进行深入探讨，各国媒体也积极设置议题，围绕落实《区域全面经济伙伴关系协定》（RCEP）、国际陆海贸易新通道等内容，从绿色发展、数字转型、电子商务等关键点切入，介绍区域经济一体化的重大举措与成果，推动实现产业链、供应链、价值链的深度融合。[②] 随着全球网民数量快速增长，中国和东盟国家媒体也积极探索如何更好地利用数字一体化和互联互通来推动信息的可获得性，加强人工智能等新技术在媒体领域的建设发展，在共同制作、共同播映等内容制作方面和能力建设、技术转让等媒体发展保障方面进行合作。论坛设置"当温州遇见东盟"主题图片展，通过"览人文·民心相通之道""观自然·生物多样之韵""瞰发展·未来生长之歌"三个内容单元，深化中国与东盟双方在人文交流、经贸往来、生态环保等方面的了解，展现温州与东盟高质量共建"一带一路"的动人故事。同时，设置论坛分议题讨论环节，来自中国和东盟的近 20 家媒体代表、专家学者围绕"以高质量传播促进互联互通提质升级""加强数字互联互通，助力中国—东盟产业合作"两个议题展开讨论，以媒体合作论坛推动中国—东盟在多领域的互联互通。

——意义

中国—东盟媒体合作论坛是践行全球发展倡议、全球安全倡议和全球文明倡议的具体行动，对分享发展经验、促进交流合作具有重要意义。

一是有利于构建中国—东盟命运共同体，共同应对全球性问题。该论坛通过加强发展战略对接和政策沟通，搭建发展合作平台和长效机制，助力实现中国和东盟的发展优势互补和成果共享，促进发展经验交流和理念创新。同时，通过加强对话交流，促进双方在多个领域的互利合作，如在公共卫生领域，论坛促进了中国与东盟在疫情防控、疫苗合作以及公共卫生能力建设方面的合

[①]《2022 中国—东盟媒体合作论坛在北京成功举办》，中国—东盟中心官网，2022 年 8 月 5 日，http://www.asean-china-center.org/activity/jyjl/2022-08/10849.html.

[②]《中国—东盟中心举办 2023 中国—东盟媒体合作论坛》，中国—东盟中心官网，2023 年 6 月 12 日，http://www.asean-china-center.org/news/xwdt/2023-06/12033.html.

作，又如在数字经济领域，通过促进智慧城市、5G、人工智能等的合作建设，推动了数字基础设施建设和产业数字化转型。

二是提升媒体专业性与合作交流。该论坛通过研讨会、技术交流、智库交流等方式，不断提升区域内媒体的专业水平，增强媒体从业人员的能力。这一专业交流有助于媒体更有效地应对数字化挑战，如社交媒体的影响、假新闻的传播等。同时，该论坛有助于引导媒体帮助区域内报道内容对接，使受众掌握权威信息，助力讲好中国—东盟全面合作故事，促使双方朝着共同目标和愿景努力。通过创新话语表达方式，以图文、短视频、纪录片等多种方式，用更加共通的语言、更加共情的故事、更有共鸣的价值观念促进民众的相互了解，让友谊的阳光照亮彼此的心灵。双方媒体也可充分利用数字技术，加强信息获取便利性和包容性，增进内容创作和分享合作，更好地满足数字消费需求，进一步促进民心相通。（本条执笔：庞加欣）

151. 中国—阿拉伯国家广播电视合作论坛

——背景

中国—阿拉伯国家广播电视合作论坛是在中阿合作论坛框架下的机制性活动之一，每两年举办1届，至今已成功举办5届。论坛自2011年创办以来，得到阿拉伯国家广播电视政府主管部门、广播电视媒体的广泛参与，通过第一届和第二届中阿广播电视论坛搭建的平台，中阿广播电视媒体双边、多边交流合作机制趋向成熟完善。到第三届中阿广播电视论坛时，国家新闻出版广电总局已与埃及、阿尔及利亚、巴林、科威特、摩洛哥、沙特阿拉伯、突尼斯、叙利亚、伊拉克和约旦10个阿拉伯国家签署了综合性广播电视合作协议。中央电视台、中国国际广播电台、上海广播电视台、宁夏广播电视台也与多个阿拉伯国家主流媒体之间开展了广泛的务实交流合作，双方民众也通过广播电视媒体更多、更快、更深地了解对方。2019年第四届中阿广播电视论坛上，中阿达成共识，要大力弘扬丝路精神，着力凝聚思想共识，广泛宣介中阿共建"一带一路"的新进展新成效，矢志不渝讲好中阿文明、中阿人民的故事，讲好携手合作、互利共赢的故事，为促进中阿繁荣进步注入强大精神力量，要积极拓展各类合作平台，广泛开展传媒领域新技术新业务的合作，协力打造智慧广电，共谋创新发展之道，以务实合作拉紧中阿人民相亲相近的精神纽带。迄今该论坛已促成30多项综合性合作协议和一批务实合作项目，为增进中阿广电媒体对话与合作搭建了有效平台。

——内容

第五届中国—阿拉伯国家广播电视合作论坛于2021年12月以线上线下相

结合的方式在北京举行，来自 16 个国家和地区的 150 余名中外嘉宾通过线上线下方式参会。论坛通过了《第五届中国—阿拉伯国家广播电视合作论坛共同宣言》，提出了"坚持合作互信、坚守媒体责任、坚定创新引领"3 点倡议，发布了北京市广播电视局在阿拉伯国家举办《2021—2022 北京优秀影视剧中东展播季》、福建广播影视集团海峡电视台与埃及国家电视台合作拍摄《海丝双城记之从刺桐港到亚历山大港》、广州广播电视台与卡塔尔赖扬电视台合作拍摄 4K 纪录片《阳光之路》、陕西省广播电视局与中阿卫视合作开播《视听中国·陕西时间》4 项合作成果。论坛期间，双方共同启动首届中阿短视频大赛。大赛以"友谊和希望"为主题，向中阿青年媒体人士和网红达人征集短视频作品，在中阿相关网络视听平台展播。

第六届中国—阿拉伯国家广播电视合作论坛于 2023 年 12 月由中华人民共和国国家广播电视总局、浙江省人民政府、阿拉伯国家联盟秘书处和阿拉伯国家广播联盟在杭州共同举办，主题是"传承中阿友谊·共享视听发展"，共有来自中国和 15 个阿拉伯国家的广电主管部门、媒体机构、视听企业以及阿拉伯国家联盟、阿拉伯国家广播联盟的 300 余名代表参会。与会嘉宾一致表示，中阿媒体应当采取更加有力的行动，弘扬丝路精神，夯实合作互信根基，践行中阿友好，推动文明传承创新，为推动双方共同发展、促进国际与地区和平稳定贡献更大力量，共同推动"文明对话共同行动"的落实，共同实施 50 部视听节目合作工程，深化政策沟通、内容合作、技术创新、人员培训等领域务实合作，推动广电视听行业创新发展。[①] 与会代表共同通过《第六届中阿广电合作论坛宣言》，旨在加强中阿媒体对话，加强协商协调，不断完善机制。服务共同发展，服务双方共同利益，为全球发展和国际经济合作开辟新空间。加强广播电视和网络视听政策协调，协商建立双边、多边合作机制和平台，加强新闻合作，扩大内容制作合作。支持双方政府官员和媒体人员开展互访，合作举办广播电视高层次人才培训项目。加强科技合作，适应大数据、人工智能、虚拟现实、增强现实、5G、超高清技术等数字技术快速发展趋势，加快媒体转型升级等方面达成共识。

——意义

中国—阿拉伯国家广播电视合作论坛在文化、媒体、技术和经济等方面均具有重要的积极作用，为中国与阿拉伯国家的互利合作打下坚实基础。

一是促进文化交流与互鉴。该论坛为中国和阿拉伯国家提供了定期深入交流的机会，增进彼此之间的文化理解与认知。通过广播电视这一强有力的媒

---

① 《第六届中国—阿拉伯国家广播电视合作论坛在杭州举行 李书磊以视频方式出席并致辞》，新华网，2023 年 12 月 10 日，http://www.news.cn/politics/leaders/2023-12/10/c_1130018170.htm。

介，双方能够展示各自的文化特色，促进跨文化交流沟通。

二是推动媒体合作与传播。该论坛鼓励双方在内容制作、技术共享、人员培训等广播电视媒体领域开展合作，这可以帮助阿拉伯国家了解中国的发展和文化，同时也让中国观众更全面地了解阿拉伯世界。

三是深化新媒体技术的应用。该论坛促进双方不断探索数字化、新媒体等现代技术在广播电视领域的应用，通过技术共享和创新，为双方广播电视媒体的数字化升级提供新的合作路径。

四是增强国际影响力，加强经贸合作的宣传沟通。中国和阿拉伯国家之间的媒体合作有助于在全球范围内提升双方的国际形象和影响力，并构建更加稳定、和平的国际传播环境。广播电视作为有效的宣传平台，是宣传"一带一路"倡议下的经贸合作项目和机会的良好平台，助力中阿贸易和投资关系的发展，为全球发展拓展新空间。（本条执笔：庞加欣）

152. 中非媒体合作论坛

——进展

中非媒体合作论坛迄今已举办5届。在首届中非媒体合作论坛上，时任国家广播电视总局局长蔡赴朝表示，该论坛是在中非合作论坛框架下，为加强传媒领域交流合作和共同发展采取的重要举措。论坛既是展示一个时期以来中国和非洲各国广播影视交流合作成果的重要平台，也是双方共同谋划未来发展的新起点，将为深化中非广播影视交流合作、丰富中非人文交流内涵、推动中非新型战略伙伴关系的发展产生长远而积极的影响。[1]

2012年8月23日，首届中非媒体合作论坛在北京举办。论坛由国家广播电视总局主办，以"交流合作，共同发展"为主题，旨在加强中非政府部门和媒体机构间的沟通与对话，促进双方在新闻传播、内容产业、信息技术和人力资源等方面的交流合作，分享发展经验，共同应对挑战。中共中央宣传部副部长、国家广播电视总局局长蔡赴朝、非洲国家联盟委员会主席让·平，以及来自中国和42个非洲国家的代表共200余人与会。中非媒体如何加强合作、提升国际话语权成为焦点话题。[2] 论坛期间通过了《中非媒体合作北京宣言》。国家广播电视总局、中央电视台、国际台、国际电视总公司、中广公司、电影

---

[1]《蔡赴朝出席中非媒体合作论坛》，国家广播电视总局官网，2012年8月28日，http://www.nrta.gov.cn/art/2012/8/28/art_112_14111.html。

[2]《蔡赴朝出席中非媒体合作论坛》，国家广播电视总局官网，2012年8月28日，http://www.nrta.gov.cn/art/2012/8/28/art_112_14111.html。

频道与南非、苏丹、津巴布韦等非洲国家政府部门和广电机构签署了 11 项合作协议。[①]

2014 年 6 月 16 日，第二届中非媒体合作论坛在北京举办。论坛由国家广播电视总局主办。来自 42 个非洲国家的部长、媒体负责人等 260 余人，以及来自国家广播电视总局等单位 100 余名代表出席论坛。外交部副部长张明指出，如何在信息传播中摆脱"被代表"的尴尬境地，是摆在中非媒体面前的重要课题。建议双方利用论坛等机制和平台，更多更好地向非洲介绍中国的新情况，向中国介绍非洲的新发展，向世界介绍真实而完整的中非关系，把中非媒体打造成两国民众相互认知的重要渠道和中非务实合作的强大助推器。论坛期间，中非双方共签署 19 项合作协议。其中，国家广播电视总局分别与坦桑尼亚、安哥拉等 5 国政府部门签订了政府间合作协议，与苏丹、马里等 5 国签订了节目授权播出协议，中央电视台与坦桑尼亚国家电视台签订了新闻交换合作协议。[②]

2016 年 6 月 21 日，第三届中非媒体合作论坛在北京举办。论坛由国家广播电视总局和非洲广播联盟共同主办。此次论坛恰逢中国同非洲国家开启外交关系 60 周年。论坛围绕中非广播影视政策、媒体合作与能力建设、广播电视数字化和新媒体发展等议题进行研讨交流，审议通过并发表《第三届中非媒体合作论坛共同声明》。论坛期间，共签署了 15 项中非合作成果文件，其中，中国广电总局与津巴布韦新闻部签订了广播电视合作谅解备忘录，与毛里塔尼亚、乌干达、尼日尔、多哥签订了 4 个影视节目授权播出协议。央视国际视通公司与 17 个非洲国家签署了"非洲视频传输渠道"媒体联盟会员声明，河南电影电视制作集团与毛里求斯签订了地面数字电视合作、电影合拍等 4 项合作协议，四达时代集团与马拉维、乍得、莱索托、中非、赞比亚签订了 5 个广播电视数字化项目协议。[③]

2018 年 6 月 26 日，由国家广播电视总局主办的第四届中非媒体合作论坛在北京召开。论坛共有来自中非政府部门、媒体机构的 400 多名代表参加。代表们围绕"中非媒体政策""中非媒体话语权建设""中非媒体数字化和内容产业发展"等议题进行了深入讨论。这届论坛旨在配合同年 9 月在京召开的 2018 年中非合作论坛北京峰会，进一步落实 2015 年中非合作论坛约翰内斯堡

---

① 《蔡赴朝、张海涛、李伟出席中非媒体合作论坛》，国家广播电视总局官网，2012 年 8 月 31 日，http://www.nrta.gov.cn/art/2012/8/31/art_112_14102.html.

② 《第二届中非媒体合作论坛举行聚焦加强中非国际话语权》，中国政府网，2014 年 6 月 16 日，https://www.gov.cn/xinwen/2014-06/16/content_2701803.htm.

③ 《蔡赴朝、童刚、吴尚之出席第三届中非媒体合作论坛开幕式》，国家广播电视总局官网，2016 年 6 月 30 日，http://www.nrta.gov.cn/art/2016/6/30/art_112_31143.html.

峰会成果，扩大中非媒体领域的交流与合作。论坛期间，中非媒体签署了 12 项合作协议，通过了《第四届中非媒体合作论坛关于进一步深化交流合作的共同宣言》。

2022 年 8 月 25 日，第五届中非媒体合作论坛在北京召开。论坛由国家广播电视总局、北京市人民政府和非洲广播联盟共同主办，共有来自中国和 42 个非洲国家的政府部门、主流媒体机构、视听企业、驻华使馆以及非洲联盟委员会、非洲广播联盟的 240 余名代表通过线上线下相结合的方式出席。论坛通过了《第五届中非媒体合作论坛共同宣言》，配套举办"首届非洲视听节目中国展播季""我的中非友好故事"短视频征集等活动，组织中非媒体合作 10 年成果展和视听科技互动展，发布节目互播、纪录片创作、栏目创新、新媒体合作 4 个方面共 12 项合作成果。①

——意义

第五届中非媒体论坛召开正值论坛成立十周年之际。国家主席习近平向这届论坛致贺信指出，中国和非洲国家是休戚与共的命运共同体，中非媒体在增进互信合作、维护世界和平、促进全球发展等方面肩负着重要责任。中非媒体合作论坛成立 10 年来，为中非媒体增进对话合作提供了重要平台，为促进中非文明交流互鉴、深化中非全面战略合作伙伴关系发挥了积极作用。② 非洲广播联盟总干事格雷瓜尔·贾卡表示，中非媒体合作有助于双方更好地相互了解。10 年不算长，但这一历程意义非凡。中非媒体合作已取得诸多成效。媒体合作是迄今为止对非洲最有益处的合作之一，尤其是中国对非洲媒体从业者的培训，以及中国企业四达时代多年来扎根非洲，为非洲民众能够看到信号清晰的电视节目作出了贡献。对于中国通过"万村通"项目在非洲普及广播电视、消除数字鸿沟的努力，第五届中非媒体论坛上的非洲嘉宾表示由衷赞赏。

时任国家广播电视总局副局长乐玉成介绍，10 年来，已有 3000 多名非洲广电专业人才来华或在线参与培训。纳米比亚新闻与通讯技术部部长穆舍伦加表示，中国掌握先进技术，能够为纳米比亚等非洲国家培训广播电视记者，提升他们的业务能力，对非洲国家的广播电视行业来说具有重要意义。尼日利亚新闻和文化部常任秘书安雅乌塔库表示，中国人是尼日利亚外国公民中人数最多的群体。尼日利亚赞赏中方对其广电数字化的支持，认为这促进了尼日利亚和整个非洲广电事业的发展。通过各种媒体渠道展开沟通交流，有助于维护和

---

① 《第五届中非媒体合作论坛成功举办》，国家广播电视总局官网，2022 年 8 月 29 日，http://www.nrta.gov.cn/art/2022/8/29/art_112_61341.html。
② 《习近平向第五届中非媒体合作论坛致贺信》，《人民日报》2022 年 8 月 26 日第 1 版。

平、解决冲突、增进人民和国家之间的友谊。[①]（本条执笔：薛力、席寒婷）

153. 丝路电视国际合作共同体

——背景

电视和广播媒体作为"一带一路"倡议文化交流传播与合作的重要渠道，能有效促进不同文化和民族之间的理解和尊重，增强人民之间的友好感情，并提升参与国媒体在全球媒体舞台上的话语权，增强其在国际上的传播力和影响力。随着全球化和信息化的加速，各国之间的信息流通和媒体合作显得尤为重要。为此，成立丝路电视国际合作共同体是通过建立一个国际电视媒体交流合作平台，使参与国能够共享丝路新闻资源、合作制作节目，并共同提升报道质量和专业水平。

丝路电视国际合作共同体是由中国国际电视总公司、中国中央电视台2016年5月初在阿拉伯广播电视节上倡议发起的全球首个以"丝路"为纽带、面向全媒体的国际影视媒体联盟。作为全球首个以丝路为纽带、面向全媒体的国际影视媒体联盟，丝绸之路电视国际合作共同体旨在与合作伙伴一道坚持开放包容，推动不同文明之间的交流互鉴，以技术创新共同迎接全媒体时代机遇和挑战，以团结合作，共同拓宽丝路电视媒体的国际合作领域。自2016年成立以来，丝路电视国际合作共同体通过连续举办的七届高峰论坛，加强了内部交流联系，成为业界高度认可的媒体综合性共同体。经过8年的建设，目前成员及伙伴已发展至63个国家和地区的143家机构，实现G7国家全覆盖，G20国家85%覆盖，"一带一路"共建国家普遍覆盖，成为推动媒体国际合作与影视繁荣发展的重要力量，为高质量共建"一带一路"、加强多元文化交流和促进中外民心相通搭建有力平台。

——内容

丝路电视国际合作共同体秉持"和平合作、开放包容、互学互鉴、互利共赢"的丝路精神，遵循开放包容、共商共建、市场运作、循序渐进的原则，凝聚发展合力，致力于搭建平等、开放、共享、商业化的制播一体合作平台，在国际合作拍摄、电视节目联制联播、时段或频道合作经营、项目评奖、丝路基金运营、信息资源共享、融合传播、智库建设等多方面展开交流与合作，实现互联互通、互利共赢并取得丰硕成果。

丝路电视国际合作共同体的主要合作项目如下。一是国际合拍，共同体成

[①] 白波：《中方为非洲培训三千多名媒体专业人才》，《北京晚报》2022年8月26日第2版。

员间共同开发电影、电视剧、纪录片、栏目、动画片、综艺等合拍项目，互相提供创作及拍摄上的协助，积极进行项目的国际推广，以平等互利的身份共同打造优秀的影视作品。二是合办频道，共同体成员共同打造多语播出、共同经营、共享收益的"丝路频道"，或合办商业化运营的时段或频道，共同投资，共享收益。三是成立"丝路制作基金"，为通过评估的项目提供部分资金支持，以推动成员间的合作拍摄，鼓励节目创作，为优秀作品的诞生增添助力。四是项目评奖，在每届论坛期间举行国际化、专业的评奖活动，分别设立合拍项目、联播节目、原创模式等奖项，以鼓励创新及节目推广。五是共制共播节目，打造制播一体的平台，共同体成员为合拍节目在本国的推广及播出互相提供帮助，每年举行一次联播月活动，联播期间互享节目免费播出。六是信息共享，即建设共同体中英文网页，用于共同体成员单位的推广，并发布共同体大型活动信息，展示联播月的节目内容。成员媒体可通过网站提交提案，为合拍项目寻找合作方；将向成员定期发送电子期刊，分享行业动态，发布合作信息。

通过7年多的电视影视合作，共同体成员已形成良好的合作氛围，产出了大量脍炙人口的国际影视作品，如联合播出《一带一路》《水脉》《丝路》等影视节目，推出《孔子》《改变世界的战争》《地球宝藏》《从丝路到北极光》等国际合拍节目。2023年，共同体发布了11个重点合作项目，以"丝路大道·携手同行"为主题，发布了大型纪录片《一路同行》，推动长城平台"一带一路"共建国家频道落地，开展了国际合拍纪录片《来自地球村》以及《好吃客》（第三季）全球推广项目。以"魅力寰宇·合作共赢"为主题发布了中美合拍纪录片《镜像中国》、中泰合拍动画片《熊猫和小白象》、中法合拍纪录片《中国秦岭，一只金丝猴的记忆》以及纪录片《遇见最极致的中国》（国际版）联制联播项目。以"科技赋能·融合传播"为主题发布了三维菁彩声行业标准应用推广、中央广播电视总台超高清示范园名称——央视界和《国际传媒集团及知名电视频道概览》项目。

——意义

丝路电视国际合作共同体通过电视媒体的力量，以深度而有效的合作报道和解读，促进了国际社会对"一带一路"倡议的认识、理解和支持，揭示了"一带一路"倡议给国际社会带来的经济和社会效益，增强了共建国家对"一带一路"倡议的全球认同感。

一方面，丝路电视国际合作共同体为参与国电视媒体提供了电视媒体合作和资源共享的重要平台。通过共享技术资源、新闻资料和创意内容，以及合作制作、技术互助等方式，成员机构能够提升制作质量，降低生产成本，同时创造更具吸引力和竞争力的丝路媒体产品。通过联合制作生产具有国际吸引力的高质量节目，共同体也助力成员国增强了在全球媒体舞台上的影响力和文化软实力，提升了国家形象。

另一方面，丝路电视国际合作共同体能推动成员之间加强技术创新合作和人才培养，有助于共同体成员共同应对数字化和多媒体技术上带来的挑战，提升成员单位的影视技术水平，培养媒体行业的人才，促进共建国家媒体行业的整体发展。（本条执笔：庞加欣）

154. 丝绸之路电视共同体高峰论坛

——背景

随着全球化的加深，文化交流成为国际关系中的一个重要部分。电视媒体作为文化传播的重要工具，有助于推广各国的文化遗产、艺术和生活方式。丝绸之路电视共同体高峰论坛从2016年8月召开后，基本每年举办一次，旨在通过电视媒体的交流合作，增强共建国家之间的沟通和了解。论坛主要回顾总结每年度丝绸之路电视共同体务实合作取得的系列新进展成果，展望未来共同体发展重点，通过深化电视媒体的创新合作，携手应对挑战，为成员伙伴搭建好平台，拓宽多渠道，优化服务，完善机制，做好保障。目前，丝绸之路电视共同体高峰论坛在节目联播、联合拍片、媒体融合、人员交流、智库建设等各领域取得了重要成果，深化了文化交流、促进了民意相通。

——内容

2016年丝路电视共同体成立仪式暨高峰论坛的召开，标志着丝绸之路电视共同体高峰论坛的首次启动，2017年丝路电视共同体高峰论坛以"融合创新 共赢发展"为主题，旨在促进"一带一路"共建国家影视领域专业合作，进一步提升丝路电视共同体的国际影响力。2018年丝路电视共同体高峰论坛的"新时代、新作为、新跨越"为主题。"2019丝绸之路电视共同体高峰论坛"由中央广播电视总台、丝绸之路电视共同体主办，在北京举行，论坛以"全媒体融合 高质量发展"为主题，近400名中外嘉宾与会，其中海外嘉宾是来自43个国家和地区92家媒体机构的负责人。[①] 该论坛宣布成立了丝绸之路电视共同体理事会。理事会由来自23个国家和地区的29家主流媒体和制作机构组成，慎海雄任理事长。阿拉伯国家广播联盟秘书长阿卜杜拉希姆·苏莱曼、亚洲—太平洋广播联盟秘书长贾瓦德·孟塔基任副理事长，时任中央广播电视总

[①]《2019丝绸之路电视共同体高峰论坛在京举行"一带一路"媒体影视合作交流提质升级》，新华网，2019年9月11日，http://www.xinhuanet.com/politics/2019-09/11/c_1124985676.htm。

台副台长阎晓明任副理事长兼秘书长。"2020 丝绸之路电视国际合作共同体高峰论坛"以"深化合作 共迎挑战"为主题，通过线上线下相结合的方式举办，来自 40 余个国家及地区 70 余家主流媒体机构的 150 余位代表参会。① 本次论坛全球首播了共同体成员间合作年度主题作品——讲述东西文明互鉴和美美与共的纪录片《穿越丝路双城记》，聚焦中国国家公园的中英合拍纪录片《中国：大自然的古老王国》，见证了用国际视角讲好建党百年故事的中美合拍纪录片《历史的轨迹》开机仪式，紧扣时代发展脉搏、深情礼赞科技创新的大型 4k 超高清纪录片《智造美好生活》国际版联合播出仪式，中英合拍纪录片《中国的宝藏》第二季合作意向签约仪式，国际合拍动画片"熊猫+"系列开播仪式等多项重点项目签约及发布活动，并公布了"金丝带——特别贡献奖"、2020"金丝带——优秀抗疫节目"等奖项评选结果。2021 丝绸之路电视共同体高峰论坛以"团结创新融合 文明交流互鉴"为主题，通过视频形式回顾共同体五年来的工作内容，相关领域专家学者通过线上智库研讨会、主题分论坛、技术大师班等配套活动，围绕创新合作模式、高质量共建发展、传媒领域新技术应用等主题建言献策。

2023 年 2 月 14 日，"2023 丝绸之路电视共同体高峰论坛"由中央广播电视总台主办、中国国际电视总公司承办并于北京举行，其主题是"携手共建发展，合作互利共赢"，以推动"一带一路"共建国家媒体实现更高质量的丝路合作，深化人文交流，促进民意相通。来自 33 个国家和地区的 54 家主流媒体机构 120 余位代表以线上线下相结合的方式参会。中共中央政治局委员、中共中央宣传部部长李书磊发表视频致辞，中共中央宣传部副部长、中央广播电视总台台长、丝绸之路电视共同体理事长慎海雄做主旨发言。② 论坛强调了各国媒体需要秉持共商共建共享的丝路精神，积极履行职责使命，大力弘扬全人类共同价值，发挥桥梁纽带作用，积极推动构建人类命运共同体，强化科技创新引领，持续释放科技的强大动能。与会者表示，丝绸之路电视共同体对于拓展媒体间国际合作、互利共赢至关重要，"一带一路"倡议需要强大的媒体合作传播。各成员媒体将携手推进跨国界的共同体发展，增进不同国家与民族之间的相互了解，传递人类对和谐发展的美好愿景。此外，该论坛宣布了新一轮"金丝带——丝路映像派"优秀提案评选结果。此次论坛特设"团结合作·共同发展"丝绸之路电视共同体智库活动和"智媒体·新服务"技术分论坛，

---

① 《2020 丝绸之路电视共同体高峰论坛举行》，新华网，2020 年 12 月 15 日，http://www.xinhuanet.com/politics/2020-12/15/c_1126864781.htm.

② 《2023 丝绸之路电视共同体高峰论坛举行》，人民网，2023 年 2 月 15 日，http://politics.people.com.cn/n1/2023/0215/c1001-32623778.html.

邀请共同体及国内外智库专家、媒体领域技术专家学者，分别围绕"全球发展倡议下的媒体合作新机遇""媒体技术创新与应用"两大主题分享观点与见解。

——意义

定期召开的丝绸之路电视共同体高峰论坛对于加强"一带一路"共建国家电视媒体的交流合作起到了重要作用。

一是有助于参与国电视媒体形成稳固的合作关系。高峰论坛加强了"一带一路"共建国家媒体之间的网络联系，为各成员提供了联合制作、内容共享和市场开发等合作机会。

二是有助于推动媒体技术与创新的发展。该论坛鼓励参与国媒体间开展技术交流和创新合作，与参与国的媒体机构共享媒体技术，如数字化广播、多媒体内容生产和在线分发平台，不仅提升了媒体内容的质量和观众的接受度，也促进了媒体行业的整体技术进步。

三是有助于提升"一带一路"共建国家电视媒体的国际影响力。通过高峰论坛，参与国媒体开展电视合作项目，扩大了共建国家电视节目的影响力，也通过电视节目奖项的评选，不断提高电视节目质量，增强各国的文化影响力，促进旅游、文化产品出口等相关的经济活动的开展。（本条执笔：庞加欣）

155．2023·中国国际纪录片论坛

——背景

2023年10月17—18日，第三届"一带一路"国际合作高峰论坛在北京成功召开。习近平主席出席论坛开幕式并发表主旨演讲。习近平主席指出，"10年来，我们坚守初心、携手同行，推动'一带一路'国际合作从无到有，蓬勃发展，取得丰硕成果。'一带一路'合作从亚欧大陆延伸到非洲和拉美，150多个国家、30多个国际组织签署共建'一带一路'合作文件，举办3届'一带一路'国际合作高峰论坛，成立了20多个专业领域多边合作平台"。[①]

——内容

"一带一路"纪录片学术共同体（以下简称BriDoc），是在国务院新闻办公室指导下，由中国传媒大学中国纪录片研究中心发起成立的国家级纪录片国际合作机制性平台，以服务"一带一路"倡议为宗旨，致力于"一带一路"国家纪录片资源的聚合分享，通过政策研究、标准建设、题材规划、作品创投、人才培养、项目评估等，构筑多边、公共、智库国际合作平台。成员单位由国内

[①] 习近平：《建设开放包容、互联互通、共同发展的世界》，《人民日报》2023年10月19日第2版。

外智库研究机构、专业制作播出机构、纪录片节展平台等组成。首批成员单位共59家，中国纪录片研究中心为理事长单位。BriDoc被纳入第二届"一带一路"国际合作高峰论坛成果清单。

中国国际纪录片论坛是BriDoc的年度性品牌活动。依托BriDoc平台，将每年举行中国国际纪录片论坛，助力中国题材纪录片国际传播，促进跨文化交流合作。由国务院新闻办公室主办，中国传媒大学中国纪录片研究中心、中国国际电视台共同承办的2019·中国国际纪录片论坛于2019年4月3—4日在北京举办，来自全球15个国家的知名纪录片专家学者、导演、制作机构代表、节展和媒体负责人等共120余位代表出席。论坛期间举行了"一带一路"纪录片学术共同体揭牌仪式，启动了"纪录中国"传播工程"新中国70年纪录片全球伙伴项目"，发布了国家纪录片蓝皮书《中国纪录片发展报告（2019）》。与会代表围绕中国题材纪录片的国际传播与国际合作等相关议题进行了多场研讨，并就"新中国70年纪录片全球伙伴项目"进行了合作洽谈。2023·中国国际纪录片论坛被纳入第三届"一带一路"国际合作高峰论坛多边合作成果清单。

——意义

10年来，中国提出并大力推动共商共建共享"一带一路"，体现了中国负责任大国的使命担当，表明中国已由国际公共产品的受益者，发展为国际责任的承担者和全球公共产品的提供者。中国将始终秉持人类命运共同体的理念，积极发展全球伙伴关系，扩大同各国的利益交汇点，参与全球治理体系改革和建设，发挥负责任大国的作用，努力做好世界和平的建设者、全球发展的贡献者，国际秩序的维护者。党的二十大报告指出，要"加快构建中国话语和中国叙事体系，讲好中国故事、传播好中国声音，展现可信、可爱、可敬的中国形象。加强国际传播能力建设，全面提升国际传播效能，形成同我国综合国力和国际地位相匹配的国际话语权。深化文明交流互鉴，推动中华文化更好走向世界"[1]。人类命运共同体包含广泛的全球共识、鲜明的中国特色、重大的价值超越的话语特征。纪录片是个国家的相册，是一个民族的珍贵记忆，自20世纪诞生以来，日益成为记录历史、传播文化、塑造国家形象的重要载体。优秀的纪录片记录着历史演进和文明进步的足迹，传承着人类共同的价值追求，是影视艺术殿堂中的瑰宝，是全人类共有的宝贵精神财富。因此，纪录片是反映现实生活主流和时代主旋律、弘扬时代精神和中国文化的重要传播媒介，成为传播国家形象、提升国家话语、与世界人民沟通对话的重要载体。

---

[1] 习近平：《高举中国特色社会主义伟大旗帜 为全面建设社会主义现代化国家而团结奋斗——在中国共产党第二十次全国代表大会上的报告》，人民出版社2022年版，第46页。

中国国际纪录片论坛提供了一个宝贵的平台，让纪录片业界与国内外同行广泛开展对话交流和务实合作，共同探讨如何通过记录影像和国际化表达，解码中国发展，解读中国道路，展现命运与共、行进中的中国与变化中的世界。其对于推动纪录片的传播和跨文化交流合作，服务"一带一路"建设，向国外观众展现真实、立体、全面的中国，促进国际人文交流具有非常重要的意义。

（本条执笔：耿亚莹）

156. "一带一路"共建国家出版合作体高峰论坛

——背景

为进一步推动"一带一路"国家之间的出版文化交流，推动出版业高质量发展，在中共中央宣传部、国家广播电视总局、教育部支持下，2017年8月由中国人民大学出版社发起成立"一带一路"学术出版联盟，这是"一带一路"共建国家出版合作体的前身，2019年3月，联盟在中共中央宣传部的指导下更名为合作体，秘书处设于中国人民大学出版社，并列入第二届"一带一路"国际合作高峰论坛成果清单。"一带一路"共建国家出版合作体高峰论坛则是为推动"一带一路"共建国家出版交流和高质量发展而举办的高级别论坛。截至目前，合作体共有来自56个国家和地区的319家成员单位，其中国外成员单位263家，几乎涵盖了"一带一路"共建国家，覆盖了五大洲各大领域，成员单位类别涵盖出版商、学术机构和专业团体，出版类别涉及人文社会科学和自然科学领域的众多方面。自成立以来，合作体成员间国际版权贸易量逐年攀升，中国内容图书合作出版日趋活跃。据不完全统计，合作体成员推动约5000种中国图书在"一带一路"共建国家翻译出版发行。

——内容

首届"一带一路"共建国家出版合作体高峰论坛于2021年9月24日在中国人民大学举行，论坛以"文明互鉴、合作共赢"为主题，由"一带一路"共建国家出版合作体和中国人民大学出版社主办，采用线下与线上相结合的方式进行。[①] 来自全球近20个国家和地区的中外嘉宾、合作体会员机构代表和媒体记者等百余人现场参会，并有超过2000人次在线收看了论坛直播。论坛指出，"一带一路"共建国家出版合作体经过不断地发展壮大，已经成为中国与"一带一路"共建国家出版合作的国家级平台，合作体积极拓展线上国际学术出版合作的新渠道，在中外出版交流合作中发挥了重要的桥梁作用。合作体要

---

① 《"一带一路"共建国家出版合作体论坛在京举办》，新华网，2021年9月24日，http://www.news.cn/politics/2021-09/24/c_1127898556.htm。

坚持共赢共享发展理念、共建优质出版合作平台，聚焦关键领域、共建话语体系，提升合作水平、推动高质量发展。各成员单位要共同努力将合作体打造成出版文化领域共建"一带一路"高质量发展的标杆之一，共同推动世界学术出版和文化教育发展繁荣。该论坛标志着"一带一路"共建国家的出版合作进入重要发展阶段，迎来更加广阔的前景和机遇。论坛期间，举办了合作体理事单位重要成果暨"读懂新时代"系列图书多文版合作翻译出版启动仪式。在论坛第二阶段、主题交流环节，合作体成员国代表围绕"聚焦疫情时代的出版发展经验、探索出版合作新方式""创新数字出版模式、助力出版产业高质量发展"两个议题发言，就合作体未来如何推动出版发展达成共识。该论坛还展示了1200余种中国人民大学出版社"走出去"外文版图书，包括中国主题图书、学术名家作品、中国经典文学作品等类别，以及"丝路书香"和"经典中国国际出版"等工程项目资助图书，共涉及40多个语种。

2023年"一带一路"共建国家出版合作体高峰论坛在哈萨克斯坦举办，主题是"深化国际出版合作，践行全球文明倡议"，来自哈萨克斯坦、乌兹别克斯坦、塔吉克斯坦、吉尔吉斯斯坦、土库曼斯坦的中亚五国出版机构代表，教师学生代表等70余人参会。[①] 该论坛被列入第三届"一带一路"国际合作高峰论坛多边合作成果文件清单，并取得了3项重要成果：一是在"一带一路"共建国家出版合作体框架下成立中国—中亚出版合作体，中亚五国出版人发表联合宣言，表示愿充分发挥中国—中亚出版合作体机制作用，全面扩大出版合作规模，通过形式多样的出版交流活动促进各国出版人激荡思想、探讨业务、交流经验。二是中国人民大学出版社哈萨克斯坦分社正式挂牌，在文明互鉴、合作共赢理念下，形成中哈出版合作新机制，形成中哈互译出版新生态，促进中哈学术、人文成果的互译、共享与推广。三是发布了"中国式现代化研究丛书"哈萨克文版、乌兹别克文版新书（第一辑）重磅图书，在中亚国家讲好中国式现代化的故事，为中亚现代化提供借鉴。

——意义

"一带一路"共建国家出版合作体高峰论坛对于推动国际出版合作、文化交流、民心相通以及"一带一路"倡议的实施具有重要的意义。

一方面，该论坛促进了"一带一路"共建国家出版合作的深化。高峰论坛作为出版合作体的合作与交流平台，加强了共建国家在版权贸易、图书翻译和出版发行等方面的合作，为未来"一带一路"出版合作的规划提供了方向。通过出版合作成员之间分享出版发展经验，探索国际出版合作的新模式，创新数

---

① 《2023年"一带一路"共建国家出版合作体高峰论坛在哈萨克斯坦举行》，《中华读书报》2023年11月8日第2版。

字出版模式，其有效促进了出版业的共同发展和繁荣。

另一方面，该论坛促进了文化交流与互鉴。通过促进"一带一路"国家之间的出版文化交流，该论坛加深了各国之间的相互理解和文化认同，提升国际传播效能，积极塑造了"一带一路"共建国家的立体形象，带动了国际出版合作的深入发展，推动了全球文明的交流互鉴。（本条执笔：庞加欣）

157. "中东伙伴"合作机制

——背景

2023年10月12日，中央广播电视总台（以下简称总台）主办、国际视频通讯社①承办第十一届全球视频媒体论坛，众多国际主流媒体机构和组织围绕"共建丝路新视界"主题开展交流合作，共商合作发展。论坛上，中国中央广播电视总台国际视频通讯社"全球伙伴计划"暨"中东伙伴"合作机制正式启动。"中东伙伴"合作机制由国际视频通讯社与来自9个中东国家的18家媒体组成，将与已有的"欧洲伙伴""丝路视频新闻联盟""东盟伙伴""非洲伙伴""拉美伙伴""太平洋岛国伙伴"等国际媒体合作机制一起，增进共建国家民心相通，促进文明交流互鉴，为讲好共建"一带一路"故事凝聚了广泛共识，助力"一带一路"行稳致远。"中东伙伴"合作机制被列入第三届"一带一路"国际合作高峰论坛多边合作成果文件清单。

——内容

"中东伙伴"合作机制践行共商、共建、共享理念，深化中国与中东国家主流媒体的密切合作，实现优势互补，探索建设媒体合作新路径，充分发挥跨文化传播优势，增进彼此了解，实现覆盖共建国家的文明交流互鉴。"中东伙伴"合作机制立足多元文化交流，深入研究中外不同受众的文化传统、价值取向和接受心理，采取媒体合作、信息共享等方式，以开放、多元化的互动机制促进区域性多元文化的传播交流，共享媒体资源，拓展合作深度，构建传播网络，以文化认同促进共同发展。"中东伙伴"合作机制将持续推动与"一带一路"共建国家主流媒体机构深化务实合作，共同打造跨越地域限制、超越文化差异、融合发展需求的对话交流机制，为高质量共建"一带一路"贡献媒体力量。

——意义

"中东伙伴"合作机制通过创新传播方式，利用专属机制共享"一带一

---

① 国际视频通讯社成立于2010年12月，是中国国内首家面向全球境外媒体机构提供多语种视频新闻素材、直播信号、新闻资料、成片和定制服务等视频新闻内容服务的视频通讯社。

路"相关新闻内容、联合制作播出系列节目、开展定制化业务培训、举行专题研讨会等,以国际化的新闻报道和全球化的合作传播助力"一带一路"建设,全面展示"一带一路"共建成果,实现"一带一路"国际传播在更大范围、更深层次、更高水平上的交流合作,进一步扩大中国声音对外传播的覆盖面和影响力,推动产生更多正面效应,为推动构建人类命运共同体提供新动能。

"中东伙伴"合作机制的建立对于做好新时代"一带一路"国际传播工作,向世界传播共建"一带一路"的务实成果,增进国际社会对"一带一路"的认识、理解和支持,推动共建"一带一路"高质量发展,惠及更多国家和人民具有重要现实意义。(本条执笔:张中元)

十四　博览会、交易会等

158. 第五届中国国际进口博览会

——背景

第五届中国国际进口博览会（以下简称进博会）作为党的二十大后我国举办的首场重大国际经贸盛会，在全球疫情蔓延、经济恢复迟缓、地缘局势紧张的大背景下隆重举行。这一盛会不仅是习近平主席亲自谋划、推动的重大开放举措，更是中国坚定支持经济全球化、推动建设开放型世界经济的生动实践。进博会的举办充分展示了中国政府统筹疫情防控和经济社会发展的强大能力，以及中国经济的强大韧性和超大市场规模的巨大吸引力。通过这一平台，中国向世界传递出坚持开放合作、推动互利共赢的坚定信号，为全球经济的复苏和增长注入了强大动力。[1]

——内容

第五届进博会于2022年11月5日至10日在上海成功举行，得到了国际社会的广泛关注和热烈响应。2022年11月4日晚，习近平主席以视频方式出席在上海举行的第五届进博会开幕式，并发表题为《共创开放繁荣的美好未来》的致辞，习近平主席指出，中国共产党第二十次全国代表大会强调，中国坚持对外开放的基本国策，坚定奉行互利共赢的开放战略，坚持经济全球化正确方向……推动各国各方共享中国大市场机遇……共享制度型开放机遇……共享深化国际合作机遇。[2] 来自82个国家、地区和国际组织的101位部级以上嘉宾线上出席开幕式。

第五届进博会涵盖了国家综合展、企业商业展、虹桥国际经济论坛三大板块，以及国际采购、投资促进、人文交流、开放合作四大平台。与往届相比在内容上呈现出以下显著特点。

---

[1] 《进博会：向世界释放积极应对危机的信号》，《中国经济时报》2020年11月9日第A03版。
[2] 习近平：《共创开放繁荣的美好未来》，《人民日报》2022年11月5日第2版。

参展国别更广。共有来自 145 个国家、地区和国际组织的展商参展，其中包括许多发达国家和发展中国家，以及一些最不发达国家。

展示内容更加丰富多样。围绕"十四五"规划和 2035 年远景目标，本届进博会设置了多个专区，集中展示了农作物种业、人工智能、能源低碳及环保技术等领域的最新成果。同时，还增设了"中国这十年——对外开放成就展"综合展示区，全面展示了新时代我国对外开放的辉煌成就。

展商产品质量更优。共有 284 家世界 500 强和行业龙头参加企业展。六大展区展出数百项新产品、新技术、新服务，其中既有聚焦美好生活的消费品和农产品，也不乏蕴含全球领先科技的各类高精尖医疗器械和技术装备。

招商工作市场化专业化凸显。坚持"政府+市场"发展方向，组建 39 个交易团、近 600 个交易分团，新增 4 个行业交易团、近百个行业交易分团。具有决策权和采购权的专业观众比重进一步提升，采购商质量和专业化程度进一步提高。

虹桥论坛更加聚焦"开放"主题。虹桥论坛以"激发全球开放新动能共享合作发展新机遇"为主题，举办了 24 场探讨全球开放发展热点议题的分论坛。专业化程度持续提升，9 个中央部委、4 个地方省市、3 个专业智库参与主办专业领域分论坛，发布开放领域近 20 个专业化、权威性报告。

数字技术赋能展会。进博会充分利用数字技术赋能展会活动。通过线上展示、云洽谈等方式，为参展商和采购商提供了更加便捷、高效的交流合作平台。此外，还推出了"数字进博"展示平台，实现了 300 多家技术装备领域展商的在线展示和交流。

全力打造绿色展会。践行国家"双碳"发展战略，坚持"绿色、环保、可持续"办展方向，持续打造"零碳进博"。推进"碳中和"项目，引入碳普惠机制，实现绿色低碳价值传递和绿色搭建，增设绿色展台设计奖，提高参展、搭建、物流企业的参与度和积极性，携手共建"绿色展会"。

各类活动精彩纷呈。进博会还举办了近百场形式多样、内容丰富的专业配套活动，包括政策解读、对接签约、投资促进等。这些活动为参展商和采购商提供了更多的交流合作机会，推动了经贸人文的深度融合。[1]

——意义

作为党的二十大后中国举办的首场重大国际展会，第五届进博会的成功举办取得了丰硕成果，实现了安全、精彩、富有成效的目标。按一年计，第五届进博会累计意向成交 735.2 亿美元，比上届增长 3.9%。

---

[1] 《第五届进博会参展国别范围更广展示内容更丰富》，人民网，2022 年 11 月 1 日，http://finance.people.com.cn/n1/2022/1101/c1004-32556571.html.

自首届进博会 2018 年启幕，5 年来，在"新时代，共享未来"的主题下，进博会已经成为"中国构建新发展格局的窗口、推动高水平开放的平台、全球共享的国际公共产品"。5 年来，不惧单边主义、保护主义逆流，克服疫情冲击，进博会年年举办、越办越好，已经成为中国坚定不移推进对外开放的一面旗帜。

具体来看，第五届进博会在传播和影响上主要有六大特点：一是热度高，"进博声音"更加响亮。2022 年是进博会五周年，各界对进博会高度关注。二是声量强，主流媒体影响力凸显。第五届进博会曝光总量超 56 亿次，中央新闻单位、地方新闻单位以及行业媒体积极报道，媒体融合传播的特点更加突出。三是范围广，国际影响力进一步提升。本届进博会境外信息量再创新高，国际主流通讯社发布相关稿件，覆盖近 100 个国家和地区的近 12 亿海外受众。Facebook、Twitter、TikTok 等 6 大海外社交媒体平台中，第五届进博会相关帖文总传播量过亿，创历史新高。四是亮点多，形成特色化传播焦点。第五届和五周年元素凸显，"进博故事"年度主题宣传高热。数字技术赋能展会报道量不断提升，首次推出"数字进博"展示平台。"开放"和"中国大市场"等热词高频传播，展示中国主动扩大开放、同各国分享发展机遇的信心决心。新增"中国这十年——对外开放成就展"综合展示区、进博文化展示中心、艺术精品专区作为本届进博会新增专题展示内容，吸引诸多媒体报道。五是反响好，展商展品获高度关注。来自 127 个国家和地区的 2800 多家企业参加企业商业展，展示了 438 项代表性首发新产品、新技术、新服务。六是活动热，展会期间形成传播合力。论坛方面，虹桥论坛声量增强，"RCEP 与更高水平开放"高层论坛、《世界开放报告 2022》发布暨国际研讨会等活动获较高关注。配套活动方面，近百场活动吸引关注，第五届进博会贸易投资对接会、参展商联盟大会等热度较高。人文交流方面，中华老字号展示专区、非物质遗产展示专区受到广泛关注。[①]

第五届进博会是一个重要的国际经贸盛会，不仅展示了中国推进高水平对外开放的决心和行动，也为全球各国提供了一个深化合作、共谋发展的平台。通过进博会，各国可以共同推动全球经济的复苏和增长，构建更加紧密的命运共同体。（本条执笔：张子婷）

159. 中国进出口商品交易会

——背景

中国进出口商品交易会（又称广交会），创办于 1957 年春，现由商务部和

---

① 《第五届中国国际进口博览会传播影响力报告》，人民网舆情数据中心，2023 年 1 月 9 日。

广东省人民政府联合主办,中国对外贸易中心承办,每年春秋两季在广州举办。

自20世纪50年代起,中国开始逐步探索对外开放的道路,积极参与国际经济合作与竞争,广交会的创办正是为了响应国家发展战略,推动中国商品走向世界,同时引进国外先进的技术和管理经验。现在广交会已成为中国目前历史最长、规模最大、商品最全、采购商最多且来源最广、成交效果最好、信誉最佳的综合性国际贸易盛会,被誉为中国第一展,是中国外贸的晴雨表、风向标。

——内容

广交会是中国对外开放的窗口、缩影、标志,是国际贸易合作的重要平台。创办以来,广交会历经风雨、从未间断,已成功举办134届,与全球229个国家和地区建立了贸易关系,累计出口成交约1.5万亿美元,累计到会和线上观展境外采购商超1000万人,有力地促进了中国与世界各国各地区的贸易交流和友好往来。广交会涵盖了多个领域,包括工业、农业、服务业等,吸引了来自全球各地的展商和采购商。在广交会上,各国企业可以展示其最新产品、技术和服务,寻找合作伙伴和商机。同时,广交会还举办各种论坛和研讨会,为业界人士提供交流思想和分享经验的平台。广交会的贸易方式灵活多样,除了传统的看样成交外,还举办了网上交易会。此外,广交会还提供了多种形式的经济技术合作与交流,以及商检、保险、运输、广告、咨询等业务活动,为参展商和采购商提供了全方位的服务。

习近平主席于第120届、第130届两次向广交会致重要贺信。在致第130届广交会重要贺信中,习近平主席指出,广交会创办65年来,为服务国际贸易、促进内外联通、推动经济发展作出了重要贡献。当前,世界百年变局和世纪疫情交织叠加,世界经济贸易面临深刻变革。广交会要服务构建新发展格局,创新机制,丰富业态,拓展功能,努力打造成为中国全方位对外开放、促进国际贸易高质量发展、联通国内国际双循环的重要平台。中国愿同世界各国携起手来,秉持真正的多边主义,推动建设高水平开放型世界经济。[1]

2023年10月15日至11月4日,第134届广交会在广州举办,展览规模再创新高,线下展总面积达155万平方米,线上平台常态化运营。按行业设55个展区,相应扩展了新能源汽车及智慧出行、新材料及化工产品等展览题材。线下展参展企业及线上平台企业均超2.8万家,吸引来自全球229个国家和地区的境内外采购商与会和线上观展。至此,广交会累计到会和线上观展境外采购商超1000万人,累计出口成交约1.5万亿美元,为促进我国外贸发展、推

---

[1]《习近平向第130届中国进出口商品交易会致贺信》,《人民日报》2021年10月15日第1版。

动全方位对外开放、服务构建新发展格局作出了积极贡献。①

——意义

作为中国重要的贸易促进平台，广交会直接联通国内国际两个市场，是国内国际双循环的重要节点，在构建新发展格局中发挥独特作用。

一是广交会是中国对外经济开放政策的重要体现。它的创办标志着中国开始积极参与全球贸易，通过展示和销售中国的优质商品，与世界各国建立了广泛的经贸联系。这不仅为中国企业提供了接触全球市场的机遇，也促进了中国经济的国际化进程。

二是广交会见证了中国从封闭走向开放的过程。广交会作为一个国际性的贸易平台，不仅展示了中国商品的多样性和竞争力，也反映了中国经济的快速发展和综合国力的提升。通过广交会，中国向世界展示了其经济活力和发展潜力，增强了国际社会对中国的认知和信任。②

三是广交会对推动中国经济的持续发展、促进全球经济的繁荣具有重要意义。通过广交会，中国企业可以了解国际市场的需求和趋势，优化产品结构，提高产品质量和竞争力。同时，广交会也吸引了大量的国际采购商，为中国市场带来了更多的机会和发展空间，促进了中国经济的快速增长。

四是广交会还加强了中国与世界各国之间的友好合作和文化交流。通过广交会这一平台，各国企业可以相互学习、交流经验，增进彼此的了解和友谊。这不仅有助于推动国际贸易的深入发展，也为构建人类命运共同体奠定了坚实的基础。③（本条执笔：张子婷）

160. 中国国际消费品博览会

——背景

随着全球经济的不断发展和消费市场的日益繁荣，各国之间的贸易往来和合作日益密切。中国国际消费品博览会，是在海南自贸港建设总体方案中提出的，全国首个以消费精品为主题的国家级展会。2020年6月1日，《海南自由贸易港建设总体方案》正式向全球发布，为向世界展示中国进一步对外扩大开放共享发展机遇的坚定决心，海南将于2021年举办首届中国国际消费品博览会。

---

① 荔枝新闻特约评论员王玉星：《"广交世界"，见证中国"开放的大门越开越大"》，光明网，2024年4月15日，https://world.gmw.cn/2024-04/15/content_37246915.htm.

② 《中国对外开放的窗口、缩影和标志：62岁广交会的前世与今生》，新华网图刊，http://gd.xinhuanet.com/topic/zhuanti/201810/1082.html.

③ 《广交会：以友谊纽带、贸易桥梁为经济复苏与全球合作增添动力》，人民网，2023年4月15日，http://gd.people.com.cn/n2/2023/0415/c123932-40377493.html.

消博会是中国与世界共享海南自由贸易港发展机遇的重要平台，举办消博会是落实习近平总书记关于构建国内大循环为主体、国内国际双循环相互促进新发展格局重要批示精神的重大举措，有助于优化国内消费领域供给侧改革、促进境外消费回流、推动国内消费转型升级。

——内容

2021年5月6日，首届消博会在海南省海口市开幕，由商务部和海南省人民政府共同举办，展览总面积8万平方米，国内外参展企业近1500家，来自约70个国家和地区。当日，习近平主席向首届中国国际消费品博览会致贺信指出，举办中国国际消费品博览会，提供一个全球消费精品展示交易平台，有利于世界各国共享中国市场机遇，有利于世界经济复苏和增长，也有利于中国为世界提供更多优质消费品。希望各国嘉宾和各界人士深化交流、共谋合作，更好造福各国人民。习近平主席强调，中国愿发挥海南自由贸易港全面深化改革和试验最高水平开放政策的优势，深化双边、多边、区域合作，同各方一道，携手共创人类更加美好的未来。[①] 2021年消博会以"开放中国，海南先行"为主题，围绕建设海南国际旅游消费中心定位，集聚全球消费领域资源，打造全球消费品展示交易平台，为全球消费增长提供新动力。消博会境外展品在展期内进口和销售享受免税政策，展商可享受离岛免税特殊通道待遇。

2022年4月12日至16日，第二届消博会在海口举行，法国担任本届消博会主宾国，会期由原来的4天延长至5天，更加聚焦"高、新、优、特"消费精品，总面积由8万平方米增加至10万平方米，其中，国际展区8万平方米，占参展面积80%，共有来自61个国家和地区的1600多个品牌参展。国内展区2万平方米，包括省（区、市）展区1.5万平方米，31个省（区、市）和新疆生产建设兵团均参展参会。新设国货精品馆5000平方米，展示国内消费精品和老字号。

2023年4月10日至15日，第三届消博会在海南省海口市举办，意大利担任本届消博会主宾国。本届消博会参展品牌中，国际展区2226个、国内展区1156个，参展品牌数较第二届增加19%。各类采购商和专业观众数量超5万人，其中来自意大利、法国、德国、日本、韩国、越南、印度尼西亚、泰国等35个国家和地区的超过2000名境外采购商到会参与洽谈采购。消博会期间，主题论坛、新品发布、时装周、采购对接、国别推介、省区市推介、展览展示等一系列活动举办。其中，全球消费论坛成果丰硕，举办了47场系列活动，发布消费洞察报告、消费趋势白皮书等关于消费、旅游零售

---

① 《习近平向首届中国国际消费品博览会致贺信》，《人民日报》2021年5月7日第1版。

市场领域行业报告 60 余篇。除了近 300 场丰富多彩的展台新品发布活动之外，本届消博会举办了为期两天的"消博时刻 首发首秀"新品发布会，28 家国际、国内知名主体携 118 件不同款式、不同系列的新品登场，涵盖了时尚香化、珠宝首饰、高端酒水、生物科技、智能生活、绿色消费、潮流玩具等众多品类。①

——意义

第一，稳定全球贸易发展。消博会的举办，是中国对大型展会布局和综合效应的完善发展，是坚持对外开放基本国策的具体实践，是构建新发展格局的重要举措，有助于推进高水平开放，建设开放型经济，畅通国内大循环，促进国内国际双循环，构建新发展格局。同时，体现了中国致力于推动开放合作、打破贸易壁垒的大国担当，这将为疫情后世界经济复苏和全球经贸稳定发展贡献中国力量。

第二，提供共享开放合作新机遇。消博会有助于推进高水平开放，建设开放型经济。中国用实际行动搭建消博会这一重要平台，为世界各国优质消费品进入中国市场提供新渠道，为世界各国摒弃保护主义、单边主义思维，实行开放合作、互利共赢的发展模式提供引领示范。通过加强与国际市场的联系和合作，消博会推动了中国与世界各国的贸易往来和经济合作，促进了全球消费市场的繁荣和发展，为构建开放型世界经济注入了新的动力。

第三，更好满足人民美好生活需要。消博会是促进中国消费升级的重要平台，通过举办消博会，集成海南自由贸易港优惠政策，促进国内外消费精品供需两端有效衔接，引进了国外优质商品和服务，丰富了国内消费市场的供给，满足了人民群众日益增长的消费需求。同时，消博会也为中国企业提供了学习借鉴国际先进经验和技术、提升自身竞争力的机会。②

助力加快构建新发展格局。消博会联通国内国际市场，汇集国内外优质消费品资源和全球买家卖家，不仅有利于优化国内市场供给结构，提高供给质量，提升供给体系对国内需求的适配性，形成需求牵引供给、供给创造需求的更高水平动态平衡，畅通国内大循环，还有利于推动全球消费资源和要素顺畅流动、高效共享，实现内需和外需、进口和出口协调发展，促进国内国际双循环。③（本条执笔：张子婷）

---

① 《共享市场机遇 共促经济增长》，《人民日报》2023 年 4 月 14 日第 3 版。
② 《共享市场机遇 共促经济增长》，《人民日报》2023 年 4 月 14 日第 3 版。
③ 《商务部：举办消博会有利于加快构建新发展格局与海南自贸港建设》，人民网，2021 年 5 月 6 日，http://m.people.cn/n4/2021/0506/c125-14977581.html。

161. 中国国际投资贸易洽谈会

——背景

中国国际投资贸易洽谈会（以下简称投洽会）的创办，是在经济全球化和区域经济一体化的大背景下应运而生的。随着改革开放的不断深入，当时的中国亟须一个平台来展示自身的投资环境和潜力，吸引外资，同时推动国内企业"走出去"，投洽会就在这样的需求下诞生了。

1987年，作为最先享有"特殊"政策地区之一的福建省步入了改革开放的第八个年头，此时，开放意识弥漫在整个厦门经济特区。开始有人策划设计了以"招商引资"为主题的洽谈会。同年9月8日由福建省的厦门、泉州、漳州、龙岩四个地市联合主办的"闽南三角区外商投资贸易会"在厦门开幕，这就是今天中国国际投资贸易洽谈会的最早发端。

1991年，国家外经贸部批准厦门作为举办口岸级贸洽会的国际招商城市之一，福建投资贸易洽谈会由省内区域性的洽谈会升格为口岸洽谈会，主办单位亦由福建单家扩大到数省联合。至此，福建投洽会开始以"滚雪球"般的速度发展，其国际知名度与日俱增，外商与会人数、项目签约数及投资金额呈逐年递增态势。1997年，福建省投资贸易洽谈会再上台阶，国家外经贸部将其正式升格为中国投资贸易洽谈会，并担任投洽会的主办单位，倾力打造这一全国性国际投资促进活动。投洽会成为中国吸引外资的权威平台，开始进入了迅猛发展状态。

经过多年的发展，根据中国对外开放大政方针，投洽会努力顺应国内外经济形势变化，适时调整办会主题和内容，逐步从最初的区域性经贸活动发展成为当今全球最具影响力的国际投资促进盛会。

——内容

投洽会的内容丰富多样，主要包括投资和贸易展览、国际投资论坛及系列投资热点问题研讨会和以项目对接会为载体的投资洽谈。其全面展示和介绍中国及中国各省、自治区、直辖市和特别行政区的投资环境、投资政策、招商项目和企业产品，同时吸引了数十个国家和地区的投资促进机构纷纷前来参展并举办投资说明会、推介会。参加投洽会的境内外客商可以花最少的时间和精力全面考察中国各地和其他国家和地区的投资环境，从最直接的渠道获取最新的投资政策和投资资讯，在最广泛的范围内选择最合适的投资项目和投资合作伙伴。

2018年9月8日，第二十届投洽会开幕，习近平主席向投洽会致贺信，他指出，20多年来，中国国际投资贸易洽谈会致力于打造双向投资促进、权威信息发布和投资趋势研讨三大平台，已发展成全球最具影响力的国际投资盛会之一，为我国改革开放和社会主义现代化建设作出了积极贡献。同时，习近平主席强调，中国对外开放的大门只会越开越大，希望投洽会以双向投资促进为主题，精耕细作，打造国际化、专业化、品牌化的精品，办成新一轮高水平对外开放的重要平台，为推动形成全面开放新格局、建设开放型世界经济发挥积极作用。[1]

2023年投洽会贯彻落实习近平主席致投洽会贺信精神，围绕"扩大双向投资 共促全球发展"永久主题和"开放·融合引领高质量发展"年度主题，共吸引来自106个国家和地区、1000多个工商经贸团组、近8万名境内外客商参会，联合国贸发会议秘书长格林斯潘在开幕式视频致辞所说，"今年投洽会聚焦全球发展倡议，这一主题恰如其时，备受欢迎"。2023年投洽会由巴西、塞尔维亚、卡塔尔担任主宾国，设置12万平方米展览展示，举办62场论坛研讨活动、36场对接洽谈、项目路演和投资考察活动，发布了《世界投资报告2023》（中文版）、《中国双向投资报告2023》、《中国外资统计公报2023》、《中资企业国别发展报告》等15个权威报告和研究成果，100多家境内外媒体、超过700名记者赴厦宣传报道，中央广播电视总台首设直播间进行多场直播及深入访谈，有力释放中国投资好声音。据统计，638个项目在大会期间达成合作协议，计划总投资4845.7亿元，参会机构数量和协议总投资额创下五年来新高。

——意义

第一，透过厦门"窗口"展现中国形象。乘着中国改革开放的东风，投洽会与厦门经济特区共成长，不断把这座开拓创新、锐意进取的城市，推向世界经济舞台的前沿。盛会伴随特区一路升级，"9·8"金钥匙招牌越擦越亮，不仅连通厦门与世界的经济脉动，还为各国资本与中国打开双向投资之门，引领着新时代国际投资方向。

第二，服务双多边经贸合作。近年来，投洽会努力顺应全球经济形势变化，紧随中国对外开放大政方针，紧密结合金砖合作、"一带一路"倡议、RCEP等主题展开系列活动，逐步发展成为最具影响力的国际投资促进盛会之一。越来越多的"一带一路"共建国家地区及金砖、RCEP成员国，借助这把"金钥匙"寻求合作，投洽会的"朋友圈"不断扩大。

第三，打造国际投资公共平台。投洽会"大对接""大洽谈"的大会展格局，为全球客商和企业打开大门、铺展商机。投洽会正朝着国际投资公共平台

---

[1] 《习近平向第二十届中国国际投资贸易洽谈会致贺信》，《人民日报》2018年9月9日第1版。

大步迈进，20多年来参与投洽会的政府机构、工商经贸团组和企业客商遍布120多个国家和地区，3万多个项目成功签约，推动了跨国投资的发展，促进了全球经济的增长。近年来，投洽会积极贯彻"全球发展倡议"和"人类命运共同体"理念，促进更多国家之间扩大相互开放和投资。

总的来说，投洽会不仅是中国对外开放和经济合作的重要平台，也是推动全球经济增长和促进国际合作与交流的重要力量。在持续为世界经济注入提振投资信心、共享发展机遇的强心剂的同时，各国也正充分利用投洽会平台，共享中国庞大的市场机遇和发展红利。（本条执笔：张子婷）

162. 中国国际服务贸易交易会

——背景

在全球服务贸易迅猛发展的背景下，为增强服务业和服务贸易国际竞争力，充分发挥服务业和服务贸易在加快转变经济发展方式中的作用，中国国际服务贸易交易会应运而生。2012年党中央、国务院批准由商务部、北京市人民政府共同主办中国（北京）国际服务贸易交易会。2019年更名为中国国际服务贸易交易会，2020年，简称由"京交会"更名为"服贸会"。

服贸会是专门为服务贸易搭建的国家级、国际性、综合型大规模展会和交易平台。在党中央、国务院的坚强领导和高度重视下，经过历届的培育和发展，服贸会已成为全球服务贸易领域规模最大的综合性展会，习近平主席连续在2020年、2021年服贸会全球服务贸易峰会上发表重要视频致辞，并专门向2022年服贸会发来贺信，指出"中国国际服务贸易交易会是中国扩大开放、深化合作、引领创新的重要平台，为促进全球服务业和服务贸易发展作出了积极贡献"。

服贸会坚持"全球服务互惠共享"，旨在打造成为全球最具影响力的服务贸易展会，诚挚欢迎世界各个国家和地区、国际组织、境内外商协会和机构、世界知名企业参展参会、洽商合作，携手共促开放共享的服务经济，为世界经济发展注入动力。[①]

——内容

服贸会是全球首个，也是目前规模最大的服务贸易领域综合型展会。涵盖运输，旅行，建筑，保险服务，金融服务，电信、计算机和信息服务，知识产权使用费，个人、文化和娱乐服务，维护和维修服务，其他商业服务，加工服

[①] 《举办背景》，中国国际服务贸易交易会官网，2023年8月7日，https://www.ciftis.org/article/61381/.

务、政府服务12大服务贸易领域。世界贸易组织、联合国贸易和发展会议、经济合作与发展组织均是服贸会的支持单位，世界知识产权组织、国际贸易中心、全球服务贸易联盟、世界贸易网点联盟、世界贸易中心协会等也是服贸会的国际合作机构。在这一平台上，各国和地区的服务业企业、机构可以展示其最新产品、技术和服务，寻找合作伙伴，开展业务洽谈，进一步推动全球服务贸易的发展。自举办以来，服贸会累计吸引196个国家和地区、60余万名展客商、600余家境外商协会和机构参展参会、洽商合作。

2023年服贸会于9月2日至6日在北京国家会议中心、国家体育馆及首钢园区举办，以"开放引领发展，合作共赢未来"为主题，共举办了15.5万平方米的展览展示、10场高峰论坛、102场专题论坛、18场边会和72场推介洽谈。线下参展企业2400余家，线上参展企业6700余家。2023年服贸会成果丰硕。

开放合作成为共识，汇聚全球强大合力。在展会期间，围绕服务贸易开放、合作、创新发展等热点话题，设置多场高峰论坛、专业论坛和行业会议论坛，汇聚了各领域政府官员、专家学者和业界精英，广泛深入探讨了新形势下服务贸易国际合作和创新发展的方向和路径，为推动全球经济贸易复苏增长贡献了智慧和力量。此外，83个国家和国际组织以政府或总部名义设展办会，比上届增加12个，线下参展企业国际化率超过20%，覆盖28个服务贸易前30强国家和地区，"朋友圈"进一步扩大。[1]

科技创新成为重要亮点，展览展示量质齐升。2023年服贸会成就展主题鲜明，聚焦党的十八大以来中国服务业扩大开放和服务贸易创新发展取得的巨大成就，突出展示了航天航空、医疗服务、信息数据服务等领域的40余个先进成果及案例。展示内容突出创新引领，重点展示人工智能（以下简称AI）、芯片技术、清洁能源等服务领域的新技术、新应用。AI大模型、量子测控、卫星遥感等专精特新成果竞相亮相。

突出国际化、权威性、专业化。在2023年服贸会的论坛会议中，由国际组织、驻华使馆、境外机构及国家相关部委举办的达到了66场。此外，论坛活动发布了中国服务贸易发展报告、数字贸易发展与合作报告、世界旅游城市发展报告、中国医药企业研发指数白皮书等百余项权威信息，引领服务贸易新趋势、新发展。举办了联合国《北京船舶司法出售公约》签约仪式，瑞士、新加坡、沙特阿拉伯等15个国家首批签约，填补了船舶司法出售国际效力方面的国际规则空白，解决了船舶司法出售跨境承认问题。"投资中国年"服务业扩大开放推介大会，权威解读中国知识产权等领域扩大开放政策。

---

[1] 潘俊强：《2023年服贸会取得丰硕成果》，《人民日报》2023年9月7日第3版。

聚焦多个热点领域，取得系列重要成果。72场推介洽谈中，各行业举办了30场，英国、德国、世界知识产权组织等举办29场，山东等8个省区市举办8场。来自央企、金融机构、各省区市、各专题等近8万名专业观众应邀到会洽商。在成交项目、投资、战略协议、权威发布、首发创新和联盟平台等7方面共达成1100余项成果。其中，建筑、电信计算机、金融、其他商业服务等领域成果突出，促成了新设外商独资渣打证券、日本荏原集团在京新设总部、北京建工在"一带一路"国家建设项目等成果。"北京日"活动成功签约国际消费产业园、航天火箭智能感知产业基地等51个重大项目。

——意义

坚持用和平、发展、合作、共赢的"金钥匙"，中国将与世界各国共创更加美好的未来。习近平主席在致2022年服贸会贺信中指出，"服贸会是中国扩大开放、深化合作、引领创新的重要平台，为促进全球服务业和服务贸易发展作出了积极贡献"①。历年来，服贸会瞄准全球最具影响力的服务贸易一流展会目标，搭建国家对外开放的重要展会平台、全球新技术新成果的重要展示平台、各国企业机构洽商交易的重要合作平台以及全球服务贸易热点问题及公共治理的重要交流平台。

服贸会旨在推动中国服务业的对外开放，促进服务贸易的发展与合作，以及展示中国服务实践案例的最新成果和最新技术应用。服贸会已经成为中国服务贸易领域的龙头展会，也是中国对外开放的重要展会平台，通过这一平台，中国向世界展示了其服务业的开放态度和创新成果，同时也吸引了全球的服务贸易企业、机构和专业人士前来参与和交流。在服贸会上，中外企业可以充分展示各自的服务贸易产品和服务，进行深入的交流和洽谈，为后续的项目合作和服务交易奠定基础。这有助于拓宽企业的市场视野，促进市场开拓和业务拓展。②

服贸会的举办体现了中国推动高水平开放的信心与决心。中国已从过去的商品要素流动型开放向制度型开放转变，服务贸易近些年对外开放的大门越开越大。在全球疫情依然严峻、单边主义盛行、贸易保护主义抬头等诸多因素构成的全球复杂局势中，中国对外开放水平不断提高，体现了大国的责任与担当。③（本条执笔：张子婷）

---

① 《习近平向2022年中国国际服务贸易交易会致贺信》，《人民日报》2022年9月1日第1版。
② 服贸会：《优势与作用》，中国国际服务贸易交易会官网，2023年8月11日，https://www.ciftis.org/article/61394/.
③ 吴力：《服贸会：激发服贸动能 添彩美好生活》，《国际商报》2022年8月23日第2版。

163. 全球数字贸易博览会

——背景

数字贸易是数字经济的重要组成部分，代表了全球贸易发展的新趋势，是全球贸易增长的新引擎，为促进世界经济复苏增长注入了新活力。近年来，中国数字贸易蓬勃发展。2021年，中国数字服务贸易总值2.33万亿元人民币，同比增长14.4%。其中数字服务出口1.26万亿元，增长18%。2021年上半年，中国数字服务贸易额达1.2万亿元人民币，同比增长9.8%。其中数字服务出口6828亿元，增长13.1%。中国跨境电商进出口规模五年来增长近10倍，2020年和2021年连续实现高速增长。中国已成为数字贸易大国，电商交易额、移动支付交易规模位居全球第一，数字产业化基础更加坚实，产业数字化步伐持续加快。在全球数字贸易快速发展、数字贸易"规则赤字"受到各方关切的背景下，举办一场以数字贸易为"主题"的博览会，将在促进中国数字贸易蓬勃发展、进一步扩大制度型开放、推动数字贸易国际交流合作等方面发挥重要作用。[1]

中国浙江省一直以来高度重视数字经济和数字贸易发展，作为中国数字经济和数字贸易发展的"先行区"，始终大力推进数字产业化、产业数字化和治理数字化，坚持不懈把数字化改革作为"一号工程"来抓，是中国数字经济发展的"桥头堡"，数字经济也是推动浙江经济高质量发展的一张"金名片"。在数字贸易发展规模、制度创新、平台集聚、规则探索上呈现领跑姿态，为数贸会的落地奠定了良好的基础。

——内容

全球数字贸易博览会（以下简称数贸会）是中国唯一以数字贸易为主题的国家级、国际性、专业型展会，是综合展示全球数字贸易新技术、新产品、新生态的重要窗口，是共商共议国际数字贸易新标准、新议题、新趋势的交流平台，是共建共享新时代经贸合作新市场、新机遇、新发展的开放平台。数贸会由浙江省人民政府和商务部联合主办，杭州市人民政府、浙江省商务厅和商务部外贸发展事务局共同承办。

首届数贸会于2022年12月11日至14日在杭州成功举办，"欧洲硅谷"爱尔兰担任主宾国，7个国际组织、53个国家（地区）、32位驻华使馆和驻沪总领馆嘉宾线上线下出席，北京、上海、四川担任主宾省（市），全国11个省

---

[1] 数贸会组委会：《新闻发布会：揭开首届数贸会的"神秘面纱"》，杭州网，2022年12月8日，https://z.hangzhou.com.cn/2022/qqszmyblh/content/content_8420545.htm。

市组团参会，800余家数字贸易领域重点企业参展，286家企业315项产品进行了"首发""首展"和"首秀"，签约了一批来自世界500强、行业龙头及独角兽企业项目89个，实现贸易投资额近1500亿元。举办了国家数字服务出口基地高峰论坛、数字文化贸易高峰论坛等26场高端论坛活动，发布了一系列重要研究成果，凝聚了对数字贸易发展的共识，成为全球数字贸易领域的重要风向标。

第二届数贸会于2023年11月23日至27日在浙江杭州国际博览中心举办，来自25个国家和地区的1018家企业线下参展，367家企业通过数贸会云平台在线上参加展览，100多个国际采购团来到现场洽谈合作。展会面积10万平方米，包括1个综合馆，2个特色馆，4个数字产业馆。综合馆重点展示国家馆、主宾国、国际组织、主宾省市、港澳专区以及浙江馆等内容。2个特色馆分别为前沿趋势馆、丝路电商馆。4个数字产业馆分别为数字技术、数字服务、数字内容、数智出行等专业展区，展览展示全球数字贸易新技术、新产品、新生态。习近平主席高度重视数字贸易改革创新发展、高度重视数贸会，11月23日，习近平主席向第二届数贸会致贺信，为共促全球数字贸易高质量可持续发展指明了方向，充分展现中方愿与各国一道建设开放型世界经济，促进全球数字贸易繁荣发展的坚定决心，贺信指出，当前，全球数字贸易蓬勃发展，成为国际贸易的新亮点。近年来，中国积极对接高标准国际经贸规则，建立健全数字贸易治理体系，促进数字贸易改革创新发展，不断以中国新发展为世界提供新机遇。希望各方充分利用数贸会平台，共商合作、共促发展、共享成果，携手将数字贸易打造成为共同发展的新引擎，为世界经济增长注入新动能。[①]

——意义

为全球贸易发展注入新的活力，培育更多新增长点。在数字经济蓬勃发展的背景下，发展数字贸易有利于培育更多新增长点。近年来，全球范围内数字贸易占比不断攀升。《数字贸易发展与合作报告2023》显示，2022年全球数字服务贸易规模达3.82万亿美元，占全球服务贸易的53.7%。数字贸易已经成为国际贸易发展的新趋势，并且具有巨大的发展潜力。数贸会可以说是最新科技的大汇聚，也是行业洞察分析、全球资源整合、全方位成果展示的重要平台，通过这一平台，各国可以共同探讨数字贸易的发展趋势和未来方向，分享数字贸易的成功经验和最佳实践，推动全球贸易的繁荣与发展。

推动经济高质量发展，培育数字贸易新机遇。数字贸易通过数字技术的广泛应用，有无国界、开放性的特点，有效缓解了贸易中的信息不对称等问题，

[①]《习近平向第二届全球数字贸易博览会致贺信》，《人民日报》2023年11月24日第1版。

优化资源配置，降低交易成本，提高产业分工效率。数字产品和服务的比特属性能不断降低复制成本和运输成本，打破地理距离对贸易的物理限制，增强产品和服务的可贸易性，不断扩展贸易空间。[①] 数贸会的举办，进一步扩大了数字贸易国际交流"朋友圈"，促进了各国在数字经济领域的合作与创新，为全球经济的数字化转型和创新发展提供了强大动力。

  推动全球经济复苏和增长，促进全球数字贸易交流。在当前全球经济形势下，数字贸易的发展对于促进贸易自由化、便利化、推动经济全球化和世界经济复苏具有重要意义。数贸会的举办为全球各国提供了一个共同应对挑战、推动经济增长的重要平台。数贸会的举办为全球数字贸易领域的各方提供了一个相互了解、增进友谊、深化合作的契机。通过数贸会，各国可以加强在数字贸易领域的政策沟通、规则制定和监管合作，共同应对数字贸易面临的挑战和问题，推动构建开放、包容、普惠、平衡、共赢的全球数字贸易体系。同时，通过加强数字贸易领域的合作与交流，各国可以共同推动全球经济的复苏和增长，为世界经济的繁荣稳定作出积极贡献。（本条执笔：张子婷）

[①] 王德卿：《拓展全球数字贸易新空间》，《学习时报》2024 年 3 月 29 日第 A2 版。

十五　共建国家相关计划

164. 土库曼斯坦"复兴丝绸之路"战略

——背景

土库曼斯坦地处中亚地区南北、东西交通运输走廊的交会点，一直扮演着连接东西方的交通枢纽角色，是历史上丝绸之路的重要节点。自1995年获得永久中立地位以来，土库曼斯坦政府将"复兴古丝绸之路"作为国家发展的重要战略之一，将本国定位为"丝绸之路的中枢"，并将此战略作为国家经济社会发展及对外经济外交的重点任务。别尔德穆哈梅多夫总统高度重视并积极推进"复兴古丝绸之路"战略。经过近30年的实践和建设，土库曼斯坦的这一战略已与中国的"一带一路"倡议有效对接，成为该倡议在中亚地区推进的先导实践，为"一带一路"倡议在中亚的进一步发展奠定了坚实基础。[1]

——内容

土库曼斯坦的"复兴丝绸之路"战略是一个综合性的发展计划，旨在通过加强交通基础设施和区域合作，促进经济增长和国际贸易，同时提升该国在全球交通网络中的地位。

土库曼斯坦总统马斯拉哈蒂高度重视"复兴丝绸之路"战略。他在包括2023年"一带一路"国际合作高峰论坛在内的国际论坛上多次强调，土库曼斯坦致力于与合作伙伴共同打造覆盖东西线和南北线的交通和物流基础设施网络。这一战略旨在将亚洲、欧洲和中东的运输系统统一起来，最大限度地利用土库曼斯坦的地理优势。

为了实现这一战略目标，土库曼斯坦2015年至2021年间在交通运输行业投资了约140亿美元。这些投资主要用于铁路、公路、航空和海运等领域的现

---

[1] 王四海、秦屹：《中亚国家在建设丝绸之路经济带中的重要作用——以土库曼斯坦为例》，《俄罗斯东欧中亚研究》2016年第5期。

代化，包括对 5000 千米铁路的现代化改造、运营每年可处理 2500 万吨货物的土库曼巴希国际海港、改善机场设施以每小时服务 3800 名乘客，以及建设阿什哈巴德至泰德根和阿什哈巴德至土库曼纳巴德的高速公路。

土库曼斯坦还积极参与国际交通走廊的建设，如北南国际运输走廊、跨里海国际运输路线、拉皮斯拉祖利走廊等，以提升其作为区域交通枢纽的地位。同时，土库曼斯坦还批准了 12 项国际交通公约，并发起了 4 项交通运输主题国际倡议，这些均得到了联合国大会的支持。这些举措提升了土库曼斯坦在国际交通运输领域的地位和影响力。

总体而言，土库曼斯坦的"复兴丝绸之路"战略是一个全方位的发展计划，涵盖了交通基础设施建设、国际合作和区域一体化等多个方面。通过这一战略的实施，土库曼斯坦不仅能够促进自身的经济增长和国际贸易，还能够在全球交通网络中发挥更重要的作用。

——意义

"复兴丝绸之路"战略对土库曼斯坦而言，不仅是对历史贸易路线的现代化复兴，而且是一种深具政治、经济和文化意义的战略选择。这一战略旨在基于平等、互信和相互尊重的原则，加强与沿线国家的联系，促进相互了解和文化交流，从而建立一个更加包容和开放的世界。[①] 通过发展交通基础设施和经济合作，土库曼斯坦希望提升自身在国际贸易和地缘政治中的地位，同时推动地区的稳定与繁荣。

2023 年 1 月 6 日，中国政府与土库曼斯坦政府签署《中华人民共和国政府与土库曼斯坦政府关于共建"一带一路"倡议和"复兴丝绸之路"战略对接的谅解备忘录》，标志着双方在推进政策沟通、设施联通、贸易畅通、资金融通和民心相通方面的合作进入了新阶段，为构建中土命运共同体奠定了基础。"复兴丝绸之路"战略与中国"一带一路"倡议的对接，为土库曼斯坦带来了与中国及其他亚欧国家加强合作的新机遇。这一对接不仅深化了中土之间的传统友谊，而且促进了欧亚地区的贸易和文化交流，为该地区的可持续发展注入了新动力。通过参与"一带一路"倡议，土库曼斯坦能够更好地发挥自身地理优势，成为亚欧大陆交通枢纽，从而推动经济增长、促进区域一体化，并为国际和平与合作贡献力量。在当前国际形势趋紧和区域合作加强的背景下，土库曼斯坦的战略地位使其成为连接亚洲和欧洲的关键节点，这为复兴丝绸之路和"一带一路"倡议的对接提供了更广阔的前景和更深远的意义。（本条执笔：尹如玉、薛力）

[①] 《土库曼斯坦总统说复兴丝绸之路具有重要内涵》，新华网，2018 年 5 月 3 日，http://www.xinhuanet.com/world/2018-05/03/c_1122780129.htm.

165. 南非"经济重建和复苏计划"

——背景

南非的"经济重建和复苏计划"是在新冠疫情冲击下展开的经济计划。根据南非统计局的数据，南非经济 2019 年下半年开始陷入衰退，电力短缺导致矿业、制造业及商业均受到影响。疫情让南非经济雪上加霜。数据显示，南非第二季度国内生产总值环比萎缩 51%，同比下跌超过 16%，这是自 1992 年以来最差经济表现。[1] 2020 年 10 月 15 日，拉马福萨总统向国民议会和全国各省委员会的联席会议提交了"经济重建和复苏计划"，并把这项计划描述为"在新冠肺炎疫情对人民生活和国家经济造成破坏之后，为了恢复经济包容性增长而采取的一系列非常措施"[2]。

——内容

南非"经济重建和复苏计划"主要设置了五项优先干预措施。[3] 第一项优先干预措施是基础设施投资。南非政府成立了基建支援局和基建基金，在 10 年内从财政部门拨款 1000 亿兰特，以利用来自私人投资者和多边开发银行的混合融资用于基础设施建设。南非计划在水、卫生、能源、交通、数字基础设施、农业和农业加工以及居住区等领域投资一系列项目，其中一些催化项目将于 2020 年开始建设，这些工作都是"经济重建和复苏计划"的一部分。

第二项优先干预措施是迅速扩大能源生产能力。南非政府将集中实施综合资源计划，增加可再生能源的生产，改善电池储存和天然气技术，特别是解决南非国家电力公司（以下简称 Eskom）的结构和资金问题。计划要点包括：一是要求南非政府消除所有阻碍企业自主发电的监管措施，同时新的电力企业同意实施在两年内增加 2500 兆瓦电力供应的项目。二是南非政府同意额外购买 2500 兆瓦的应急电力，比之前宣布的多 500 兆瓦。三是 Eskom 被允许尽快与煤炭供应商和为国家电网提供电力的独立绿色电力生产商重新谈判合同。南非还将建立一个独立的国有输电公司，同时与私营部门开展合作并加速投资，以开发潜在的 4000 兆瓦嵌入式发电。

第三项优先干预措施是刺激就业。创造就业机会是刺激经济发展的重要措施，能够对恢复经济产生重要影响。南非政府在 2020—2021 财政年度创造和

---

[1] "GDP Contracts by 51% under Lockdown," September 8, 2020, https://www.sanews.gov.za/south-africa/gdp-contracts-51-under-lockdown.

[2] 《南非努力促进经济复苏》，《人民日报》2022 年 3 月 18 日第 15 版。

[3] "South African Economic Reconstruction and Recovery Plan", January 2020, https://www.gov.za/sites/default/files/gcis_document/202010/south-african-economic-reconstruction-and-recovery-plan.pdf.

支持875000个工作岗位，并在2021—2022财政年度和2022—2023财政年度进一步增加工作岗位。新增就业岗位涉及环境、林业、农业、基础设施建设、道路维护、社区卫生、教育、城市管理等行业。鉴于疫情导致很多行业成为脆弱行业，如教育岗位（美术、音乐等）生源大幅度减少，文化体育等部门也面临类似问题，南非政府致力于保护脆弱行业，并禁止裁员。

第四项优先干预措施是推动工业增长。南非政府已制订多个行业发展计划，涉及汽车、服装纺织、家禽、制糖、农产加工、航空国防、可再生能源、金属工业、数字等领域，鼓励私营部门加大生产投资力度。南非采取切实行动支持旅游业的复苏，如将40%的政府采购向女性所有的企业倾斜。在南非再工业化的过程中，本地化是重要的原则。按照南非政府的设想，如果本地制造能替代进口额的10%，就能给本国增加2%的GDP。

第五项优先干预措施是打击犯罪和腐败以及提升国家治理能力。南非正在努力稳步减少财政赤字和债务负担，将公共支出从消费和偿债转向支持资本投资、生产活动和社会发展。同时，南非还重建其执法机构并加强国家能力，积极展现自身监管良好的银行、金融和税收系统以及透明的预算体系，为全球投资者提供稳定高效的投资环境。

——意义

受乌克兰危机升级、全球通胀加剧等因素影响，南非仍存在电力供应受限、就业前景不佳以及实质性的财政限制等困境，2023年南非实际国内生产总值（GDP）增长率为0.6%，低于此前预测的0.8%。不过，随着新能源项目投产，电力供应紧张局面预计将有所缓解，同时通胀下降将促进家庭消费和信贷扩张，这些都将为该国经济增长提供支持。预计2024—2026年，南非实际GDP年均增长率将达到1.6%。[①] 尽管如此，南非"经济重建和复苏计划"将继续围绕提高经济效率、推进数字化转型和实现长期发展等方面发挥作用。

（本条执笔：沈陈）

---

① 杨海泉：《南非经济增长面临挑战》，《经济日报》2024年2月27日第4版。

主要参考文献

一　著作

习近平：《第二届"一带一路"国际合作高峰论坛重要讲话》，外文出版社2020年版。

习近平：《在庆祝中国共产党成立100周年大会上的讲话》，人民出版社2021年版。

习近平：《高举中国特色社会主义伟大旗帜　为全面建设社会主义现代化国家而团结奋斗——在中国共产党第二十次全国代表大会上的报告》，人民出版社2022年版。

习近平：《汇聚两国人民力量　推进中美友好事业——在美国友好团体联合欢迎宴会上的演讲》，人民出版社2023年版。

《习近平著作选读》第一卷，人民出版社2023年版。

《习近平著作选读》第二卷，人民出版社2023年版。

《习近平谈治国理政》第一卷，外文出版社2018年版。

《习近平谈治国理政》第二卷，外文出版社2017年版。

《习近平谈治国理政》第三卷，外文出版社2020年版。

《习近平谈治国理政》第四卷，外文出版社2022年版。

《习近平关于实现中华民族伟大复兴的中国梦论述摘编》，中央文献出版社2013年版。

《习近平在联合国成立70周年系列峰会上的讲话》，人民出版社2015年版。

《习近平外交演讲集》第一卷，中央文献出版社2022年版。

（汉）班固：《汉书》，中华书局2012年版。

《第三届"一带一路"国际合作高峰论坛主席声明》，《人民日报》2023年10月19日第3版。

《国家海外利益安全知识百问》，人民出版社2023年版。

《中国共产党章程》，人民出版社2022年版。

《中华人民共和国宪法》，人民出版社2018年版。

李国学：《制度型开放的理论逻辑与现实路径》，经济管理出版社 2023 年版。

推进"一带一路"建设工作领导小组办公室：《共建"一带一路"倡议：进展、贡献与展望》，外文出版社 2019 年版。

中共中央宣传部、中华人民共和国外交部编：《习近平外交思想学习纲要》，人民出版社、学习出版社 2021 年版。

二　报刊

习近平：《不断开拓当代中国马克思主义政治经济学新境界》，《求是》2020 年第 16 期。

习近平：《不忘初心 砥砺前行 开启上海合作组织发展新征程》，《人民日报》2021 年 9 月 18 日第 2 版。

习近平：《共创开放繁荣的美好未来》，《人民日报》2022 年 11 月 5 日第 2 版。

习近平：《构建高质量伙伴关系 共创全球发展新时代》，《人民日报》2022 年 6 月 25 日第 2 版。

习近平：《继往开来，开启全球应对气候变化新征程——在气候雄心峰会上的讲话》，《人民日报》2020 年 12 月 13 日第 2 版。

习近平：《建设开放包容、互联互通、共同发展的世界》，《人民日报》2023 年 10 月 19 日第 2 版。

习近平：《全党必须完整、准确、全面贯彻新发展理念》，《求是》2022 年第 16 期。

习近平：《让多边主义的火炬照亮人类前行之路》，《人民日报》2021 年 1 月 26 日第 2 版。

习近平：《同舟共济克时艰，命运与共创未来》，《人民日报》2021 年 4 月 21 日第 2 版。

习近平：《携手同行现代化之路》，《人民日报》2023 年 3 月 16 日第 2 版。

习近平：《携手迎接挑战，合作开创未来》，《人民日报》2022 年 4 月 22 日第 2 版。

习近平：《在第七十五届联合国大会一般性辩论上的讲话》，《人民日报》2020 年 9 月 23 日第 3 版。

习近平：《在中华人民共和国恢复联合国合法席位 50 周年纪念会议上的讲话》，《人民日报》2021 年 10 月 26 日第 2 版。

习近平外交思想研究中心：《坚守和弘扬全人类共同价值》，《求是》2021 年第 16 期。

《习近平同汤加国王图普六世通电话》，《人民日报》2021 年 9 月 25 日第 1 版。

《习近平同巴布亚新几内亚总理马拉佩通电话》,《人民日报》2021年10月27日第1版。

《习近平出席二十国集团领导人第十六次峰会第一阶段会议并发表重要讲话》,《人民日报》2021年10月31日第1版。

《习近平向第五届中非媒体合作论坛致贺信》,《人民日报》2022年8月26日第1版。

《习近平同卢森堡大公亨利就中卢建交50周年互致贺电》,《人民日报》2022年11月17日第2版。

《习近平会见巴布亚新几内亚总理马拉佩》,《人民日报》2022年11月19日第2版。

《习近平会见所罗门群岛总理索加瓦雷》,《人民日报》2023年7月11日第1版。

《习近平向中欧班列国际合作论坛致贺信》,《人民日报》2023年9月16日第1版。

《习近平向全球可持续交通高峰论坛致贺信》,《人民日报》2023年9月26日第1版。

《习近平向第二届全球数字贸易博览会致贺信》,《人民日报》2023年11月24日第1版。

《习近平向首届"良渚论坛"致贺信》,《人民日报》2023年12月4日第1版。

《共享市场机遇 共促经济增长》,《人民日报》2023年4月14日第3版。

《加强媒体合作 共创美好未来》,《人民日报》2023年10月24日第9版。

《开启全球数字治理新篇章》,《人民日报》2021年3月30日第3版。

《澜沧江—湄公河合作第四次领导人会议内比都宣言》,《人民日报》2023年12月26日第3版。

《谱写文明交流互鉴的新篇章》,《人民日报》2023年12月5日第6版。

《全球安全倡议概念文件》,《人民日报》2023年2月22日第15版。

《首届国际传播"丝路奖"获奖作品简介》,《人民日报》2022年12月22日第12版。

《为共建造福世界的"幸福之路"贡献青春力量》,《中国青年报》2023年10月12日第1版。

《正确理解和大力推进中国式现代化》,《人民日报》2023年2月8日第1版。

《中共中央关于党的百年奋斗重大成就和历史经验的决议》,人民出版社2021年版。

《中国共产党与世界政党领导人峰会共同倡议》,《人民日报》2021年7月8日第 3 版。

《中国社会组织参与共建"一带一路"案例选登》，《中国社会报》2023 年 10 月 16 日第 5 版。

《中国外交部发布〈关于政治解决乌克兰危机的中国立场〉》，《人民日报》2023 年 2 月 25 日第 5 版。

《中华人民共和国对外关系法》，《人民日报》2023 年 6 月 29 日第 12 版。

《最高人民法院发布第四批涉"一带一路"建设典型案例》，《人民法院报》2023 年 9 月 28 日第 2 版。

黄超：《加强媒体合作 讲好丝路故事》，《人民日报》2023 年 10 月 25 日第 9 版。

潘俊强：《二〇二三年服贸会取得丰硕成果》，《人民日报》2023 年 9 月 7 日第 3 版。

任春光、杨小明：《推进国际科技创新交流》，《人民日报》2024 年 1 月 24 日第 9 版。

任沁沁、刘羽佳：《第三届"一带一路"国际合作高峰论坛智库交流专题论坛在京举行》，《人民日报》2023 年 10 月 19 日第 7 版。

孙铁牛：《应对气候变化离不开全球合力》，《光明日报》2023 年 11 月 24 日第 12 版。

推进"一带一路"建设工作领导小组办公室：《坚定不移推进共建"一带一路"高质量发展走深走实的愿景与行动——共建"一带一路"未来十年发展展望》，《人民日报》2023 年 11 月 25 日第 3 版。

汪灵犀：《香港参与共建"一带一路"大有可为》，《人民日报》（海外版）2023 年 9 月 21 日第 3 版。

王德卿：《拓展全球数字贸易新空间》，《学习时报》2024 年 3 月 29 日第 A2 版。

王海林、万宇：《共建绿色丝路 共享绿色未来》，《人民日报》2023 年 10 月 19 日第 8 版。

王璐璐：《实施中国青年全球伙伴行动 为推动构建人类命运共同体凝聚全球青年力量》，《中国青年报》2023 年 6 月 9 日第 1 版。

王骁波等：《资金融通为共建"一带一路"提供强大动力》，《人民日报》2023 年 10 月 15 日第 6 版。

许可、朱程：《中欧班列国际合作论坛开幕》，《人民日报》2023 年 9 月 16 日第 3 版。

翟崑：《构建开放包容的"一带一路"学术共同体》，《中国社会科学报》2024

年 2 月 8 日第 2 版。

中华人民共和国国务院新闻办公室：《共建"一带一路"：构建人类命运共同体的重大实践》，《人民日报》2023 年 10 月 11 日第 10 版。

中华人民共和国国务院新闻办公室：《携手构建人类命运共同体：中国的倡议与行动》，《人民日报》2023 年 9 月 27 日第 6 版。

左凤荣：《"一带一路"推动世界绿色发展》，《光明日报》2023 年 11 月 3 日第 2 版。

王诗雨：《共绘廉洁丝路"同心圆"——廉洁丝绸之路专题论坛记者观察》，《中国纪检监察》2023 年第 21 期。

吴富林：《为高质量共建"一带一路"贡献金融力量》，《中国金融》2023 年第 15 期。